# 채식주의자 뱀파이어

-폭력의 시대, 타자와 공존하기-

# 채식주의자 뱀파이어 – 폭력의 시대, 타자와 공존하기

지은이 ⁕ 임옥희　　발행 ⁕ 고갑희　　편집·제작 ⁕ 사미숙
펴낸곳 ⁕ 여이연　　주간 ⁕ 이숙인　　표지디자인 ⁕ 최윤정

주소 ⁕ 서울 종로구 명륜4가 12-3 대일빌딩 5층
전화 ⁕ (02) 763-2825
팩스 ⁕ (02) 764-2825
등록 ⁕ 1998년 4월 24일(제22-1307호)

홈페이지 ⁕ http://www.gofeminist.org
전자우편 ⁕ alterity@gofeminist.org

초판 1쇄 인쇄 ⁕ 2010년 4월 9일
초판 3쇄 발행 ⁕ 2014년 3월 12일

값　20,000 원

ISBN 978-89-91729-15-5　93330
잘못된 책은 바꿔 드립니다.

# 채식주의자 뱀파이어

-폭력의 시대, 타자와 공존하기-

도서출판 여이연

# 목차

# 2부

# 서론

○○○○○○○○○○○○○○

## 누가 페미니즘의 죽음을 두려워하랴 - 다시 '가치'의 문제로

"잃어버린 십 년"이라는 말이 유행처럼 되풀이 되고 있다. 누가, 무엇을, 어쩌다가, 어떻게, 잃어버렸다는 것일까? 통상적으로 이 말은 김대중, 노무현 '좌파 정권' 십년 간 보수지배층이 좌파들에게 어처구니 없이 기득권을 빼앗겼다는 앙앙불락의 한 표현이었다. 2010년 6월의 지방선거를 앞두고 보수 세력은 아직까지 "좌파운동권 빨갱이 척결"과 같은 소리를 스스럼없이 쏟아낸다. MB정부는 폴 클레의 <새로운 천사>처럼 과거의 잔해더미를 향해 돌진하면서도 미래로 향해 나아간다고 착각하고 있다. 글로벌 시대를 외치는 21세기에 이르렀음에도 한국 사회는 한 세대를 거슬러 올라가 80년대 그때 그 시절로 퇴행하고 있다는 기시감이 들게 만든다. 언론을 장악한 MB정부는 국가가 전하고 싶은 언어만을 일방적으로 하달한다. 2010년 벽두 밴쿠버 동계올림픽의 성취 또한 이 정부가 내건 신자유주의의 성취인 것처럼 전유해버린다. "잃어버린 십 년" 동안 십대를 통과하면서 자유롭고 발랄하게 성장한 G세대, V세대의 눈부신 성취 이면에 88만원 세대의 우울한 그림자가 공존한다는 사실은 언급조차 막는다. 이 정부는 개그맨들에게 비판적인 개그를 하지 말라고 개그한다. 개그의 그리스 어원이 말문을 틀어막는다는 뜻이라면, 보수 세력이 말하는 것과는 다른 맥락에서 한국 사회는 지난 과거 좌파 정부가 힘들게 성취했던 십 년의 성과를 분명 잃어버린 것처럼 보인다.

이처럼 수상한 시절을 맞이하면서 페미니즘 또한 죽었다는 소문이 심심찮게 들린다. 신도 죽었고, (인)문학도 죽었고, 노동운동도 죽었다. 모든 가치가 죽음을 맞이한 시대에 페미니즘이라고 죽지 말라는 법이 어디 있겠는가. 페미니즘은 자신의 소멸을 지향하는 운동이다. 더이상 여성억압이 없는 역사의 휴일을 맞이함으로써 페미니즘이 용도폐기 되었다면, 페미니즘의 죽음은 애도할 일이 아니라 경축해야 할 일일 것이다. 그러므로 누가 페미니즘의 죽음을 선언한다고 하여 분개하거나 좌절할 필요는 없다. 페미니즘의 죽음을 선언할 정도로 페미니즘에 관심이 있다면 그것은 애증의 한 표현과 다르지 않기 때문이다. 죽음은 변태를 의미한다. 변태는 죽은 껍질을 허물고 나올 때 가능하다. 무엇이든 죽지 않으면 세대교체도 발전도 없다는 점에서 죽음은 또 다른 시작이다. 어떤 이즘의 탄생과 죽음은 사회문화적으로 자연스러운 현상이다.

문제는 나쁜 죽음이다. 집안에서 키우던 개가 죽어도, 가족처럼 애지중지하던 소가 죽어도, 내려 쌓인 눈의 무게를 견디지 못하고 소나무의 허리가 부러져도 깊은 슬픔에 잠길 수 있다. 그런데 여성가족부, 여성학과, 여성단체가 해체되거나 해체하자는 의견이 나와도 이해당사자를 제외하고 아무도 애도하지 않는다면 페미니즘에 과연 무슨 일이 일어났던 것일까? 이런 현상을 단지 반동적인 세월 탓, 보수적인 정권

탓, 젊은 세대의 탈정치적 성향 탓으로 돌릴 수만은 없다.

그런 맥락에서 페미니즘의 깊은 성찰이 요청되는 시점이다. 한국사회에서 페미니즘이 유행의 절정을 통과하는 동안 나는 그 가장자리에서 서성거리며 살았다. 그러므로 내 삶에 대한 반성과 성찰은 한 세대동안 진행되었던 한국사회에서의 페미니즘 논의와 무관할 수 없다. 페미니즘 언어는 나에게 세계를 바라볼 수 있는 관점을 주었고, 환희와 희망과 더불어 갈등과 좌절도 동시에 안겨주었기 때문이었다. 내가 한국사회에서 페미니즘의 한 시기를 직접 경험했다고 하여 남들보다 더 많은 것을 기억하고 더 많은 것을 이해하고 있다는 말이 아니다. 다만 그런 기억과 경험이 나 자신의 삶을 성찰하고 반성하는 계기가 되어주었다는 뜻이다.

과거 30년 동안 한국사회에서 페미니즘은 무엇을 꿈꾸고 추구해 왔는가라는 새삼스러운 질문을 해본다. 본문에서 좀 더 상세히 언급하겠지만 소위 본격적인 여성운동의 등장은 1980년대라고 해도 과장이 아닐 것이다. 80년대 이전에는 여성운동이 없었다는 말이 아니다. 여성이 있고 여성들이 주체적으로 자기 삶을 꾸려 나가는 한, 삶 자체가 운동인 것이지 여성과 여성운동이 별개인 것은 아니기 때문이다. 페미니즘 이전에도 여성들은 살아왔고 페미니즘 이후에도 여성들의 삶은 언제까지나 지속될 것이다. 여성들이 삶을 꾸려나가는 자율적이고 자유로운 주체가 되려는 움직임은 끊임없이 있어왔지만 그것을 '페미니즘'이라는 언어로 자각하고 독자적으로 움직인 것은 1980년대부터라고 간주하고자 한다.

1980년대 전반은 한국사회에서 정치운동과 노동운동이 거의 무력화된 상황이었으므로 학생운동이 주축이 되었다. 그 과정을 통과하면서 한국사회에서 여성운동의 의제 또한 융통성을 발휘하며 변신해왔다.

지난 30년을 편의상 개괄적으로 구분해본다면,

제1기)1987~1997년: 민주화투쟁 그리고 여성운동의 독자성 추구,

제2기)1997~2007년: 좌파정권 십년 간 여성운동의 제도화와 협상,

제3기)2007 MB정권 이후 여성운동의 생존과 다변화를 모색하는 시기로 볼 수 있다.

제1기는 한국사회가 오랜 군부정권과의 투쟁결과 민주화가 어느 정도 성취되면서 여성운동 또한 나름의 독자성을 추구한 시기였다. 노동운동을 중심으로 하는 계급운동이 분화되는 과정이기도 했다. 1980년대는 학생운동의 시기였다. 돌이켜본다면 학생운동은 노동운동과 기성정치가 장기간의 군부독재로 인해 철저히 무력화되었던 시절, 젊은 학생들이 현실정치와 노동운동이라는 불가능한 과업을 대신 떠맡은 것이었다. 노동운동은 남북분단이라는 한국적인 상황으로 인해 가혹한 탄압의 대상이었다. 노동운동이 파업을 주도하고 분배정의를 외치면 보수권력은 빨갱이들의 논리라고 억압했다(이런 논리는 아직도 작동 중이다). 자본에 대항하는 노동자들의 계급의식은 빨갱이 의식이 되고, 북한체제를 이롭게 한다는 논리로 비약되었다. 이들은 보안법을 적용해야 할 반체제 이적행위자들로 간주되었다. 우리사회에서 빨갱이라는 딱지가 붙으면 속수무책이던 시절이 있었다. 홍형숙 감독의 <경계도시 2>를 보면 좌파정권으로 불리던 2003년에도 국가보안법의 위력은 대단했다. 국가보안법은 독일국적의 철학자 송두율의 '경계인'으로서의 철학인생을 송두리째 부정하고 부숴버렸다. 반인권적인 보안법은 죽기는커녕 좌우를 막론하고 한국인의 뼛속까지 육화된 것처럼 보였다.

제2기는 여성운동의 절정기였다. MB정부가 "잃어버린 십 년"으로 통탄했던 바로 그 시절 여성운동은 좌파 정권과 더불어 많은 것을 성취했다. 80년대에 축적된 여성운동의 역량은 제도로 편입되었다. 여성

할당제를 통해 17대 국회(2004년)에 여성국회의원들이 대거 진출했다. 내가 보기에 1979년 YH사건의 주역이었던 최순영, 즉 70년대의 '여공'이 국회의원이 되었다는 것은 하나의 상징적인 사건이었다. 민노당의 비례대표로 17대 국회의원에 선출된 최순영이야말로 그람시가 말했던 '유기적 지식인'의 상징이었다. 유기적인 지식인은 프롤레타리아트 출신이므로 온몸으로 자기계급을 대변할 수 있는 지식인/활동가를 뜻한다. 외부로부터 수입된 부르주아 출신 지식인들은 애써 여성노동자를 대변하기 '위하여'라고 말하겠지만 유기적 지식인은 그럴 필요가 없는 사람이다. 자신의 이해관계와 계급의 이해관계가 일치하기 때문이다. 30년 전으로 거슬러 올라간 1979년, YH여성노동자 200명은 신민당사를 농성장소로 택했다. 이들의 시위는 살인적인 진압에 의해 23분 만에 끝났다. YH여성노동자 김경숙의 죽음은 결국 유신체제를 종식시키는 기폭제가 되었다. YH여성노동자들이 오물을 뒤집어 쓴 채 참혹하게 끌려나왔던 그때 그 시절 지금의 박근혜 한나라당 의원은 품위 있게 영부인 역할을 대행하고 있었다.

제2기 동안 많은 여성정책이 정부차원에서 구체화되었고 여성단체들은 정부 정책과 사이좋게 협력하는 관계가 되었다. 제도와 법적인 관점에서 볼 때 여성운동이 성취할만한 것들은 거의 성취했다는 분위기가 팽배해졌다. 여성억압 운운은 사치스러운 투정으로 받아들여졌다. 가부장제적인 의식은 느리게 변하지만 정부가 여성정책을 선취함으로써 마치 더 이상 아무런 문제가 없는 것처럼 보이도록 만드는 것이 더욱 문제였다. 여성운동의 제도적 정착과정은 산적한 현실 문제가 해결된 것처럼 만드는 예방접종효과나 다름없었다. 신설된 여성부와 더불어 여성단체들은 호주제 폐지, 성매매방지법, 군가산점, 모성보호, 여성 국회의원 할당제, 국공립대 여교수 할당제, 정부부처 여성 할당제

등을 이루어냈다. 정부와 여성단체 사이에는 그다지 갈등할 일도, 특별히 저항할 일도 없었다. 여성단체들은 제도적인 정치의 장으로 흡수되거나 제도와 적극 협력했고, 정부지원금으로 단체사업을 꾸려가는 것으로 만족했다. 어떤 여성단체들은 상징자본을 가졌던 소위 '명망가'들이 정계, 학계로 진출하고 난 뒤 무늬만 남은 단체가 되었다. 이렇게 하여 한 세대가 흘렀지만 여성운동은 다음 세대를 배출할만한 재생산 능력을 제대로 갖추지 못한 채 제도권으로 흡수되거나 무력화되거나, 양 갈래 길로 접어들었다.

2000년대에 들어와서 영young 페미니스트들이 한동안 자기 목소리를 내는 듯했다. 하지만 급진적인 섹슈얼리티를 의제로 삼았던 영 페미니스트 세대는 자생력을 형성하기도 전에 우리사회의 보수화와 맞물려 힘을 상실했다. 그 많던 영 페미니스트들은 소녀시대로 교체되었는지 요즘은 찾아보기 힘들다. 영 페미니스트 스스로 세월이 흘러감에 따라 기성 페미니스트와 이론적, 실천적인 변별성이 없어져버린 것일까? 신구세대 사이의 반목과 갈등은 치열한 논쟁과 실천으로 구체화되기도 전에 슬그머니 사라져버렸다. 영 페미니스트의 몰락은 페미니즘이 유행담론으로 소비되었던 것과 궤를 같이하는 측면도 있다.

제2기에 이르면서 무엇보다도 여성들 안에서의 차이가 드러나기 시작했다. 여성이라고 하여 대문자 여성으로 총체화될 수 없다면 다양한 여성들 사이의 차이와 촘촘한 이해관계가 충돌할 때, '누가' '어떤' 여성의 입장을 대표하고 대변할 것인가라는 문제가 가시화되었다. 여성이 정치 세력화되었다고는 하지만 여성 관료와 국가페미니즘이 여성의 대표성을 지니는 것은 아니다. 마르크스는 『루이 보나파르트의 브뤼메르 18일』에서 계급의식도 없고 자신의 계급적 이해관계를 보편화할 언어도 갖지 않은 자들, 그래서 다른 누군가에 의해서 대표되지 않으면 안 되는 계급을 분석한 바 있다. 이들은 스스로 자신을 대표할 능력이 없는 사람들이므로 대표해줄 대변자를 뽑을 수밖에 없다. 하지만 대표하는 사람과 대표되는 사람들 사이에 필연적인 관계는 없다. 그것이 의회 민주주의의 도착성이다. 젠더 이해관계를 대변할 수 있는 당파성을 가진 제도가 그나마 여성부라고 한다면, 지금 상황으로서는 그 여성부가 어떤 여성들을 대표하고 있는 것인지 심히 의심스럽다. MB정부에 들어와서 여성부는 차라리 없어지는 것만도 못한 기구로 전락했다.

　MB정부는 젠더 문제뿐만 아니라 한국사회 전반이 이제 자유롭고 평등하게 살고 있다는 환상을 유포하고 있다. 모든 것은 개인의 역량과 개인의 자기하기 나름인 자유로운 시대가 되었다는 것이다. 가라타니 고진의 표현을 빌자면, 한국사회는 권력관계가 사라지기는커녕 "부르주아 독재"가 지배하고 있다. 민주주의 국가에서 부르주아 독재라니! 프롤레타리아 독재라는 개념은 익숙하지만 고진의 부르주아 독재라는 개념은 낯설다. 하지만 MB정부 시대 한국사회를 설명하는데 이보다 더 적확한 개념은 드물어 보인다. 고진이 말하는 부르주아 독재란 절대다수의 부르주아 계급이 의회를 지배하고 장악한다는 의미가 아니다. 부르주아 독재는 '계급'이나 '지배'의 권력관계 속에 있는 개인들을 자유로운 개인으로 호명함으로써 계급지배와 권력관계가 보이지 않도록 만드는 것이다.[1] 사실 국가 관료는 국민에 의해 선출됨과 동시에 선출되지 않는 것이기도 하다. 2010년 6월 지방선거로 정치권은 벌써 들썩이고 있지만 정치권의 이전투구는 공천을 두고 발생하는 권력투쟁의 소음들이다. 국민들은 투표권을 행사하면서 자신의 소중한 국민주권을 행사한다고 뿌듯해할 수 있지만, 자유로운 투표권의 행사는 기실 기존정당이 공천하여 이미 결정해놓은 입후보자들 중 한 명을 뽑는 요식행위이다. 이렇게 본다면 투표는 정부가 하는 일에 공적인 합의를 부여하기 위한 치밀한 의식이자 절차에 지나지 않는다. 그럼에도 선거와 투표의 와중에 자유, 평등, 조화의 모습만 보여주려고 했던 민주주의는 온갖 부패와 타락과 암투를 일순간 드러내게 된다. 민주주의가 봉합하고 있던 틈새를 보여주는 것 자체가 투표의 정치성일 것이다. 내 한 표는 광막한 바다 한가운데 떨어진 물방울 하나일지라도 혼탁한 조류를 바꿔내는데 보탬이 될 수 있을 것이라는 믿음, 그것이 투표에 바탕한 의회 민주주의의 신화다.

주마간산으로 보더라도 한 세대 동안 여성운동은 많은 일을 해왔다고 자부심을 가질만하다. 하지만 자신이 무엇을 하고 있는지 끊임없이 성찰하지 않으면 '내가 무슨 짓을 했던가'라는 상황과 대면할 수도 있다. 어떤 운동이든지 사후적 관점과 사전적인 관점을 통해 동시에 보게 되면(만약 그럴 수 있다면), 의도와 결과 사이에 다양한 편차가 드러날 수 있다. 여성운동이라고 하여 이런 편차에서 벗어나 있는 것은 아니다. 부당하고 폭력적인 여러 제도와 법을 시정하기 위해 새로운 법안을 개정하거나 새로운 제도를 신설하려는 운동은 문제를 해결하는 것만큼이나 또 다른 문제들을 일으키게 된다. 여성단체들이 내놓은 의제가 중산층 전업주부 중심일 경우, 중산층과 이해관계를 달리하는 지점들이 또다시 불거져 나오기 때문이다. 부부별산제의 한 상징으로써 부부 양인의 이름으로 문패달기를 하자는 여성단체의 제안이 있었다. 문패나마 공동으로 달려면 적어도 집은 가지고 있어야 한다. 부부가 재산형성에 기여하지만 이혼 등으로 인해 재산을 분배하게 될 때 여성이 기여한 재산형성과정은 무시되기 일쑤였다. 그래서 여성의 경제관념을 각성시키기 위해 여성단체가 제안한 것이 부부별산제였다. 결국이 부부별산제는 종부세 위헌판결을 내리는데 필요한 헌법재판소의 이론적 근거를 제공해주는 것으로 활용되었다.

국가에 보호를 요청하는 여성운동은 국가의 욕망을 심문하기보다 국가의 욕망을 욕망한다. 국가에게 특정한 여성들을 보호해달라면서 제정한 성매매방지법은 여성운동이 국가폭력과 적극적으로 공모하는 것으로 귀결되었다. 탈성매매주의자들은 '좋은 취지로' 핍박받는 여성들을 '위하여' 법을 제정했다고 말하겠지만, 그 법에 복종하지 않는 여성들은 또 다시 배제되어버린다. 경찰은 공권력에 의존하여 성매매방지법에 저항하는 여성들을 처벌하고 단속한다. 이렇게 되면 배제된 여성을 위한 법이 역설적으로 여성의 배제를 생산한다. 여성을 '위하여' 제정한 법이 여성 '위에서' 군림하는 법이 되면서 사회적 비체를 끊임없이 만들어내는 아이러니가 초래된다.

이처럼 '우리'는 각자의 위치에서 자기 나름의 아이러니와 대면하고 있다. 운동이라는 이름으로 '우리'가 무슨 짓을 하고 있는지에 대한 철저한 자기성찰이 없으면, '우리'의 '열정적인 무지'(혹은 운동의 성과주의에 빠져서 그런 운동의 부정적 효과에 관해서는 애써 무시하려는 무지에의 욕망)는 어처구니없는 사태와 공모할 수 있다. 조안 스콧이 지적하듯이 어떤 운동을 열심히 하면 할수록 "제공할 것이라고는 역설뿐 Only paradoxes to offer"[2]인지도 모른다. "제공할 것이라고는 역설뿐"이라는 말은 냉소와 조롱이라기보다는 자신이 한 행위가 의도와는 달리 아이러니컬한 결과를 드러낼 수 있다는 것까지 성찰의 대상으로 삼아야 한다는 의미다. 그것은 자신의 행위를 타자의 시선으로 볼 수 있는 여유가 필요하다는 말과 다르지 않다. 타자의 입장에 자신을 세울 때 자신이 무엇을 하고 있는지 볼 수 있는 거리가 생긴다. 자신이 만들어내는 아이러니와 대면할 때, '정치적 올바름'으로 포장할 것이 아니라 그런 상태를 농담으로 삼을 수 있을 때, 내 안에 있는 욕망의 끝을 볼 수 있을 때, 타자와 공존할 수 있는 '어떤' 지점을 찾을 수 있을 것이다. 설혹 제공할 것이라고는 역설뿐일지라도 살아가고 있는 한, 어디선가 시작할 지점은 있어야 하기 때문이다.

　모든 가치는 화폐가치로 환원되고 모든 활동은 생산성의 회로에 포획된 시대에, 페미니즘은 어떤 '대안적' 가치를 모색할 수 있을 것인지 고민하지 않을 수 없다. 이 글의 1부에서는 자본, 국가, 인권, 교육, 가족, 모성, 육체들이 어떻게 폭력적인 사회를 만드는데 서로 합심하고 있는지를 살펴보려고 한다. 모든 가치를 화폐가치 하나로 평정한 폭력적인 시대가 어떻게 사회의 구석구석까지 관통하게 되었는가. 그것이 1부의 화두인 셈이다. 2부는 이런 폭력적인 시대에 어떻게 하면 공존의 가치를 회복할 수 있는가에 주목하고자 한다. 2부에서는 타자, 환대, 주름, 문학, 유머, 일상 등의 가치를 통해 공존의 시학을 찾고자 한다. 사회가 폭력적일 뿐만 아니라 주체의 존재 자체가 폭력으로부터 탄생하는 것이라면 인간은 궁극적으로 폭력에서 벗어날 수 없다. 국가폭력에 세례를 받아야만 한 개인이 주체로 탄생하게 된다면 누가 과연 그런 폭력으로부터 자유로울 수 있겠는가. 그런 딜레마에 빠져 있는 폭력적인 주체가 어떻게 타인과의 공존에 열릴 수 있는가. 자본, 국가, 인권, 학교, 가족, 모성, 육체, 주체 이 모든 것들이 폭력의 시대와 맞물려 있고 그런 동심원의 가장 아래쪽이자 안쪽에 자리하고 있는 주체 또한 폭력으로부터 결코 자유롭지 않다면 말이다. 폭력적인 여러 장치들 뿐만 아니라 인간주체 또한 타자를 먹어치워야 자신이 살 수 있다는 점에서 식인주체다. 국가폭력 속에서 탄생하여 폭력을 그리워하는 가운데 식인주체로 탄생하는 인간이 어떻게 공존의 가능성을 찾아갈 수 있는가? 자신을 볼모로 잡고 생명을 위협할 수도 있는 존재에게 어떻게 환대를 베풀 수 있는가.

인간의 존재조건 자체가 타자를 삼켜야함에도 공존을 모색하지 않을 수 없다는 아이러니를 '채식주의자 뱀파이어의 정치'에 비유하고자 한다. 채식주의자 뱀파이어 정치라는 것은 폭력의 시대에 공존의 가치가 결코 만만하지 않지만 완전히 불가능한 것도 아니라는 은유다. 채식주의자 뱀파이어는 스페인의 망명화가인 레메디오스 바로의 <채식주의 흡혈귀>라는 그림에서 가져온 것이다. 바로의 그림을 보면 퀭한 눈, 홀쭉한 뺨, 빈혈에 시달리면서도 허기를 채식으로 달래고 있는 뱀파이어들의 모습이 묘한 여유와 유머로 표현되어 있다. 뱀파이어들이 자신의 본성을 거스르면서까지 결단을 내려야하는 상황이야말로 폭력적인 시대에 타자와의 공존가능성에 대한 은유로 보고자 한다.

자본 자본 자본
국가
국가
인권 인권 인권
교육 교육
가족 가족
모 성
모 성
육 체
육 체

1부

# 자본

○●○○○○○○○○○○○○
돈의 포르노그래피

## 1. 신자유주의 시대, 돈의 포르노그래피

경제적 불안이 일상화된 시대에 이르러 어린 시절에 들었던 한 이야기가 떠오른다.

어떤 주인이 여행을 떠나면서 하인들에게 각기 다섯 달란트, 두 달란트, 그리고 한 달란트를 주면서 그것을 불려보라고 했다. 다섯 달란트를 받은 첫 번째 하인은 그 돈을 운용해서 다섯 달란트를 더 벌어들였다. 두 달란트를 받은 하인도 마찬가지로 두 달란트를 더 벌어서 두 배로 불렸다. 하지만 한 달란트를 받은 하인은 그 돈을 땅에 파묻어두었다. 한 달란트를 받은 하인은 이렇게 말했다. "주인님, 당신은 씨 뿌리지 않은 곳에서도 수확을 얻으며, 심지 않은 곳에서도 거두어들입니다. 나는 겁이 났습니다. 그래서 그 돈을 땅에 파묻어 두었다가 이제 다시 돌려드립니다." 그러자 주인은 화를 냈다. 네가 최소한 그 돈으로 돈놀이라도 했더라면 이자라도 붙었을 것이 아니냐고.

나는 한 달란트를 받은 하인의 정직한 무능력과 두려움이 가슴에 와 닿았다. 자신이 땀 흘려 씨 뿌리지 않은 곳에서도 수확을 얻고, 심지 않은 곳에서도 거둬들일 수 있는 주인이라면, 도대체 그는 어떤 능력의 소유자일까? 무에서 유를 창조하는 무소불위의 존재인가. 주인은 한 달란트를 그대로 보관했던 하인에게서 그마저 빼앗아 열심히 돈을 불린 다른 하인들에게 줘버렸다. 가진 것도 없고 재능도 없는 사람의 것마저 빼앗아 가진 자에게 몰아주는, '선택과 집중'이라는 주인의 분배방식이 부당하다는 생각이 오랫동안 들었다.

1989년 자본주의의 독주를 견제했던 동유럽공산권이 몰락했다. 그이후 좌파들은 당위적으로 노동해방과 자본주의 종언을 외쳤지만 실질적으로는 자본주의 독주에 제동을 걸만한 이론도 실천도 생산하지 못했다. 그로부터 20년이 지나는 동안 세상은 참으로 민주화되었다. '돈'으로 모든 가치를 탈가치화했다는 점에서 그렇다. 하지만 모든 관계가 돈으로 균등화되는 순간 세상은 돈에 의한 위계질서로 재편되었다. 그로 인해 세계의 메트로폴리스를 넘나드는 신귀족과 생존의 사막을 건너는 새로운 하인계층이 대두하게 되었다. 계급적 권력관계의 신랄함을 코믹함으로 봉합하고 있는 드라마 <지붕 뚫고 하이킥>에는 한동안 사라졌던 식모라는 용어가 재등장한다. 탐욕스럽고 심술궂은 주인집 꼬마인 해리(가장 소외되고 그래서 연민을 불러일으키는)는 자기 욕심이 충족되지 않으면 집안에서 일하는 언니에게 '식모 주제에'라는 폭언도 서슴지 않는다. 김기영 감독의 <하녀>(1960)가 김수현 극본의 <하녀>로 반복 재연되는 것도 이런 시대적 맥락과 무관하지 않을 것이다.

제2의 IMF 사태를 걱정하던 2008년 가을에는 또다시 경제적 공포가 휩쓸고 지나갔다. 고용불안이 항시적인 신자유주의 시대를 맞이하여 많은 젊은이들은 자유를 소망하기는커녕 정규직에 예속되는 것이 일생의 꿈이 되었다. "젊은 그대 꿈꾸어보라"는 88만원세대가 아니라 386세대에게나 해당되는 말이다. 경제적으로 안정된 386세대들은 젊은 시절의 향수에 젖어 오빠밴드 하나 만들기를 꿈꾸고 '소녀시대'에 환호하면서 소년시절로 되돌아가고 싶어 하지만, 요즘 이십대들은 '신의 직장'을 구하기 위한 '스펙 쌓기'가 일과가 되었다. 2008년 봄 학기였던 것으로 기억한다. 나는 요즘 대학(원)생들이 무슨 생각을 하는지 궁금했고 그래서 무엇을 가장 소중한 가치로 생각하는지 물어 보았다. 많지 않은 수강생의 절대다수가 '돈'이라고 대답했다. 젊은이들마저 경제적 공포로 인해 심리적 공황상태에 빠진 것처럼 보였다. 기업이 번창해야 고용이 창출될 것이라는 주장은 이제 빈말이 되었다. 국가의 경제성장에 비례하여 고용이 창출되는 것도 아니고 국가와 기업의 이해관계가 일치하는 것도 아니다. 국가는 부자가 되고 기업은 일류가 되어도 대다수 국민은 가난할 수 있다. 2010년 11월 G20 정상회담이 한국에서 개최될 것이라고 자랑스러워하지만, 다음 세대를 담당할 이십대들은 미래의 불안에 시달린다. 대학졸업장이 취업의 보증수표가 아니라 미래의 빚 문서가 되고 있다. 대다수 이십대 남자들은 취업에 목매고 대다수 이십대 여자들은 '취집'(취업+시집)에 목맨다. 이런 상황에 대통령은 자신을 자칭 CEO라고 한다. 국가가 하나의 재벌기업에 불과하고, 대통령이 국가기업의 CEO에 진배없다면, 그런 CEO가 자기 기업의 핵심세력의 이해관계와 무관하게 전체 국민을 대변할 수 있을지 의문이다. 적어도 정부는 특정한 기업과 지배계급의 이해관계를 넘어서 '공평무사'해야 한다는 당위에 대한 환상과 믿음이 있기 때문에 하는 말이다. 대통령부터 나서서 고소득층의 소비를 통해 경기를 부양해야 한다고 말한다. 그러기 위해서 정부는 종합부동산세와 1가구 2주택 양도세와 같은 부동산 규제정책을 풀고 경기부양을 위한 각종 세제 혜택(고급승용차 구매 시)을 지원해야 한다고 주장한다. 정부의 감세 정책으로 인해 발생한 소득을 고소득층이 웬 떡이냐 하고 소비하면 저소득층은 그들의 떡고물에 의지해서 살라는 것이다. 빈부격차로 인한 양극화는 정치적 의지가 핵심적인 역할을 하고 있음에도, MB정부는 무능한 자들은 글로벌 시장에서 경쟁력을 가진 자들이 벌어들인 것에 의존하여 기생하라고 타이른다. 아랫목이 먼저 따스해져야 윗목에 온기가 퍼져 나갈 것이라고 말하는 시대에 품위 있는 노동은 가당치도 않은 희망사항처럼 들린다.

　동구공산권이 몰락하기 전까지만 해도 자본주의 사회에서는 가난하다는 이유만으로 윤리적일 수 있다는 목소리가 들렸다. 빈곤은 빈곤층만의 책임이 아니다. 빈곤층은 사회의 복지혜택이나 가진 자의 시혜와 자선에 기생하는 자들이 아니다. 자본주의 사회에서는 열심히 일하지만 구조적으로 가난할 수밖에 없는 산업예비군들이 항시적으로 산출되기 때문이라고 좌파들은 항변할 수 있었다. 하지만 MB정부에 들어와서 달라진 것은 단지 부의 편중과 소득불균형이 극대화되었다는 점만이 아니다. 이제 모든 사람들은 공평하고도 자유롭게 경쟁한다고 주장하는 시대가 되었다. 그런 시대에 공평하게 경쟁하여 부를 축적한 자들은 능력 있는 자들이며, 부유하다는 것은 그런 지위에 걸맞는 인격적 품위까지 갖춘 것이 된다. 계급과 인간의 가치가 비례하는 시대인 것이다. 능력에 따라 자신의 가치가 구현된다고 믿는 능력 만능주의 사회에서 가난은 수치가 된다. 알랭 드 보통이 말하다시피 이제 "가난이라는 고통에 수치라는 모욕까지 더해진다."[1] 가난한 자들은 일회용 폐기물이고 부자들의 세금에 무임승차하는 게으른 자들이라고 한다면, 그들에게서 가난하나마 인격적 품위와 인간적 가치를 유지할 수 있는 자존감을 기대할 수는 없을 것이다.

돈이 모든 가치의 척도가 되어버린 외설적인 시대에 가난한 자들은 자존심과 영혼을 가질 수 없다. 가난한 자들에게서 영혼을 보았던 루카치의 이론이 그리워지는 것도 그 때문이다. 루카치는 자본주의 사회의 특징을 소외가 만연한 사회라고 보았다. 소외가 전일화되면, 소외는 일상이 되고, 소외 상태가 정상이 되는 도착적인 시대가 열리게 된다. 그는 자본주의 사회의 이와 같은 도착을 물신화reification로 개념화했다. 그가 말하는 물신화는 노동소외에서 비롯된 현상이다. 『역사와 계급의식』에서 루카치는 자본주의 사회가 복잡하고 불투명해 보이는 것은 만연된 물신화 현상 탓이라고 주장했다. 이때 물신화는 인간이 만든 물건이 자율성을 가지고 인간을 지배하면서 인간관계를 사물(상품)의 관계로 변형시키는 것을 의미한다.

루카치는 자본주의 사회의 소외노동과 물신화 현상의 극복을 노동자들의 저항에서 찾았다. 자본주의의 상품물신화가 전 사회를 관통한 시대에 이르면 노동자는 분업에 의해 자신이 무엇을 만들고 있는지도 모르는 열악한 노동소외 상태에서 벗어나고자 갈망한다. 노동자의 동선 하나, 몸짓 하나까지 계량화되어 생산성의 증가에 투입되면, 노동자들은 이런 비인간적인 노동환경에 저항하게 되고 그것이 계급의식으로 각성된다. 루카치가 말하는 노동자의 계급의식은 개별적인 심리상태가 아니다. 그것은 역사의 객관적 진실을 총체적으로 이해할 수 있는 집단의식이다. 노동자들은 공장에서 조직적으로 함께 노동하는 조건에 의해 집단으로서의 계급의식을 각성하게 되고 역사를 변혁시킬 수 있는 힘을 획득하게 된다는 것이다.

그렇다면 루카치가 물신화 현상의 이면을 볼 수 있다고 말하는 노동자의 영혼이라는 것은 과연 무엇일까? 자본주의 사회에 만연한 상품화에 오염되지 않고 남아있는 영혼이 과연 있기나 한가? 자본주의의 물신화에 포획된 노동자가 어떻게 자신의 예속상태를 의식하게 되는가? 루카치에 의하면 그런 인식은 '신성한' 노동의 힘에서 나온다. 영혼이 무엇인가를 만들어내는 힘이라면 폴 발레리의 시구처럼 "영혼의 영혼은 노동"이 된다. 루카치에게 노동은 인간을 동물과 구분시켜주는 특질이다. 노동이 인간 영혼의 구체적 표현이라고 한다면 인간 자체를 상품으로 만드는 사회에서 영혼은 필연적으로 왜곡될 수밖에 없다. 그와 같은 영혼의 왜곡과 노예상태에 인간은 반드시 저항할 것이고 루카치는 그런 저항에서 혁명의 가능성과 노동자의 인간적 품위를 보았다.

사후적으로 보자면 비정상이 정상이 되어버린 도착적인 상품화의 시대에 루카치의 혁명이론은 고전적이다 못해 시효가 지난 사문서처럼 보인다. 루카치의 희망과는 달리 자본주의는 무너지기는커녕 전 세계를 자본주의로 포획하게 되었다. 계급의식의 각성이 아니라 계급무의식이 만연한 시대에 누가 루카치의 혁명이론에 관심이 있겠는가. 하지만 빛바랜 루카치의 이론을 재해석한 이론가가 레이 초우다. 그녀는 프롤레타리아트의 영혼을 저항에서 찾은 루카치와, 자본주의의 정신을 항의로 읽어낸 막스 베버를 연결[2]시키고자 한다. 그녀는 저항과 항의라는 비유를 통해 서로 다른 두 이론에서 유사성을 이끌어낸다. 물질적 하부의 계급적인 저항에서 관념성을 찾아내고 이데올로기적인 상부구조의 종교적인 항의에서 물질성을 발견함으로써 그녀는 양자가 조우하도록 만든다.

자본주의 정신은 물질적인 부를 향한 동기, 즉 이윤을 창출하려는 동기에서부터 비롯된다. 그것은 단지 인간적인 탐욕의 결과가 아니라 서구를 세속화시킨 특별한 내적 훈육의 힘이다. 이 내면적인 훈육을 베버는 소명calling이라고 일컫는다. 지상에서 최선을 다해 열심히 일하고 그와 동시에 부당한 제도는 고쳐나가는 것이 프로테스탄트의 소명이다. 이런 소명은 비가시적인 것이므로 그것을 알 수 있는 방법은 결국 물질적인 가시화다. 그런 맥락에서 근면, 성실, 인내, 검소, 정직과 같은 내적 훈육은 은총의 가시화이자 자본주의 정신의 구체적 표현이다. 신의 은총과 구원에의 약속은 합리적이고 결과지향적인 노동의 윤리로 구현된다. 이처럼 막스 베버는 자본주의 사회에서 이윤을 남기려고 열심히 일하는 것에 대한 심리적인 정당화를 제공해 주었다.

"나는 저항한다. 고로 나는 존재한다."라는 동일한 상황을 가지고 루카치는 자본주의에 저항함으로써 자본주의의 비인간화에서 벗어나려는 혁명의 가능성을 보았다면, 막스 베버는 항의가 자본주의를 개선하고 영속화하는데 일조하는 것으로 해석한다. 루카치가 프롤레타리아트를 위한 혁명이론을 제시하려고 했다면 막스 베버는 자본가의 관점에서 이윤 창출의 동기를 보았다. 루카치의 입장에서는 물질적 토대가 바뀌어야 혁명이 가능하겠지만, 베버의 입장에서는 종교와 같은 상부구조가 물질적 토대를 바꾸어놓는다. 하지만 막스 베버의 논리를 극단적으로 몰아가면 신자유주의 시장경제논리로 정당화된다. 노동자들의 저항으로 자본주의가 무너진 것이 아니라 오히려 동구 공산권은 몰락했고 자본주의는 글로벌 자본주의가 되었다. 그렇다면 노동자들의 저항정신은 자본주의의 몰락을 재촉한 것이 아니라 자본주의의 자생력과 번영을 가져다줌으로써 지상에서의 부를 정당화시켰다는 베버의 논리가 사후적으로 설득력을 갖게 되는 셈이다.

베버의 이론을 소설화하여 신자유주의 논리를 대변한 것이 마르틴 발저의 『불안의 꽃』(2008)이다. 이 소설에서 금융투자 상담가인 카를은 돈의 철학을 이렇게 말한다. "예술을 위한 예술은 예술 아니면 광기가 되고, 정치를 위한 정치는 반사회적이고 심지어 범죄적일 수 있으며 학문을 위한 학문은 비인간적"이 되고 만다. 하지만 돈을 위한 돈은 변질의 위험 없이 가치를 생산한다. 숫자야말로 돈이 가진 유일한 표현이다. 돈이 불어나는 것을 보는 것은 전율을 느낄만한 쾌감이다. 돈이 불어나는 것은 영혼의 고양이자 정신의 승화다. 이자는 돈을 정신적 존재로 만들고 이자가 또다시 이자를 낳고 복리이자를 얻게 되면 그 승화과정은 음악의 선율로 바뀐다. 복리이자를 표시하는 숫자는 음악의 음표이고 복리로 얻은 이자가 다시 이자를 낳는 단계에 이르면 세계는 종교적 몰아지경이 된다.[3] 말하자면 금융상품의 효과는 곧 종교경전이 된다. 신용credit은 믿음credos과 어원을 같이 한다. 신용은 『사도신경Credos』과 같은 종교적인 믿음과 흡사한 것이다. 금융자본주의는 금융상품이 미래에 가져다 줄 이윤(으로서의 천국)에 대한 믿음과 약속과 선물로 작동하는 종교적인 형태다. 교리의 내용을 말해주는 믿음이 곧 신용이고 신용은 숫자로 표시됨으로써, 우리는 돈에서 신을 느끼고 돈이 인간의 영혼이 된다. 지상에서 신의 섭리를 가시화한 것이 돈이라면, 믿음은 크레딧 수치로 표현된다. 이렇게 본다면 자신에게 주어진 돈 혹은 재능으로서의 달란트를 땅속에 묻어두고 불리지 않은 것은 범죄행위다. 한 달란트를 받았던 하인이 그 돈을 묻어두었다가 다시 되돌려준 것은 그대로 돌려준 것이 아니라 오히려 주인에게 적자를 돌려준 것이 된다. 불어나지 않는 돈은 줄어드는 것이기 때문이다. 『불안의 꽃』의 금융투자가인 카를에게 자유는 추상적인 가치가 아니다. 자유는 구체적인 돈으로 표현되는 것이다. "돈을 위한 돈, 불리기 위해 돈을 불려나가는 것. 그것은 순수가치를 창조해나가는 인간의 유일한 행위인 것이다."

사후적으로 보자면 자본주의는 몰락하는 대신 자생력을 발휘하여 글로벌 자본주의로 진화했다. 1915년 영국이 불환화폐제도를 도입한 이후 자본주의는 실물경제와는 무관하게 자유롭게 떠도는 사이버금융 자본주의 시대를 열어놓게 되었다. 노동자들은 자신의 상품화에 저항하려는 인간적 품위를 가진 존재가 아니라 팔 능력만 있다면 자신의 영혼마저 기꺼이 팔려고 한다. "착취라도 좋다, 일자리만 다오!"라고 외치는 시대에, "저항함으로써 나는 존재한다."는 말은 제정신이 아닌 소리로 들린다. 제정신이 아닌, 다시 말해 정신이 자신에게서 떠나버린 상태, 그것이 자기소외다. 이런 상태야말로 루카치가 말하는 물신화가 완성된 상태이다.

하지만 자기자본의 축적과 증식을 목표로 하는 시대는 장구한 인류 역사를 통틀어보면 극히 최근의 현상이다. 채집경제 시대로 되돌아가자는 것이 아니고, 되돌아갈 수도 없지만, 그 시절의 윤리는 축적이 아니라 분배에 있었다. 한 사람이 비록 그럴 능력이 있다 할지라도 지나치게 많은 것을 채집해감으로써 나머지 사람을 굶주리게 해서는 안 된다는 것이 채집경제 시대의 윤리였다. 과도한 근면과 축적은 죄악이었다. 비록 하늘에서 만나[4]가 떨어져 내린다 하더라도 그날 먹을 것 이상을 거둬들이지 말라는 것도 그런 연유에서이다. 떨어진 이삭마저 전부 긁어가서 자기 곳간만 채우는 것은 농경시대의 윤리가 아니었다. 한 달란트를 가진 자들이 이삭이나마 거둬갈 수 있도록 내버려두는 게으름과 너그러움이 공동체를 유지할 수 있는 한 방법이었다. 채집경제 시대는 여성들의 채집이 남성들의 수렵보다는 안정적인 시대였고, 그것을 잘 분배해야만 공동체의 생존이 가능했다. 때문에 나눔은 단지 윤리의 문제가 아니라 생존의 문제였다. 하지만 전 지구적인 금융자본주의는 이삭도 남기지 않고 '3'세계와 '4'세계의 부마저 훑어감으로써, 스피박의 표현대로라면, '3'세계와 '4'세계의 "여성들의 등골 위에 낡은 식민지 지도가 다시 그려지고 있다." 이렇게 하여 1세계 금융계의

CEO와 같은 슈퍼부자 한 명이 지구상의 1억 명이 먹고 살 정도의 부를 축적한다. 상황이 이 정도라면 이것은 능력의 문제가 아니라 윤리의 문제(혹은 범죄)이자, 단지 경제의 문제가 아니라 정치의 문제이다.

신자유주의 시대에 이르러 전 세계적으로 극심한 소득불균형이 초래된 것에 대해, 경제학자들은 테크놀로지 발전으로 단순생산직 일자리는 줄어든 반면 고도의 숙련노동에 부가 집중되었기 때문이라고 분석하지만, 그것만으로는 상상초월의 부의 집중을 설명하기 힘들다. 문제는 아무리 소득불균형이 심하더라도, 시장에 맡겨두면 보이지 않는 손이 알아서 부를 분배해줄 것이라는 (신)자유주의적인 이데올로기에 있다. 기업사냥꾼들이 국가의 경계를 넘어 세계를 정글로 만드는 시대에, 시장이 부를 적절히 자율적으로 분배할 수 있을 만큼 합리적이고 이성적일 수 있을까?

요즘처럼 다방면에서 '경계 넘기'가 유행인 시대도 없다. 이때 경계 넘기는 학문과 지식과 정보가 합심하여 자본이 전 세계로 넘나드는데 필요한 길 닦기를 해주는 것과 다르지 않다.[5] 국가의 경계는 가로지르고, 학문의 경계는 다학제로 넘고, 정보의 경계는 전자세상으로 넘나든다. 학문, 정보, 지식의 경계 넘기는 금융자본의 국경선 넘기를 원활히 하는데 봉사한다. 시장에서 돈의 흐름은 욕망의 흐름과 같아서 국가의 경계를 가로지르며 넘나든다. 다방면에 걸친 지원으로 거침없고 자유로운 자본은 상층회로를 타고 전 세계로 떠돌다가 수익이 창출될 것 같은 곳이면 어디든 머물다 빠져나간다. 반면 지상의 가난한 노동자과 소수자의 경계이동은 억제됨으로써 착취와 불법노동에 시달리도록 만든다. 제도와 정보와 지식과 규범 등을 분배하는 정치가 전 세계적으로 한 달란트 가진 사람의 것을 빼앗아서 가진 자들에게 몰아주는 방식으로 배치되었다면, 지금과 같은 엄청난 소득불균형은 보이지 않는

신의 손에 의한 것이 아니라 보이는 정치의 손에 의한 것이다. 그리하여 "가진 자는 더욱 가지게 되리라, 더욱 많이 가져 넘쳐흐르게 되리라. 그렇지만 못 가진 자는 그나마 가진 것조차도 빼앗기게 되리라. 돈을 불리는 능력이 있는 자에게 돈을 주어라."[6]라는 말이 완성된 시대에 이르렀다. 이렇게 모든 가치를 돈으로 환산하는 돈의 포르노그래피 시대는 한국사회라고 예외는 아니다.

## 2. 폭식하는 신종 귀족들

흡혈귀 은유는 서구에서 자본주의의 본원적 축적기에 주로 등장했다. 당시 신흥 부르주아들은 귀족들(무위도식하면서 농노의 등에 올라타고 있는)을 흡혈귀로 보았다. 그들이 보기에 귀족은 고고한 척 성안에 웅크리고 앉아서 농노의 아이들의 피로 목욕하고 그들의 여자를 납치하여 성적으로 유린하는 철면피였다. 귀족의 세련된 취향이 가능했던 것은 농노들이 흘린 피와 땀과 눈물이 있었기 때문이었다. 하지만 부르주아들이 경제력을 장악하게 되고 지배계급으로 부상하게 되면서 그들 또한 자신들을 치고 올라올 노동계급을 두려워했다. 그런 공포가 투사된 것이 이번에는 흡혈귀로서의 민중의 무리였다. 근육질인 남성 노동자들에게 축구공이라도 던져주지 않으면 그들이 언제 폭도로 돌변하여 자신들의 피를 빨아먹을지 모른다는 판타지가 투여된 것이 흡혈귀 은유이다.

그런데 신자유주의 시대에 이르러 흡혈귀 이미지는 넘쳐난다. <트와일라잇>은 헐리웃 판본의 봉건귀족 판타지물이다. 흡혈귀 에드워드는 뒤로는 피를 빨지 모르지만, 앞으로는 드뷔시의 달빛처럼 우아한 신귀족의 모습이다. 흡혈귀는 햇빛에 노출되면 추한 몰골이 되는 것으로 알려져 있지만, 이 영화에서 흡혈귀는 햇살이 비치면 다이아몬드처럼 찬란한 광채를 발한다. 그들은 인간이 자발적으로 인간임을 포기하고 흡혈귀가 되고 싶어 안달하도록 만든다. 흡혈귀 귀족은 지하의 관 속에 누워있는 것이 아니라 그처럼 쾌적하고 멋진 친환경 친생태의 호화로운 대저택에서 영원한 젊음과 불멸을 누린다. 흡혈귀 세계에도 서열이 있어서 에드워드는 자기 손에 피를 묻히지 않는다. 피 묻힐 일들은 아웃소싱하면 된다. 그들은 인간의 피가 아니라 동물의 피만 먹는다는 점에서 귀족적인 흡혈귀들이다. 반면 제임스는 인간의 피를 문자적으로 흡혈하는 천민자본가이다. 신자유주의 시대의 슈퍼부자야말로 우리 시대의 신종 다이아몬드 흡혈귀이다. 세계를 축지법으로 날아다니는 흡혈귀 가족은 전 세계 금융자본을 원격 조종하는 금융 CEO인 신귀족과 다르지 않다. 겉으로 보기에는 채식을 하고 우아해 보이는 그들은 세계의 부를 독식하는, 그야말로 신종 폭식증 흡혈귀들이다. 신자유주의 시대 흡혈귀는 마늘(노동자들의 저항 같은 고전적인 수법)로는 죽일 수 없다. 심지어 햇빛에 노출시켜도 오히려 다이아몬드처럼 찬란한 광휘를 발휘한다. 이제 흡혈귀는 모두가 자발적으로 욕망하는 물신이자 불멸이 되었다. 봉건귀족에 대한 향수가 오랜 잠에서 깨어나 부활한 것처럼 보인다.

신자유주의 시대 신귀족들이 전 세계의 부를 휩쓸어가는 동안, 여성화된 노동은 글로벌 분업 형태로 극심한 착취 대상이 되어왔다. 전 세계가 착취의 대상이 되고 착취가 보편화됨으로써 착취 자체는 비가시화 되어버린다. 착취가 자연스러운 노동 현실로 간주되기 때문이다. 여성들은 무보수 가사노동에서 벗어나 남성들과 마찬가지의 경제력을 갖길 꿈꾸어왔다. 그 결과 여성들이 일자리로 나가게 되면서 많은 경우 맞벌이 부부 형태가 되었다. 1980년대만 하더라도 남편 한 사람의 임금으로 4인 가족의 생계부양이 가능했었다면, 이제는 맞벌이를 해야 생계가 유지된다. 한국여성들이 직장에 나가 일하는 동안, 그들이 비운 자리는 중국조선족 여성, 필리핀 여성들의 노동으로 채워지면서 가사 노동의 재사회화와 '재노동화' 또한 진행되었다. '3'세계 여성이 저임금 돌봄 도우미로 1세계에 진출하고 나면, 동공화된 그 자리는 늙은 여성들이 또 다시 채우게 된다. 값싼 여성의 노동력이 세계적으로 이동함에 따라 여성화된 노동은 20년 전에 비해 더욱 열악한 조건에 처하게 되었다.

켄 로치의 <빵과 장미>에 의하면 1987년 로스앤젤레스 엔젤 빌딩을 청소하는 남미계 청소원은 한 시간당 8.5달러의 급료에 보험료, 의료비, 유급휴가를 받았다. 그런데 15년이 지난 2002년, 청소용역회사에 고용되어 있는 남미계 청소원은 시급 7.5달러에 의료보험료는 한 푼도 없고 유급휴가 또한 전혀 없는 상태이다. 그들 대다수는 불법으로 미국과 멕시코의 국경을 넘어서 온 사람들이다. 불법체류자 여성은 쫓겨나지 않으려고 동포인 남자 매니저에게 성상납도 마다하지 않는다. 같은 빌딩에서 일하는 연봉 몇 십만 달러의 백인전문직들의 눈에 그들은 보이지 않는 유령이고 우렁각시들이다. 낮 동안 고급전문직 백인 화이트칼라들이 쾌적한 환경에서 근무할 수 있도록 그들은 새벽 세 시에 나와서 일한다. 노동력이 전 지구촌으로 이동하는 시대에는 노동의 성별분업뿐만 아니라 노동의 이쓰닉ethnic화가 진행되고 있다.

신발 브랜드인 나이키 미국본사에는 공장이 없다. 물리적인 설비로서의 공장도 없고 신발을 만드는 노동자들도 없다. 미국본사에는 디자인을 하는 핵심 팀만 있을 뿐이다. 요즘 고용주들이 꿈꾸는 산업형태가 이런 것이다. 핵심 기술진만 남기고 부담과 부채가 될 수 있는 물리적 설비, 노동력, 공장부지와 같은 것들은 전부 하청으로 외주함으로써 공장 없는 생산, 노조 없는 브랜드화된 기업을 원한다. 노동자들이 모여 있으면 조직화되고 자신들의 권리를 주장하면서 저항할 수 있다. 하지만 유연고용제에 따라 필요한 단순작업을 아예 외국으로 넘기면 노동자들은 집단적인 노동자성을 형성할 수 없고 개별적으로 뿔뿔이 흩어지게 된다. 필요할 때마다 한시적으로 고용하거나 아니면 인건비가 저렴한 해외공장을 설치하게 되면 제품의 생산단가를 낮출 수 있고, 그것이 세계화된 시장에서 경쟁력을 갖추는 한 방식이 된다.

나이키 신발공장은 값싼 노동력을 찾아서 처음에는 한국으로 왔다가 다시 말레이시아, 베트남으로 옮겨갔다. 기업은 저렴한 노동력을 찾아 동심원의 물결이 퍼져 나가는 것처럼 '3'세계, '4'세계로 이동한다. 동남아시아 여성들의 값싼 노동력으로 인해 나이키 신발의 생산 단가는 고작 1달러이지만 완제품이 되면 100달러가 넘는다. 1달러짜리를 100달러에 판다고 하여 여성노동자의 엄청난 착취에 의존한 것이라고 곧장 주장할 수도 없다. 전체 과정의 어디에서 잉여가 발생하고 있는지 정확히 알 수 있는 아무도 사람은 없기 때문이다.

이처럼 전 지구적 차원에서 이루어지는 다국적 기업의 생산 활동은 그 정점에 이르면 금융자본처럼 가장 비합리적인 놀이와 게임으로 귀결되는 것처럼 보인다. 어떤 기업에 관한 풍문 하나만으로도 몇 시간 만에 주식이 폭등하기도 하고 폭락하기도 한다. 장 조제프 구의 비유처럼 "재화를 생산하기 위한 기획과 실현과정의 진지함이 카지노의 노름꾼을 사로잡는 것과 비슷한 열광으로 변형된다."[7] 세계 경제의 밑바닥에 '3'세계 여성노동자들의 인내와 피와 땀이 있다면, 꼭대기에는 신들의 주사위가 던져지는 우연성과 투기가 지배한다. 그렇게 하여 나이키는 말레이시아 여성노동자의 1년 전체 임금보다 더 많은 CF 계약금을 마이클 조던에게 주고, 회사의 주주와 CEO들은 엄청난 연봉을 챙긴다. 왜 그런 가격이 책정되는지 알 수조차 없다. 이제 금융자본의 상층회로는 일정한 패턴의 반복을 통해 생겨나는 불규칙한 프랙탈적 현상처럼 작동하고 있다.[8] 한국사회에서도 이런 과정은 지난 한 세대에 걸쳐 완성된 것처럼 보인다.

## 3. 다국적기업과 여성노동력

1980년대 서울이라는 동시대 동일공간에 살고 있었음에도 나로서는 기억조차 하지 못했던 어떤 '사건'이 있다. 반면 1세계에서 사는 '3'세계 지식인이었던 스피박은 자신의 저서에서 이 사건을 분석대상으로 삼았다. 당사자가 가장 잘 안다는 입장에서 당사자주의를 거론하지만, 사실 어떤 입장에 서 있느냐에 따라 기억하는 것도 다르고 사건을 배치하고 편집하여 만들어내는 서사 또한 달라진다. 자신이 직접 경험한 당사자라고 하여 외부인보다 반드시 더 잘 아는 것도 아니다. 스피박의 경우처럼 분석의 언어를 가진 관찰자가 더 유리한 입장에 설 수도 있기 때문이다.

스피박은 「페미니즘과 비평이론」에서 1982년 3월 서울에서 일어났던 '사건'을 잠시 언급한다. 1980년대 초반 한국사회는 학생운동을 중심으로 NL(민족해방), PD(민중민주주의), CA(제헌의회)과 같은 사회구성체 논쟁이 가열되었고 민주화의 열망이 들끓고 있었다. 1987년 '민주화항쟁'으로 그런 욕망은 정점에 달했다. 운동권 학생들은 '위장' 취업을 하여 민주노조를 조직했다. 위장이라는 말이 보여주듯 결코 노동자가 되기를 꿈꾸지 않았던 학생들은 노동자를 조직하는 정치적 활동가가 되길 원했다. 당시 학생운동에 참여하던 "헌신적인" 학생이든, 도서관에 앉아있는 "이기적인" 학생이든지 간에 시대적 분위기로부터 자유로운 학생은 그다지 많지 않았다.

민족해방, 민중해방, 노동해방, 반미반제 등의 구호에는 익숙했지만, 그때까지만 해도 여성노동해방이라는 단어는 익숙하지 않던 시절이었다. 그 무렵 내가 도서관에서 만난 이론가가 스피박이다. 스피박의 텍스트는 한국에 살고 있으면서도 내가 전혀 의식하지 못했던 문제를 짚어 내고 있었고, 나는 한국에서 있었던 여성노동자들의 투쟁이 역수입되어 영어텍스트로 읽힌다는 사실이 민망했다. 그와 더불어 스피박 또한 자신이 비판하는 백인 페미니스트들과 마찬가지로 한국 여성노동자의 현실이라는 원자재를 가공하여 이론상품으로 역수출한 것은 아닌가하고 투덜거렸던 기억이 남아 있다.

그 논문은 요즘처럼 대가연하는 스피박의 난삽한 글쓰기와는 달리 논지가 선명하고 자기 입장도 분명했다. 1세계 백인 중산층 페미니스트들이 '3'세계인 한국 여성노동자의 착취에 1세계 기업들과 어떻게 공모하고 있는지와 젠더에 따른 노/노(남성노동자와 여성노동자)의 대립과 갈등을 분석한 글이었다. 그녀가 보여준 통찰은 한 세대가 지난 지금 한국사회에서 완결된 느낌이 들 정도이다.

그 사건은 한국사회에서의 총체적 모순이라고 일컬을만한 온갖 모순들, 즉 계급갈등, 젠더갈등, 민족갈등, 분단갈등이 착종된 것이었다. 1982년 3월 미네소타에 본사를 둔 다국적기업인 컨트롤 데이터사의 서울 지사 소속 여성노동자 237명은 임금인상을 요구하며 파업에 들어갔다. 시위에 가담했던 주동자급 여성노동자 여섯 명이 해고되고 구속되었다. 그 해 6월 여성노동자들은 미국인 부사장을 인질로 잡고 노조지도자들의 석방을 요구했다. 미국본사는 여성노조간부들의 석방에 동의했지만 오히려 한국정부가 그들의 석방을 꺼려했다. 7월 16일 남성노동자(그 당시는 어용노조의 구사대로 불렸던)들이 공장을 기습해서 여성노동자들을 구타하고 농성을 종식시켰다. 그 일로 많은 여성노동자들이 다치고 임신 중이던 두 사람은 유산하게 되었다.

　그 시절 강철대오 노동자 범주에 여성노동자는 존재하지 않았다. 이로써 같은 노동자라고 해서 이해관계를 같이 하지 않는다는 점은 분명해졌다. 남성노동자들은 여성노동자들을 자신의 노동자성과 남성성을 위협하는 세력으로 보았다. 동일노동, 동일임금은커녕 남성노동자 임금의 절반수준이었던 여성의 값싼 노동력은 오히려 남성노동자의 위치를 불안하게 만들었다. 여성노동자들이 스스로 민주노조를 결성하고 노동쟁의를 통해 임금인상을 요구하면, 다국적기업은 폐업하고 공장을 동남아시아로 옮기겠다는 식으로 위협했다. 다국적기업의 위협에 한국인 관리직 남성노동자들이 가해자의 입장에 서게 되었다. 그 결과 사태는 노/노의 계급대립일 뿐만 아니라 젠더 대립으로 치달았다. 미국의 지지가 필요했던 독재정부 또한 여성노동자 탄압에 가세했다. 그 당시 민주노조를 만들고 파업을 하는 것은 "빨갱이 짓"이었다. 분단 이데올로기가 강고한 시절이었으므로, 한국 정권은 미국에 본사를 둔 다국적기업 노동자들의 파업을 반미행위로 간주했다. 친미정권에게 반미는 곧 친북'용공' 세력이 되는 것이다. 매판자본과 이해관계를 같이했던 정부의 시각에서 여성노동자들의 파업행위는 국가보안법을 적용해야 할 불온한 행동이었다. 다국적기업보다 오히려 한국 정부가 정권차원에서 여성노동자들의 탄압에 앞장섰다. 정부와 회사는 구사대와 경찰력을 동원하여 농성 중이던 여성노동자들을 무력으로 진압했다.

　그렇다면 한국 남성노동자가 미국인 백인남성 매니저보다 더욱 가부장적이고 성차별적이고 폭력적이어서 동족인 여성노동자를 구타하고 억압했을까? 노동자 사이에서도 젠더 문제가 개입하고 있다면 1세계 페미니스트와 '3'세계 여성노동자의 관계는 어떠한가? 다국적기업의 혜택을 받고 있는 1세계 중산층 여성들과 '3'세계 하층 여성노동자들이 여성이라는 이유만으로 이해관계를 같이할 수 있을 것인가? 백인 남성 매니저는 약자인 한국 남성노동자를 통해 지저분한 일은 언제라도 아웃소싱시킬 수 있었다. 백인남성이 덜 가부장적이고 교양이 있어서라기보다 그들은 지저분한 일을 자기 손으로 직접 할 필요가 없었다. 컨트롤데이터사의 매니저가 한 말이 그 점을 뒷받침한다. 미국인 매니저는, 임신한 여성노동자가 "아이를 유산한 것은 사실이지만 그녀가 유산을 한 것은 이번이 처음은 아니다. 이전에도 두 번이나 유산을 한 적이 있었다."면서 자기책임을 발뺌했다. 임신한 여성노동자를 착취하는 방식에 있어서 고대 노예제 생산양식과 그다지 멀리 떨어진 것처럼 보이지 않는다고까지 스피박은 신랄하게 비판하고 있다.

여기서 1세계 백인 중산층 페미니즘은 자국기업의 이해관계와 공모한다. 『미즈』의 한 여성은 "컨트롤 데이터는 사회적인 서비스를 하는 가장 계몽된 기업 가운데 하나다."라고 두둔한다. 그녀는 계몽되고 신사적인 백인 다국적기업이 '3'세계 여성들에게 그처럼 야만적인 짓을 했을 리 없다는 면죄부를 주고 있다. 과거 한때 미네소타 주 전미여성기구NOW의 재정담당이었던 키츠 캐첨은 "나는 컨트롤 데이터 사에게 여성을 승진시키고 고용하는데 적극적으로 기여해야 한다고 권고했어요. 사장에게 왜 그런 권고를 하지 않는 거죠?"라고 되물었다. 1세계 백인 페미니스트들은 다국적기업의 행태에 맹목이고 싶었을 것이다. 아시아의 하층 노동자 여성과 백인 중산층 여성이 여성이기 때문에 동일한 이해관계로 묶일 수 있는 것은 전혀 아니다.

여성노동자들의 투쟁에서 스피박이 몰랐던 것은 그로부터 한 세기가 지난 뒤의 일이었다. 스피박에게 "하위주체는 말할 수 없"을지 모르지만 이들은 스스로 말할 수 있다는 것을 보여주었다. 당대로서는 실패한 운동이었지만 한 세대가 지난 지금에 이르러 그들은 자신들의 이야기를 다시 하고 있다. 그 점에서 그들의 투쟁은 실패가 아니라 미완으로 남은 것이었다.

이혜란 감독의 <우리는 정의파다>(2005)는 우리사회가 오래 잊고 있었던 그들의 이야기를 새롭게 부각시켰다. <우리는 정의파다>의 제작일지가 보여주다시피 2005년 3월, 27년 전이었던 1970년대 말 동일방직에서 해고된 여성노동자들이 모여 복직을 요구하며 집회를 연다. <우리는 정의파다>는 한 세기에 걸친 한국 여공의 역사를 당사자의 입장에서 다시 쓰고 기록한 것이다. 동일방직 해고여성노동자 복직투쟁자 중에는 컨트롤 데이터로부터 해고되었던 이영순도 포함되어 있다. 27년 전 여성노동자들이 뭉쳐 민주노조를 조직했다는 이유로 회사는 남성노동자 구사대를 동원하여 노조사무실에 똥물을 투척했다. 그로부터 한 세대가 지난 지금까지 그들은 학자, 기자, 면담자들이 지겹도록 대상화하고 전유해간 자신들의 이야기에 반발하면서 스스로의 목소리로 이야기하고자 한다. 이제는 사오십 대가 되었고 그들 대다수는 비정규직 여성노동자로 살아가고 있다. 그들의 상징적인 복직투쟁에 동일방직은 그들의 요구를 일부 인정했다. 저항함으로써 나는 존재한다는 것을 이들은 입증한 셈이다. 그들의 이야기는 실패의 이야기이지만 그럼에도 이 다큐는 하위여성주체가 분명 말할 수 있음을 보여준다는 점에서 성공의 이야기이기도 하다.

## 4. 여성노동의 '밥, 꽃, 양' 화

다국적 기업이었던 컨트롤데이터사는 한국에서 철수했지만 1980년대 한국은 경제개발독재에다가 세계적인 3저 현상으로 경제 호조를 이루었고, 1988년 올림픽을 계기로 국민 모두가 중산층이 될 수 있으리라는 환상과 희망에 부풀어 있었다. 하지만 그런 환상은 1997년 IMF로 된서리를 맞는다. IMF사태와 더불어 성별분업의 정치경제학은 다시 한 번 그 진면목을 드러낸다. 구조조정, 정리해고의 일차적인 대상은 여성이었다. 구조조정과 변형근로제 등을 통해 무엇보다 우선적으로 여성노동이 비정규직화 되었다. 그 시절 여성노동자로 살아가는 것이 어떤 의미인지를 상징적으로 보여준 것이 임인애 감독의 다큐멘터리 <밥·꽃·양>이다.

<밥·꽃·양>은 IMF 직후였던 1998년 울산 현대자동차 정리해고 반대투쟁 과정에서 있었던 식당노조 여성노동자들의 3년간에 걸친 지난한 싸움을 찍은 다큐멘터리다. 1998년 노사정 위원회는 국가경제를 살리기 위해 현대자동차 공장 노조지도부에게 파업을 철회하라고 촉구했다. 노조집행부는 노사정 위원회의 의견을 존중하여 구조조정을 수용하기로 결정했다. 노조집행부가 받아들인 구조조정의 수치는 대략 250명에서 300명이었다. 이 수치는 정확히 현대자동차 공장 구내식당에서 일하는 여성 277명을 염두에 둔 것이었다. 생계를 책임지는 가장을 내쫓기보다는 여성노동자를 정리해고 대상으로 삼자는 것이 남성노조원들의 암묵적인 합의였다. 남성조합원들의 입장에서 볼 때 생산라인에서 일하는 남성노동자를 정리해고 하는 것보다는 식당에서 일하는 여성노동자를 정리해고 하는 것이 손쉬운 방법이었다. 생산라인에서 일하는 생산직 남성노동자의 생산성은 중시되지만, 식당에서 밥 짓는 여성노동자의 일은 단순반복 노동이고 언제라도 외주식당업체에게 맡길 수 있기 때문이었다. 파업에 동참한 가족들에게까지 하루 세끼를 꼬박꼬박 해먹였던 식당 여성노동자들을 노조지도부는 이미 정리해고 명단에 올려놓고 있었다. 노조지도부는 이들에 대한 정리해고 접수가

(남성노동자들의) 정리해고를 방지하기 위한 정리해고라고 강변한다. IMF 사태로 인한 강제 구조조정과 더불어 한국사회에서의 노동운동은 희망으로 나부끼는 '깃발'이 아니라 조합 이기주의로 나아가는 상징적인 조기가 되었다. 남성노동자와 여성노동자가 노동계급이라는 이유만으로 젠더의 이해관계도 같이 할 수 있는 것은 아니다. 게다가 해고노동자 가족대책위원회 여성과 노조집행부의 아내, 식당 여성노동자 사이에서도 입장의 차이는 분명하다. 전업주부는 남편의 정치적 입장을 대변했다. 여성이라는 이름만으로 연대하는 것 역시 불가능한 것처럼 보였다. 식당에서 일하는 여성노동자들은 계급과 젠더의 이중적인 억압을 3년에 걸쳐 온몸으로 견뎌냈다. 그들은 결국 정리해고를 받아들였고, 현대자동차 구내식당에서 같은 사람이 같은 노동을 함에도 불구하고, 비정규직이 됨으로써 임금은 절반으로 줄고 노동 강도는 두 배로 높아지게 되었다.

노조는 조합이기주의에 빠져들면서 비정규직을 양산하는데 사측과 공모해왔다. 노조 자체가 관료화되면서 일사분란하게 '예스'만을 외치도록 하는 시위 현장에서 여성노동자들의 목소리는 소음이자 울음이며 의미화 될 수 없는 비명이었다. 노조집행부에게 여성노동자는 아예 부재했다. 여성노동자에 대한 성차별과 더불어 노동운동 자체가 정치적 투쟁력을 상실하고 비정규직 양산을 방관했다. 소위 IMF 직후였던 1998년 현대자동차 노조지도부는 노동의 유연화라는 명목으로 구조조정을 '받아 안았다.' 그로 인해 비정규직이 양산되고 외주라는 이름으로 하청이 정당화되었다. 2009년 임인애 감독이 <공장의 시간은 멈췄는가?>에서 인터뷰한 비정규직 남성노동자가 지적한 것처럼 1998년은 노동운동이 패배한 치명적인 해였다. 그 이후부터 노동운동은 신자유주의 시대라는 경사면slippery slope으로 급속히 굴러 떨어졌다.

1998년 현대 자동차 파업은 노동운동이 급속히 탈정치화되는 전환점이자 노동운동의 패배를 상징하는 일대 사건이었다. 식당 여성노동자들을 복직시키는 대신 노조는 그녀들의 아들을 정규직으로 받아들이기로 했다. 우리는 삼종지도를 따르는 전근대적인 논리를 탈근대사회에서 목격하게 되었다. 가족의 생계를 책임지는 것은 남성이자 가장의 역할이다. 남자가 가족을 부양한다는 막강한 가부장적 논리 앞에서 여성들은 다시 한 번 좌절했다. 경제적 공포가 도래할 때마다 "여성은 가정으로"라는 구호가 등장한다. 여성들은 남편의 기를 살리고 아이들은 "아빠 힘내세요"를 복창해야 한다. '밥'을 짓던 그녀들은 한순간 투쟁의 '꽃'이었지만 어느새 희생'양'이 되어버린다. 그들에게는 비정규직이냐, 가족 안에서 실업자가 되느냐의 선택밖에 남지 않은 것처럼 보였다.

## 5. 생산성의 논리, 벗어날 수 없는 포로서사

한국사회에서 여성노동운동의 경우 자본의 힘에 저항하기가 점점 힘들어지고 있다. 현실적으로 노동시장 안에서 '동일노동 동일임금'에 바탕을 둔 임금투쟁과, 노동의 서열화에 대한 투쟁만으로도 벅차다. 신자유주의 이후 정규직 남성노동자 / 여성노동자, 비정규직 남성노동자 / 여성노동자, 간접고용 남성노동자 / 여성노동자, 이주 남성노동자 / 여성노동자, 미등록이주 남성노동자 / 여성노동자 등으로 노동의 젠더화와 서열화는 더욱 촘촘해지고 더욱 불안정해졌다. 노동시장의 불확실성과 불안정화가 소위 말하는 노동의 유연화였다. 비정규직, 간접고용노동(외주, 용역, 위장도급)의 경우 노동권 보장을 바라는 것조차 힘겨운 투쟁이 되었다. 이들은 노동을 팔지 않으면 살 수 없도록 구조화된 사회에서 노동을 팔 수 있는 권리와 기회는 박탈당한 채, 수시로 실직상태에 내몰리게 되었다. 이런 상황이므로 여성노동운동이 자본주의의 생산성 논리에 저항하려는 정치투쟁노선을 상정하는 것은 꿈꿀 수조차 없는 형편이다.

젠더에 따른 노동의 서열화는 아이러니컬하게도 좌파정부라고 오해 받는 참여정부를 거치면서 더욱 강화되었다. 노동자라고 다 같은 노동 자가 아니고 노동계급 여성이라고 해서 동일한 입장도 아니다. <밥·꽃·양> 등에서 보다시피 대기업 남성정규직 노동자들은 자신들을 위해, 일차적 정리해고의 대상으로 같은 노조원이었던 여성노동자들을 사측과의 협상테이블에 내놓았다. 노동의 서열에서 소위 막장을 차지 하는 간접고용의 경우는 주로 가사노동과 감정노동의 사회화에 따른 것들로 여성들이 대부분 담당하게 된다. 열차 승무원, 호텔 룸메이드, 식당 노동자, 지하철 청소원의 경우가 이런 노동에 해당한다. 이들의 원청업체는 이미 (비)정규직으로 고용된 여성노동자들에게 이직을 요 구하고 용역업체를 통해 고용계약을 맺는 방식으로 고용을 간접화한 다. KTX 여승무원들의 장기간에 걸친 투쟁도 고용을 간접화하려는 것 에서 비롯되었다. 고용을 간접화하면 기업이 그토록 원했던 고용의 유 연화는 말할 것도 없고 경영합리화라는 명목으로 임금삭감, 인원축소, 경비절감 등이 신속하게 진행될 수 있다. 노동유연화라는 이름하에 주 변업무로 규정되는 노동을 기업이 일방적으로 외부화하더라도, 전 세 계적인 경쟁체제 안에서 기업이 살아남기 위한 경쟁력 확보라는 논리 앞에서는 모든 것이 무력화된다. 경제논리로 모든 것을 해석하게 되면 가장 합리적인 경영은 최대의 이윤을 창출하는 것이고 그중 가장 간단 한 방법이 노동력을 최소화하는 것이다. 이렇게 되면 기업이 아무리 흑자를 내더라도 고용은 억제되고 노동자는 기업의 필요에 따라 수시 로 감원과 퇴출의 대상이 된다.

여성주의 또한 신자유주의 시대에 생산성과 경쟁력이라는 담론에 적극적으로 협력해왔다. 여성주의는 흔히 '대세'라고 불리는 시대적인 상황을 거슬러나갈 수 있는 의제를 내놓지 못했다. 탈학교 대안교육을 주장하는 여성이론가의 경우, 강압적이지 않은 대안교육을 실시하면 세계무대에서 경쟁할 수 있는 '진정한' 경쟁력을 갖춘 인재를 생산할 수 있다고 주장한다. 양성평등을 주장하는 여성정책입안자들의 경우, 여성의 리더십 강화를 주장하면서 "여성이 남성과 차별 없이 노동시장에 진입할 수 있다면 사회 전체적으로 생산성을 향상시키고 경제적인 이윤을 더욱 높일 수 있을 것"이라고 설득해왔다. 고용의 기회평등을 요구하면서도, 고등교육을 받은 여성의 능력을 사장시키는 것은 국가경제의 측면에서 대단히 비효율적이고 비경제적이라고 주장했다. 여성주의 또한 노동생산성과 그것을 바탕으로 하여 젊은 여성(생산과 재생산이 가능한 여성)을 자기 이론의 중심으로 삼고 있으며 그런 구조를 지탱하는데 공모해온 지점이 있다. 그런 공모의 핵심에 매춘노동에 관한 논란이 자리하고 있다.


## 6. 여성거래와 매춘

매춘의 문제에 있어서 제도화된 탈성매매주의와 대립각을 세우는 성노동주의도 생산성 논리에서는 적대가 아니라 동전의 양면이다. 매춘을 성노동으로 번역하는 논리의 근저에도 생산성의 논리가 자리하고 있다. 성노동주의는 매춘 또한 신성한 노동의 하나로 포함시킴으로써 자신들의 진보성을 담보하고자 한다. 매춘을 성노동이라고 보는 입장 또한 매춘을 통한 몸의 생산성을 주장하는 것이다. 탈성매매주의는 매춘을 사회적 낙인으로 간주함으로서, 탈성매매라는 정화의례와 직업교육을 통해 매춘여성들을 '신성한' 노동시장에 재편시키려고 한다면, 성노동주의는 감정노동이나 가사노동과 마찬가지로 섹스워크 자체가 '신성한' 노동의 하나라고 주장하면서 매춘의 노동성을 보장하기 위해 투쟁한다.

탈성매매주의는 자본주의 구조 자체가 외설적이라는 점[9]에는 눈을 감고 결혼과 가족의 구조 속으로 들어온 성만을 허용하려고 한다는 점에서 보수적인 중산층 가족중심주의에 사로잡혀 있다. 탈성매매를 해야 한다는 바탕에는 '단정한 성' 이외의 성은 인정하지 않으려는 순결주의 입장이 자리한다. '오염된 여성'을 정화시켜 예수 옆자리에 앉아 있는 막달라 마리아로 만들려는 것이 탈성매매주의의 입장이다. 매춘여성들 중 '단정한 노동'으로 들어올 수 있는 여성은 탈성매매라는 이름으로 구출되는 반면, 온정주의적인 구출의 그물망에 포획되지 않은 여성은 거리의 여성으로 비체화된다.

여기서 가부장제의 이중적인 섹슈얼리티 전략이 동원된다. 매춘은 계급 사이의 윤리 경제의 문제로 치환되어버린다. 가난한 계급의 여성은 도덕적으로도 빈곤하고 헤픈 여성이므로 함부로 대하거나 구매하면 그만인 비천하고 오염된 대상이라면, 중산층 여성은 장차 재생산을 해야 할 단정한 몸이므로 함부로 대해서는 안 된다는 논리가 등장한다. 여자친구의 순결을 지켜주기 위해 매춘여성을 찾아가 성욕을 해소한다는 식의 무협지적인 발상이 등장하게 되는 것도 이 때문이다. 이렇게 하여 가부장제의 이중적인 성적 전략은 섹슈얼리티를 사이에 두고 여성들 사이의 성전性戰이라는 대리전을 치르도록 만든다.

세월만큼 오래된 직업profession으로서 매춘은 여성들 사이에 성도덕을 배치하는 한 형태이다. 매춘여성은 중산층 가정의 외양을 유지하는데 있어 필수적이다. 박민규[10]의 소설을 꼬아서 말하자면 단정한 중산층 가족을 유지하는데 필요한 '딜도'가 매춘여성이다. 접대문화가 기업문화의 하나로 자리하고 있는 한국사회에서는, 남편이 성상납을 하는 것은 비즈니스의 일부이기 때문에 그것을 담당해줄 '술집여자'가 필요하다는 것이 암묵적으로 인정된다.

이렇게 본다면 성노동 인정투쟁을 하는 성노동주의자들의 시각이야말로 대단히 아이러니컬할 수도 있다. 성노동자를 계몽의 대상으로 삼지 않고 매춘의 노동자성을 인정한다는 점에서 일견 진보적이지만, 다른 한편으로 그들의 주장은 보수적인 가부장제를 유지하는데 일조하게 된다. 중산층 가족 중심의 '단정한 성'을 유지하는 수단으로 매춘노동을 암묵적으로 인정하는 가부장적인 논리와, 팔 수 있는 몸의 성적 자율권을 주장하는 진보적인 여성주의의 논리는 이렇게 하여 동전의 양면을 이루게 된다. 가장 보수적인 가부장적 남성들과 급진적인 여성주의자들의 주장이 뫼비우스 띠처럼 꼬여 서로 만나게 되는 것이다.

탈성매매 운동진영은 2004년 성매매방지법을 통과시켰다. 성매매방지법 이후 청량리와 용산 같은 집결지는 경찰의 강력한 단속으로 폐지되었고, 깔끔하게 정리된 그곳은 이제 황금알을 낳는 재개발지역이 되었다. 철거민의 주검과 매춘여성들의 등골 위에 휘황하고 '수상적은 건물들'이 올라서 있다. 좋은 뜻으로 추진한 성매매방지법은 정부가 집결지를 강제로 폐쇄하고 철거하는데 명분을 제공해주는 역할을 했다. 그 결과 폭력적인 정부, 경찰, (여성)운동단체가 합심하여 철거민, 홈리스, 매춘여성들을 거리로 내모는데 일조했다. 매춘여성들은 이제 생존회로를 따라 세계를 떠돈다. 용산의 집결지에서 쫓겨난 여성들은 평택으로 가거나 일본, 로스엔젤리스, 알래스카로 떠돌게 된다. 탈성매매주의자들은 자신들이 구출하려고 했던 사람들의 생계터전인 집결지를 정화gentrification함으로써 공간의 중산층화에 힘을 실어주게 되었다.

신자유주의 시대에 이르면 모든 가치가 돈으로 가격화된다는 점에서 탈가치화된다. 이윤을 남기는 것이 선<u>善</u>이고 선이 이윤인 시대이다. 금융자본의 모델을 빌려와서 사유하자면 돈 이외의 안정적인 척도는 없다. 그것은 가치의 척도로서 금본위제가 사라지자 절대적인 가치가 사라지는 것과 마찬가지 현상이다. 태환제도가 있을 때는 상품화폐와 노동가치의 세계가 있었고 그것과 대칭적으로 교환할 수 있는 금 혹은 실물경제로서의 현실이 있었다. 하지만 불환화폐 시대에 모든 가치는 불안정하게 떠돈다는 점에서 자유롭다. 노동으로부터의 자유, 고용으로부터의 자유, 자유라는 이름으로 끔찍한 경제적 공포와 불안이 만연된 시대, 그것이 신자유주의 시대이다.

신자유주의 시대는 가난한 사람들의 영혼을 파괴한다는 점에서 폭력적이다. 신자유주의가 말하는 새로운 자유는 노동으로부터 자유로울 수 있는 자유와 다르지 않다. 노동하지 않고 살 수 없는 시대에 노동으로부터 자유로운 자들은 시혜에 의존해야만 한다. 그런 맥락에서 신자유주의 시대는 새로운 신분제 사회로 퇴행하고 있다. 자본주의 사회에서는 아무리 생산을 해도 소비가 없으면 그런 생산은 불모나 다름없다. 이윤창출이 윤리이고 소비가 선인 시대라고 주장한다면, 복지는 시혜가 아니라 소비를 증진시키는 힘이다. 특히 빈곤층의 복지비용은 거의 전적으로 소비로 되돌아온다는 점에서, 빈자들에게 돌아가는 복지는 생산과 소비의 순환고리에서 선의 역할을 담당하는 것이다. 신자유주의 시대 다국적기업의 CEO가 전 세계 1억 명을 먹여 살릴 수 있다고 한다면 말 그대로 먹여 살려달라는 것이다. 1명의 CEO가 1억 명의 사람들에게서 부를 앗아갔다면, 그들의 부를 세금으로 거두어 분배함으로써 가난한 자들이 소비라는 선을 행할 수 있도록 하는 것이 한 가지 해결책이기 때문이다.

노동력이 전 세계로 유랑하는 글로벌 시대를 맞이하여, 생산성의 논리는 무수한 비정규직과 불법노동자 같은 국가적 비체만을 끊임없이 배출하게 될 것이다. 테크놀로지는 인간의 생산성을 월등히 초월할 수 있다. 이윤을 창출하는 가장 손쉬운 방법은 노동인력을 줄이는 것이다. 일자리를 줄이겠다는 시대에 생산노동을 신성화하고 성장의 신화에 매달릴 것이 아니라 노동과 일의 개념을 달리할 필요가 있다. 글로벌 차원에서 노동력이 이동하고 있고 노동의 이쓰닉화가 '3', '4'세계와 같이 지구의 주변부 끝까지 진행될 것이므로, 노동의 정규직화에만 매달리는 것이 전략적으로 효과를 거두기는 힘들다. 비정규직으로서 안정화된 노동의 자유로운 조건을 만들어내는 일상의 정치가 필요하다. 가라타니 고진의 말대로 노동운동이 소비자운동과 별개가 아니라면 자본주의 사회의 상품회로에서 생산자로서의 노동자는 언젠가 한 번은 소비자의 위치에 서게 된다. 소비 없는 생산은 경제공황과 경제적 공포를 불러 올 것이고 사회의 공황장애를 불러일으킬 것이다. 자본이 가진 욕망의 콜레스테롤 수치가 높아져 혈액순환의 '기'가 막히면 자본주의의 동맥경화증이 초래될 것이므로, 일하지 않고 소비하지 않는 투쟁을 한 번 해보는 것은 어떨까? 이때 빈둥거림은, 임금으로 환산되는 노동 이외에는 자신의 능력을 철저히 무능력하게 만드는 생산성의 포로에서 벗어나, 손과 몸을 움직여 제작할 수 있는 능력을 회복한다는 뜻이다. 노동생산성의 속도전으로 경험하는 시간이 아니라 자기 삶을 예술화하는 느린 시간의 경험이 필요하다. 그것은 모든 것을 돈으로 지불하지 않을 수 있도록, 시간을 공유할 수 있는 일의 지평을 열어나가는 삶의 한 방식일 것이다.

# 국가

국가와 법과 젠더

## 1. 국가폭력과 법과 정의

국가는 법으로 상징되고 법은 정의를 실현하는 장치이다. 그렇다면 국가는 곧 정의실현 장치로 연결될 수 있다. 그런데 오쿠다 히데오의 소설 『남쪽으로 튀어』는 국가가 과연 정의를 실현하는 공평무사한 장치인지를 심문하는 소설이다. 이 소설에서 전공투[1] 출신인 우에하라는 소설이나 쓰겠다고 하지만 사실 집안에서 빈둥거리는 백수다. 그는 일 없이 빈둥거림으로써 역사의 종말을 앞당기는 "무위도식하는 불량배"처럼 보인다. 그는 여느 부모들과 달리 아들인 지로에게 학교에 다니지 말라고 유혹하고, 납세의 의무에는 저항한다. 국민의 의무인 납세를 하지 않으면 범법자가 된다. 국가 앞에서 자신의 무죄를 입증하는 방식이 국가가 부여한 의무를 이행하는 것이다. 그런데도 우에하라는 일본국민이면 세금을 내야 한다는 세무공무원의 말에, 자신이 일본인임에는 틀림없지만 일본 국민이어야 할 이유는 없다고 대답한다. 그가 일본 국민이기를 포기한 이유는 국가폭력이 국민 전부를 피지배층이자 죄인으로 만들기 때문이라는 것이다. 그에 의하면 국가의 호명에 복종하는 순간, 개별 존재는 국민의 자격을 부여받음과 동시에 국가의 폭력에 언제라도 볼모잡힌 황국신민이 된다. 그는 스스로를 일본인/일본국민(시민) 사이의 비가시적인 영역에 위치시킨다. 우에하라는, 국가의 국민으로 호명되는 순간 우리 모두는 국가폭력에 무방비로 노출된다는 이론을 소설화한 인물처럼 보인다.

『남쪽으로 튀어』가 코믹하게 보여준 것처럼, 국가의 시민이 되는 자와 그렇지 못한 존재들 사이에는 틈새가 있다. 그렇기 때문에 국적, 시민권, 영주권 등을 얻어 국가의 구성원이 됨으로써 인간대접을 받으려고 열심인 사람들의 입장에서 보자면, 우에하라의 저항은 웃음을 유발하는 사치스러운 놀이처럼 보일 수도 있다.

근대화된 세계에서 국가는 부자에게서 더 많은 세금을 거두어 사회적 약자에게 분배하려는 장치를 마련해왔다. 세금을 통한 경제적 재분배와 더불어 강자의 폭력에 희생당하는 피해자를 보호해줄 장치도 정비해왔다고 믿는다. 비록 그것이 우에하라가 지적하는 것처럼 국민을 장기 지속적으로 강탈하는 한 방식이라고 조롱한다 하더라도 말이다. 국민 된 자들은 약자가 기댈 수 있는 언덕이 국가라고 상상한다. 사회적 약자가 강자의 폭력에 억울하게 당하지 않도록 국가가 개인을 대신하여 법적인 정의를 실현해줄 것이라고 사람들은 믿는다. 그래서 주먹은 가깝고 법은 멀어도 가까이에 있는 주먹에 의존하지 않고 멀리 있는 법에 호소하려고 한다.

그런데 발터 벤야민의 생각은 이와 다르다. 벤야민의 통찰은 국가로 대변되는 법에 대한 통상적인 믿음과 국가에 대한 환상을 근본적으로 탈신비화한데 있다. 「폭력 비판을 위하여」에서 벤야민은 국가로 상징되는 법은 정의의 구현체가 아니라 폭력의 결정체라고 주장한다. 그에게 법과 폭력은 불가분의 관계이다. 자연법주의는 정당한 목적을 위해 폭력적인 수단의 사용을 문제 삼지 않는다. 자연적 목적에 합당한 폭력은 그 자체가 자연적 소여이므로 적법하고 정당한 것이 된다. 하지만 근대국가의 출현 이후 개인에게는 그런 자연적 폭력이 허용되지 않는다. 홉스의 사회계약설에 의하면 계약 자체가 기원에서부터 폭력의 교환이다. 근대국가의 탄생은 폭력의 국가독점과 다르지 않다. 외부권력이 개입하지 않는 자연 상태에서 인간은 살아남기 위해 결사적으로 싸우느라 목숨 부지하기가 힘들어진다. '만인은 만인의 이리'인 야만상태에서 모든 인간은 목숨을 부지하기 위해 개인적인 폭력을 국가에 반납하고, 그런 조건 하에서 국가는 절대적으로 무기력해진 개인을 보호해준다.

국가가 개인들에게 맞서 폭력을 독점하려는 것은 (정당한) 법적인 목적을 보존하기 위해서라기보다 자신의 법 자체를 보존하려는 법 보존적 욕망에서 기인한다. 법이 폭력을 두려워하는 까닭은 폭력에는 새로운 질서를 정립하려는 혁명적인 충동이 들어있기 때문이다. 법 정립적인 폭력은 법 보존적 폭력에 대한 대항폭력이다. 총파업의 경우, 허용된 법테두리 내에서 기존 법질서를 전복하는 대항폭력이 된다. 위대한 범죄자를 보면서 대중들이 느끼는 매혹은 한때는 자신들에게도 있었을 "입법가나 예언자로서의 흔적"[2]에서 기인한다. 사람들은 종종 가족납치범이나 강간범을 법에 호소하지 않고 직접 처단한 살인자를 두둔한다. 법질서에 모든 폭력을 반납하지 않고 자신이 '자유의지'로 행동할 수 있었던 시절에 대한 향수가 사람들에게는 남아있다. 그래서 우리는 신화적 영웅, 대범죄자, 혁명가, 무정부주의자들의 법 정립적 폭력에 환호하기도 한다.

벤야민이 주장한 대로라면 기존의 법 보존적 폭력이든 새로운 법 정립적 폭력이든 양자 모두 폭력에 의존해 있고 아무도 그로부터 벗어나지 못한다. 결국 새로운 역사는 '법에 의존한 폭력의 중단, 즉 궁극적으로 국가폭력의 중단을 통해서 시작'되는데, 아마도 그것을 가능하게 해주는 것이 '신적인 폭력'일 것이다. 이 수수께끼 같은 신적인 폭력은 법 보존적인 폭력과 법 정립적인 폭력을 넘어서는 폭력이다. 하지만 그것은 신의 계기가 아니라 역사적 계기에서는 오해하기 십상인 마법적인 폭력이다. 절대적 폭력으로서의 신적인 폭력이라는 논리가 결국은 벤야민으로 하여금 현실적인 나치의 폭력을 인정하게 하는 계기가 되지 않았는가라는 의심을 받게 되는 것도 그 때문이다.

이처럼 국가, 법, 폭력이라는 말이 지나치게 팽창하면 과연 무엇이 폭력인지 알 수 없는 지경에 이르게 된다. 알튀세의 경우 이데올로기로부터 벗어날 수 없는 것처럼, 벤야민의 경우 폭력으로부터 아무도 벗어날 수 없게 된다. 한나 아렌트처럼 폭력과 권력을 엄격하게 구분하는 것조차 무의미해 보인다.[3] 국가폭력 너머를 사유할 수 없게 되면, 오히려 정치적 저항의 지점을 찾기는 점점 힘들어진다. 국가폭력 자체가 구조적으로 중층 결정되어 있으므로 원인 제공자는 없어지고 법적인 효과로서의 전방위적인 폭력이 지배하게 되는 것이다. 궁극적인 책임소재는 분산되고 권력과 폭력은 텅 빈 곳으로부터 나오게 된다. 이런 시대에 국가폭력을 절대화하지 않으면서 그것을 순치시킬 수 있는 정치적 가능성은 없는가. 그럴 경우 국가와 개인의 권리는 과연 어떤 관계에 있는가. 개인들 중에서 더 많은 권력과 더 많은 인권을 확보한 자들과 그렇지 못한 자들의 경계 이동의 가능성은 없는가. 무력한 개인이 인간으로 대접받기 위한 권리를 확보해나가는 정치의 힘을 어떻게 발휘할 수 있을 것인가. 이것이 문제다.

## 2. 국가법 이전 혹은 너머의 여성

국가법이 기원에서부터 폭력적이라 해도 개인은 국가의 호명에 복종할 때라야만 '정치적' 주체로 등장할 수 있다. 페미니스트들은 국가가 여성을 제2의 성이자, 이등시민으로 만들었다고 신랄하게 비판해왔다. 하지만 적어도 근대국가의 탄생 이후, 국가는 단지 여자라는 이유만으로 국민에서 배제시키지는 않았다. 일단 국가가 국민으로 호명해주어야만 국민 안에서 이등시민이나마 될 수 있기 때문이다. 하지만 여성에게는 국가의 법 혹은 '정치의 장'에서 배제됨으로써 그런 국가법에서 벗어나 있던 역설적인 시절도 있었다. 이때 국가법에서 벗어나 있다는 것은 폭력적인 국가의 보호나마도 없었다는 이중적 의미이기도 하다. 국가법으로부터 벗어나 있는 여성의 공간은 정치적인 영역에서 배제되었고 따라서 공적인 장에 포함되지 않았던 사적인 공간으로서의 혈연 공동체였다.

그리스 시대 가내경제영역인 오이코스oikos는 '가치 있는' 공적인 장에서 배제되었다. 힘들게 노동해서 먹이고 입힐 것을 장만하고 아이를 낳아서 기르는 일은 여성(과 집안의 노예)의 몫이었다. 노예의 육체노동과 여성의 재/생산 노동은 천시의 대상이었고 정치를 하는 것이야말로 가치 있는 삶이었다. 이런 가치 있는 삶을 태생적으로 부여받은 존재는 남성 자유시민이었다. 아리스토텔레스가 말한 '정치적 동물'에 여성, 노예, 아이, 동물은 원천적으로 배제되어 있었다. 노동하는 삶은 무가치한 반면 정치하는 삶은 '가치 있는 삶'이라고 규정하는 것 자체가 정치적 판단이자 자유시민 귀족남성의 이해관계를 대변하는 것이지만, 어쨌거나 정치의 장으로 아예 들어올 수 없는 존재들은 '그림자 영역'에 속하게 된다.

그림자 영역에 속하는 사람들은 공적 영역에서 행위주체가 되지 못한다. 여성에게는 자기 행위에 대한 책임을 법적으로 묻지 않았다. 여성이 죄를 저질렀을 경우 국가는 가족의 수장에 해당하는 시/아버지, 남편, 아들 등 집안의 남자들에게 처분을 맡겼다. 여성은 법적인 당사자로 구성될 수 없었으므로 가내의 가족장을 통해 다스려졌다. 이때 여성에 대한 처벌을 생사여탈권으로 혼동해서는 안 된다[4]고 아감벤은 주장한다. 가족장의 생사여탈권은 오로지 아버지가 아들에게 행하는 것이며, 그것은 자유시민 남성에게만 태어날 때부터 주어지는 것이다. 공적으로 죽을 수 있고 죽일 수 있는 생명 자체가 남성에게만 배타적으로 부여된다는 말이다. 이런 상황에서 여성이 그림자 영역에서 벗어나 공적인 장으로 들어갈 수 있는 거의 유일한 방법은 매춘여성이 되는 것이다. 그리스의 경우 공론의 장에 나와 철학자나 정치가들과 지적대화와 토론을 나눌 수 있었던 여성은 매춘여성들이었다. 소크라테스의 스승이었다고 하는 디오티마는 매춘여성이면서 동시에 여성철학자였다.

그리스 시대 여성은 이처럼 폭력적인 국가법으로부터 배제됨으로써 혈연(생명의 법)의 법칙에 따라 사는 존재가 되었다. 정치공동체에서 원천적으로 배제된 여성은 정치의 문법을 따라 자식의 생명을 기꺼이 내놓으려고 하지 않을 것이다. 자기가 낳은 생명이 우선이므로 어머니는 자기 자식의 목숨을 국가에 바치고 싶어 하지 않는다. 예를 들어 로마의 장군 브루투스는 반역죄를 지은 아들을 주저 없이 처형한 뒤 "로마 인민들을 대신 아들로 삼았다"고 선언한다. 법의 관점에서 보자면 혈육의 정과 상관없이 누구에게나 평등하고 엄격하게 법을 집행하는 그가 공평무사하다고 말할 수 있을 것이다. 하지만 그는 "입양의 형태로 죽음의 권한을 전체 인민에게 이전시킨다."[5] 그는 국법을 어긴 자기

아들을 참수하면서 로마의 모든 인민의 목숨을 인질로 삼는다. 이와는 달리 동양의 고사에 나오는 한 어미는, 전령이 와서 당신 아들은 전쟁터에서 살아남았으니 기뻐하라고 전하자 어떻게 자기 아들이 살아남았느냐고 묻는다. 전령은 그녀의 아들이 장단지에 독화살을 맞고 죽어가고 있었는데 장군이 입으로 독을 빨아내서 살았다고 전한다. 그러자 어미는 이제 내 아들은 죽은 목숨이나 다를 바 없다고 대성통곡한다. 전령이 그게 무슨 소리냐고 묻자 어미는 장군이 아들의 목숨을 살려주었으니 아들의 목숨은 이제 장군에게 바친 목숨이고 그러니 죽은 목숨이라는 것이었다. 어미는 아들이 일시적으로 생존했지만 결국은 국가에 볼모로 잡힌 목숨이라는 사실을 잘 알고 있었던 것이다. 이렇게 본다면 국가 이전의 혈연에 토대한 이기적인 모성이 오히려 공동체의 모든 목숨을 담보로 잡는 방법(브루투스처럼 전쟁 등을 통해)이 아닌 이타적인 지평을 열 수 있다. 사사로운 모성이 평화로운 공존을 모색하고 생명의 신성함에 봉사할 수도 있다는 역설이 성립된다.

　여기서 일군의 페미니스트들이 보여준 유머는 생명과 혈연에 바탕한 모성이 공적인 국가법보다 우월하다고 주장한 점이었다. 사라러딕 Sarah Ruddick의 경우 "모성적 사유", 즉 모성경험을 바탕으로 하는 보살핌의 윤리를 주장해왔다.[6] 그녀는 여성적인 사랑과 보살핌의 윤리가 공적, 정치적 영역에서의 보편적 정의(아버지의 법)보다 우월하다고 주장하면서 공사영역의 기존 가치를 전복시킨다. 공적인 정의는 남녀를 막론한 것이 아니라 정치의 장에 들어가 있는 남성들만의 정의였다는 점을 페미니스트들은 통렬하게 비판해왔다. 보편적 정의에 포함과 배제의 원칙이 개입한다면 보편은 더 이상 보편이 아니기 때문이다. 루스 이리가라이가 혈연에 기초한 친족법이 크레온의 국가법보다 우월하다는 주장을 펼 수 있었던 이면에는 혈연에의 충정과 사랑의 윤리를 공적인 정의보다 우월한 것으로 두었기 때문이다. 페미니즘이 남성적인 경쟁의 논리가 아니라 여성적인 보살핌의 윤리에서 우월성을 찾을 수 있었던 것도 바로 그 때문이었다.

문제는 사적영역과 맺는 여성의 사랑이 공적 영역에서 걸림돌이 된다는 기존의 주장을 여전히 반박하기 힘들다는데 있다. 우리사회에는 가문이라는 이름으로 기득권을 재생산해온 그 이면에 안방정치가 있다. 가족이기주의의 중심에 모성이 있으며 모성의 이름으로 하지 못할 일은 아무 것도 없다는 점을 돌이켜본다면, 여성이 사적인 정에 묶여 혹은 바로 그 보살핌의 윤리에 묶여, 내 자식만큼은 절대로 사지로 내몰고 싶어 하지 않는다는 것을 모두가 인정하지 않을 수 없게 된다. 그 경우 국가의 욕망에 앞서는 것이 바로 사적인 사랑이다. 그렇다면 모성은 공적인 정치의 장으로 들어갈 수 없는가?

이런 문제에 봉착한 페미니스트들은 사적 영역에 기초한 모성이 아니라 남녀의 차이와 평등의 문제로 눈길을 돌리게 된다. 여성은 장구한 세월을 사적 영역에 묶여 지냈으므로 공적인 언어를 배울 기회가 없었다. 그러므로 초기 페미니스트들은 여성에게도 공적인 언어를 배울 기회를 준다면 남성과 마찬가지로 공적질서를 존중하고 사적인 욕망보다 공공의 선을 우선할 수 있을 것으로 보았다. 가부장제에서 사적인 영역에 유폐된 여성들은 교육을 통해 공적인 정치의 장으로 나갈 수 있다고 울스톤 크래프트는 주장한 바 있다. 따라서 교육과 계몽은 초기 페미니즘의 핵심적인 의제였다. 근대 민주주의 이후 학력이 신분을 대신한 지 오래다. 자유와 평등을 주장하는 민주주의 사회에서 학력은 평등한 사회에서 발생하는 위계질서를 정당화하는 합리적인 원칙이 되기 때문이다. 그래서 교육은 여성이 직업을 확보하고 공적인 장으로 나가기 위한 필요조건이 되었다.

하지만 차이와 평등이라는 페미니즘의 의제 또한 현실적, 이론적인 딜레마에 처하게 된다. 남녀평등은 남녀의 능력에 차이가 없으므로, 여자도 남자처럼 할 수 있다고 주장하는 것이다. 평등의 논리는 남성을 보편으로 설정하고 그런 보편적인 가치로 여성이 닮아가는 것이다. 남녀평등을 지향한 결과 모두 하나의 성이 되는 값비싼 대가가 기다리고 있었다. '모두가 남성이 됨으로써 동일성을 자기복제하는 것이 페미니즘의 목표인가'라는 의문이 들지 않을 수 없다. 남성과 평등한 능력을 인정받아서 제도로 편입한다는 것은 국가의 가치를 보편적인 것으로 수용하겠다는 것과 다르지 않다. 그럴 경우, 차이의 정치에 바탕하여 여성의 특수성과 고유성을 주장하기 힘들어진다. 제도적인 문법을 받아들일 수 있는 능력이 있다는 점에서 남녀가 평등하다고 주장했다면, 공적인 정치의 장 안에서 여성특유의 차이를 주장한다는 것은 자기모순이기 때문이다.

이것이 바로 제도화된 페미니즘이 가부장적인 국가와 사랑에 빠질 수밖에 없는 이론적인 딜레마였던 셈이다. 정치의 장으로 편입한 이상, 여성의 차이를 주장하는 것은 어렵다. 공적인 정치의 장 안에서 여성은 여성으로 살아남는 것이 아니라 남성으로 살아남는 것이다. 그 안에서 살아남으려면 남성과 같은 전투적인 능력을 구사하거나 아니면 고전적인 여성의 역할인 '사랑받을 짓'을 해야 한다. 국가법 아래에서 여성이 사랑받을 수 있는 방법은 그 질서를 재생산해주는 것이다.

## 3. 국가페미니즘의 딜레마

근대민주주의와 더불어 여성들이 폴리스 바깥, 혹은 정치적 공간 바깥의 그림자 영역에 존재할 수 없다면 정치의 공간을 확장시켜서 자신들을 포함시키는 방향으로 갈 수밖에 없다. 그것이 국가페미니즘이다. 국가페미니즘은 국가법 자체에 복종하면서도 그것을 순치시키고 협상할 가능성을 모색하는 이중적인 구속을 스스로에게 부과하고 있다.

국가페미니즘은 국가와 협상하는 것에서부터 출발한다. 이해관계가 상충하는 집단들 사이에서 갈등과 긴장이 분출할 때 '젠더'관점에서 적극적인 중재와 보호기능을 발휘함으로써, 복지국가로서의 역할을 수행하도록 국가를 순치시키는 것이 국가페미니즘의 역할이기도 하다. 국가의 보호기능에 의존하면서도 가부장적인 국가법의 변화 가능성을 탐색한다면, '넓은 의미'에서 국가 페미니스트이다. 좁은 의미로 보자면 페미니즘의 의제들을 해결하고 여성의 평등과 권리를 쟁취하기 위해 국가기구와 정책에 참여하면서 관료화되고 제도화된 페미니즘을 뜻한다. 간단히 말해 국가페미니즘은 여성권익보호를 위해[7] 정부의 여성관료가 되는 것을 의미한다. 국가페미니스트라는 용어 자체가 이미 페미니즘 안에서 정부기구로 여성이 진입하는 것을 긍정적으로 본 것만은 아니라는 뜻을 함축하고 있다. 다른 한편으로 국가가 아무리 폭력적이라고 하더라도 여성이 정치의 영역에서 스스로 주변화되어 자국에서의 망명객이자 난민이 될 것이 아니라면 정치의 영역에 개입해야 한다는 입장이 있다. 그것이 국가페미니즘을 대변하는 한 입장이다. 그런데 한국에서 국가페미니즘은 이런 이중적인 부담을 떠안고 있었다기보다는 오히려 국가에 철저히 복종함으로써 어떻게 스스로의 소멸을 자초했는가라는 점에서 살펴볼 만한 가치가 있다.

르낭은 망각이야말로 국민되기의 기본 전제라고 주장한 바 있다. 지금으로부터 사반세기 전에 창간된 『여성』1호(1987)를 다시 읽어보면 여성운동의 미래는 과거의 반복이자 망각에 바탕해 있음을 알게 된다. 『여성』지의 논의들을 보면 어떤 용어를 어떻게 사용하는가라는 점 자체가 얼마나 정치적인지가 확연히 드러난다. 개량주의, 수정주의, 변절, 어용, 관변 등이 그런 용어에 해당한다. 이들 용어가 보여준 문제의식은 진보세력들이 해결하고 넘어갔다기보다 망각하거나 혹은 대체시켜버렸다고 보는 편이 나을 것이다. 그 당시 대단히 부정적인 가치판단이 실려 있었던 어용, 관변 페미니즘은 이제는 긍정적인 국가페미니즘이라는 새로운 용어로 대체되었기 때문이다.

1980년 당시 보수적인 기득권 여성단체를 비판하면서 심정인은 『여성』1호에서 이렇게 주장했다. "겉으로는 단지 격식에 불과하고 하는 일도 없어 보이는 이 어용적 여성단체들이 끼쳐온 부정적 영향은 엄청나다. 제1공화국 당시에 그들은 이승만 정권의 흑백논리적 반공 이데올로기의 선두에 섰고, 5.16군정 때는 재건국민운동, 제3공화국 때는 새마을 부녀운동을 지휘했다. 제5공화국에 들어서 여성개발원으로 대표되는 이 세력들은 정부의 공업화정책에 발맞추어 한편에는 여성인력 개발을, 다른 편에는 충효사상의 슬로건을 내걸고 있다. 이와 같은 경향은 정부기관에 직접 소속되지 않은 여성단체들이라 할지라도 마찬가지인데, 정부의 보조금으로 이루어지는 소비자운동과 사회봉사 활동 등은 그 대표적 예이다."[8] 심정인의 글을 조금 길게 인용한 이유는 이 글의 논지가 그 당시 '재야' 여성단체들의 입장을 요약한 것이었기 때문이다.

군사독재 정권 하에서 진보 운동의 목표는 민주, 민족, 민중을 위한 삼민 투쟁이었다. 그 시절 독재정권에 참여하는 진보적 인사는 그 행위 자체만으로도 변절자로 매도되기에 충분했다. 그랬던 만큼 80년대의 재야 진보여성단체들은 여성개발원(현 여성정책연구원)을 관변, 어용, 개량주의 국가기구의 전형으로 간주했다. 지금 여성개발원을 어용단체로 간주하면서 그곳에 들어가는 데 죄의식을 느끼거나 혹은 국가정책개발을 위해 공무원이 되는 것을 수치스러워하는 여성은 없을 것이다. 수치스러워하기보다 오히려 지금은 공무원을 '신의 직장'으로 간주한다. 여성개발원은 국립부녀직업보도소의 명칭을 변경하여 1983년에 만들어졌다. 1983년이라는 시기가 보여주다시피 여성개발원은 진보세력이 타도대상으로 삼았던 전두환 군사독재 시절에 만들어진 국가정책기관이다. 여성개발원이 위로부터 여성의 국민화를 촉진시킨 국책단체였다면 새마을 부녀회는 아래로부터 여성들을 묶어내는 전국적인 조직이었다.

1980년대 당시 어용 여성단체라고 자신들이 매도했던 바로 그 정부기구에 국민의 정부 출범부터 진보적인 여성 활동가들이 대거 진입했다. 국민의 정부, 참여정부 출범 이후, 불법적이고 체제저항적인 재야단체라는 개념은 더 이상 자동사적으로 존재하지 않는다. 독재정권이 자발적으로 물러난 것이 아닌 만큼 이런 변화는 진보세력들의 오랜 투쟁의 전리품이자, 진보단체들의 요구를 수용할 수 있는 국민의 정부가 등장함으로써 나타난 성과이기도 하다. 이와 같은 정치적 지형변화로 인해 진보 여성단체들은 적극적으로 여성의 정치세력화를 추진할 수 있는 정당성을 확보하게 되었다. 게다가 제도 바깥에서의 투쟁과 더불어 제도 안에서 정책개혁이 서로 공조할 때 여성들이 원하는 것을 보다 효율적으로 얻어낼 수 있을 것이라는 계산도 작용했다. 결과적으로 정치 분야에서는 정당별 여성비례대표 할당제가, 교육 분야에서는 국립대 여교수 할당제가 성취되었다. 현상적으로 볼 때 국가페미니즘화는 급물살을 타고 있다.

위에 인용한 심정인의 글과 관련하여 여기서 다시 짚어볼 대목은 "정부의 보조금으로 이루어지는 소비자운동과 사회봉사활동 등"이 어용 여성단체의 대표적 사업이라는 구절이다. 1980년대 당시 재야 여성단체들은 여성들의 자원 활동을 비판적인 시각으로 보았다. 사실상 독재정부로부터 지원을 받으면서도 관변단체, 어용단체가 되지 않기란 힘들다. 시대가 변하기는 했지만 20년 전이나 지금이나 여성단체들은 정부로부터 보조받는 자원활동과 상담에 상당히 의존하고 있다. 형식적으로 볼 때 심정인이 "정부의 보조금으로 이루어지는 소비자 운동과 사회봉사활동"이라고 비판한 그 내용을 진보/보수, 제도권/비제도권을 망라한 많은 여성단체들이 실천하고 있는 셈이다. 여성민우회가 소비자 운동의 일환으로 생협을 운영하면서 서울시로부터의 보조와 자원 활동가들의 도움에 의존하고 있는 것도 이에 해당한다. 심정인의 논의를 과장하자면 여성운동은 진보와 보수를 논하기 힘들 정도로 이미 국가페미니즘화에 포획된 것처럼 보인다.

비제도권 여성운동이 국가로부터 지원을 받을 경우, '순수성'을 상실하고 변질될 것이라는 비판이 거세다. 잃어버린 좌파정부 십 년(국민의 정부, 문민정부, 참여정부)동안 좌파여성단체로 일컬어졌던 여성단체들은 제도화되었다. 여성운동의 제도화가 정부정책에 대한 비판과 감시기능을 저하시킬 것이라는 비판은 아무리 강조해도 결코 지나치지 않을 것이다. 관료화된 페모크라트femocrat와 비제도권 여성운동이 양극화될 수 있는 위험은 언제라도 있기 때문이다. 국가페미니스트들이 폭력적인 국가를 순치시키기보다 바로 자신들이 순치될 확률이 더욱 크다.

이처럼 국가페미니즘의 딜레마는 여성운동을 위해 여성운동을 무력화시키는데 일조할 수 있다는 점에서 비롯된다. 국가페미니즘은 여성운동의 정치성과 저항에 예방접종 효과를 발생시킨다. 국가는 제도 바깥에서 여성단체들이 오랜 세월 투쟁하여 만들어놓은 성과물을 선점하면서 저항의 지점을 미리 없애버린다. 정부의 여성정책이 국가페미니스트들의 도움으로 세련되고 전문화되면서 현장의 실천 활동보다 한 수 먼저 나가게 될 때, 더 이상 여성문제가 없는 것 같은 알리바이를 성립시킨다. 이로 인해 여성운동은 저항과 투쟁의 지점을 찾기 힘들게 된다. 물론 이상적으로 말하자면 여성운동의 완성은 스스로의 소멸을 지향하는 것이다. 여성문제가 전부 해결된 유토피아가 도래한다면 더 이상 여성운동이 존재해야 할 이유는 없다. 하지만 현실적으로 볼 때 선진적인 여성정책과 법규정이 제정되었다 할지라도 무의식화된 가부장제로 인해 우리사회 전반의 성차별적인 관행은 완강하기 그지없다. 이처럼 여성들의 전반적인 상황이 개선되지 않았음에도 국가페미니즘과 법제도의 전시효과로 인해 무언가 상당히 달라졌고 그러므로 이제는 모든 것이 능력에 따라 '자기하기 나름'에 달렸다고 보는 개인주의적이고 자유주의적인 이데올로기가 유포되었다.

이런 상황에서 여성단체들이 오랜 세월 힘들여 쌓아온 것들을 정부가 재빨리 전유해감으로써 여성운동이 버티어왔던 자율성과 정치성마저 희석해버리는 것은 문제가 아닐 수 없다. 일례로 김진표 민주당 위원은 정부의 일자리 창출 전략의 일환으로 제3섹터로 일컬어지는 시민운동단체를 꼽았다. 많은 여성단체들이 몇 십 년 동안 어렵게 만들어 놓는 토대 위에 정부가 최저임금 수준의 보조금을 지급하고 그들 단체의 성과물을 제도화하기 위해 무임승차해버린다면, 여성운동단체의 '상대적' 자율성과 정치성은 어떻게 확보될 수 있겠는가.

참여정부 동안 상대적으로 혜택을 누린 단체 중 하나가 제도화된 여성단체였다. 비록 미미하다고는 하나, 여성단체가 상대적으로 혜택을 누리지 않았다고는 말할 수 없다. 그런 혜택에도 불구하고 제도화된 여성단체가 신용과 신뢰와 같은 사회 자본을 축적한 것처럼 보이지는 않는다. 많은 사람들은 '요즘 세상에 여성이 무슨 억압을 받는다고 그래'라고 하면서 오히려 남성에 대한 역차별을 거론한다. 동일노동 동일임금은커녕 여성임금은 남성의 68퍼센트에 해당하며 비정규직의 70퍼센트가 여성이라고 아무리 외쳐도, 유엔인권보고서가 한국의 여성인권이 바닥이라고 보고를 해도, 가부장적인 한국사회가 보기에 여성들은 차별받는 집단이 아니라 이기주의에 빠져있는 집단이다. 이러다보니 MB정권의 출범을 위한 인수위에서 정부부처통폐합대상으로 가장 만만한 여성가족부를 들고 나온 것은 놀라운 일도 아니다. 여성가족부와 여성단체를 제외하고는 보건복지부와의 통폐합을 아쉬워하는 분위기를 찾아보기 힘들다.

페미니즘이 제도화된 결과는 MB정부에 들어와서 확연해졌다. 정부가 여성가족부를 차라리 없앴더라면 정부를 상대로 여성단체가 싸워나가는데 유리했을 것이라고 판단할 정도로 여성가족부가 보수적인 정권 하에서 젠더관점의 정치성을 상실해버렸기 때문이다. 이런 점은 국가의 보호를 호소하고 공손하게 협력해왔던 여성단체의 자업자득일 수도 있다.

## 4. 가부장적 국가와 간통법

인생에서 가장 잔인한 진실은 아무리 경이로운 것이라 할지라도 반복되면 경이가 사라진다는 점이다. 아무리 아름다운 경치도 그 곳에서 살아가는 사람들은 세월이 흘러감에 따라 그런 아름다움에 무감각해지게 된다. 심리학자들은 그런 현상을 습관화라 하고, 경제학자들은 그것을 한계효용체감의 법칙이라 하고, 세상 사람들은 그것을 '결혼'이라 부른다.[9] 결혼은 사랑과 경이의 무덤이 되고 권태와 피로의 근원지가 된다. 오죽하면 부부끼리 잠자리를 하면 근친상간이라는 농담이 있겠는가. 사랑하라고 그토록 외치던 사회는 어떤 남녀가 결혼제도로 묶이는 순간 '더 이상 사랑해서는 안 돼'라고 금지한다. 사랑은 결혼의 물적 토대가 되기에는 너무 허약한 감정이다. 게다가 사랑은 일부일처제가 원하는 것처럼 고착된 것이 아니라 움직이는 것이다. 2007년 10월 탤런트 옥소리의 간통으로 인해 다시 한 번 표면화된 것이 간통법이었다. 한국사회에서는 전통적으로 남녀에 따른 이중적인 성적 잣대가 지배해왔다. 일부다처에서부터 중혼이 다반사였던 시절 합법적으로 결혼한 첫 번째 여성과 가족을 보호하기 위해 여성주의자들이 가부장적인 국가에 호소함으로써 간통법을 유지해왔다. 사실 일부일처제는 남성을 길들여 가정화(혹은 가축화domestication)하려는 여성들이 이루어낸 하나의 성취라고 볼 수 있다.

여성주의자들이 간통법을 유지하고자 한 것은 가정을 위해서라고 하지만, 탈성매매방지법과 마찬가지로 이 법이 보호해주는 대상은 주로 재산이 있는 중산층 여성들(그마나 '위하는' 것도 아닌)이다. 일부 여성주의자들에 따르면 간통죄는 남자보다는 여자를 보호하기 위한 법이라고 착각한다. 과연 그럴까? 불륜과 관련하여 살펴보자면, 혼인한 여자와 혼외의 여자, 적어도 두 명의 여자가 있게 된다. 간통법에서 합법적인 혼인 이외의 부정행위를 저지른 여성의 인권은 완전히 무시되어버린다. 그녀는 범죄자로 구성되기 때문이다. 합법적인 부인의 경우, 간통법에 호소하는 순간 혼인관계는 깨어지게 된다. 간통법이 가정을 보호한다고 하지만 간통법으로 고소하는 것 자체가 고소를 취하하지 않는 한 이혼을 전제로 해야만 가능하기 때문이다. 그렇다면 간통법이 가정을 보호한다는 것은 논리에 맞지 않는다.

간통법의 역할은 배우자의 부정행위와 같은 유책사유가 인정되었을 때 이혼과 함께 위자료를 청구할 수 있도록 해주는 것이다. 하지만 대부분 위자료는 충분하지 못하다(여성의 재산증식에 대한 인정이 인색하므로). 재산분할에 있어서도 여자(특히 전업주부였을 경우)가 불리하다. 여성의 가사노동과 감정노동, 성노동, 양육노동 등은 무보수화되어 있으므로 이런 노동이 재산형성에 기여한 바는 그다지 인정되지 않는다. 과거 가족 재산의 명의는 대부분 남편의 이름으로 되어있었기 때문에 이혼 시에 남편이 재산을 은닉하는 경우도 많았다.[10] 이혼한 여성들의 대다수는 그동안 집안 살림을 하느라고 독자적인 생계수단을 갖지 못해 경제적인 고통에 시달리기도 한다. 그렇기 때문에 간통죄로 고소한 부인은 고소취하의 대가로 더 많은 재산분배를 요구할 수 있다. 하지만 옥소리의 경우를 보다시피 여성이 재산형성을 주도했을 경우 간통법이 여성의 경제적 보호를 위한 것이라는 설명은 더 이상 설득력이 없고 남자만 바람을 피운다는 것도 억지에 불과하다. 바람피우는 남자의 숫자만큼 여자도 있기 때문이다.

간통법 유지보다는 이혼한 여성에게 제도적인 혜택을 주는 것이 훨씬 의미가 클 수 있다. 여성들에게 이혼이 두려운 것은 경제적 자립과 사회적 시선과 심리적 외로움에 대한 불안 때문이다. 특히 전업주부의 경우 그 불안은 더 클 수 있다. 그리고 결혼관계에서 유지되었던 사회자본의 소멸(소위 말하는 남편과의 관계에서 쌓은 인맥과 커뮤니티가 상실되는 것)과 재구성에 대한 불확실성, 사회적 불이익(하다못해 자녀들의 결혼에까지 부모의 이혼이 걸림돌이 되는 사회이므로)에서 비롯된다.

간통죄 처벌이 유지될 수 있었던 것은 한국사회가 오랫동안 미풍양속으로 여겼던 여성의 정절 대 남성의 바람이라는 이중적인 성도덕이 있었기에 가능했다. 한국사회에서 가부장제는 여성의 성에 대한 억압을 통해 이중적이고 위선적인 문화를 형성해왔다. 유교문화에서 남자에게 여자는 다다익선이다. 남자들에게 적용되는 예禮와 여자들에게 적용되는 예가 달랐다. 『열녀전』에 이르면 "대저 禮에는 천자가 열둘, 제후가 아홉, 경대부가 셋, 사대부가 둘"이라는 구절이 나온다. 도대체 이 숫자가 무엇이기에 예를 논하는가라는 의문이 들 것이다. 정실인 일처에 덧붙여 이 숫자 정도의 첩을 거느리는 것이야말로 남성들 사이의 예라고 규정되어 있다. 아내는 남편의 사유재산이므로 남편은 재산 증식 개념으로 아내를 늘려갈 수 있었다. 신분제사회에서 남성은 처첩을 거느리면서도 형식적으로는 이성애 일부일처 결혼을 내세운다. 여성의 성은 엄격하게 제약하면서 남성은 성적 자유를 누리는 것은 오늘날도 마찬가지다. 요즘 영화배우 강신성일은 공중파 방송에 나와서 그 나이까지 운동을 열심히 하는 이유가 무엇이냐고 묻자, 멋진 여자와 연애하고 싶어서라고 말했다. 간통죄가 아직까지 시퍼렇게 눈을 뜨고 있지만 그는 전혀 부담을 느끼지 않고 오히려 멋있다는 소리까지 듣는다(잘 생긴 것 자체가 선善한 것이다). 반면 늙은 여배우가 나와서 그렇게 이야기했더라면 어땠을까? 1953년까지는 여성들에게만 적용되던 간통죄를 이후 쌍벌죄로 바꾼 것이 그나마 여성을 보호하는 것이라면 보호라고 할 수 있다.

간통죄에는 신뢰와 사랑을 배신한 배우자에게 복수하고픈 심리가 전제되어 있다. 영화 <해피엔드>처럼 남편이 불륜을 저지른 아내를 직접 죽일 수는 없는 노릇이다. 그래서 "이 애가 다른 여자아이(혹은 남자아이)와 놀아나면서 내 속을 끓이니 혼 좀 내주세요, 아빠!"라고 어린 시절 힘센 어른에게 일러 바쳐서 혼나게 만드는 방식이 간통법이다. 그것은 국민의 성을 엄격하게 제한함으로써 혼외의 성관계를 불법화, 범죄화하는 바로 그 국가[11]라는 큰 아버지에게 찾아가 스스로 죄를 고백하고, 죄 있음을 인정받고, 그리고 죄 사함을 받는 매저키즘적인 방식이다.

간통 혹은 불륜이라고 일컬어지는 감정은 어떻게 일어나는 것일까를 한 번 물어보자. 우리는 사랑하라, 사랑하라, 사랑하라는 지상명령을 들으면서 살아왔다. 일부일처제의 물질적, 윤리적 토대는 사랑이라고 우겼다. 사랑 없는 섹스는 범죄로 간주했고, 사랑 없는 결혼은 부끄러워해야 할 비윤리적인 것으로 취급했다. 도처에 편재한 사랑은 엄청난 축복으로 간주되지만, 일단 결혼하고 나면 배우자와의 배타적이고 독점적인 사랑만 허용된다. 사랑의 감정은 일생에 단 한 번 일어나는 일회적인 것이 아니다. 사랑은 배우자라는 한 사람에게만 영원히 유지되는 감정도 아니다. 사랑의 감정이 축복이라지만 결혼제도로 묶이면 혼외의 사랑은 발생하지 말아야 할 사태이며 저주가 된다. 문제는 금기가 없는 사랑은 갈망도 소진시킨다는데 있다. 그래서 셰익스피어는 결혼제도 안에서 진정한 사랑에의 도전이 불륜이라고까지 말한다. 더이상 그 날이 그 날이 아닌, 새로운 나날이 되도록 만들어 주는데 불륜의 유혹만큼 자극적인 것이 있을까.

불륜은 불륜 그 자체가 목적이 아니라 무슨 일이 있더라도 대면하고 싶지 않은 '어떤 것'을 감추기 위한 핑계라고 프로이트는 분석한 바 있다. 그 '어떤 것'은 개인에 따라 다를 수 있지만, 인생의 끝에서 마주치게 될 죽음과 만나고 싶지 않다는 무의식적 욕망이 불륜을 꿈꾸도록 만드는 '특별한' 사유가 된다. 이 경우 불륜은 죽음과 허무를 지연시키는 아름다운 유혹으로 포장된다. 프로이트의 분석이 빈말은 아닌 것처럼 보인다. 최근에 읽었던 작품들 중 오십대 이상의 남성작가들의 작품에 등장하는 남자인물들은 하나같이 젊은 여자를 쫓는 상투적인 내용을 문체로 포장하고 있었다. 샐먼 루슈디의 『분노』(2007), 미셸 우엘벡의 『어느 섬의 가능성』(2007), 필립 로스 『에브리맨』(2009), 『휴먼 스테인』(2009), 이언 매큐언 『암스테르담』(2008), 마르틴 발저 『불안의 꽃』(2008)등 이루 헤아릴 수도 없다. 이들 오십대 이상 남성작가들의 작품에서 공통점은 국적을 불문하고 사랑이라는 이름으로 들끓는 불륜에의 욕망을 드러내고 있다는 점이다. 이들 작품에서 남자주인공들은 하나같이 경제적으로 안정되어 있고(유명한 작가, 교수, 광고회사 중역, CEO 등) 사회적인 명예와 부와 권력이 있지만 늙어가는 것에 대한 불안과 죽음에 대한 공포가 무의식적으로 깔려 있다. 그런 공포에서 벗어나는 것이 젊은 여자에게서 사랑받는 것, 소위 말하자면 불륜에의 욕망이다. 필립 로스의 『에브리맨』에서 늙어가는 주인공 '그'에게 노년은 치욕이며 대학살이다. 마르틴 발저의 『불안의 꽃』에서 보다시피 식물들은 죽기 전에 가장 화려한 '불안의 꽃'을 피워서 많은 씨앗을 남기려고 한다. 그와 마찬가지로 늙어가는 남자들은 젊은 여자의 사랑을 갈망한다. 이렇게 본다면 삶의 공허와 허무의 심연을 가려줄 베일과 환상의 역할을 불륜이 대행해 준다. 불륜은 이처럼 삶의 실존적 우울과 적나라한 진실을 은폐하기 위한 '아주 특별한' 시적인 사유가 되는 셈이다.

우리사회에서 간통법이 해주는 아주 특별한 역할이 있다. 그것은 가정을 지켜주는 것도 조강지처를 보호해주는 것도 아니다. 간통법이야말로 '부정한' 사랑을 '진정한' 사랑으로 전환시켜주는 것이다. 대다수 사람들은 간통법에 호소할만한 사랑, 재산, 애증을 가지고 있지 못하다. 한국사회에서 세상을 떠들썩하게 만든 간통 사건은 간통을 저지른 사람들의 사랑에 세상이 감동하고 인정하도록 해주었다(최무룡/김지미 커플의 사랑처럼). 간통죄로 인해 감옥행도 불사하겠다는 것이야말로 사랑의 부재 시대에 그나마 사랑을 확인하는 한 방식이지 않을까?

불륜에의 욕망을 법으로 막는 것은 인권의 차원에서 보더라도 폭력적이다. 국가가 그 기원에서부터 폭력적이라면 그런 국가에게 여성들이 간통법 등을 통해 보호를 요청하는 것 자체가 아이러니가 아닐 수 없다. 간통죄를 민사도 아니고 형사 처벌해 달라고 주장하는 것이야말로 인간의 행복권, 성적 자기결정권을 알아서 포기하는 것과 다르지 않다. 더 큰 국가 가부장에게 가서 남편/아내를 혼내주고 자신을 보호해달라고 간청하는 것이기 때문이다. 하지 못하게 해달라고 가부장적인 국가에게 호소하여 금기를 계속 만들어낼 것이 아니라 금기를 풀어나가는 전략이 필요하지 않을까 한다. 금기는 그 안에 욕망을 담고 있다. 금기할수록 더욱 욕망하게 되듯이, 불륜을 간통법으로 막을수록 더욱 욕망을 자극하는 것일 수 있다. 뿐만 아니라 성적 자율성을 스스로 포기하는 것이며 이것이야말로 인권의 신장을 스스로 축소시키는 것이다. 그렇다면 금지법을 만들어 끊임없이 범죄자를 양산할 것이 아니라 그런 구속을 풀어나가는 것이 더욱 필요하다. 국민 스스로가 자신이 범죄자가 되는 법을 만들어 구속하는 것은 폭력적인 국가 법 앞에서 빈곤한 자율성이나마 누리기를 스스로 포기하는 것과 다르지 않기 때문이다.

# 인권
## 인권의 정치경제학

## 1. 인권보호를 위한 불매운동?

2009년 12월 6일 YTN 뉴스에 따르면 스웨덴의 고급백화점 펍스 Pubs는 개점 30분 전에 북한청바지 노코North Korea를 자기 매장에서 전량 퇴출시켰다. 펍스는 북한 청바지를 퇴출하면서 북한의 인권과 노동 상황을 문제 삼았다. 국제사회에서 북한의 인권문제가 경제적 제재조치로 연결된 것은 어제 오늘의 일이 아니다. 70년대를 생각하면 그 점은 남한도 마찬가지였다. 유신 막바지 시절 당시 지미 카터 미대통령은 남한 정치범의 인권 상황을 지목하여 경제제재를 언급했다. 노코측은 북한의 아동인권이 문제라면 중국제품도 매장에서 전량 수거해야 할 것이라고 반박했다. 스웨덴 백화점은 북한제품을 불매함으로써 북한 인권상황의 개선에 일조한다는 명분을 내세운다. 하지만 그들의 '양심' 만으로 북한 여성노동자들이 만든 제품을 보이콧했을까?

아동인권과 관련하여 한국은 고아수출국으로 악명이 높지만 그것이 한국만의 상황은 아니었다. 영국은 '아동이주계획'에 따라 1930년부터 늦은 1970년에 이르기까지 '더 나은 삶의 기회'를 준다는 명분으로 빈곤아동을 자국 식민지로 송출했다. 아이들은 제대로 교육 받지 못한 채 호주의 농장 등지에서 학대받는 노동력이 되었다. 2009년 11월 15일 케빈 러드 호주 총리는 '호주로 왔으나 학대와 멸시 속에서 잊혀져 간 7천여 명의 호주인들에게 사과한다'고 공식적으로 발표했다. 조나선 스위프트의 『겸손한 제안 *A Modest Proposal*』은 단지 제안이 아니라 현실이 되었다. 스위프트는 영국의 식민지가 되어 빈곤과 기아에 시달리는 아일랜드인들에게 아이들을 인육시장에 내다 팔면 좋지 않겠냐고 제안했다. 이를 통해 아일랜드인들에게는 식량을 구할 수 있는 소득이 생기고, 영국 사람들에게는 골치 아픈 아일랜드인들을 제거하는 일거양득이 될 것이라고 했다. 스위프트의 겸손한 제안은 영국의 지주계층이 식인종과 다르지 않다는 풍자였다. 식민지를 가졌던 제국들 중에서 그런 비난으로부터 자유로울 수 있는 나라는 거의 없었다.

스웨덴의 경우에서 보다시피 1세계 백인들이 '3'세계인들의 인권과 관련하여 자주 행사하는 것이 불매운동이다. 그러나 파키스탄, 아프가니스탄 등지에서 카펫을 짜는 아이들, 인도에서 담뱃잎을 마는 아이들, 케냐에서 커피콩을 따는 아이들의 노동착취를 막기 위해 불매운동을 하면, 굶주리는 것은 바로 자신들이 보호하려는 바로 그 아이들이다. 서구의 시선으로 볼 때 북한뿐만 아니라 중국 또한 인권탄압국가로 악명이 높다. 소위 자유진영에서 볼 때 공산국가는 공산국가라는 이유만으로 이미 인권탄압국가가 되어버린다. 중국은 탄압의 대상인 파룬궁이나 범죄자들을 과도하게 사형집행하고 그들의 장기를 매매해왔다. 중국은 죽은 사형수의 장기를 팔기도 하지만 살아 있는 정치범을 서구와 거래하는 것으로도 유명하다. 정치범을 서구와 거래함으로써 이익을 챙기는 것은 중국만이 아니다. 미국은 정치범 거래를 통해 중국시장에 진출한다.[1] 자유주의를 옹호하는 국가가 반인권국가와 거래한다는 것은 자가당착이므로 미국은 중국의 정치범들을 비싼 가격에 교환(중국에서 망명한 엘리트 정치범들은 대체로 아이비 대학에서 공부한다. 그들이 나중에 본국으로 가게 되면 친미세력이 될 것은 명약관화하다.)함으로써 비인간적인 공산주의와는 달리 휴머니즘적이라는 명분을 전면에 내세우고 뒤로는 중국과 무역거래를 한다. 전 지구화 시대에 장기매매라는 잔인한 경제적 논리와 정치범 석방이라는 따스한 인간적 논리는 동전의 양면이 된다. 이것이 서구자유주의자들이 보여주는 전형적인 인권의 정치경제학이다.

서구는 제국주의 시대로부터 자기 정화과정을 거치면서 적어도 자국민들에게는 인간으로서 마땅히 누려야 할 여러 가지 권리들을 인권으로 구성하게 되었다. 그런 서구적인 인권개념은 오늘날 비서구의 많은 나라에서 정치투쟁의 핵심의제가 되고 있다. 흥미로운 것은 이런 서구적인 인권개념은 서구가 근대 계몽주의와 제국주의를 거치면서 자신의 타자인 비서구를 발명하는 가운데서 형성된 것이라는 점이다. 그렇다면 서구 근대 자유민주주의와 관련하여 보편인권은 어떻게 만들어진 것일까?

## 2. 불확실한 삶과 인권

보편인권은 근대민주주의와 더불어 탄생했다고 해도 과언이 아니다. 근대의 탄생은 출생에 의한 고정된 신분질서를 해체하는 것에서 비롯되었다. 신분을 구획했던 경계선을 허물고 누구도 특정한 신분으로 태어나지 않는다고 주장한다는 점에서 모든 사람은 법(국가) 앞에서 평등하다. 특별한 존재로 태어나지 않는다는 점에서 모든 사람은 불확실성 속에서 태어나는 것이다. 모두가 예외 없이 불확실한 미래 속으로 던져진다는 것이 보편적인 인간의 조건이자 보편인권을 구성하는 전제가 된다.

그런데 '인간은 과연 평등하게 태어나는가' 라는 근원적인 질문을 해본다면? 부모의 계층도 다르고, 개인의 능력, 외모도 다르다. 사실 어느 것 하나 평등한 것이 없다. 그래서 근대민주주의는 절대적 평등이 아니라 기회의 평등을 보장한다고 주장한다. 신분제 사회처럼 원천적으로 기회를 박탈당하는 사람은 없다는 점에서 민주적이라는 것이다. 그런데 그런 기회의 민주화마저 허구라고 한다면 어떻게 되는가? 태어나는 즉시 주권을 가진 국민이 되는 것이 아니라는 점에서 우리는 출생에서부터 동등한 시민권을 부여받지 못한다. 그렇다면 무엇을 가지고 인간은 평등하게 태어난다고 말하는가?

아감벤의 주장대로라면 모든 인간에게 골고루 평등하게 주어진 것은 생물학적인 생명$_{zoe}$이다. 생물학적인 생명 자체로는 아무런 의미가 발생할 수 없지만 (그것이 벌거벗은 '생명'의 대상이 될 때 의미를 지니게 된다.) 어쨌거나 생명을 가진 존재로 태어난다는 사실에서만큼은 민주적일 수 있다. 어떤 생명이든지 생명은 신성한 것이며 존중받을 수 있다는 주장으로부터 근대의 생명정치가 탄생하기 때문이다. 근대 이전까지 '단지' 생명을 가지고 있다는 것은 아무런 가치가 없었다. 가치 있는 생명과 무가치한 생명이 나누어져 있는 시대에 중요한 것은 '가치 있는' 생명이기 때문이다. 말하자면 단지 목숨을 부여받고 태어난다는 것이 중요한 것이 아니라 그렇게 태어난 존재가 가치 있는 삶을 살아야 가치 있는 존재가 된다. 이 말은 정치공동체인 폴리스의 장으로 들어가지 못한 생명은 무가치한 생명이라는 말이 된다. 정치의 장에서 원천적으로 배제된 천민의 목숨은 무가치한 반면 귀족의 목숨은 가치 있고 소중한 것이다. 귀족은 정치의 장에서 공적 영역을 담당하는 존재이고 천민은 그런 귀족이 정치할 수 있도록 천한 노동을 담당하는 순치된 몸과 다를 바 없기 때문이다.

근대의 보편인권은 법 앞에서 평등한 '생명'을 부여받았다는 사실에 근거하고 있지만 가치 있는 생명/무가치한 생명이라는 정치적인 구분을 아예 없애버렸다. 따라서 정치 이전 단계로서의 보편인권의 근거는 날 것으로의 목숨, 즉 벌거벗은 생명을 가지고 있다는 사실을 제외한다면 그 어떤 근거도 없음에 근거하고 있다는 역설이 초래된다. 우리가 '순수하게' 보편인권의 담지자가 되는 순간 우리는 아이러니컬하게도 인권의 사각지대에 서게 된다. 어떤 권리도 주어져 있지 않은 채 태어난다는 점에서 인간은 서로 평등한 존재다. 한 인간주체로서의 사회정치적인 정체성, 국적, 시민권, 영주권, 직업, 교육, 성별, 인종, 종교 등과 무관하게 내가 보편인권의 이상적인 상태가 된다는 것은 나에게 주어진 모든 인권이 사라졌을 때이다. 그야말로 목숨 하나만 덜렁 남은 상태가 보편인권의 이상을 구현한 상태가 된다. 이렇게 본다면 서구적인 인권개념은 몸을 가진 인간의 출현과 더불어 발명된 개념이었다. 몸 하나 가진 인간들이 목숨부지하고 살아나갈 수 있으려면 이 몸을 보호해 줄 여러 장치들이 필요하다. 목숨을 보호해 줄 국가장치가 필요하고 그로인해 생체권력이 출현한다.

이처럼 신성한 생명이라는 교리는 생체권력에 바탕한 근대국가의 탄생과 더불어 출현한 것이었다. 근대적인 생체권력은 인간에게 열심히 살라고 명령한다. 푸코 식으로 말하자면 근대권력은 인간을 죽이는 것에서가 아니라 살라고 명령하는데서 자신의 권력을 확인한다. 근대

국가는 인민의 생명에 일정한 형식을 부여하고 정치화한다. 그렇다면 어디에서부터 생명이며 어디에서부터 죽음이라고 할 수 있는가? 그것은 생물학적인 생명과 죽음이 아니라 법이 정해주는 것이다. 인간의 생사가 법에 의해 규정된다는 점에서 그야말로 인간은 발명된다. 의료 가부장제가 협력하여 가치 있는 생명으로 살아갈 수 있도록 국가는 개인들을 체계적으로 감시하고 관리하고 훈육한다. 그로 인해 생명을 강조하게 된 생체권력의 등장은 중대한 결과를 가져왔다. 근대적인 여타 학문들이 생체권력과 협력하고 공모한다. 인간을 인구의 차원에서 관리하고 규제하는데 필요한 학문연구에 관한 경제적, 과학적, 정치적 의미가 변화되었다. 이런 현상은 물질적인 삶의 개선과정에서 생물학적인(혹은 자연적인) 생명보다는, 살라는 절박한 요청(삶에의 의지)에 더욱 부응하도록 만들었다.

수명연장이 곧 삶의 질을 보증하는 것처럼 되었고 그 결과 생명연장 장치의 어떤 폭력성도 승인하게 만든다. 생명의 신성함을 극도로 주장한 시대에 대량살육이 자행될 수 있었던 것도 바로 그 때문이다. 산 자들의 행복과 건강을 위해서라면 어떤 가혹한 실험(동물이든, 타자화된 인간이든지 간에)도 용인되었다. 나치의 집단학살은 근대의 생체권력의 출현과 다르지 않다. 핏줄의 순수성—유전적인 유산과 관련한 인종—은 불순한 피를 정화하고 절멸시키기 위한 근본적인 이유가 된다. 혹은 우생학적으로 열등한 종種이나 유전자를 폐기하는 것이 종의 개선과 웰빙을 증진시키는 것이 된다. 그렇다면 인권을 강조하는 시대에 동시적으로 출현한 인종차별과 타자의 발명은 생체권력의 자연스런 논리적 귀결이다. 인간 종의 미래를 위해 우생학적인 종을 만들어내려면, 죽이는 것(열등한 종을 청소하는 것)이 곧 우월한 종을 오래 보존하는 셈이기 때문이다. 우생학적인 생명정치는 스파르타인들이 태어날 때부터 튼튼한 아이만을 살려서 전사로 키운 것과 그다지 다르지 않다. 현대 권력이 대량학살을 저지르는 것은 죽이는 권력으로 회귀하려는 것이 아니라 우량종을 인구의 차원에서 관리하고 수명을 연장하려는 데서 비롯된 것이다.

근대의 생체권력은 생명뿐만 아니라 죽음 또한 발명한다. 죽음의 정치화는 국가와 의료가부장제에 의해서 가능해진다. 그것이 '뇌사'라는 인위적인 죽음의 개념이다. 뇌사라는 의학적 판정과 장기이식 테크놀로지의 발전은 동시적이었다. 의사, 과학자, 사제들이 합심하여 죽음 자체를 발명했으므로 인간은 마음대로 죽을 수조차 없다.[2] 생명을 연장할 수만 있다면 가혹한 의료장치에 의존해서라도 살아야 한다. 인간은 '존엄하게' 죽기도 힘들다. 병원에서 보호자가 산소 호흡기를 꽂는데 일단 동의하면 식물인간인 상태에서 몇 년이 가더라도 그것을 제거하지 못한다. 산소 호흡기의 제거는 살인에 해당하기 때문이다. 인간은 이제 문자 그대로 죽음과 탄생의 거처에서 추방되어 의료테크놀로지에 자신을 완전히 반납한 채 병원에서 죽어야 한다. 근대국가는 자연 상태의 몸을 정치적 요소로 발명하고 이로써 빌거벗은 생명을 정치적 생명bios으로 확장시킨다.[3] 생명은 신성하다는 것이 근대민주주의의 강령이지만, 사실 신성한 생명은 죽일 수 있는 목숨sacer이기에 신성하다sacred는 말과 다르지 않다. 아감벤이 지적한 것처럼 신성한 생명의 역설은 근대민주주의의 생명정치 안에 내재되어 있는 셈이다. 그것이 근대민주주의의 도착적인 측면이다.

이처럼 텅 빈 보편인권의 내용을 다시 채우려면 생명에 대한 권리, 죽을 권리, 건강할 권리, 행복할 권리, 인간적인 대우를 받을 권리에 바탕한 시민권 등을 차례로 확보해야 한다. 그 과정에서 보편인권만을 지닌 자는 역설적으로 배제되고 주변화된다. 이런 맥락에서 한나 아렌트는 『전체주의의 기원』에서 인간이라는 존재 자체가 실존한다는 가정에 기초하여 인권개념을 외쳤던 사람들은, 그들의 말 그대로 인간이라는 사실만을 제외하고 모든 것을 상실한 사람들(무국적자, 난민, 망명자, 불법체류자 등)과 만나는 순간 자신들의 이론이 무너지는 소리를 듣게 될 것[4]이라고 말했다.

## 3. 근대의 출현과 타자의 발명

근대 시기에는 인권을 가진 시민주체뿐만 아니라 그로부터 배제된 타자들이 동시적으로 출현했다. 레이 초우는 서구의 근대가 타자를 만들어내는 『원시적 열정Primitive Passion』에 주목한 바 있다. 근대와 더불어 태동한 원시적 풍경은 서구의 시선에서 야만적인 것, 동양적인 것, 여성적인 것으로 간주된다. 바로 그렇기 때문에 ('3'세계) 민족주의자들에게 그것은 기원, 민족, 전통으로 의미화된다. 제국주의적인 서구가 야만적이자 원시적인 것, 그래서 지양해야 할 타자의 타자성으로 구성한 것들이 반인권적인 풍속으로서의 중국의 전족, 인도의 순장, 아프가니스탄의 부르카, 쿠르드족의 명예살인, 아프리카의 음핵절제 등이다. 다른 한편으로 서구의 시선에서 원시적 풍경은 민족주의자들에게는 자민족의 시원적인 것이라는 향수를 부추겼다. 강제적 근대화에 종속된 나라들은 그것을 자신의 고유한 민족적 정체성으로 간주했다. 지배적이었던 전통문화가 '근대적인' 외래문화의 유입으로 위기의 순간을 맞이하게 될 때 드러나는 것이 이와 같은 "원시적 열정"이라고 레이 초우는 주장한다. 기존의 전통문화가 의미작용을 독점하지 못하게 되면, 외부 세력에 의해서 민주화가 강제적으로 진행된다. 왕은 죽고, 공동체는 파괴되고, 무속과 같은 기존 종교는 미신으로 무력화된다.

'3'세계 민족주의 지식인들은 동물, 야만인, 토착민, 빈곤여성, 매춘여성, 실패한 남자, 침묵하는 여자, 전족한 여자, 소박한 농민, 거지, 부랑아, 시골풍경 등과 같은 하위주체에서 근대에 대한 '전복적인 타자'를 발견한다. 서구가 비천한 존재로 만들었기 때문에 민족주의자들에게는 그들이 숭엄한 존재가 된다. 제국주의적인 우생학적 시선에 의하면 이들은 도태시켜야 할 사회적 부적격자들이다. 광인, 정신박약자, 범죄자, 결핵환자, 알코올 중독자, 동성애자, 신여성, 성차의 경계를 일탈하는 자들, 이런 하위주체는 제국주의적인 시선 아래 타자화된 존재들이다. 바로 그렇기 때문에 민족주의적인 지식인들에게 이들은 서구 근대화가 차별화하고 배제시킨 민족의 은유로 동원된다.

　일례를 들자면 서구가 보기에 전형적인 타자가 중국의 전족한 여성들이다. 전족은 여성의 인권을 침해하는 것일 뿐만 아니라 건강에도 좋지 않다는 것이 전족에 대한 근대기독교 계몽담론이었다. 이들에게 전족한 여성은 가여운 희생자로 간주되었다. 전족은 아편피우기, 변발, 공개처형, 수절자살 등과 같이 중국의 야만성을 보여주는 수치스러운 봉건적인 전통이있다. 그런데 도로시 고Dorothy Ko와 같은 역사학자가 의문으로 삼은 것은 전족이 그토록 잔인한 악습인데도 어떻게 천 년 이상 지속되었는가라는 점이다. 전족한 여성은 일방적인 희생자였을까? 연꽃 같은 발을 만들려고 했던 여성들의 욕망은 없었을까? 여성들이 신데렐라의 유리 구두에 자기 발을 맞추려고 피 흘렸던 이유는 뭘까? 인어공주가 발을 얻고 말을 빼앗긴 것처럼 전족여성은 순수하게 희생양이기만 한가? 남성의 권력과 여성의 욕망이 서로 공모하고 있는 지점은 없는가? 전족한 여성들의 인터뷰에 의하면 그 당시 중신애비는 "그 여자 예뻐?"라고 물었던 것이 아니라, "그 여자 발이 얼마나 작아?"라고 물었다고 한다. 큰 발은 하녀나 하층계급의 노동하는 여성의 발을 의미한다. 작은 발은 여성의 자기존중심과 자긍심이었으며 작고 예쁜 발은 결혼시장에서 좋은 조건이 되었다고 한다.

도로시 고에 의하면 전족은 선교사들의 서구 계몽담론/전통적인 민족담론, 봉건담론/근대담론, 야만/문화, 젠더담론이 충동하는 장이었다.[5] 민족주의자들은 전족을 제국주의 시선에 저항하는 이상적인 민족적 여성성으로 간주했다. 그들에게 전족은 중국의 전통적인 미의 상징이었다. 또한 전족은 여성이 스스로를 보호하는 것이라고 보았다. 다른 한편으로 전족을 연꽃 연인으로 연상하는 서구인들에게는 성적인 페티시와 같은 상투적 이미지가 되었다. 민족주의자들에게 전족이 곧 전통적인 중국으로 등치되었다면, 선교사들에게 그것은 중국의 후진성, 야만성, 봉건성을 상징하는 것이었다. 민족주의자들은 서구가 중국문화의 수치로 간주한 전족을 중국문화의 자부심이라고 뒤집어놓았던 것이다.

서구의 근대 계몽담론을 받아들인 근대시기의 중국 신지식인들은 전족여성과는 결혼하지 말라는 운동을 펼치지도 했다. 그것이 전족으로부터 여성을 해방시켜줄 것으로 그들은 기대했다. 국가 또한 이런 운동에 부응하여 딸에게 전족을 시키는 아버지들을 처벌했다. 문자 그대로 가부장적인 국가가 생물학적인 부를 대신하게 되었다. 하지만 전족을 두고 남성들 사이의 담론전쟁 즉, 서구계몽주의 선교사들, 계몽된 신지식인, 전통적인 민족주의자들, 국가 가부장, 생물학적인 아버지 사이에서 벌어진 다툼에서 증발되어버리는 것은 여성의 몸에 대한 여성 자신의 권리였다. 가부장제에 볼모잡힌 여성들에게는 인권과 더불어 여권을 회복하는 데 남성들에 비해 더 많은 시간이 요구되었다.

## 4. 볼모잡힌 사람들

인권의 문제와 관련해서 볼 때 한국은 국격에 맞게(걸핏하면 내세우는 OECD에 속하는 나라라는 식) 처신하는 나라가 못된다. 국가가 아무리 폭력적이라고 하더라도, 개인은 국민으로 호명되지 않으면 그야말로 비존재가 된다. 영주권, 시민권, 국적과 같은 것을 권리로 가지고 있을 때 의미 있는 인권이 보장되기 때문이다. 한국사회에서 그 점을 잘 보여주는 것이 미등록이주노동자들(과거의 불법체류노동자)이다. 이들에게는 존중해줄 인권이 없는 것처럼 보인다. 그들은 인간이 아니라 단지 노동력이다. 그들의 삶이야말로 볼모잡힌 삶이다. 한국은 한 민족 한 핏줄 의식이 강한 나라이고, 혼혈에 대한 차별은 외국인 백만 시대에도 그다지 변한 것처럼. 보이지 않는다.

2007년부터 산업연수생제도가 폐지되고 고용허가제가 실시되고 있다. 산업연수생이라는 명칭이 보여주듯 사실은 이주노동자이지만, 직업연수생이라는 명칭으로 인해 노동착취의 빌미를 제공했다. 고용허가제는 이주노동자에게 5년 이내의 기간 동안 사업장을 네 번까지 변경할 기회를 허가한다. 고용허가제의 기한을 5년 이내로 한정한 것은 5년이 넘으면 영주권을 신청할 수 있기 때문이다. 한국정부는 이주노동자들이 한국국적을 취득하는 것을 원치 않는다. 인력수급에 따라 단지 한국인들이 하지 않으려고 하는 3D 업종에 종사할 일회용품으로서 유연한 노동력을 원할 뿐이다. 이들은 의료보험 혜택은커녕 병원에도 제대로 가지 못한다. 미등록노동자라는 신분이 노출되면 언제라도 송환 대상이 되기 때문이다. 2009년 네팔인 미누는 강제송환 되었다. 미누는 관광비자로 한국에 들어와서 18년을 살았다. 그는 '스탑 크랙 다운 Stop Crack Down'이라는 인디밴드를 만들어 이주노동자 인권운동을 했다.

한국정부의 입장에서 볼 때 미누는 이주노동자들의 인권운동을 주도하는 성가신 존재였다. 그것이 미누가 강제 출국당한 가장 주된 이유였을 것이다.

게다가 한국의 공무원은 미등록노동자를 인지하면 원칙적으로 신고하도록 되어 있다. 이렇게 본다면 프랑스 영화 <웰컴>이 프랑스의 불법체류자의 현실만은 아니다. 도버해협을 마주보고 있는 프랑스의 칼레라는 도시는 영국으로 가려는 많은 불법체류자들이 난민촌을 이루고 있다. 이 영화에서 비달이라는 이라크 청년은 4천km를 걸어서 칼레까지 온다. 칼레에서 도버해협을 건너 사랑하는 미나가 있는 영국으로 가기 위해서다. 칼레 시당국은 시민들이 불법체류자를 숨겨주거나 도와주면 처벌한다. 수영강사인 시몬은 비달을 재워주지만 옆집 사람이 경찰에 신고를 한다. 그 이웃의 현관문 앞에는 '웰컴'이라고 쓰인 매트가 깔려 있다.

미등록이주노동자뿐만 아니라 결혼이주를 통해 정착하는 여성들도 증가하고 있는 추세다. 이제 한국은 이주인력의 유입국이고 많은 외국인 여성들이 결혼이주를 통해 한국에 정착한다. 한국에서 결혼이주는 통일교가 1990년 한국인 남성과 일본인 여성 690명을 합동결혼시킨 것에서부터 출발했다.[6] 2010년 현재 한국에서 국제결혼하는 쌍은 국민 8명당 1명이고 2020년이면 농촌인구의 절반이 국제결혼으로 '다문화가정'이 된다. 한국농촌남성과 결혼하고 싶어 하는 한국여성은 드물다. 한국여성들이 비운 농촌가정을 결혼이주여성들이 채우고 있다.

결혼이주 농촌다문화가족 여성의 경우 남성 쪽이 신부 가족에게 결혼대금을 지불하는 매매혼의 형식이 대부분이다. 저출산, 고령화 시대에 농촌총각의 장가들기는 농촌의 일손을 위한 매매혼이 다반사였으므로, 이들 여성에 대한 반인권적인 행위들은 대체로 무시되었다. 한국

남편을 보호하기 위해 결혼이주 아내들에게 국적 부여가 늦춰지는 경우는 아주 흔하다. 학교에 입학할 나이의 자녀가 있음에도 아내의 국적 취득을 거부하는 남편도 있다. 아직 이중국적법은 통과되지 않은 상태다. 지금 현재 외국여성이 한국국적을 취득하려면 원래의 국적을 포기해야 한다. 예를 들어 베트남 여성이 베트남 국적을 포기하고 한국 국적을 취득하기까지 적어도 2년에서 5년의 시간은 걸리는데, 이 과정에서 한국남편으로부터 버림을 받으면 그녀는 베트남 국적도 한국 국적도 없는 무국적자가 되는 것이다. 임신한 아이는 말할 것도 없이 무국적자가 된다. 게다가 한국 국적을 취득하는 데는 적어도 다음과 같은 다섯 가지 자격요건이 있다. (1) 한국 내 연속적으로 거주한 기간이 5년 이상, (2) 나이가 19세 이상 (3) 훌륭한 성품 (4)재정적 안정(3천만 원의 은행잔고) (5) 한국어와 한국문화에 대한 지식 등이다. 이 여성이 훌륭한 인품을 가졌는가에 대한 보증인도 있어야 하는데다가, 이들에게 3천만 원이라는 돈은 적은 액수가 아니다. 위장결혼을 막으려는 당국의 의지에 의해 임신출산하지 않은 여성에게는 국적취득에 더 많은 기간이 요구된다. 한국 국적을 취득하고 난 뒤 여성들이 달아나는 것을 방지하기 위해 자녀가 없는 경우 2년이 경과해도 국적을 부여하지 않는 경우가 많다. 자녀를 가지는 경우 국적을 신속하게 취득할 수 있다는 점에서 "모성 시민권"이라고 할 정도이다.

결혼이주 농촌여성에 비하면 상대적으로 나은 형편이 도시노동자들과 결혼한 외국인 여성들이다. 2008년 여성영화제에서 본 다문화가족 일곱 쌍의 이야기는 인천공단 남성노동자들과 결혼한 베트남과 필리핀 여성들에 관한 일종의 자전적인 다큐였다.[7] 이 다큐는 인권문제를 다룬 프로그램이 아니라 결혼이주여성들이 한국사회에서 정착하는 과정에서 자기고백적인 서사를 통해 자긍심을 고취시키기 위한 프로그램이었다. 자기 가족 이야기를 본인이 직접 제작하는 감독이 됨으로써 자기제작의 기쁨과 자존감 회복을 위한 프로그램의 하나로 만들어졌다. 그중 필리핀 여성인 쥬비는 여러 곳에서 많은 일을 했다. 레바논에서는 하녀로 일했고, 일본에서는 연예산업에 종사했다. 쥬비는 필리핀에 있는 엄마가 그립고 한국생활은 외롭다. 한국의 겨울과 추위는 끔찍하다. 한국의 겨울, 그중에서도 공단지역의 우중충한 풍경은 그녀를 우울하게 만든다. 한국은 물질적으로 풍요하다는 것을 자랑으로 삼을지 모르지만, 집안에서 푸른 하늘 한 조각 볼 수 없고, 집 바깥에서는 지평선 가득 초록이 넘실거리는 풍경을 볼 수 없다. 자기가 태어난 곳의 비와 바람과 햇살이 개인의 정체성을 구성한다면, 먹는 음식은 말할 것도 없다.

"우리가 먹는 것이 곧 우리"라는 속담처럼 어떤 음식을 장만하고 먹느냐는 가족 안에서의 권력관계를 보여준다. 또 다른 필리핀 출신 아내는 한국남편의 식성에 따라 한국 음식만을 만든다. 남편을 위해 한국 음식 만드는 법을 배우고 남편에게 한국 음식으로 식단을 차렸던 그녀가 그런 노동으로부터 일시적으로 벗어날 수 있었던 것은 임신으로 인한 심한 입덧 탓이었다. 그녀는 날마다 남편을 위해 식탁에 내놓았던 김치 냄새만 맡아도 토했다. 한국 사람들이 가장 한국적인 음식으로 자랑하는 김치가 가장 견딜 수 없다면, 그녀에게 김치는 소화시키기 힘든, 토해내고 싶은 타자의 문화는 아니었을까? 임신으로 입덧이 심해지자 남편은 서울의 혜화동까지 가서 필리핀 음식을 사가지고 왔다. 일요일마다 혜화동에는 이주노동자들의 장터가 열린다. 그 여성은 입덧을 이유로 남편에게 자기 고국의 음식을 사가지고 오도록 할 수 있었다. 입덧으로 인해 그녀는 한국 음식은 거부하고 필리핀 음식을 먹을 수 있게 된 것이다.

이들의 자전적인 자기 다큐를 보면서 한국 언어와 한국문화로의 일방적인 동화정책이 보였다. '빨리 우리 한국인이 되어라, 그러면 당신의 차이를 인정해주겠다.'고 한다. 이처럼 다문화가족이라는 말이 겉으로는 차이를 인정하는 것 같지만 사실은 차이를 은폐하는 것이며, 다문화가 아니라 한국문화로, 2개 국어가 아니라 한국어 하나로 흡수, 통합하겠다는 것과 다르지 않다.

언어가 타자를 만드는 방식에 관해서는 <여섯 개의 시선>이라는 옴니버스 단편영화의 하나로 박찬욱 감독이 만든 <믿거나 말거나, 찬드라의 경우>가 잘 보여준다. 네팔여성인 찬드라는 한국어를 제대로 구사하지 못함으로써 미친 여자 취급을 받는다. 우리는 이방인에게 한국어를 빨리 습득해 한국어로 말하기를 원한다. 그러면 우리가 당신을 잘 이해할 수 있지 않겠느냐고 대단히 관대하게 말한다. 한국말을 잘하지 못하는 사람을 세워놓고 환대한답시고 한국어로 말하라고 권한다. 자신의 모국어가 아닌 언어를 말해야 하는 사람은 이방인이다. 그런 이방인에게 한국어로 말하라는 것 자체가 폭력적이다.[8] 찬드라는 자신이 할 수 있는 한국어로 "난 미치지 않았어요."라고 항변하지만 그 말이 더욱 그녀를 미친 여자로 몰아가고 결국 정신병원에 수감된다. 그녀는 한국으로 돈벌이를 하러 왔다가 정신병원에 자그마치 6년 동안 갇혀 있어야 했다. 박찬욱의 시선은 한국인들의 관료제적 무심함을 코믹하게 묘사함으로써 찬드라의 무력한 상태를 더욱 부각시킨다.

보편인권이 허구이자 환상이라고 해서 의미가 없다는 말은 아니다. 보편인권이라는 허구적 전제에 기대어 인간의 권리를 요청할 수 있고, 인간일 수 있는 정체성, 시민권, 노동권, 행복권, 성적 자율권을 보장해 달라고 싸울 수 있기 때문이다. 바로 그 허구적인 보편성에 근거해 배제된 여성도 '렛미인 let me in'[9]을 주장할 수 있다. 모든 인간이 인간으로서 '평등한' 권리를 가지고 있다면 여자는 왜 안 되는가? 흑인은? 게이는? 아동은? 뱀파이어는? 보편인권에 의지함으로써 소외된 자들의 렛미인 요구는 시혜와 간청이 아니라 당연한 권리가 된다. 이렇게 하여 포함과 배제의 논리에 서 있는 보편인권의 경계이동에 대한 주장은 정당한 권리로서 정치의 공간에 놓이게 된다.

자기 나라를 떠나서 한국으로 온 결혼이주여성들은 자기 삶을 적극적으로 개척하려는 의지뿐만 아니라 다른 한편으로 친정가족을 도우려는 갈망이 있다. 한때 한국이 송출국이었을 때, 독일 등지로 나간 광부와 간호사들, 기지촌여성들의 송금이 전후 한국의 재건에 밑거름이 되었다는 사실을 한국역사는 잊지 못할 것이다. 그와 마찬가지로 한국으로 결혼이주해온 여성은 자신이 일해서 번 돈을 고국의 친정식구에게 송금하고자 한다. 잘 알려져 있다시피 필리핀의 대표적 수출품목이 노동력이다(대한민국도 노동력 송출국에서 벗어난 지 얼마 되지 않는다). 2006년 백만 명의 필리핀인들이 가정부, 간호사, 선원, 중동 일꾼으로 나갔고 그들이 송금하는 금액은 필리핀 GDP의 10퍼센트가 넘는다. 싱가포르에서 일하는 필리핀 여성의 90퍼센트가 가정부, 파출부 등으로 일하면서 새로운 하인 계층을 형성하고 있다. 결혼이주한 필리핀 여성들의 다수가 나이 많은 한국남자와 결혼한 이유 중 하나로 한국에서의 일자리 혜택에 대한 기대 때문이었다고 말한다. 2004년 필리핀 정부는 이라크에 파병했던 50여 명의 필리핀 군을 조속하게 철군하겠다고 발표했다. 필리핀인 앙헬로 델라 쿠르즈가 철군을 요구하는 이라크 무장단체에게 인질로 잡혔기 때문이었다. 아로요 정부가 신속하게 인질구출에 나선 것은 필리핀 정부가 자국민에 대한 보호의식과 인권의식이 투철하기 때문만은 아니다. 필리핀 정부 자체가 해외에서 보내주는 송금에 의존하는 만큼 그들의 안전에 신경을 쓰지 않는다면 당장 국내 선거에 미칠 영향을 고려하지 않을 수 없기 때문이었다. 푸코 식 생체권력의 관점에서 보자면 국가가 자국민을 노동력으로 해외에 송출하려면 일단은 안전이 중요하고 그래야만 장기지속적으로 팔 수 있기 때문이다.

렛미인을 외치는 다문화가족 여성들은 자신을 언제나 희생양인 것처럼 보는 상투적인 시선을 거부한다. 열심히 살고 있는데 불행하지 않느냐고 물으면서 동정하려는 시선이야말로 자신들의 삶에 방해가 된다고 비판한다. 이들은 다문화가정 여성=인신매매 여성, 억압받는 피해자 여성이라는 상투적인 편견에 저항한다. 자기가 살던 고국을 떠날 수 있었던 여성들은 단지 팔려온 노예신부가 아니다. 적극적이고 진취적으로 자신의 삶을 바꿔나가려는 여성들이고 그런 맥락에서 그들을 피해자화하는 것이야말로 한국인들이 우월한 입장에서 동정하려는 것과 다르지 않다. 그들은 한국사회에서 동정과 도움을 받으면서가 아니라 다 같은 인간으로 함께 살기를 원한다. 그런데 다 함께 사는 것은 소박한 휴머니즘으로 해결되지 않는다는 것이 문제다.

## 5. 자본주의의 이율배반과 배신의 권리

가부장제 사회에서 내부 식민화되었던 여성들이 보편적인 인간의 조건에 편입될 수 있었던 것은 근대자본주의의 출현과 불가분의 관계에 있다. 근대자본주의 사회가 가져다주었던 초기의 혁명성이라고 한다면 모든 가치를 몰가치화하여 가격화했다고 비판받는 바로 그 지점이다. 자본주의적 근대는 유기체적인 공동체가 가지고 있었던 가치와 철저히 단절할 때 가능해진다. 자본주의는 진정한 가치나 윤리도덕과 같은 것들을 '돈'이라는 가격으로 계량하는 것을 가능하게 해주었다.

자본주의 사회에서 계약은 신의, 충성, 진심 같은 것을 요구하지 않는다. 계약은 이행만 하면 된다. 그것은 배신이라는 개념을 바꿔낸 것이다. 배신을 가능하게 해준다는 점에서 자본주의 윤리는 얄고 천박하다. 천박, 부박, 외설이라는 온갖 비판에도 불구하고 자본주의 아래서는 한 주인 밑에서 일평생 일하지 않아도 된다. 이 주인 밑에서 일하다 저 주인 밑에서 일하는 것이 가능하다. 그 경우, 주인은 주인이 아니라 단지 고용주이므로 그의 끝없는 시혜에 따라서 살지 않아도 된다는 의미이다. 한 주인에게 일방적인 사랑을 구하는 남루하고 누추한 삶을 살 필요가 없다. 자본주의의 시장성 자체가 매춘과 같은 교환의 구조로 되어 있기 때문에 그것이 가져다 줄 수 있는 외설스런 자유가 바로 보들레르와 같은 시인들의 통찰력이었다.

고용주는 언제든지 구조조정, 고용유연화라는 이름으로 노동자를 버릴 수 있지만 노동자에게는 충성, 의리, 성실, 근면, 정직과 같은 봉건적인 윤리를 강요한다. 자본주의에 남은 유일한 윤리가 이윤창출이라면, 이윤을 남겨주지 않는 고용인은 비윤리적인 배신자가 되어 언제든지 방출되고 정리해고의 대상이 된다. 신자유주의 시대 자본가가 원하는 것은 모든 노동자의 비정규직화다. 그래야만 자신의 변덕에 따라 노동자가 아니라 하인을 부릴 수 있는 신귀족주의 시대로의 퇴행을 꿈꿀 수 있기 때문이다.

하지만 자본주의 사회에서는 계약으로 88만원의 임금을 받으면 그만큼에 해당하는 일을 해주면 되는 것이지 내 영혼까지(나의 진심, 의리, 충성, 진정으로 사랑하는 것) 판매하지 않아도 된다는 환상을 가질 수 있다. 권력자에게 진정으로 사랑을 보내지 않아도 된다는 것 때문에 머릿속까지 팔지 않아도 된다는 환상 말이다. 자본주의 사회에서 자유로운 계약은 계약을 하는 순간 부자유가 되지만 배신을 할 자유,

계약을 파기할 '끔찍한' 자유는 있다. 또한 계약은 평생 동안의 감정적인 충실성(혹은 진심)을 요구하지 않는다. 그러한 맥락에서 잘못된 계약으로서의 결혼은 이혼으로 파기할 수도 있고, 정절과 같은 봉건적인 신념으로부터 벗어날 수 있도록 해준다. 애국심이라는 명분으로 한 국가와 민족에 충성하지 않아도 된다. 국적은 생물학적인 운명이 아니므로 다른 나라로 귀화함으로써 모국을 배신할 권리가 있다. 스포츠 선수들은 올림픽이나 월드컵에 출전하기 위해 국적을 바꾸고 자국의 동포선수들과 경쟁관계에 설 수도 있다. 그렇다면 근대자본주의 사회가 주었던 자유로움은 중세적인 신분제 사회가 요구했던 가치(충, 효, 정숙, 신의 등)로부터의 탈주와 다르지 않다. 배신의 권리는 인권을 가진 국민을 왕의 시혜에 맡기는 백성으로 되돌려놓는, 신자유주의·신귀족 시대의 퇴행적 윤리에 맞서 개인들이 요구할 수 있는 이율배반적인 윤리이다.

도요타 자동차 리콜 사태에서 보다시피 유연노동이라는 미명하에 고용을 임시직화하고 노동자들을 일회용품으로 소비하고 버리면 노동자들의 무/의식적인 저항의 형태는 불량이라는 배신으로 되돌아오게 된다. 고용주가 노동자를 쓰레기 취급하면 노동자들이라고 하여 충성하면서 노동의 윤리를 지킬까?

이제 전 지구촌 사람들이 고향과 작별을 고하면서 세상 너머로 떠나는 시대가 되었다. 일제 강점기처럼 국가를 잃고 만주, 상해, 중국 등지로 떠나는 망명객들이 아니라 많은 사람들이 자발적으로 국가의 경계를 넘는다. 난민으로서 무국적자로 떠도는 것을 생각하면 단재 신채호 선생을 떠올리지 않을 수 없다. 단재는 일제 강점기 시절 일제의 호적에 이름을 올리지 않겠다고 하여 1936년 여순 감옥에서 옥사할 때까지 무국적자로 남아 있었다. 그는 자신뿐만 아니라 자녀들도 일제의 호적부에 등재하지 않았다. 그래서 단재의 후손은 호적이 없었다. 해방 후 단재의 후손은 그들이 단재의 후손임을 입증하기 힘들다는 여러 가지 이유로 그로부터 73년이나 지난 2009년 광복절 마침내 가족등록부에 등재할 수 있었다. 유림들이 그토록 인간의 근본으로 삼았던 호적이 일제시절 조선인 인구들을 통치하기 위해 일본이 만든 제도임은 널리 알려진 사실이다. 바로 그 호적부가 폐지되고 가족등록부가 실시되고 난 뒤 비로소 단재의 후손들은 무국적자 신세에서 벗어난 셈이다.

그런데 단재의 아나키즘이 단지 일제에 저항하는 독립운동 차원의 민족주의적인 감정의 발로에서 비롯된 것일까? 단재의 아나키즘에 의하면 식민지 종주국이든 자국이든 국가폭력과 제도로부터 자유로워지려면 그와 같은 국가제도의 호명에서 벗어나야 한다. 단재는 어떤 국가든 국가 자체의 폭력성을 보았고 그로 인해 무국적자로 남아 있음으로써 스스로 '각성된 천민'[10]이 되었다. 단재의 경우 각성된 천민으로서 무국적이 되는 것 자체가 하나의 정치적 운동이었다.

단재처럼 무국적을 의도적으로 선택하는 것이 아니라 국가적 강제에 의해서 무국적자, 난민의 위치를 차지하는 사람들은 증가일로에 있다. 인권을 부르짖을수록 인권의 사각지대에서 유령처럼 살아가는 존재들, 무국적자, 난민, 불법체류자, 미등록이주노동자들이 늘어나고 있다. 근대국가의 이상인 평등과 자유와 민주주의를 비웃기라도 하는 것처럼, '렛미인'을 외치는 국가적 비체들은 늘어가기만 한다. 그들은 한나 아렌트가 말하는 것처럼 모든 권리를 상실했지만, 새로운 국적으로 동화되는 것을 바라지 않고 자신의 위치를 관조하는 "자각적인 파리아(천민)"가 되지 못한다. 그들은 어떤 국적에도 속하지 '못한 것'을 '속하지 않은 것'으로 바꿔냄으로써 인권의 역사적 패러다임을 바꾸고 끔찍한 자유가 주는 '귀중한 이점'을 누리는 것이 아니라, 목숨을 위협받는 비존재가 되고 있다. 사실 국가를 초월할 수 있는 사람들은 아무런 권리도 갖지 못한 지상의 가난한 프롤레타리아트들이 아니라 아이러니컬하게도 부르주아들이다. 생존의 사막을 건너는 자들에게 인권은 없다. 우리 모두는 서로가 서로에게 적대함으로써 초대한 손님마저 불청객으로 만들고 있다. 사람은 나무처럼 한 곳에 뿌리내리고 살지 않는다. 심지어 나무도 여행한다. 이처럼 지구 지역적으로 무수한 사람들이 떠도는 시대에 한 겨레 한 민족 같은 것은 어디에도 없다. 다민족 다문화 가족으로 살아야 하는 시대에, 불청객을 손님으로 환대하고 공존하는 법을 배우는 것이 21세기를 살아가는 사람들의 과제일 것이다.

# 교 육
## 인문학의 시장화

## 1. 한국에서의 인문학

가끔 "제도권 바깥에서 무엇을 모색하면서 살아가고 있는가?"라는 질문을 받을 때가 있다. 이런 질문을 받을 때면 한용운의 시 「당신을 보았습니다」가 생각난다. 시적 화자는 이렇게 눈물 흘린다.

나는 갈고 심을 땅이 없으므로 추수가 없습니다.
저녁거리가 없어서 조나 감자를 꾸러 이웃집에 갔더니 주인은
"거지는 인격이 없다. 인격이 없는 사람은 생명이 없다. 너를 도와주는 것은 죄악이다"고 말하였습니다.
그 말을 듣고 나는 돌아올 때에 쏟아지는 눈물 속에서 당신을 보았습니다.
나는 집도 없고 다른 까닭을 겸하여 민적民籍이 없습니다.

시적 화자는 "민적이 없는 자는 인권이 없다."라는 조롱을 받게 된다. 한용운의 시에 의하면 우리사회에서 제도권 너머에 있는 사람들은 '민

적'이 없으므로 '인권'이 없고 인권이 없는 자 '인격'이 있을 수 없고 인격이 없는 자 '생명'이 없으므로 따라서 유령이 되어버린다. 그렇다면 제도권 바깥에 있는 유령이 자기 존재를 증명하려면 어떻게 해야 하는가. 앞의 질문을 조금 비틀어보자. 제도권 바깥이 있을 수 있는가? 누가 과연 제도권을 벗어날 수 있겠는가? 우리 모두가 제도에 포획되어 있다면 제도권 바깥이 아니라 '대학제도 바깥에서 유랑하는 지식노동자로서 무엇을 꿈꾸며 살아가고 있는가'를 물어본 것은 아닐까?

이런 반문을 하는 까닭은 비제도권이라고 내세울만한 '어떤 것'이 있었으면 좋겠는데 그런 것이 좀처럼 보이지 않는다는 점 때문이다. 지금 제도권과 비제도권은 계급이나 젠더에 따라 경계가 구획되지 않는다. 고작 눈에 보이는 차이라고는 정규직인가 아니면, 최승자의 시구처럼 "자본도 월급도 못 되었던" 삭은 세월을 살아야 하는 비정규직인가 하는 정도이다. 비제도권이라고 하여 대안적 전망과 다른 언어가 있는 것도 아닐 뿐더러 열악한 상황에서 버텨주는 것 자체가 비제도권의 위상인 것처럼 보이기 때문이다.

지금으로부터 거의 한 세기 전쯤 버지니아 울프는 지식의 보고인 도서관에 들어가 보지도 못한 채 여자라는 이유만으로 쫓겨나면서, 자신이 가부장제의 지식체계에 갇혀있지 않아서 오히려 다행이라고 위로했다. 지금 한국에서 여자가 도서관에 들어가는 것을 누가 감히 막겠는가. 사법고시나 행정고시에서도 여성이 더 많은 숫자를 차지하고 법정에서는 남성법관 할당제를 해야 할 판이라고 볼멘소리가 나온다. 2010년 여성판사 임용비율이 70퍼센트를 넘겼고 어떤 지원에는 100퍼센트 여성판사가 배치되었다. 한국사회에서 현상적인 남녀평등은 달성되었고 절차적 민주주의는 성취되었다. 강단의 인문학자들이 거리로 나와 현실 정치에 관해 직접적으로 발언하던 시절은 끝났다. 학생들이 위장

취업을 하고 노동운동을 하던 시대도 마감했다.

한때는 위장취업이 불법이었지만 이십대 태반이 백수인 지금의 88만원 세대들은 학력을 낮춰서라도 위장취업을 하고자 한다. 대통령까지 나서서 위장취업을 하라고 권하는 마당이다. 2009년 12월 24일 이명박 대통령은 청와대에서 주재한 40차 비상경제대책회의에서 젊은이들이 취직이 힘들다고 하니 취업이 힘든 인문계 출신과 지방대학 출신들은 직업교육을 다시 받는 게 좋겠다는 해결책을 제시했다. 눈높이를 낮춰서 직업훈련을 받겠다고 하면 정부가 주선하겠다는 제안도 했다. 자칭 CEO 대통령의 소신 발언이었다. 인문학이 대학에서 얼마나 두통거리였으면, 두산이 인수한 중앙대는 대학특성화를 내걸고 대학개혁의 하나로 인문학과를 통폐합 대상으로 삼았다. 그런 소문이 퍼지자 성균관대학을 삼성이 인수하고 난 뒤와 마찬가지로, 중앙대 지원 수험생들의 커트라인이 오히려 높아졌다고 한다. 대학이 기업에 종속되면 그로 인해 취업기회가 높아질 것이고 대학이 발전할 것이라고 수험생들(과 그 부모들)이 막연히 기대한 결과일 것이다.

이렇다면 대학의 인문학과가 폐지된다고 하여 안타까워할 사람은 이해당사자들 이외에는 별로 없는 것처럼 보인다. 대학이 기업경영마인드를 도입하자고 했을 때부터 그것은 예견된 사태였다. 서울 소재 대학 캠퍼스에는 기업체가 후원한 건물들이 우후죽순 생겨난다. 삼성관, LG관, 포스코관 하는 식으로. 신자유주의 시대 기업은 M&A 전략을 통해 이윤을 남기지 못하는 기업을 매각하고, 인수·합병하면서 경영을 합리화한다. 기업의 합리성은 이윤을 남기는 것이다. 이윤을 남겨주는 것이 고용인의 직업윤리이다. 이윤을 남기지 못하는 비합리적 부서는 통폐합의 대상이다. 심지어 탄탄한 기업도 단기수익을 올리기 위해 해체해 팔아버리는 것이 M&A 전문가들이 하는 일이다. 대통령까지 나서서 인문학 전공자들에게 직업교육을 권장하는 마당에 대학을 인수한 기업이 인문학과를 없애는 것은 합리적인 수순이다.

역대 대통령들까지 나서서 직접 챙길 정도로 한국사회에서 교육과 학력의 문제는 한국인들의 삶에서 핵심적인 사안일 뿐만 아니라 정권의 창출에도 관건이 될 정도이다. 정권이 바뀔 때마다 교육제도가 '개혁'이라는 이름으로 바뀌어왔다. MB정부가 추진한 교육개혁이 소위 말하는 입시사정관제도다. 입시사정관제도는 주로 인문학 지원 수험생들을 선별하기 위한 것인데, 이 제도는 MB정부의 보수적인 교육정책과 신자본주의 경제논리와 어떻게 맞물려 있는지를 잘 보여준다. 교육의 평준화가 진보정치의 교육관이라면 교육의 엘리트화는 보수정부의 교육관이다. 공평한 시장경쟁이라는 허울 좋은 논리로, 경쟁에서 살아남는 능력 있는 개인이 모든 것을 독식하도록 제도화하는 보수적인 교육관은 신자유주의 경제논리와 맞물려 있다. 평등한 사회라고 주장하는 민주주의 사회에서 엄연히 존재하는 계급과 차별을 정당화시켜주는 것이 학력자본이다. MB정부는 전체주의의 잔재와도 같은 일제고사를 부활하여 교육대상자들을 한 명도 남김없이 1등에서 꼴찌까지 줄 세운다. 이렇게 하여 한국사회에서 학력은 무덤에 들어가기까지 따라다니는 신분의 확실한 지표가 된다.

모든 것을 계량화하고 오직 이윤만을 추구하는 신자유주의 시대에 속도전과의 경쟁에서 인문학이 살아남을 수 있는 가능성은 거의 없다. 우연히 인문학 전공 교수를 만났다. 이야기 도중 신규교수 채용과 관련하여 그녀로부터 이런 질문을 받았다. 만약 대학이 교수를 채용하려고 하는데 어떤 신임 교수가 열심히 강의만 하고 있으면 그/녀의 가격은 천만 원짜리이다. 물론 논문실적 등으로 교수가 쌓을 수 있는 장기적인 상징 자본(그/녀가 배출한 졸업생의 생산성)은 계산에서 제외한 것이다. 교수가 강의만 할 것 같으면 그런 일은 강사가 해도 된다. 6시간 강의하는 강사에게 대학이 지불하는 강사료가 2009년 기준으로 대략 천만 원 정도라 할 수 있다. 그런데 다른 교수는 10억짜리 프로젝트를 따올 수 있는 능력(학력 자본에 덧붙여 상징자본, 문화자본, 사회자본을 가진)이 있다면, 고용주의 입장에서는 누구를 뽑겠느냐는 것이었다. 그것이 대학의 현실이라고 했다. 그러고 보니 나는 인문학과 교수채용을 두고 이런 식의 계산을 상상해본 적이 없었다. 지금 인문학 교수들은 우리의 가치를 어떻게 가격으로 따지는가라고 분기탱천할 수도 있겠지만, 대학 내에서 인권의 사각지대에 있는 강사들이 어떤 대접을 받고 살았는지 과연 그들은 고민해본 적이 있을까? "강사는 교수가 되기에는 함량미달, 자격미달인 반면 교수는 교수가 될 만한 자질을 가졌고 공정한 경쟁을 거쳐 임용되었다. 그러니 무엇이 문제인가?" 라고 반문할 것이다. 대다수 사립대학이 재단전입금이 거의 없는 상태에서 등록금으로 지탱해왔다는 것을 감안해본다면 계산은 분명해진다. 강사 열 명의 임금이 교수 한 사람의 연봉으로 돌아가게 된다. 기업경영 마인드 대학고용주라면 강사 열 명의 임금을 가져가는 교수에게 어떤 방식으로든 연봉에 해당하는 이윤을 창출하라고 강요하지 않겠는가. 이제 교수는 가능하면 강의하지 않는다. 강의는 강사나 하는 것이다. 교수는 프로젝트를 따오고, 국제대회를 유치하고 참가하며, 논문실적을 쌓느라 바쁘다. 교수는 연구소라는 이름의 벤처사업가이고 시간강사는 기간제 간접고용 하청직원이다.

하지만 그들이 배출한 제품이 상품성이 없으면 자본주의 사회에서는 의미가 없다. 상품은 팔리는 것을 목적으로 한다. 교환 회로에서 소비되지 않는 제품은 아무리 사용가치가 있다고 주장해도 그것을 증명할 방법이 없다. 이런 기업적인 마인드로 본다면 인문학이 대학에 존재해야 할 이유가 있을까? 제품으로 배출한 학생들의 대다수가 실업자 신세라면 말이다. 기업경영의 윤리로 보자면 불량품을 끊임없이 산출하는 영역은 당연히 퇴출대상이다.

인간으로서의 품위와 삶의 질을 향상시키려는 인문학의 목적이 달성되었다고 한다면, 그것이 강단에 버티고 있을 이유가 없다. 이미 교양 있는 인간으로 인간답게 사는데 구태여 그것을 전공으로 삼아가면서까지 전문가에게 배워야 할 필요가 있겠는가. 삶 자체가 인문학의 이상을 구현한다면 그야말로 유토피아일 것이다. 인문학 박사학위소지자가 즐겁게 환경미화원을 하고(그것이 엄청난 뉴스거리가 아니라) 환경미화원이 벽화를 그리고, 홈리스가 저자거리에서 철학을 논하고, 콩나물 파는 할머니가 인생을 노래하는, 그리하여 삶 자체가 예술인 전인격적인 인생을 누린다면 강단 인문학이 따로 필요 없을 것이다. 혹은 인문학을 별도의 전공과목으로서가 아니라 대학의 모든 수강생들이 충분히 인문학적인 소양을 높이고 삶의 질을 향상시키며 미래의 철학적 비전을 제시할 수 있도록 항시적인 교양과목으로 배치해둘 수도 있다. 지금처럼 대학이 돈을 위해 존재하는 시대에 인문학을 교양과목으로 만든다고 인문학적인 소양이 축적되고 삶의 질이 향상될 수 있는 유토피아 사회가 도래할 리 없다. 바로 그렇기 때문에 역설적으로 이윤을 창출하지 못하는 인문학이 존재해야 할 이유가 있는 것이다.

## 2. 인문학의 콘텐츠화

존 쿳시의 소설집 『엘리자베스 코스텔로』에는 「아프리카에서의 인문학」이라는 장이 있다. 얼핏 보면 제목부터가 단편소설이라기보다 학술논문처럼 보인다. 존 쿳시가 남아프리카 공화국 출신 작가이자 케이프타운 대학에서 영문학을 가르쳤다는 것을 감안한다면 그가 왜 이런 제목의 소설을 썼는지 수긍이 갈 것이다. 아프리카에서의 인문학의 현실을 누구보다 잘 알 수 있는 위치였기 때문이다.

존 쿳시의 페르소나인 엘리자베스 코스텔로는 소설 속에서 늙은 페미니스트 작가로 등장한다. 그녀는 대학에서 영문학을 가르치는 한 교수를 만난다. 그 교수는 아프리카에서 인문학은 "대학의 꽃"이라고 말한다. 하지만 그녀가 보기에 대학은 거세되었고, 학문은 돈벌이의 장일 따름이다. 요즘 남아프리카 공화국에서서는 하루에 50명이 총질로 사망하고 강간은 다반사에 대다수는 기아로 허덕인다. 이런 상황에서라면 인문학이 상아탑 바깥에서 무슨 소용에 닿겠는가라는 회의가 들 수도 있다.

고학력 실업시대에 대학 인문학의 최대목표는 스스로가 생산성과 경쟁력이 있음을 입증하는 것이다. 대학에는 대학교육의 소비자로서 학생들뿐만 아니라 학과와 학문의 재생산에 필요한 연구 인력들이 있다. 요즘 그들은 한국연구재단(구 학술진흥재단) 프로젝트로 살아간다. 한국연구재단의 장기 프로젝트는 최장 기간이 십년이다. 그 이후에는 연구원 자신과 인문학 자체가 자생력을 가져야 한다. 그렇게 하려면 시장논리에 부응할 수 있도록 사회 자본화 혹은 산업화하는 방식으로 나가야 한다. 그런데 인문학이 속도와 양으로 승부하자면 시장경쟁에서 이기기 힘들다. 그럼에도 인문학적인 가치를 양화시켜 어떻게든 시장에서 팔릴 수 있는 상품으로 만들어야 한다는 것이 지금 인문학이 처한 딜레마다. 인문학이 교환가치의 회로 속에 들어가지 않으면 살아남을 수 없는 상황이 되어버린 셈이다.

삶의 질적인 가치를 고민하는 인문학은 통계수치로 계량화하기가 대단히 힘들다. 그럼에도 인문학 분야가 스포츠 경기처럼 공정한 경쟁력과 생산성을 가지려면 실적(논문편수, 논문자질을 검증하는 인용횟수 등)으로 환산되어야 한다. 요즘 대학의 인문학과는 공장처럼 논문을 찍어내고 그것을 점수로 환원하여 교수들의 지적인 노동 생산성을 평가한다. 특히 한국연구재단의 등재지가 거의 모든 논문의 자질을 독점하면서 지식노동자들의 밥줄을 쥐고 있으므로 논문을 쓰는 목적 자체가 등재지 게재를 위함인 경우가 대부분이다. 무수한 학회가 열리고 그곳에서 발표한 논문들을 학술지에 등재하지만 그런 학술지를 읽는 사람이 관계자 이외에는 거의 없다는 것은 공공연한 비밀이다. 학회지는 논문제출자와 편집자 이외에는 보지 않고 (국제)학회에는 관계자 이외의 청중을 찾기 힘들다. 그럼에도 학진과 대학이 원했던 바대로 인문학의 경쟁력과 교수들의 지적 성실성은 눈이 부실 정도여서 발표한 논문을 묶어내는 인문학 서적들은 양적으로 엄청나게 증가했다. 지금 현재로는 인문학 서적 분류에서 ISBN 하나를 얻는 책들이 고작이더라도 양질전환의 법칙처럼 양적으로 팽창해지면 어느 날인가는 질적으로도 탁월한, 그래서 SCI에 등재되는 논문들이 무수히 나올 것이다. 그렇게 되면 인문학 올림픽에서 한국인문학이 금메달을 따는 날도 멀지 않았다.

인문학의 생산성을 입증하고 인문학을 사회 자본화하는 방식 중 하나가 인문학의 콘텐츠화다. 무엇을 콘텐츠라고 하는가? 제레미 리프킨의 표현을 빌자면, 그것은 "수천 년의 문화적 경험과 우리가 삶 속에서 체험하는 지식과 은유의 복합체들을 빼앗은 다음, 이것들을 돈을 지불해야 하는 상품으로 만들어서 파괴해버리는 것에 대한 완곡어법이다."[1] 인문학의 콘텐츠 사업은 우리가 전통 문화 유산이라고 생각했던 이야기들과 문화적 기억을 전부 전자책으로 만든 다음 그것에 접근하려면 돈을 지불하도록 하는 것이다. 지금 구글은 거의 전 세계의 자산을 사적인 소유로 만들려고 진행 중이다. 그것이 전자책 출판이다. 구글은 유럽의 절판도서뿐만 아니라 프랑스 도서관의 책들을 전부 전자서적으로 만들겠다고 했지만 프랑스가 반대하고 나섰다. 니콜라 조르쥬 프랑스문화부장관은 이 거래는 "명백한 문화다양성의 위기"를 보여준다고 비판했고 이에 구글이 한 발자국 물러났다. 구글의 기획은 세계의 모든 문화적 유산을 하나의 언어, 하나의 문화로 만들겠다는 것과 다르지 않다.

인문학의 콘텐츠화는 몬산토Monsanto사가 종자를 콘텐츠화 하는 것에 비견될 수 있다. 몬산토는 이윤을 남길만한 곡물들을 유전자조작을 통해 씨 없는terminate종자로 만든다. 몬산토사가 옥수수의 성생활을 방해하여 씨 없는 옥수수를 만들면 농부들은 해마다 옥수수 씨앗을 구입해야 한다. 농부들은 자신의 의지와 상관없이 몬산토의 유전자 조작 씨앗이 자기 밭에서 자라게 되더라도(새가 물어오거나, 바람 날려서 오더라도) 소송을 당하게 된다. 몬산토사의 지적 재산권을 침해한 것이기 때문이다. 최고연봉 변호사들이 몬산토에서 뛰고 있다. 농부들이 승소할 확률은 거의 없다. 소송이 제기되면 농부들은 그냥 자기 밭을 갈아엎고 몬산토의 씨 없는 종자를 사서 울며 겨자 먹기로 심을 수밖에 없다. 몬산토가 '자연'을 사적인 소유로 만들어 판매하는 것과 마찬가지로, 인문학의 콘텐츠화는 인류의 문화유산으로 전해져오는 이야기들을 특정한 기업의 사적 소유물이 되도록 협력함으로써, 인문학을 살리기 위해 인문학을 죽이는 과업에 동참하게 된다. 그것이 소위 인문학의 생산성을 증명하는 콘텐츠다.

프로젝트라는 이름으로 진행되는 콘텐츠화가 어떤 결과를 초래하는지를 살펴보면 아이러니컬하다. 한 북한문학연구전공자들의 프로젝트는 접경지대(러시아, 중국, 북한 등 3국)를 드나드는 조선인들을 통해 북한의 일상생활을 연구하는 것이었다. 연구의 목적은 갑작스럽게 남북통일이 되었을 경우를 대비하여, 북한이 남한의 내부 식민지가 되는 것을 막고 조선인들의 의식을 각성시킴으로써 북한 체제에 비판적인 중간층이 두터워질 수 있도록 인문학적인 상상력과 더불어 국제정세에 대한 각성을 그들에게 예방주사하는 것이었다. 그런데 이 프로젝트가 지원하려는 곳이 미국국무부였다. 이런 NGO단체의 프로젝트가 미국 국무부로부터 100만 불의 지원금을 받는다고 치자(이 과제는 떨어졌다). 북한연구전공자들 몇 십 명이 매달려서 3~5년 동안 북한의 내부 사정과 소문들과 온갖 삶의 이야기와 정보들을 연구하여 수백 페이지에 달하는 고급 정보를 자발적으로 미국 국무부에 넘기는 것과 다르지 않다. 그것이 소위 좋은 뜻을 가진 NGO단체들이 탈북주민을 돕고자 만들어내는 콘텐츠 사업이다.

인문학 위기라고 대학들이 비명을 지르는 시대에 오히려 기업들이 인문학의 생산성을 들먹이고 있다. 몇몇 대기업에서는 사원을 모아놓고 인문학 강연을 하기도 한다. 사원들의 인문학적인 상상력을 극대화하기 위해서라고 한다. 그런 인문학 열풍의 자극제가 스티브 잡스 때문이라고 한다면 지나친 과장일까? 스티브 잡스는 적자에 허덕이던 애플사에서 아이폰을 출시하여 회사를 흑자경영으로 되돌려 놓았다. 그는 아이폰이 단기간 매출실적을 올리면서 성공할 수 있었던 것은 인문학적인 상상력에 바탕한 때문이라고 말했다. 이 말은 인문학이 인간을 이해함으로써 시장을 읽어내고 매출신장으로 연결된다는 소리다. 이제 "인간의 섬세한 욕구를 발견하지 못하거나 새로운 가치를 창조하지 못하는 기업은 미래성이 없다."는 것이다.

인문학의 생존가치는 시장의 생산성을 극대화할 수 있는 일말의 가능성에 달렸다. 하지만 인문학은 환금작물처럼 재빨리 돈이 되지 않는다. 인간을 대상으로 하는 느린 호흡의 학문들이 속도전에 말려들다보면 자급적, 자생적 지식생산은 거의 불가능해진다. 그럼에도 인문학의 양화가 지적경쟁력으로 간주되고 있다. 인문학의 도구적 상상력은 소비자의 소비욕구를 극대화하는 데 있다. 그것은 인문학의 죽음과 다를 바 없다. 제도 인문학은 이제 살기 위해 죽는다는 역설에 빠져 있는 것처럼 보인다.

## 3. 사교육시장과 교육기계로서의 모성

한국사회는 사교육시장의 기형적인 비대화를 통탄하는 것 같지만, 사실 전체 사회가 합심하여 사교육시장을 키우고 있다. 우리사회는 부동산 거품이 빠지는 것을 견딜 수 없어하는 것과 마찬가지로 사교육시장이 무너지는 것 또한 견딜 수 없어 한다. 그렇게 되면 한국경제가 무너질 것이라는 불안과 공포가 잠재되어 있기 때문이다. 한국사회에 공교육이 존재하는 한 사교육은 쇠퇴하는 법이 없을 것이다. 한국 부모, 그 중에서도 어머니들의 유별난 교육열은 자식 공부에 들어가는 돈을 아까워하지 않는다. 사교육 소비시장이 무너지면 한국의 경제가 버티기 힘들 것이다. 사교육은 공교육과의 쌍생아일 뿐만 아니라 과잉 비대해진 쌍둥이이기 때문이다. 한국사회는 사교육시장이 없어져야 교육이 바로 설 것처럼 말하지만 그것은 대외용 발언이고 실제로 그렇게 생각하는 사람은 그다지 많지 않은 것처럼 보인다. 학생들도 학교 교사보다 학원 선생이 실력 면에서 우수하다고 생각한다. 학교에서 교사가 체벌을 하면 경찰에 신고가 들어가지만 학원에서의 체벌은 순순히 받아들인다. 공교육과 사교육의 위상이 뒤집힌 것처럼 보인다.

사교육을 사회악으로 취급하지만 사실 대학 자체가 사교육의 온상이며, 대학의 인문학과는 사교육의 활성화에 적극적으로 동참하고 있다. 인문학과 졸업생이 가장 '만만하게' 일자리를 구할 수 있는 곳이 온갖 형태의 학원들이다. 학원시장에 인력을 공급할 수 있는 자격증(철학 논술, 글쓰기 자격증 등)을 배타적으로 보유하기 위해 인문학과들끼리의 다툼이 치열하다. 고학력 실업시대에 인문학의 최대목표는 스스로가 생산성과 경쟁력이 있음을 입증하는 것이다. 2010년에 이르기까지 대졸 여학생들의 5년 연속 취직 1순위 자리가 학원이다.

우리사회가 학력에 목매고 학력을 통해 계급이 재생산된다는 신화가 계속되는 한 사교육은 과잉비대해질 것이다. 행시, 사시 합격자들마저 학원에서 강사로 뛴다. 그들에게 학원은 단기간에 한 몫을 챙길 수 있는 곳이기 때문이다. 국가가 모든 곳에서 자격증을 요구하면서 관리 통제하고 있고, 그런 만큼 자격증을 딸 수 있도록 가르치는 학원들은 더 많이 생겨나기 마련이다. 심지어 사법연수원생들도 과외를 한다. 점수가 좋지 않으면 판·검사 임용이 되지 않고, 그러면 연수원 수료 후 곧장 변호사로 개업하는 수밖에 없다. 누가 초임변호사에게 사건을 의뢰하겠는가.

인문학 분야는 여학생이 대체로 80퍼센트 이상을 차지한다. 지금까지 교육만큼 자신의 부가가치를 높일 수 있는 확실한 방법은 없다고 간주되었지만 사실 그것이 신화가 된지는 오래전이다. 여학생들에게 열심히 공부해서 지적인 여성이 되고 경제적으로 독립적인 주체가 되라는 말조차 하기 힘들다. 지적인 여성보다는 아름다운 여성이 여전히 위세를 떨치고 여대생들의 결혼연령은 점점 낮아지는 추세다. 여자에게는 젊다는 것이 상품가치이고 직장은 하늘의 별따기라면 한 살이라도 어렸을 때 취집하는 것이 낫다는 것이 많은 여대생들의 판단인 것처럼 보인다. 여학생들이 끊임없이 교육소비자로 남아 있다가 그 끝자락에서 사교육시장으로 진입하거나 아니면 전업주부 어머니로 남아 있는 한 사교육시장의 비대화는 중단되지 않을 것이다.

결혼제도가 여성의 종신직장이자 전업주부화로 귀결되면, 가부장적 자본주의의 이해관계와 결코 분리될 수 없는 측면이 있다. 모든 교육에도 불구하고 여성이 가정 안에서 탈사회화된 존재가 되어 자녀바라기만 하고 있을 때 초래되는 결과가 공교육에 어떤 영향을 미칠지는 현재 우리가 목격하고 있는 바이다. 전업주부는 자녀를 통하지 않고 '나'(개인주의 자체가 자본주의의 신화이기는 하지만)를 성취할 방법이 그다지 많지 않으므로 자녀의 성취를 통해 나를 실현(만약 실현할 수 있다면)하고자 한다. 이와 같은 열망은 조선시대 이후로 그다지 변한 것처럼 보이지 않는다. 그것이 어머니 자신의 이해관계와 일치되는 부분이 있기 때문이다. 자녀의 성적이 엄마의 능력으로 등치된다. 어머니들이 사회적인 요구와 공모하고 협상하는 곳이 바로 이 지점이다. 따라서 자기 계급을 재생산하고 그것을 유지하기 위해 교육에 목매는 어머니들이 있는 한, 교육제도만을 아무리 고친다고 한들 그 제도의 틈새를 이용하는 파행적인 사교육이 번창할 것임은 분명하다. 이들 사교육 시장은 내 아이만큼은 영재로 만들고 싶다는 교육기계로서의 모성적 어머니들의 욕망과 맞물려 폭발적으로 비대해지는 상승효과를 거두고 있다.

게다가 자본주의 사회에서는 가족 자체가 언제나 이미 사교육 현장이자 사기업화 되어 있다. 가족은 혈연을 바탕으로 한 사랑의 공간이기 때문에 자본주의화 되지 않은 친밀성의 '섬'이라고 흔히들 주장한다. 하지만 자본의 인격화로 나타나는 아버지와 어머니는 가족이라는 사기업을 유지하는 데 있어 핵심 세력이다. 가족 안에서 사유재산의 인격화된 얼굴이 자녀들이다. 자녀교육은 그런 사기업화를 강화하는 투자의 형식이다. 전업주부의 전공은 자녀교육이 된다. 강화된 사기업의 확대재생산을 위해 자신의 모든 것을 투자하는 근저에 자녀교육이 전공인 모성과 사교육이 놓여있다.

한국사회에서 도구적 인문학 교육의 중시는 유교전통에서의 모성과 무관하지 않다. 조선시대 과거제도는 신분상승의 조건이 되었다. 사서삼경을 읽고 해석하려는 노력은 입신양명을 목표로 한 것이고 그렇게 하여 벼슬을 하면 가족 전체가 경제적 혜택을 누렸다. 부모들은 경卿, 대부大夫와 같은 아들의 벼슬에 맞춰 대접받았다. 입신양명이야말로 효의 원천이었다. 자신이 벼슬길에 나갈 수 없었던 여성들은 아들을 통해 대리만족을 해야만 했다. 한국사회에서 어머니로서의 성공 여부는 곧 자식의 성적순에 달려있다는 생각이 어머니들의 DNA에 각인된 것처럼 보인다. 더 이상 신분제사회가 아님에도 한국사회에서 명문대학 학력은 아직까지도 신분을 대신하는 것으로 기능한다.

하지만 인문학 교육이 계층 상승의 사다리이던 시절은 지났다. 대학 학력은 보편화되었다. 고등학생의 84.5퍼센트가 대학에 진학하고, 대학교육이 거의 의무교육이 된 지 오래다. 대학졸업장이 별다른 혜택은 주지 못하더라도 그것이 없을 때 상대적으로 엄청난 불이익을 당할 것이라는 불안이 우리사회 전반에 깔려 있다. 그런 와중에 대다수 대학 졸업생들은 상당한 빚을 짊어진 채 대학문을 나서게 된다. 공부를 하려고 등록금을 벌고 있는 것인지 등록금을 벌려고 공부하고 있는 것인지가 혼란스러울 정도로 많은 대학생들이 등록금에 허덕인다. "지옥한 철의 대학생 여름 아르바이트 시장"에 대해 보도한 방송[2]에 의하면 대학생들은 대체로 시급 4천원을 받고 갖은 노동을 하고 있었다. 부모의 도움 없이 순전히 아르바이트로 1년에 거의 천만 원에 육박하는 등록금을 마련하는 것은 불가능하다. 일부 학생들은 아예 휴학을 하고 시급을 많이 받을 수 있는 노래방 도우미 등으로 나서고 있었다. 노래방 도우미의 경우 시급 3만원이었다. 노래방 도우미를 하려면 손님에게 인기가 있어야 하고, 그래서 그들은 번 돈으로 끊임없이 치장하고 성형하는데 돈을 쏟아 붓고 있었다. 이런 현상은 대학이 등록금 장사를 하기 위해 학생들에게 '앵벌이'를 시키고 있는 것처럼 보였다. 아르바이트가 아닌 대안은 학자금 융자제도에 의존하는 것이지만, 지금처럼 취업이 되지 않는 상황이라면 이들이 졸업한다고 해서 무슨 재주로 빚진 학자금을 상환할 수 있을 것인지, 그 전망 또한 불투명해 보인다. 대학문을 나서는 순간 그들에게는 희망찬 미래보다는 빚부터 갚아야 하는 고달픈 여정이 기다리고 있다.

이런 상황에서 인문학과 교수들이 자부심을 가질 수 있을까? 과거 인문학 전공자들은 적어도 사회의 비전을 제시한다는 자부심은 갖고 있었다. 해방 이후부터 80년대에 이르기까지 한국사회에서 좌파 인문학자들은 봉건적 선비의식과 근대적 계몽의식이 기묘하게 착종된 지식인으로서의 역할이 있었다. 잘못된 정치에 직언을 해야 한다는 지사적 선비의식과 사회를 민주화시켜야 한다는 급진적 계몽의식이 그것이다. 그 시절 좌파 지식인들이 창출했던 가치가 '사회적 약자를 위한 윤리경제'였다. 가난은 무능에서 비롯된 것이 아니다. 가난하다는 이유만으로도 자본주의 사회에서 윤리적일 수 있다고 말해줌으로써 가난한 영혼을 남루하게 만들지 않았다. 이런 가치에 기초하여 인문학은 분배정의에 따른 정치적 변혁의 가능성과 공동체의식, 통일에의 열망, 역사발전에 대한 희망을 거론할 수 있었다.

하지만 전 지구촌 금융자본주의 시대 이후 인문학은 그것에 맞설만한 성찰적 가치를 생산하기보다 그것에 완전히 종속되었다. 실용인문학, 테크노인문학, 사이버인문학 등 무슨 명칭이든지 간에 그런 인문학이 추구하는 것은 시장경쟁력이다. 학생복지와 장학금 혜택에는 그토록 인색한 대학들이 학교자산으로 펀드투자나 하면서 금융자본주의에 기생하고 있지만, 제도 인문학은 그런 시대적 추세에 대한 대안적 가치를 추구하려는 어떤 노력도 하지 않는다. 금융자본주의 시대에 걸맞은 이데올로기가 신자유주의이고 신자유주의는 개인들에게 자신의 이익과 욕망을 극대화하라고 부추긴다. 이제 가난은 무능의 지표이고 부패는 능력의 지표이다. 부패하려면 가문, 인맥, 학맥, 혈연, 지연, 지하조직과의 네트워크가 공고해야 한다. 이것은 아무나 가질 수 있는 능력이 아니다. 적어도 진골로 태어나야 부여받을 수 있는 능력이고, 그런 네트워크를 할 수 있을 때 부패의 능력이 발휘된다면 이 얼마나 선택받은 소수의 능력인가. 그러니 공공의 선이나 공동체 운운은 조롱의 대상이 되고, 경쟁에서 도태된 자들은 재활용마저 힘든 사회적 폐기물로 간주된다.

한국사회에서 제도화된 인문학의 보수적인 성향은 여성의 관점에서 살펴보면 더욱 확연해진다. 페미니즘은 인문학의 토대를 흔들어놓는 질문에서부터 시작했다. 인문학이 추구해왔던 보편인간, 보편인권, 영원불멸의 텍스트에 여자, 흑인, 성적 소수자, 장애인 같은 사회적 약자는 포함되어 있는가? 페미니즘은 인문학처럼 텍스트를 물신화하지 않았으며 의심의 해석학으로 접근했다. 페미니즘은 이질적 보편성에 기대어 '렛미인'을 외치는 사람들에게 가로놓인 장벽을 허물어내려고 했다면, 유구한 전통을 자랑하는 인문학은 페미니즘적인 문제제기에 대처할 필요조차 느끼지 않았다. 인간으로서 어떻게 살아야 할 것인가라는 고민은 인간의 범주에 속하지 않았던 페미니스트들의 몫이었을 뿐, 강단인문학의 고민거리는 아니었다. 보수화된 강단인문학에 의하면 젠더의 관점으로 문학텍스트를 읽는 것은, 시적 언어의 섬세한 결들이 보여주는 미학적 층위와 문학적 순수성을 해치고 조야한 젠더정치만 남겨두는 것이다. 여성주의적인 해석과 관점은 여성학과에서나 해야 할 일이었다. 제도화된 여성학과 또한 자기만의 해방구에서 한동안 자족하고 있었다. 양자는 인문학적 여성학, 여성학적 인문학으로 소통하지 못했으며 심지어 서로 소통해야 할 이유조차 알지 못한 채 각자 자기 나름의 언어시장을 형성하고 다른 궤도를 따라 돌고 있다.

사실 대학 내 여성학(협동과정)과는 안분 자족할 처지가 아니다. 대학이 순전히 장삿속으로 만든 것이 협동과정이므로 이윤이 남지 않는 협동과정을 왜 존속시키겠는가. 제도화된 여성주의가 관변화됨으로써 변화에 대한 열정은 우울로, 변혁에 대한 비전은 좌절로 되돌아온 마당에 여성학협동과정쯤 없어진다고 누가 애통해하겠는가. 몇 십 년 동안 수많은 여성들의 노력으로 겨우 만들었던 여성부였지만 지금 여성부의 행태를 보노라면 모친살해충동이 저절로 일어난다. 현 여성부는 현장여성단체들에게 촛불집회와 같은 반정부시위에 참가하면 프로젝트 지원금을 끊겠다는 공문서를 돌릴 정도로 가부장적 국가를 향해 '사랑밖에 난 몰라' 하고 있다. 이처럼 뼈아픈 배신의 세월과 마주하면서 뼈있는 여학생들이 여성학과에 입학하기를 기대하기는 힘들다. 강단 여성학이 고립된 섬처럼 "나홀로 볼링"[3]을 하고 있는 한, 여성주의적인 정치실천과 연대는커녕 대학 내에서 여타 학과들과 경합하면서 생존할 수 있는 학문적 언어나마 생산할 수 있을지 의심스럽다. 대학 제도 바깥의 여성연구단체라고 한들 별반 다를 바 없지만 그래도 자신들이 무슨 짓을 하고 있는지, 그 맹목의 지점을 끊임없이 의식하고자 노력한다는 점이 아마도 다를 것이다.

인문학 또한 같은 학교 또는 같은 학과끼리 배타적 학맥을 형성해왔다는 점에서 오랜 세월 지적인 자위와 제도적 근친상간에 빠져있었다.

국제화시대 다학제 간 협력이나 융합학문을 이야기하지만 한국사회의 근친상간의 장벽을 뛰어넘는 것은 쉽지 않다. 국문학 전공자가 영문학으로 전공을 바꿔서 대학원으로 진학하게 되면 한국의 인문학계에서는 낙동강 오리알 신세가 된다. 영문학과에서는 당신은 이미 국문과 소속이니 국문과에서 자리를 알아보라고 하고, 국문과에서는 영문과로 변절한 제자가 옛 터전을 기웃거리는가라고 말한다. 중세의 길드조직도 아니면서 인문학은 여전히 중세의 모습으로 남아 있다. 오이디푸스는 근친상간으로 인한 자기처벌의 결과로 눈이 멀게 된 걸까? 그가 눈이 멀었기 때문에 근친상간임을 보지 못했던 것은 아닐까? 경쟁이 치열할수록 인문학이 더욱 배타적인 이익집단이 되고, 그 결과 자기들끼리 결연한다면, 인문학은 오이디푸스와 같은 무지에의 욕망에 빠져들 것이다. 그렇다면 제도화된 인문학이 우리의 희망이 될 수 있을까?

## 4. 계급재생산 장치로서의 영어교육

일본강점기 시절부터 선교사들을 통해 영어를 습득하는 것은 중요한 의미를 지녔다. 일본 제국주의의 언어인 일어에 대한 반감은, 영어를 하는 것이 항일을 하는 것인 양 묘한 자부심마저 줄 수 있었다. 서구의 선진문물과 기독교 계몽담론 그리고 선교사들의 영어는 불가분의 관계였다. 우월한 문화의 우월한 언어를 배우려는 욕망은 자동적으로 작동한다. 한국인들은 굶주리고 가난했던 시절, 영어 몇 자라도 배우는 것이 삶의 질을 바꾸는 수단이 된다는 것을 충분히 경험했다. 영어 구사능력은 우월한 사회적 지위와 계층을 나타내는 지표가 되어왔다.

해방 후 미군이 주둔하고 6·25전쟁이 발발하면서 반공은 곧 친미가 되었다. 친미는 영어구사능력과 다르지 않았다. 영어를 구사하는 것만이 살 길이라는 의식이 팽배해졌다. 손창섭의 「미해결의 장」[4]은 해방 직후 미군정기를 배경으로 하고 있다. 그 시절 영어 단어 몇 개만 알아도 미군부대에 통역사로 취직이 되었고, 그들의 도움으로 미군부대 내에서 하다못해 세탁부, 하우스보이 등으로 취직하면 굶주림은 면할 수 있었다. 그런 시절이었으므로 화자인 '나'가 집안에서 경멸받는 이유는 미국유학을 단념했기 때문이다. '나'는 법대생인 주제에 무위도식하는 백수다. 화자의 집안은 미국 유학열에 완전히 들떠 있다. 열한 살짜리 막내 동생인 지현은 "난 커서 미국 유학 간다누."가 걸핏하면 하는 자랑거리다. 중학생인 지철은 영어공부만 죽어라고 판다. 다른 과목은 엉망이라도 영어는 97점이다. 지철에게 영어는 인생의 목표이고 종교였다. 미국 유학이 그에게는 신앙이다. 어머니는 밥을 굶는 한이 있더라도 삼남매를 미국으로 유학 보내기 위해 재봉틀을 돌린다. 모친은 삼남매 뒷바라지를 하느라 너무 지쳤고 야윌 대로 야위어서 해골만 남은 모습이다. '나'의 아버지인 대장은 집안의 여자들에게 빌붙어 살면서도 아들들이 미국 유학만 갔다 오면 장관자리 하나는 따 놓은 당상이라고 생각한다.

대장의 친구 중에는 문 선생이 있다. 그는 누이동생인 광순의 매춘에 기생하여 산다. 문 선생은 생활능력이 없는 폐인이다. 그는 어머니가 전차 거리에서 담뱃갑을 벌려놓아 벌어오는 병아리 눈물만한 수입에 의지하여 산다. 그런데 자신의 누이동생이 '인육시장'에서 벌어오는 화대에 기생해서 산다는 것을 알고서는 자결하려고 하지만, 친구인 대장이 민족의 미래를 도모해야 할 사람이 그런 일로 자결할 수는 없다고 말린다. 민족의 장래를 걱정하는 진성회(진실하고 성실하게 민족을 걱정하는 사람들의 모임) 회원 세 사람이 모여 앉아서 그를 위로해준다. 민족을 걱정하는 남자들은 여성을 팔아서 살고 그 돈으로 유학을 가서 다시 민족을 걱정하는 자리를 꿰찬다.

　이 작품을 50년대 당시 한국 상황에 대한 알레고리로 읽어도 무방하겠지만, 그 중에서도 영어 하나만 하면 장차관 자리 하나쯤은 꿰찰 수 있다는 시대적 인식은 그 당시로서는 지나친 과장이 아닌 것처럼 보인다. 오늘날에도 기러기가족에서 볼 수 있듯이 아이들의 영어교육은 온가족의 목표다. 강남 중산층 엄마들의 교육열은 일차적으로 영어에 있고 영어 하나는 마스터해야 자기계급이나마 유지할 수 있다는 불안에서 비롯된 것임은 부인하지 못할 것이다. 요즘은 인터넷 시대인지라, 캐나다로 자녀를 유학 보낸 어머니는 인터넷 동영상으로 자녀가 토론토의 학원가에서 어떻게 영어 공부를 하고 있는지 모니터한다. 이런 상황에서, 인적자원 이외에는 달리 자원이 없는 한국이 전쟁을 경험하고도 세계에서 지금과 같은 위상을 차지하는데 있어 어머니들의 교육 광기와 혹독한 초자아의 역할이 한 몫을 했다는 주장에 누가 감히 반박할 수 있겠는가.

　모든 사람들에게 교육의 기회가 평등하게 주어져 있고, 누구나 평등하게 교육을 통해 계층상승이 가능하다고 주장하지만 한정된 자원으로 모든 사람이 물질적 풍요를 누릴 수는 없다. 그렇기 때문에 어떤 방식으로든 구별짓기가 이루어지고 포함과 배제의 기제가 끊임없이 작동하게 된다. 한국사회에서 영어는 교육을 통해 계급지표를 가르는 한 수단이다. 어떤 언어를 구사할 수 있는가에 따라 가치 있는 인간, 무가치한 인간, 능력 있는 인간, 무능한 인간으로 구획된 것이 한국사회다. 지금은 영어교육이 기본이므로 영어를 한다고 이익을 받을지는 모르겠지만, 능통하지 않을 경우 불이익을 당할 수 있다는 공포로 인해 조기교육이나 기러기가족을 선택하게 된다.

　부르디외에 의하면 언어자본이란 언어적 가격형성의 메커니즘에 대한 지배력을 장악하고, 자신에게 이득이 되는 가격형성의 법칙을 작동시킴으로써 특정한 잉여가치가 선취될 수 있도록 하는 힘이다. 모든 언어적 의사소통은 언제나 총체적인 구조에 의해서 지배되는 여러 종류의 언어의 소시장을 형성하게 된다. 전문가는 비전문가들이 알아들을 수 없는 전문용어를 사용할 수 있어야 전문가가 되는 것이다. 남한 사회에서 지식인 여성(이 때 말하는 지식인 여성이란 제도교육을 받고 적어도 대학에 몸을 담고 있으므로 자기 목소리를 낼 수 있는 여성이라고 막연하게 정의하고자 한다.)이 대학제도에 편입할 수 있는 관문이 무엇인지를 살펴보면 그 점이 확연히 드러난다. 영문학과에만 국한시켜본다면, 1981년 이후 대학 정원 자율화에 따라 갑자기 두 배, 세 배로 증폭된 국내박사학위 소지자들과 1983년 해외 여행자율화에 따른 유학의 개방으로 외국(주로 영미권) 박사학위 취득자가 엄청나게 폭증했다. 1990년대 이후 대학에서 공채하는 교수로서 영문학과에 취업하는 교수들은 적어도 97퍼센트 이상이 외국학위 소지자다.

이렇게 본다면 한국인의 반미감정은 양가적이다. 반미 반제국주의를 열심히 외치면서도 3개월 무비자가 허용되기 이전에는 미국비자를 얻으려는 사람들이 미국대사관 앞에서 장사진을 쳤다. 반미감정에는 영어에 대한 한국인들의 분노와 절망과 욕망이 잔뜩 실려 있다. 반미를 외치는 사람일수록 영어의 지배력을 잘 아는 사람일 경우가 대부분이다. 그런 의미에서 영어는 한국인의 숨통을 죄는 질곡임과 동시에 계급의 재생산을 위한 숨통을 열어주는 것이기도 하다.

문화적 정체성은 같은 언어를 사용하는데서 나오는 것으로 가정된다. 동일한 시간을 경험하도록 해주는 장치가 언어이기 때문이다. 그런데 우리는 동시대에 동일한 언어를 사용하고 있다고 생각하지만 정말 그럴까? 일견 동일한 언어를 사용하고 있는 것처럼 보이지만 우리는 결코 동일한 언어를 사용하고 있는 것이 아니다. 전문가 집단이 아니라고 하더라도 나름의 소언어시장을 형성하고 있다. 십대는 십대의 언어시장으로 자신들을 구분하지만 그것이 언어자본이 되기에는 미흡하다. 또래집단으로서의 은어적인 성격이 더 크기 때문이다. 언어자본이라고 말할 수 있는 것 중에서 가장 변별력을 갖는 언어가 지금은 영어지만 앞으로 그것만으로는 부족할 것이라는 것을 이 시대 어머니들은 이미 예견하고 있다. 그래서 이제는 영어와 중국어 정도는 해두어야 한다고들 당연히 생각한다. 이처럼 우리사회에서 지배언어는 문화적인 정체성뿐만 아니라 계급적인 지표의 하나로 작용해왔고 앞으로도 그럴 것이다.

## 5. 복종의 재생산 기제로서의 교육장치

근대 자유민주주의에는 신분, 계급, 젠더 등에 상관없이 누구나 교육을 받을 수 있으며, 열심히 노력하여 학력자산을 쌓으면 그런 학력이 곧 능력으로 연결되고, 실적주의 체계에서 '공평한' 경쟁이 될 것이며, 결과적으로 계층상승의 사다리가 되어준다는 신화가 담겨있다. 신분제 사회와는 달리 근대 민주주의 사회의 특징은 미래의 불확실성에서 찾을 수 있다. 그 말은 신분세습의 확실성을 해체했다는 점에서 민주적이라는 뜻이다. 선천적으로 부여된 것이 없으므로, 나에게 어떤 재능이 있으며, 내가 무엇이 될 수 있는지 알 수 없다. 나의 미래는 오랜 제도 교육을 통해 발견하게 된다. 그렇다면 나에게 학문할 수 있는 능력이 있는지 없는지를 증명할 방법은 끝까지 공부를 해보는(인문학의 경우 한 세대에 해당하는 30년 정도) 수밖에 없다. 무수한 세월이 흐른 뒤 자신이 그 방면에 능력이 없다는 것을 공손히 인정하도록 만드는 것이 제도적인 교육의 역할이기도 하다. 이런 방식은 신분제 사회였더라면 아예 넘보지 못했던 것을 욕망하게 만든다는 점에서 민주적이고 평등한 것이지만, 사회 심리적인 측면에서는 훨씬 더 잔인한 방법일 수 있다. 원천적으로 기회가 봉쇄되었을 경우 욕망 자체가 금지되므로 자신의 무능 탓이 아니라 사회의 금지를 탓할 수 있다. 하지만 이 사회는 무엇이든지 할 수 있으니I can do 무엇이든지 욕망하라고 권한다. 그로부터 오랜 세월이 지난 후, 사회는 모든 사람에게 평등한 기회를 제공했으므로 패자가 탓할 것은 자신의 무능과 역부족 밖에 없음을 받아들이라고 한다. 철저한 능력주의 체계에서 패자는 자기 탓을 하는 것 외에 달리 방법이 없으므로 개인의 나르시시즘은 상처를 입게 된다. 그래서 사회의 구별짓기를 공손히 받들어 모시도록 만든다. 임인애 감독의 다큐 <1986, 1998, 2009 공장의 시계는 멈추었는가>에서 한 비정규직 노동자는 자신처럼 공부를 하지 않아서 멸시당하고 사는 것에 한이 맺혀 자기 아들에게는 월급의 절반을 투자해서 공부시킨다고 했다. 자신은 시키는 대로 공부하지 않았기 때문에 가난한 것이라고 자책하지만, 그의 아들이 가난의 대물림에서 벗어날 수 있는 가능성이 얼마나 있을까?

이처럼 신분제 사회보다 자유민주주의 사회가 더욱 잔인할 수 있는 것은 순종의 기제가 외부적인 강제가 아니라 자발적으로 내재화된다는 점 때문이다. '모범생 같다'는 표현은 대체로 양가적인 의미로 사용된다. 모범생은 학교에서 선생님의 총애를 받고 교과서적으로 사는 사람이지만 동시에 체제 순응적이고 순종적이라는 폄하의 의미도 담겨 있다. 학교는 무엇보다 자발적인 순치의 기제가 작동하는 곳이다. 학교는 의자에 앉아서 적어도 하루 여덟 시간은 견딜 수 있는 몸을 만들어준다. 그런 훈육을 통해 장차 적어도 여덟 시간 노동하는데 익숙할 수 있는 몸이 만들어진다. 학교는 육체적으로 훈육할 뿐만 아니라 정신적으로도 순종을 각인시킨다. 태어나면서부터 대학을 졸업하기까지 학교는 성적순으로 20년 이상 줄 세우기를 반복한다. 이러한데 성적순의 위계질서가 몸과 마음에 어떻게 각인되지 않겠는가. 카프카의 『유형지에서』처럼 학생들은 철저히 자기 몸에 자신의 죄를 새긴다. 공부를 못하는 것은 잘못된 것이며 능력 면에서 열등한 것이고 잘못하면 처벌대상이라는 것을 반복 훈련하게 된다. 수능시험은 50만의 수험생을 1등에서부터 50만등까지 일렬로 세운다. 사회는, 행복은 성적순이 아니지만 그것이 자존심 순위가 되고 능력순서임을 사람들의 뼛속까지 새긴다.

이처럼 교육이 복종을 재생산하는 이데올로기적 국가장치임을 일찍이 설파한 이론가가 알튀세이다. 알튀세에 의하면 학교는 생존의 노하우를 가르친다. 지배이데올로기가 가르치는 노하우를 통달하면 할수록 오히려 복종의 재생산 기제 속에 편입된다. 통상적으로, 복종은 외부적으로 강제된 지배질서에 굴복하는데 있으며, 자기통제력의 상실에 따른 것으로 생각한다. 하지만 알튀세가 보여준 역설은 자신을 훈육하고 관리하는 자발적인 통제에 의해서 오히려 복종이 완성된다는 것이다.

과제를 '양심적으로' 수행한다는 것은 그런 기술을 재생산하는 것이다. 알튀세는 '양심적으로'에 인용 부호를 함으로써 노동을 윤리화하고 있다. 이때 양심적이라고 함은 노동을 하면서 불량품을 내지 않겠다는 말과 다르지 않다. 도요타 자동차의 리콜 사태에서처럼 노동자들의 양심적인 과제 수행은 불량품을 내지 않는 것이다. 그것이 노동의 윤리이자 노동자들이 죄 없음을 증명하는 방식이다. 문자 그대로 노하우의 정복은 법 앞에서 피고가 무죄임을 선언하는 것처럼 비난으로부터 자신을 방어하는 것이다. 심문하는 법에 순종함으로써 우리는 충실한 주체의 위상을 획득한다. 주체가 된다는 것은 이처럼 무죄임을 입증하는 것이다.

알튀세를 읽다보면 당연히 뒤따르는 질문들이 있다. 제도교육의 훈육에서 누가 벗어날 수 있는가? 교육이 그처럼 순종의 기제이기만 한가? 제도 교육을 열심히 받아 프로페셔널해지고 그 체제에 확실하게 순응하게 되면, 교육으로 인해 부당한 것을 인식하고 그것을 고쳐나갈 수 있는 저항의 힘은 어디에도 없다는 말인가? 하지만 교육은 자신이 순종하고 있다는 것까지를 볼 수 있는 인식의 힘을 동시에 제공하기도 한다. 그것이 교육이 갖는 양가성이다.

결론적으로 이런 시대에 '다른' 학문공동체가 가능할까? 그것이 문제다. 인문학 전공자의 입장에서 보자면 인문학은 수요보다 공급이 넘쳐난다. 고전적인 의미에서 보자면 인문학 자체가 귀족학문이다. 성격이 운명이라고 하지만 학과가 운명인(?) 시대다. 귀족이 아니면서 귀족학문인 인문학을 선택한 것에 대한 '나'의 책임 또한 받아들여야 한다. 학문적인 대안공동체를 상정하려면 일단은 대학주변에서 자리를 잡겠다는 귀족적인 열정을 '열정적으로 체념'할 필요가 있다. 교수, 연구원이 될 가능성에 목매고 대학 안에서 유령적인 존재로 10년, 20년을 보내는 것은 대단히 소모적이기 때문이다. 가난해지는 대가로 비싸게 구입한 자유 시간에 공부하고, 그렇게 공부한 것을 지역사회에 돌릴 수 있는 공간을 창출하고, 그러고도 남는 시간에는 그런 공동체 창출을 방해하는 힘들과 즐겁게 맞서 싸우는 것은 어떨까? 이처럼 가난한 유한계급을 꿈꿀 때 대안적인 학문적 코뮨이 가능해진다고 본다.

문제는 자본이 모든 가치를 제패한 사회에서 자본의 욕망과 유혹에 저항하는 것이 거의 불가능해 보인다는 점이다. 전 지구가 돈의 욕망으로 획일화된 시대에 다른 가치가 있다는 신념을 가지고 그에 따라 사는 것은 결코 쉬운 일이 아니다. 인간이 인간답게 사는 것이 무엇인지를 성찰하고 고민하면서 사는 것은 인문학 본연의 사용가치를 추구하는 것이다. 그것은 자본주의의 지상명령인 '소비하고 즐겨라'에 따르는 것이 아니라 그로부터 자유로워지라는 정언명령에 따르는 것이다. 그런 명령은 이론적인 정합성, 설득력의 문제가 아니라 다른 삶의 가치를 추구하겠다는 실천과 믿음으로부터 나올 수밖에 없다는 점에서 결국은 의지와 결단의 문제다. 그러니 쉽지 않은 길이다. 그래도 결심이 굳다면 어떻게 살아야 하는지를 남들에게 설교하는 것이 아니라 몸소 보여주는 삶의 방식을 선택해야 한다.

프리모 레비는 『이것이 인간인가』에서 인간의 인간됨은 수치를 아는 것이라고 보았다. 더 이상 인간이 무엇인지 물어보지 않는 시대를 우리는 살아가고 있다. 돈이 삶의 가치를 결정하는 시대에 인간의 영혼 같은 것을 구차하고 남루하게 물을 필요가 어디 있겠는가. 그런데 인간 없는 인문학이 가능한가? 반인간주의마저 인간을 중심으로 타자(동물, 자연)와의 관계를 사고한다. 돈이 불안한 영혼을 쓸쓸하게 만드는 시대가 당연하고 정상적인 것으로 통한다. 그런 시대이므로 역설적으로 우리는 인간이 무엇이며 인문학이 무엇인가라는 소박한 질문을 다시 제기해야 한다. 인문학의 역할 중 하나가, 당연한 것으로 여겨졌던 것에 질문하고 기존의 질문을 바꾸어내는 것이다. 인간이 무엇인가라는 가장 고전적인 질문과 더불어 우리는 어디에 있으며 어디로 갈 것인가를 동시에 물어야 하는 시대가 되었다. 그 질문이 내 삶의 방향과 비전을 제시해줄 것이므로.

『유엔미래보고서』에 따르면 2018년이면 한국은 1인 블로거들의 세상이 될 것이라고 한다. 삶의 가치를 질문하지 않는 고학력 1인 블로거들은 이기적인 나르시시즘에 빠져들 수도 있다. 이런 개인들이 다중지성을 형성하고 비판적 사회의식을 견지하면서도 타자를 배려하고 함께 사는 법을 배우려면 결국 인간이 어떻게 살아야 할 것인가에 대한 방향성과 비전을 제시해주는 인문학의 역할에 의존하지 않을 수 없다. 개인들이 심리상담 치료사의 카우치에 자신의 영혼을 전부 넘겨주지 않도록 하려면 말이다. 한국은 이미 다문화가족, 다혈통, 다양한 트랜스(젠더/섹슈얼리티) 사회로 나아가고 있다. 그렇다면 다문화의 경험이 일천한 한국사회에서 이질적인 다문화와 다가치가 공존할 수 있는 철학과 상상력을 제시하는 것, 급진적 인문학이 해야 할 지속적인 역할이 바로 그것에 있지 않을까? 인간이 인간인 이상 말이다.

# 가족

정상가족의 해체와 수상한 가족들의 탄생

## 1. 가족은 반사회적인가?

가족은 여성의 무보수 가사노동에 의존하고 있다는 점에서 여성에게는 속박인 동시에 공적영역으로의 진입에 걸림돌로 간주되었다. 아이 딸린 여성은 아이를 돌보는 한편 바깥에서 일을 해야 한다. 똑같이 일을 하더라도 남편은 집에 돌아오면 손가락 하나 까딱하지 않는다는 것이 맞벌이하는 여성들 대다수가 토로하는 불만이다. 아내로서 남편에게 감정노동을 베푸는 것은 당연하게 여겨진다. 남편뿐만 아니라 자녀들은 매사에 어머니 탓을 하기 십상이지만 그래도 현명한 어머니 노릇을 위한 감정노동 역시 여성의 몫이다. 결혼으로 인해 발생하게 되는 친족을 챙기는 것(시집식구와 그에 따른 제사 모시기, 친척 수발들기)도 여자의 일이다. 맞벌이 부부 중 자녀가 생기면 아이를 돌보기 위해 직장을 그만두는 것도 여성이다. 이런 점에서 본다면 가족은 여성을 반$^*$사회화하는 것에서 나아가 반$^ﬢ$사회화하는데 일조하는 것은 아닌가라는 의문이 들 수도 있다.

거칠게 말해 가족을 해체하면 여성은 아이와 남편에게 볼모잡힌 상태에서 해방될 것처럼 보였다. 특히 1세계 중산층 백인 페미니스트들은 가족을 문제 삼았다. 가정은 스위트홈일 뿐만 아니라 동시에 스웨트sweat 홈이다. 공적영역에서 해소되지 못한 갈등과 폭력, 온갖 스트레스가 부려지는 공간이기도 하다. 가정폭력과 가족 안에서의 성폭력 또한 심각하다. 1세계 중산층 백인 페미니스트들은 가족만큼이나 여성의 재생산능력을 통해 기존의 가부장적인 질서를 재생산하는 제도도 없다고 보았다.

하지만 흑인 페미니스트인 벨 훅스는 『계급에 대해 말하지 않기』에서 인종으로 가장한 계급차별을 가족 이슈에서 찾으면서, 가족을 해체해야 할 반反사회적인 제도로 간주하는 백인 중산층 페미니즘의 주장을 일축한다. 노예로 끌려와서 처음부터 가족이 뿔뿔이 해체된 아프리카계 미국인들은 가족을 구성할 기회조차 없었다. 백인 페미니즘의 대모라고 일컬어지는 베티 프리단은 가정에 묶여 있는 백인여성들의 불만을 이론화했지만, 벨 훅스가 보기에 그것은 백인 중산층 전업주부에게 국한된 문제였다. 그들이 전업주부로 집안일만 하며 지낸다고 투덜거릴 때 미국의 하층계급 백인여성과 유색인여성은 언제나 일터에 있었다. 노예의 역사를 경험했던 흑인여성은 백인 가족의 살림살이를 대신 살아주느라고 자기 가정을 돌볼 시간이 없었다. 이처럼 바깥에 나가서 일하는 여자들의 눈에는, 장시간 일하고 낮은 급료를 받으면서 집안일도 도맡아야 하는 자신들보다, 집안에서 남편월급으로 살림만 하는 여자들이 오히려 '자유롭게' 보였다. 말하자면 확실한 생계부양자로서의 남편과 자녀들만의 친밀한 공간을 갖는 것 자체가 많은 (유색)여성들의 꿈이었다는 것이다.

벨 훅스에 의하면 백인 중산층 페미니스트들은 입으로 주장하는 것과는 달리 가족 해체를 원했다기보다 자기계급을 유지하는데 필요한 고급의 '품위 있는' 일자리를 원했을 따름이다. 하층 흑인가족은 이미 언제나 해체되어 있었고 하층계급 흑인여성들은 바깥에서 일하고 있었지만 그렇다고 그들이 삼중고三重苦(계급, 인종, 젠더)로부터 해방된 것도, 자유로워진 것도 아니었다. 뿐만 아니라 1960년대 흑인 민권 운동이 힘들게 이뤄낸 긍정적인 성과를 제대로 누렸던 것은 백인여성들이었다고 훅스는 비판한다.[1] 그녀가 보기에 백인 "특권계급 여자의 자유는 하층계급 사람들의 노예화 여부에 달려 있다." 이렇게 본다면 흑인여성들이 백인 페미니즘으로 인해 삼중고에서 벗어나는데 도움이 되었다기보다는, 백인여성들이 오히려 자신의 이론을 위해 흑인여성들을 대상화한 것에 불과하다.

수세에 몰린 백인 페미니스트라고 할 말이 없을까? '우리는 좋은 뜻으로 했는데 왜 우리를 공격하는가? 그토록 자매애를 발휘하자고 했건만 되돌아오는 것은 비난 밖에 없다'면서 일부 백인 페미니스트들은 앓는 소리를 한다. 결과적으로 백인 페미니스트들은 유색인 페미니스트에 대한 회의가 들고 상처를 입었다는 심경을 토로하기 십상이다. 수전 구바는 백인여성 또한 백인남성에 비해 억압받는 위치지만, 그렇다고 우리가 다른 유색여성가족을 억압한 것은 아니지 않느냐고 볼멘소리를 한다.[2] 백인 페미니스트들이 염두에 둔 가족제도는 결국 제인 에어의 수준에서 멈춘다. 제인 에어는 여성에게 부당한 기존제도에 항의하지만 그 제도가 자신을 받아들여주는 순간 그것에 굴복한다. 불구가 되기는 했지만 그래도 귀족인 로체스터와 결혼하고 귀족가정을 이룬다. 그들은 가족구성이 줄 수 있는 특권을 결코 내놓지 않는다. 수전 구바는 제인 에어로 대표되는 백인여성들이 열심히 싸워서 사회적 지위를 확보한 순간, 유색 페미니스트들이 벌떼처럼 들고 일어나 자신들에게 벌침을 놓고 그로 인해 백인여성들은 앓게 된다고 토로한다. 하지만 벌침이 치료의 효과가 있다는 것을 인정하지 못한 채 수전 구바는 백인여성들의 상처를 지나치게 과장하는 것처럼 보인다.[3]

이처럼 가족은 하나의 모습을 하고 있는 것이 아니다. 민족, 계급, 종교, 인종 등에 따라서 제각기 모습을 달리하고 있으므로 주어진 상황과는 무관하게 '가족을 해체해야 한다' 혹은 '가족은 반사회적이다' 라고 단언하기 힘들다. 한국의 가족 또한 벨 혹스가 비판하는 1세계 백인 중산층 가족의 정치경제학과는 다른 맥락에 서 있다. 한국에서 가족은 혈통에 따른 부계중심주의가 오랫동안 지배해왔다. 오랜 유교 가부장제가 지배해왔으므로 한국사회에서 페미니즘이 비판했던 가족은 호주제가 고집하는 부권중심의 완강한 가족주의의 폭력성이었다. 다문화가족으로 이행된 시대에도 여전히 한 민족, 한 겨레, 한 핏줄과 같은 '피의 언어'로 구성된 가족의 배타성은 문제적이다. 피의 언어에 따라 근본과 혈통을 모르는 '상것들'을 천시하려는 태도는 한국인의 무의식에 잠재되어 있는 것처럼 보인다.

'좌파정부 십년' 동안 여성단체들이 한 목소리로 성취해낸 것이 호주제 폐지다. 호주제가 폐지되면 당장이라도 가족이 해체될 것처럼 '정상가족' 해체에 대한 우려와 가족위기에 대한 불안의 목소리가 높았다. 2008년부터 기존의 호주제가 폐지되고 개정된 민법이 실시되었다. 호주를 중심으로 한 가족관계에서 호주가 삭제되고, '개인'을 중심으로 관계가 구성되는 가족관계등록부[4]가 등장했다. 호주제가 폐지되면서 이제 "자녀의 복리를 위하여 자녀의 성姓과 본本을 변경할 필요가 있을 때에는 부 또는 모 등의 청구에 의하여 법원의 허가를 받아 이를 변경할 수 있도록"(제781조제6항) 했다. 이렇게 본다면 부의 혈통을 중심으로 근본을 따지는 가부장적인 부성주의父姓主義 원칙은 일단 수정된 것으로 보인다. 전통적인 유림의 입장에서는 부성주의의 포기가 곧 근본根本의 포기이므로, 혈연에 토대한 '정상가족'의 위기로 보였을 것이다.[5] 하지만 부성주의 포기가 곧 가족의 해체라는 비판은 억지소리로 들린다. 21세기에 이르러 '정상가족'(중산층 일부일처로 이혼을 경험하지 않은 4인 핵가족) 신화는 이미 무너졌다. 이혼비율이 30퍼센트를 넘는 상황이고 재혼에 따라 가족을 재구성하려면 부권중심의 혈연가족주의야말로 새롭게 구성되는 가족들에게 걸림돌이 되기 때문이다.

우리사회에서 가족이기주의는 한동안 공격 대상이었다. 사후적으로 보자면 그런 공격이 가능했던 것은 계층 간의 유동성이 그나마 열려 있었다는 말과 다르지 않다. 1980−90년대의 소설을 보면 지긋지긋한 가난과 궁상맞은 부모세대로부터 빨리 독립하고 싶은 자식들로 넘쳐났다. 그때만 해도 부모세대보다 교육을 잘 받고 부지런히 노력하면 가난에서 벗어날 수 있는 가능성이 보이던 시절이었다. 뿐만 아니라 전쟁세대들은 전쟁을 경험하면서 기존 위계질서의 급격한 변동을 직접적으로 목격하기도 했다. 동족끼리의 전쟁이 더욱 잔인할 수 있는 것은 동질성을 유지하려는 욕망에서 비롯된 것이라는 주장처럼, 이념에 바탕한 내전으로 인해 가족끼리 좌우로 대치하여 서로 처절하게 죽임으로써 몰락한 지주 계급들도 있었다. 반면 기독교와 같은 신문물을 빨리 받아들인 역관계급과 지식인들의 변신, 의사들과 같은 중인계층의 부상에서 보다시피 근대적인 학문을 매개로 부상한 가족도 있었다. 전쟁경험과 근대화 등으로 인해 우리사회는 한 두 세대 만에 전통적인 가족구조의 급격한 지각변동을 경험했다.

하지만 신자유주의 시대에 이르러 우리사회는 보수적인 가족주의로 되돌아간 것처럼 보인다. 가족의 도움 없이는 생존 자체가 힘든 시대가 되었다. 지금의 386세대를 중심으로 한다면 부모세대는 근대교육의 세례를 받아서 한국사회 내에서 안정적인 계층으로 진입한 반면 그 자식 세대는 오히려 여러 가지 불안정에 시달리고 있다. 소위 말하는 88만원 세대는 부모가 여러 가지 자산을 가지고 있는 경우, 부모의 자산을 기꺼이 자신의 것으로 삼고자 한다. 그 결과 페미니즘이 가족 안에서의 가정폭력과 성별권력구조를 열심히 파헤치고 가족의 문제를 부각시켰지만 가족이기주의 혹은 가족도구주의는 더욱 강화되고 있다. 가족도구주의는 가족이 사랑과 화목과 배려와 보살핌의 공간인 것만이 아니라 오히려 온갖 갈등과 폭력이 있더라도 서로의 이해관계에 의해서 가족이라는 형식을 도구적으로 유지하고 결속하는 것을 말한다. 여기에 덧붙여 결혼제도를 통해 여성과 가족은 불가분의 관계가 된다. 한국사회에서는 개별자아가 아니라 가족자아, 페미니즘이 아니라 패밀리즘이라고 말할 정도로, 가족을 떠난 개별 여성을 상상하기 힘들다. 많은 중산층 여성들은 여성으로서의 자기 욕망과 자기계급의 욕망을 동일시하고 있을 뿐만 아니라 자기 욕망에 충실한 것과 중산층 가족의 경제적인 (확대)재생산이 별개가 아닌 것으로 간주한다. 이렇게 본다면 페미니즘이 해체하려고 했던 '정상가족' 이데올로기와 가족도구주의가 더욱 강고해진 시대에, 가족이란 도대체 무엇이며 가족의 구조는 어떤 변동을 초래하고 있는가. 다양해진 가족 형태를 통해 혈연중심의 '정상가족' 이데올로기를 대체할 수 있는 어떤 형태의 '수상한' 가족이 가능할 것인지 살펴보고자 한다.

## 2. 생계형 유랑가족과 상층 기러기가족

2010년 1월, 로스앤젤레스의 한인 민박에 몇 주간 머물렀다. 그 집은 로스앤젤레스에서 흔히 볼 수 있는 3층 목조 가옥이었다. 내가 머무른 곳은 1층이었는데, 각 층마다 민박주인이 달랐다. 한국에서 이민온 오십대 초반 여성이 1층을 임대하여 민박을 치고 있었다. 그녀는 부산사람이었는데 남편과 이혼한 뒤, 언니가 살고 있는 메릴랜드 주로 가서 닭 공장에서 꼬박 2년을 일하고 영주권을 얻었다고 했다. 그런 다음 남동생이 살고 있는 로스앤젤레스로 왔지만 서브모기지 사태로 남동생의 부동산 사업이 망했다. 그녀는 남동생을 통해 이 집을 임대했고 민박을 하면서 시내 한인 마트에 나가 아르바이트를 하는 소위 투잡족이었다. 그녀는 한국에서의 삶에 비하면 몸은 피곤하지만 마음은 편하다고, 외롭지만 그래도 모처럼 행복하다고 말했다. 그녀는 지금 한국에서 대학을 졸업했지만 취업을 못하고 있는 아들을 불러들이기 위해 수속을 밟고 있다. 내가 머무는 동안, 호주에서 살다가 이혼한 후 아내와 두 딸을 남겨두고 인터넷 채팅으로 만난 여자친구를 만나기 위해 이곳으로 왔다는 한 오십대 남성도 있었다.

2층에는 주로 장기 투숙자들이 머물렀다. 저녁 무렵 민박집으로 돌아올 때면 드라이브웨이에 앉아서 하염없이 담배를 피우는 중국계 남자, 그 옆에서 함께 묵묵히 담배를 피우고 있는 부치 왕언니, 그리고 진돗개 메리가 주로 저녁 풍경을 이루고 있었다. 그 민박집에는 중국계, 아프리카계 미국인, 히스패닉, 한국계 등 다인종 다국적 디아스포라들이 뒤섞여 살고 있었다. 한국계인 제스민의 가족은 한 방에 네 식구가 살았다. 열한 살인 제스민과 아홉 살인 남동생 제이슨은 부모가 코리아타운으로 일하러 나가면 종일 무료하게 지내면서 메리와 놀았다. 그리고 내가 머물던 방 맞은편에는 한국 엄마가 남자 아이 둘을 데리고 와서 머물렀다. 겨울방학 동안 초등학교 2학년과 유치원생인 두 아들에게 영어공부를 시키기 위해 여기로 온 강남의 가정주부였다. 첫째 아이는 미국에서 태어나서 미국시민권을 가지고 있다고 했다. 그래서 방학 때면 이곳에 와서 주변의 공립학교에 아이를 보내고 방과 후에는 코리아타운에 있는 영어학원에 보낸다. 교수인 남편의 월급으로 두 아이를 사립학교에 보내기는 힘들고, 첫째 아이는 미국 시민권자여서 공립학교에서 방학 동안이지만 공짜로 공부할 수 있는 이득이 있다고 했다. 요즘 강남의 엄마들은 기러기가족이 아니더라도 이처럼 아이들을 이끌고 영어권 나라로 떠돌고 있었다.

이 엄마를 보면서 또 다른 만남이 떠올랐다. 몇 년 전 네팔을 갈 일이 생겼고, 우연찮게 중학교 2학년 여학생이 옆자리에 앉게 되었다. 그 여학생은 네팔에 유학 중이었는데 사연인즉 이랬다. 어머니는 로스앤젤레스 코리아타운에서 일하고 있다. 아버지는 구조조정으로 퇴사한 뒤 일자리를 구하는 중이다. 자신은 다른 친구들처럼 미국으로 조기유학을 떠날 형편이 못된다. 네팔의 사립기숙사 학교에 들어가는 것이 부녀 모두에게 이점이 있다. 아버지로서는 서울에서 딸을 교육시키고 보살피는 부담에서 벗어나 사업에 몰두할 수 있고, 자기로서는 이곳에서 값싸게(학비와 기숙사비까지 합쳐 그 당시 매월 10만 원 정도) 영어와 접할 수 있다. 자기 학교는 카스트 제도가 있는 네팔의 상류층 자녀들이 다니는 사립학교여서 모든 수업이 영어로 진행된다(네팔에는 기숙사를 갖춘 외국계 사립학교가 많이 진출해 있다). 처음에는 음식과 언어 문제로 적응하기 힘들었는데 1년쯤 지나고 나니까 친구도 생기고 견딜만하다. 그래도 비자문제가 빨리 해결되어 엄마가 있는 미국으로 가고 싶다. 소위 말해 소녀의 핵가족은 핵분열 하듯 네팔−서울−로스앤젤레스에 흩어져 사는 생계형 글로벌 가족이었다.

1980년대까지만 하더라도 이처럼 국가의 경계선을 넘나드는 초국적 가족은 낯선 풍경이었다. 만약 그 당시 남북(공산권 중국)을 마음대로

왕래하는 '간 큰 가족'이 있었다면, 간첩가족으로 몰렸을 것이다. 국가폭력에 의해 이산가족으로 살아가는 가족형태, 그것이 한국적인 분단가족이었다. 남북분단 현상의 고착화에 따른 이산가족은 2000년대의 기러기가족[4] 만큼이나 한국적인 가족형태이다. 분단가족은 국가의 분단이 가족의 분단을 강제한 역사적 상처를 안고 있는 가족이다. 이들에게 가족재구성의 욕망은 불가능했으므로 더욱 강렬했고, 가족해체 운운은 언어도단의 사치였다. 분단가족 서사는 한국가족사의 한 장을 이루었다. 1983년 여름 KBS가 기획한 이산가족 찾기에서 그런 갈망은 절정에 달했다. 한국은 고아수출국으로도 유명하지만 혈연에 대한 강박 또한 유별나다. 임권택 감독의 <길소뜸>(1985)은 우리사회에서 이산가족 찾기 열풍이 가라앉고 난 뒤 이를 차분히 조명한다. 33년의 세월 동안 서로 헤어져 살았는데도 핏줄에 이끌려 보는 즉시 껴안고 울 수 있는가. 계급적, 문화적 차이에도 불구하고 핏줄은 서로를 알아보고 그간의 세월을 봉합할 수 있는 마술적인 코드인지 이 영화는 묻고 있다.

2000년에 들어오면서 이산가족이라는 주제를 코믹하게 다룰 정도로 거리가 생겼고, 그런 현상을 영화 <간 큰 가족>에서 볼 수 있다. <간 큰 가족>의 중심에는 유산이라는 문제가 자리하고 있다. 어쩌다가 땅값이 올라 50억대의 재산가가 된 아버지의 소원은 오로지 통일이다. 아버지는 살아생전에 북녘에 두고 온 아내와 딸을 만나고 싶어 한다. 분단가족의 한은 이처럼 월남한 가부장 아버지의 그리움과 고통에 초점이 맞춰짐으로써 그가 가족 내의 나머지 구성원들에게 끼친 고통에 관해서는 무심하거나 희화화시켜버린다. 역사의 희생자이면서도 그리움의 주체인 아버지에게는 모든 게 용납된다. 당연히 '간 큰 가족'은 화해하는 것으로 끝난다.

국가보안법의 서슬이 시퍼렜던 80년대까지만 해도 월북자가 있는 가족이나 색깔 논쟁에 휩쓸린 가족은 숨죽이고 살아야 했다. 색깔론과 연좌제에 바탕하여 국가는 보호해줄 '모범가족'과 배제해야 할 '불온가족'을 확실하게 구분했기 때문이다. 일제강점기부터 해방이후까지 독립운동가로, 빨치산으로, 월북한 공산당으로, 아비는 "8할이 바람"이고 부재하기 일쑤였다. 아버지 부재의 가족을 억척스럽게 이끌고 나간 사람은 홀어머니였다. 그것이 우리현대사에서 가족을 건사하느라 모든 것을 희생함으로써 칭송받는 모성이다. 홀어미 가족의 자손은 후레자식이 되지 않기 위해서라도 더욱 더 '반듯한' 가부장적 가족을 간절히 동경하는 것으로 형상화되었다. '엄마의 말뚝'은 엄마가 아버지의 남근적인 역할까지 동시에 하는 것을 상징한다. 엄마는 부재하는 아버지를 대신하여 자녀들에게 엄격하고 철저한 초자아의 역할까지 도맡는다. 한국사회에서 '본데가 없다', '가정교육이 없다'는 말은 가족의 위계를 구분짓고 그것에 바탕하여 사회적인 계층질서를 정당화하려는 욕망이 담겨 있기 때문이다.

이산가족의 다른 형태로 80년대 후반에 이르기까지 국가의 이촌향도 정책으로 인해 농촌에서 도시로 흩어져서 살아가는 국내 이산가족 형태가 있다. 국내 이산가족은 부모는 농촌에 있고 자녀들은 교육이나 혹은 일자리를 찾아서 도시로 나가는 형태의 가족이다. 전통적인 농촌의 대가족은 해체되었다. 아들은 도시로 유학 보내고, 딸들은 남자 형제의 공부뒷바라지를 하거나 농촌의 부모를 경제적으로 돕기 위해 공장에 다님으로써, 농촌과 도시에서 두 집 살림을 하는 농촌가족이 많았다. 가족 내 오빠들은 서울로 와서 대학에 다니고 어린 여동생은 자신의 학업을 포기하고 공장에 다니면서 오빠의 학비를 보탠다. 신경숙의 『외딴방』에서의 가족은, 가족이 뭉쳐 가난에서 벗어나고 성공적인 도시 중산층으로 입성하는 전형적인 80년대식 가족모델이다.

『외딴방』의 화자인 '나'에게는 시골에서 농사짓는 부모가 있고, 서울에는 고달프지만 부모 노릇을 대신해 줄 수 있는 오빠들이 있다. '나'는 외로움과 소외노동에 진저리치지 않았다. 낮에는 공장에서 일하지만 '나'에게는 간절한 꿈이 있었다. 다시 교복을 입고 고등학교에 다니는 것이었다. 서울에서 대학 다니는 오빠들이 둘이나 있는데 언감생심 '나'까지 학교에 다닐 형편이 아니었다. '나'는 차마 노조에 가입할 수가 없었다. 노조에 가입하여 힘들게 투쟁하다가 신세를 망치기(그 시절 개발독재국가와 자본가들은 폭압적이었기에)보다는 대학을 가는 것이 열악한 노동환경에서 빠져나올 수 있는 지름길이었다. 화자의 그런 판단은 기대에 어긋나지 않았으며, 교육을 받고, 가난에서 벗어나고, 베스트셀러 소설가가 된다. 노력한다고 해서 모든 사람이 베스트셀러 소설가가 되는 것은 아니다. 가족의 돌봄이나 가족이 아예 해체되어버린 경우, 『외딴방』의 희재 언니 사례가 보여주듯 도시에서 중산층 가정을 이룰 수 있다는 미래의 희망은 절망으로 변하게 된다. 농촌에서 내몰린 가족들은 도시빈민을 형성하게 되었다. 그 당시 도시노동자로 유입된 농촌여성이 다시 농촌으로 되돌아가는 경우는 드물었다.

1980년에 이르기까지 많은 농촌여성들이 상경하여 구로공단 등지에서 노동자가 되었다. 산업화의 요구에 따라 급격하게 도시로 유입된 농촌인구는 도시빈민을 형성했다. 농촌에 있는 부모의 경제적, 심리적, 교육적 지원이 전혀 없었던 그 시절의 일부 농촌여성들은 무방비상태로 도시에 유입되었다. 배불리 먹기조차 힘들었으므로, 식구를 줄이는 방식이 집안의 여자아이를 '식모'나 '공순이'로 내보내는 것이었다. 자본주의의 자본축적 과정에서 이들은 식모살이에서 공장노동자로, 공장노동자에서 마지막에는 매춘여성 사이를 오가는 일정한 회로가 있었다. 부모의 아무런 지원이 없는 상태에서 도시로 유입된 농촌여성이 교육받고 가난에서 벗어날 기회는 그다지 많지 않았기 때문이다.

그럼에도 그때를 돌이켜보자면 다들 못살았기 때문에 계층의 유동성이 지금보다는 컸고 그런 만큼 교육이 계층상승의 기회로 작용하리라는 기대와 희망이 넘쳤다. 그 시절 교육의 수혜자가 된 사람들, 그중에서도 특히 남성들은 한 세대가 지난 다음 그럭저럭 서울에서 중산층으로 자리 잡았다. 전 세계적으로 신자유주의가 휩쓸기 전, 한국은 유교가부장적 자본주의에 의해서 평생직장이라는 개념이 있었다. 굴뚝산업을 중심으로 경제가 급격하게 성장하던 시기였으므로 성실하게만 하면 평생직장이 보장되었다. 많은 서민들은 서울에서 집 한 채 장만하고 자동차 한 대 굴리고 자식들 교육시킬 여유가 있으면 그것으로 중산층 가족이라는 자부심을 가졌다.

농촌가족이든 도시빈민이든 80년대 용어로 '기층민중'이 가난과 멸시에서 벗어나는 유일한 길은 자녀의 교육을 통해 계층상승하는 것이었다. 영화 <역전의 명수>에서 열등생인 동생은 법대에 다니는 우등생 쌍둥이 형을 위해 군대도, 감방도 대신 가준다. 온가족이 소위 판검사 하나 만드는데 협력하고 공모한다. 가족 중 한 사람을 확실히 출세시키기 위해 가난한 가족 전체가 희생했다면, 그 가족은 출세한 자에게 기대어 살고 싶어 하기 마련이다. 노무현 전 대통령의 형을 보면 그런 욕망이 너무 빤하게 드러난다. 그것이 우리사회에서 가족이 공적인 법보다 우선하고 가문을 중심으로 부패의 연결고리가 형성되는 한 요인이 된다. 이처럼 교육을 통해 입신출세하여 가문을 일으켜 세우는 것 자체가 목적인 도구적 가족주의가 면면히 이어지고 있다.

우리사회의 가족구성은 교육과 분리할 수 없는 지점이 있다. 자본주의 사회에서 욕망과 기대의 민주화는 능력이 있는 개인에게 차별 없이 기회를 제공하는 것이며, 그런 기회의 가시적인 형태가 교육이다. 신분제가 폐지된 근대 이후 개인의 능력은 장기간에 걸친 학력으로 평가된다. 민주주의란 능력에 따른 기회의 형평성을 제공하는 것이라고 배웠다. 그런데 학력을 키워줄 수 있는 환경은 개인 혼자만의 힘으로는 거의 불가능하다. 자녀를 교육시키고 미래를 담당할 수 있도록 해주는 것이 '가족'이다. 부모가 교육비를 대는 것은 우리사회의 기본적인 상식이다. 가족 또한 어느 제도나 마찬가지로 폭력과 갈등이 공존하는 장이다. 그럼에도 가족의 끈을 놓지 못하는 것은 사회안전망이 제대로 없는 상황에서 개인이 기댈 언덕은 가족뿐이고, 부모 또한 자녀를 통해 자신의 미래에 투자하기 때문이다.

1993년 김영삼 문민정부가 내건 구호가 세계화였다. 1996년 한국은 29번째 OECD 가입국이 되었다. 문민정부는 OECD 가입을 선진국화, 세계화의 표상으로 내세웠다. 한국은 인력송출국[7]에서 마침내 인력유입국이 되었을 뿐만 아니라 수출규모 세계 12위라는 자부심이 한껏 고조되었다. 이런 현상은 1980년대부터 서서히 시작되었다. 전두환 군부독재정권은 태생적으로 정권의 정통성 시비에 시달렸던 만큼 문화적으로 자율성을 부여하려는 정책을 폈다. 그것이 두발자율화, 통행금지 해제, 대학정원자율화, 해외여행자율화와 같이 자율적이지 않은 시대였음을 보여주는 온갖 자율화 조치였다. 해외여행자율화(1983)는 한국전 이후 30년 동안 강제된 '우물 안 개구리'로 살 수밖에 없었던 한국인들이 세계로 눈을 돌리게 된, 당시로서는 신선한 조치였다. 그 이후 김영삼 정부의 세계화정책은 신자유주의와 맞물리면서 가속화되었다. 90년대 중반 대학생들에게는 해외어학연수가 하나의 유행현상이 되었다. 한국인들의 80퍼센트가 자신을 스스로 중산층이라고 생각했던 시기가 1996년까지 이어졌다. 이 시기에 이르면 정부의 이촌향도

정책은 완결되어 농촌은 완전히 황폐화되기에 이른다. 이때부터 연변 조선족 처녀들과 한국농촌 노총각들의 국제결혼이 시작되었다.

경제성장으로 우쭐했던 한국인들에게 일종의 정신적인 외상으로 다가온 사건이 IMF 외환위기 사태다. IMF사태는 OECD 가입 등으로 한국인들의 자부심이 최고조에 달했던 1996년의 바로 다음 해에 도래했다. 한국인들이 피부로 체감하는 경기와는 상관없이 대다수 국민들은 전년도까지만 해도 흥청거렸는데 왜 이런 사태가 발생했는지 알지 못한 채 어느 날 느닷없이 뒤통수를 맞은 격이었다. 이 사태는 한국인들에게 자본주의가 더 이상 일국자본주의가 아니라 세계자본주의라는 사실을 뼈저리게 실감하도록 해주었다. 1998년 복거일은 과도한 민족주의에서 벗어나 국제어로서 영어의 공용화(조선일보 1998년 7월 7일자)가 세계자본주의 시대에 우리의 살길이라고 주장했다. 복거일의 주장은 그 당시 엄청난 공격을 받았다. 그로부터 꼭 십년이 지난 2008년에 복거일이 영어공용화를 들고 나왔더라면 그때처럼 집중포화를 받지는 않았을 것이다. 정부가 앞장서서 전국민을 영어 환자로 만들려 했으니 말이다. 이명박 정부의 인수위에서 보여주었던 영어에 대한 태도를 생각해본다면 그렇다.

김영삼 정권은 세계화=영어화, 민주화=신자유주의 시장경제라는 희한한 등식을 성립시켰다. 진보세력이 정권을 장악하면서 오히려 사회는 보수화되었다. 중산층으로 편입한 가족은 이제 자기계층을 재생산하려면 세계화에 편승해야 한다는 것을 깨달았다. 그것이 1997년 IMF와 더불어 급속하게 확산된 다양한 '기러기가족'이다. 상층 기러기가족은 1970-80년까지 중동건설현장으로 떠났던 생존형 가족과는 다르다. 상층 기러기가족은 한국사회의 중산층의 욕망과 불안이 투사된 가족형태이다.[8] 전형적인 핵가족의 이상은 가족 내 남성은 부양자 역할을 하고 여성은 성적 서비스와 가사담당과 자녀교육을 하는, 혈연공동체로서 한솥밥을 먹으면서 한 공간에 모여 사는 것이다. 기러기가족은 핵가족 이상을 해체함으로써 역설적으로 핵가족을 유지한다. 상층 기러기가족은 어떤 위기상황이 닥치더라도 국가차원을 넘어서 자신의 자녀에게는 '국제적인 경쟁력'을 갖춰주기 위해 열심이다. 이들은 불확실한 미래를 대비하기 위한 확실한 생존수단으로 자녀교육에 올인한다. 이들 가족은 대다수 한국인이 욕망은 하면서도 차마 하지 못했거나 혹은 하지 않았던 것을 실험하는 가족이다. 자녀에게 미국국적이 필요하다 싶으면 미국에 가서 아이를 낳고 미국국적을 안겨준다. 그들은 국적의 유연화에 따른 이중국적으로 병역면제혜택을 누린다. 한국의 과도한 민족주의를 조롱하듯 국경을 유연하게 넘나든다. 이들은 국가에 대한 애국심이나 민족에 대한 충성심으로부터 초연할 수 있는 쿨하고 '유연한 시민권'의 최전선에 서 있다. 무정부주의 페미니스트라고 일컬어지는 엠마 골드만이 지적했던 것처럼 국적으로부터 진정 자유로운 자들은 프롤레타리아트들이 아니라 부르주아지들이다.

한국사회에서 중상층 가족은 자신의 계급구조를 재생산하기 위해 더욱 가족주의에 매달린다. 가족은 외관상으로는 해체된 것처럼 보이지만 오히려 해체를 통해 완강하게 재생산되고 있다. 가족주의를 중심으로 하지 않으면 계급을 유지하기 힘들다는 것을 중산층 전업주부들보다 더 잘 아는 사람은 없는 것처럼 보인다. 그들의 '사적' 욕망은 정부의 교육정책을 바꾸어내고 정부의 부동산 정책을 무력화시킨다. 그런 중산층 가족의 중심에는 아버지를 대신하여 국가의 법을 초월할 수 있는 초자아를 가진 어머니가 존재한다. 남편의 근로소득에 해바라기 하지 않고 적극적인 부동산 재테크와 주식 투자에 열심인 이들은 전통적인 현모양처를 넘어 전모양처錢母良妻이자 패밀리 비즈니스 CEO가

되고 있다.[9] 이들은 집 바깥에서 일한답시고 아이의 교육을 방치하는 직장여성을 경시한다. 수다는 정보로 교환되며 화폐가치로 전환된다. 이들에게도 자녀의 성적표는 부부의 행복지표가 되고 있다. 자녀의 성적순이 계급 재생산을 위한 보증수표로 간주되기 때문이다. 자녀의 시간을 철저히 관리하는 중산층 엄마는 자녀를 교육하면서 얻은 다양한 정보를 바탕으로 입시상담을 하다가 마침내는 학원을 차린다. 이들이 말하는 고급정보는 어떤 학원의 어떤 선생의 어떤 교재와 교수법이 좋다는 것에 관한 정보다. 자녀를 외국어고등학교에 보낸 엄마들의 목표는 단지 국내 상위권 대학 정도가 아니다. 외국어고등학교의 국제반은 미국의 아이비 대학을 목표로 하고 있다. 시차를 이용한 SAT 부정사례의 저변에는 어머니들의 이런 욕망이 자리하고 있었다. 이 정도라면 엄마의 정보력과 생산성은 국가법과 국적을 과히 초월한다고 말할 수 있다.

이와 같은 상층 기러기의 귀환의 완결판이 홍정욱이다. 2008년 18대 총선에서 노원(병) 지구에서 홍정욱 후보자가 노회찬 후보를 누르고 당선된 것은 우리사회의 욕망과 기대가 무엇인지 보여준 일대 사건이다. 홍정욱 후보자의 선거공약 중 가관은 '200시간 영어교육'이다. 지금 상계동 사람들은 상계동이 '강북'의 대치동이 되고, 강북의 교육 1번지가 됨으로써 강남처럼 아파트 값이 상승할 것으로 기대한다. 그 돈으로 내 아이들 조기유학도 보내고 그래서 안정적인 중산층 가족으로 진입하고 싶은 욕망으로 넘쳐나는 것처럼 보인다.


## 3. 국제 결혼이주 다문화가족

계층에 따른 이주형태는 다양한 모습으로 드러난다. 상층회로를 따라 이동하는 상층 기러기가족이 있는가 하면, 생존회로를 따라서 이동하는 생계형 결혼이주 '다문화'가족도 있다. 한국처럼 배타적 민족주의에 기반하여 한 민족, 한 겨레 순수혈통주의를 외치는 나라도 드물다. 한국이 한 민족이라는 주장은 그야말로 환상이자 기만일 뿐이다. 한국은 한 번도 한 민족이었던 적이 없다. 태곳적으로 느껴지는 가야국의 건국시조인 김수로왕의 왕비가 인도의 왕족인 호황옥이었다는 사실을 기억해보는 것만으로는 부족할까?

2010년 농촌에서 세 가구당 한 가구는 국제결혼이주 가족이다. 공선옥의 『유랑가족』에 이르면 늙은 농촌총각은 아예 결혼할 엄두도 내지 못하거나 간신히 국제결혼으로 가족을 꾸리게 되지만 쉽사리 파탄에 이른다. 「가리봉연가」에 등장하는 장명화는 연변조선족 여성이다. 명화는 위장결혼을 했다가 달아나서 가리봉동의 노래방 도우미로 생활한다. 악착같이 돈을 벌어 연변에 있는 가족에게 송금하려고 했지만, 그녀는 어느 추운 겨울날 가리봉동 뒷골목에서 강도에게 살해당한다.

지킬 것이 아무리 없다 해도 잃을 것은 있기 마련인 하층가족은 의도적으로 해체하려고 하지 않아도 많은 경우 이미 해체되어 있다. 하층 기러기가족의 엄마는 자기 아이는 방치하고 남의 아이를 돌보고 보살펴주는 대가로 생계를 유지한다. 사스키아 사센이 말하는 '생존회로'형 기러기가족은 전 세계를 떠돈다. 필리핀 여성은 로마로, 북미로 간다. 식민지 경험으로 영어를 구사할 수 있는 아프리카 여성은 미국, 영국, 캐나다 등지로 이동한다. 한국의 성노동자는 일본, 로스앤젤레스 심지어 알래스카까지 건너간다. '3'세계 여성은 1세계 여성이 사회진출로 비운 가사노동을 대신 채우는 것으로 살아간다. 이들은 새롭게 등장한 21세기형 '하인 신분'으로서 남의 집 가사, 육아, 간병, 청소, 간호, 친밀노동을 담당한다. 한국도 동남아시아 이주노동과 결혼이주여성의 유입국 대열에 가세하게 되었다.

'결혼이주여성 다문화가족'은 농촌남성의 결혼시장 진입에의 어려움을 해소해줌으로써 한국식 가족의 유지 및 재생산을 목적으로 한다. 그런데 결혼이주 '다문화'가족이라는 용어부터 문제적이다. 이주노동이 안고 있는 계급문제와 문화충돌을 은폐하는 용어가 '다문화'라는 표현이기 때문이다. 이주노동이라는 계급의 문제와 통합하기 힘든 부분을 은근슬쩍 '문화'로 번역하고 봉합한 것이 '다문화'이다. '다문화'라는 용어가 '정치적으로 올바른' 것으로 보일지 모르지만, 그것은 문제를 해결하기보다는 문제를 은폐하는 역할을 한다. 마치 다양한 문화가 조화롭게 공존하는 가정인 것처럼 만들어줌으로써 우리사회의 위선과 불편한 진실을 가린다.

결혼이주 '다문화'라는 용어가 무엇을 은폐하고 있는지를 극단적으로 보여준 사건이 후안마이 살해사건이다. 후안마이의 죽음은 공선옥의 『유랑가족』에서 예견했던 연변 조선족 장명화의 죽음에 비견된다. 국제결혼정보회사를 통해 단 몇 분 만에 결혼하고 한국으로 온 후안마이는 남편의 폭력을 견디다 못해 베트남으로 되돌아가려고 했다. 국제결혼이주 여성은 이혼조차 힘들다. 이혼을 하려면 우선 혼인관계를 계속 유지하지 못하는 결격사유를 그녀 편에서 밝혀야 한다. 낯설고, 물설고, 말 서툰 이국땅에서 그녀가 무슨 재주로 남편의 결격사유를 제대로 밝힐 수 있겠는가. 베트남으로 떠나려고 결심하면서 그녀는 베트남어로 "당신은 이 글 또한 무엇인지 모르고 이해하지 못할 것인데요."라는 편지를 남겼다. 남편으로부터 살해당하기 2주 전이었다. 마지막 편지가 되어버린 그녀의 글에서 알 수 있듯, 그녀는 너무 의젓한 열아홉 살의 베트남 처녀였다. 그녀는 결코 드라마의 "황금신부"가 되지 못했다. 후안마이 사건을 담당한 대전 고등법원 판결문은 남편의 야만성이 피고인 한 사람의 잔인성의 발로라기보다 "우리사회의 총체적 미숙"에서 기인한 것임에 주목한다. 농촌노총각의 결혼문제를 '3'세계 여성과의 매매혼으로 간단히 해결하려고 한 "우리의 어리석음은 이 사건과 같은 비정한 파국의 씨앗을 필연적으로 품고 있는 것이다. 이 자리에서 우리는 21세기 경제대국, 문명국의 허울 속에 갇혀 있는 우리 내면의 야만성을 가슴 아프게 고백해야 한다."고 판결문은 밝히고 있다.

지금 농촌은 보살핌노동(남편이 장애인인 경우 노동의 강도는 더욱 심하다), 농사일, 가사노동, 자녀양육, 시부모 보살피기 등 이 모든 것을 감당해줄 여성이 필요하다. 곳곳에 나붙은 국제결혼 광고 현수막은 우리사회의 후안무치를 전시한다. 한국여성과 결혼하기 힘든 나이 많고 가난하고 장애가 있는 남성들을 위해 한국사회는 '3'세계 여성들을 구매한다. 한마디로 황폐해진 한국농촌사회가 안고 있는 총체적인 문제를 '3'세계 여성들에게 싼값에 전가시키고 있다. '3'세계 여성의 위상은 한국사회에 들어오는 순간 후안마이처럼 인권의 사각지대에 내몰리기 십상이다. 주한미군에 의한 윤금이 살해사건에는 민족적인 감정의 폭발로 국민적인 분노가 표출했지만, 후안마이에 대해서는 항소심 판결문을 제외하고는 우리사회가 보내는 애도나 반성은 찾아볼 수 없다.

## 4. 생활공동체로서의 반려가족

우리사회가 여전히 혈연을 중심으로 한 가족주의에 기초하고 있다고 할지라도 개인을 중심으로 한 대안가족의 탄생은 이미 가시화되었다. 그런 가족의 탄생은 우리사회에서 욕망의 민주화와 무관하지 않다. 욕망의 민주화로 다양한 차이의 지점들이 드러나게 됨으로써 2000년대 들어서 확연히 달라진 가족이 동성생활공동체, 반려동물가족, 나홀로가족 등이다. 우리사회는 지금 혈연가족을 대신할 수 있는 가족의 탄생을 목격하고 있는 셈이다. 물론 그 이전에는 이런 가족이 없었다는 말이 아니라 비가시화되어 있었다는 의미일 따름이다.

한국사회는 결혼하지 않은 나홀로가족 여성을 마치 저출산의 원인 제공자이며 공동체의 적으로 치부하는 분위기가 있다. 정부가 저출산을 운운하지만 어떤 가족의 저출산을 두려워하는지 따져볼 필요가 있다. 그것은 고급한 한국인 중산층 가족이 해외로 빠져나가면서 그들의 출산율이 떨어진다는 것을 걱정하는 소리다. 출산율이 떨어진다고 앓는 소리를 하면서도 혼인관계 이외의 출산은 그런 통계수치에 포함시키지 않는다. 우리사회는 가족으로 구성되지 않으면 얼마 되지 않는 사회적, 경제적 혜택이나마 누릴 수 없다. 아파트 분양 하나를 보더라도 싱글여성보다는 결혼한 부부가 우선순위를 차지한다. 모성보호도 가정을 이루고 자녀가 있는 정규직 여성을 위한 것이다. 그러므로 요즘처럼 평균수명이 높아진 마당에 나홀로가족 여성이 나이가 들어갈수록 가난해질 확률은 점점 높아진다. 동일노동, 동일임금이 적용되지 않는 사회에서, 남성임금을 1로 잡고 여성은 0.5라고 친다면, 결혼을 해서 2인 1조로 사는 것에 비해 나홀로가족이 가난해질 확률은 세 배나 높아진다. 나홀로가족 여성은 1인 3역쯤은 감당해야 한다는 얘기다. 그런데도 기존의 결혼제도, 가부장적 가족구도 속으로 들어가지 않으려는 여성들이 늘어나는 추세다. 그들은 기존의 가족질서가 요구하는 방식으로 살고 싶어 하지 않으며 국가가 강제한 정상가족만을 정상으로 보지 않는다. 그들은 사랑이라는 이름의 굴종을, 헌신이라는 이름의 의존을 원하지 않는다.

나홀로가족 여성의 생활동반자는 반려동물인 경우가 흔하다. 반려동물과 산다는 것은 단지 애완동물과 더불어 사는 것이 아니라 내가 주위와 관계를 맺는 방식의 변화를 의미한다. 인간과 동물이 문자적으로 함께 살고 상징적으로 결합하는 시대에 이르러, 동물은 단지 애완용이 아니라 동반종으로서 그 위상이 변화되고 있다. 이제 애완동물은 단순히 팻이 아니라 반려가족이 되고 있다. 가족의 구성 자체가 인간과 동물이 함께 사는 시대가 되었다는 의미에서 대안가족의 한 형태라고 할 수 있다. 혈연중심의 협소한 가족개념으로 보는 것이 아니라 나와 타자가 어떻게 살 수 있을 것인가에 대한 고민을 반영한 생활공동체라는 의미에서 반려가족이다.

반려동물은 애완동물로 사랑해준다는 의미가 아니다. 애완동물은 가족 은유(쫑이 엄마, 돌쇠 아빠)로 호명하고 의인화되면서 인간의 가치에 따라 위계화된다. 반면 반려동물은 동물을 인간적 가치에 따라 보호하고 사랑하는 것이 아니라 인간과 동물의 합체·변신을 의미하는 것이다. 해러웨이식으로 말하자면 반려동물가족은 인간과 동물이 동반종되기를 선언하는 것이다. 인간도 살기 힘든 마당에 반려동물은 무슨 개뿔이냐고 말할 수 있다. 혹은 동물을 철저히 무력화시켜놓고, 다시 말해 동물을 철저하게 인간화시켜놓고 그런 무기력한 존재를 인간 마음대로 사랑해주는 것이라고 비판할 수도 있다. 이 지점에서 다시 생각해보아야 할 것은 왜 인간이 마땅히 만물의 영장이 되어야 하는가라는 점이다. 인간에게 천적이 없어졌을 때 인간은 다른 인간에게 천적 노릇을 하고 있다. 이처럼 타자를 절멸시킨 위에 서 있는 인간중심주의를 반성할 때 반려가족으로서의 가능성이 열릴 수 있다.

여기서 반려가족은 단지 동물뿐만 아니라 타자와 어떤 가족을 어떻게 구성하는가에 대한 은유적인 가족이다. 애완동물을 인간화시켜놓고 애정이 식으면 마음대로 폐기처분하는 그런 관계를 말하는 것이 아니다. 가부장제에서 여성의 위상도 어떤 면에서는 마찬가지이다. 최대로 무력화되었을 때 여성은 가부장제로부터 사랑받는다. 그러므로 인간과 동물에 관한 '다른' 이야기를 만들어나가는 한 가지 가능성이 반려가족일 수도 있다.

## 5. 나홀로 코알라족

코알라는 게으르다. 게으르기로 유명한 나무늘보에 못지않다. 코알라가 멸종동물에 속하는 이유 중 하나가 하루 20시간을 잠으로 보내느라고 짝 짓기 할 시간도 없고 그것조차 귀찮아하기 때문이다. 코알라가 이처럼 많은 시간을 잠으로 보내는 것은 유칼립투스 나뭇잎에서 나오는 성분 때문이지 않을까라는 설도 있다. 성적 에너지가 넘치는 사람을 일컬어 동물 같다고 하거나 짐승 같다고 한다. 동물에게 본성으로 주어진 것이 짝짓기 본능이라고 한다면, 코알라는 주어진 본능을 뛰어넘는다는 점에서 인간보다도 훨씬 더 고등한 동물이다.

요즘은 코알라처럼 가족을 만드는 것이 싫고, 어른이 되어서 가족을 건사하는 것도 싫고, 애인을 만드는 것도 귀찮아서 나 홀로 사는 코알라 족이 등장한다. 이들은 식물처럼 살아간다고 하여 초식남이라고도 불린다. 가족이라는 것 자체가 기본적으로 식구를 의미하고 적어도 1인 이상을 의미한다면 나홀로 코알라 가족은 형용모순이다. 그런데도 분명 이런 가족이 증가하는 추세다. 나홀로 반려가족이 주로 여성들이라면, 나홀로 코알라가족은 주로 남성들이다.

코제브는 아메리카의 생활양식을 분석하면서 더 이상 계급도 없고, 투쟁도 없고, 정치도 없는 따라서 사변과 성찰이 필요 없다는 점에서 동물적인 사회라고 했다. 코제브는 헤겔을 따라서 욕망을 인간적 욕망과 동물적 욕망으로 나눈다. 동물은 즉물적인 욕구충족에 만족한다. 예를 들어 배가 고프면 먹고 발정기가 되면 짝짓기를 하면 된다. 결핍이 만족되면 그것으로 충분하다. 인간적 욕망은 그와는 다르다. 인간은 타자를 의식하고 타인의 욕망의 대상이 되고 싶어 한다. 성적인 욕망은 단순히 생리적인 욕구의 해소가 아니라 타자가 품은 성적 욕망의 대상이 되려는 것이다. 이런 코제브의 분류를 가지고 와서 아즈마 히로키는 『동물화하는 포스트모던』에서 동물적인 인간형을 오타쿠로 분석한다. 아즈마 히로키에게 동물적인 인간은 타자 없이도 충족하는 자들이다. 여기서 동물화한다는 것은 간주관적인 관계의 회로에 들어가지 않고 혼자서도 만족하는 인간들이다. 이들이 소위 말하는 오타쿠들이다. 이들은 결혼을 통해 가족을 이루려고 하지 않으며 인간이면 당연한 본능이라고 가정된 섹슈얼리티를 발산하지도 않는다.

한국사회에서 이들 초식남녀는 80년대 중반에 태어나서 십대에 이르기까지 소비문화를 경험한 세대이면서, IMF를 맞이해 부모세대의 구조조정과 더불어 한 가족이 경제적으로 추락한 경험이 있는 세대이고, 경제력이 없으면 가족이 급속하게 해체될 수 있다는 것을 경험한 세대다. 이들은 가족이 겉보기와는 달리 대단히 도구적인 이해관계로 결속되어 있다는 것을 무의식적으로 경험한 세대이기도 하다. 경제력이 없는 아버지는 직장에서만 퇴출되는 것이 아니라 가족 안에서도 퇴출되어 이혼을 당한다. 가족 안에서 아버지의 위상이 결코 안정적이지 못하다는 것을 이들은 잘 알고 있다. 이들은 거창한 정치적 문제에 관심이 없다는 점에서 비정치적이고, 탈사회적이라는 점에서 동물적이다. 자기투자에는 아낌이 없지만 대인관계를 원하지도 사회에서 어울려 살아야 한다는 의식도 없다. 그들은 설사 경제적 여유가 있다고 해도 결혼뿐만 아니라 아예 가족을 만드는 것 자체를 거부하고 1인 가족 혹은 나홀로 가족에 만족한다. 그런 맥락에서 가족 구성을 욕망하는 동성생활공동체와도 확연히 다르다. 이들은 불확실한 연애에 투자하는 것보다 자기계발을 하고 자기투자에 훨씬 만족한다. 그들은 결혼을 하고 책임지고 가족을 이루어 부모 노릇하는 것도 귀찮아한다. 결혼하여 맞벌이는 하되 아이는 원하지 않는 딩크족Double Income No Kids에서 한 걸음 더 나아가 아예 결혼하여 家를 이루는 것조차 원하지 않는다.

　앞에서 살펴본 것처럼 이제 가족은 공간적으로 한 곳에 모여 살지도 않고 식구로서 함께 밥을 먹지도 않는다. 생물학적인 혈연가족은 점점 해체되고 있다. 혈연가족의 위기는 '수상쩍은' 가족의 탄생일 수도 있다. 다양한 가족의 구조변동은 정상가족 이데올로기의 폭력성에서 벗어날 수 있는 가능성을 열어준다. 한국에서 정상가족 이데올로기는 앞으로도 힘을 발휘하겠지만, 그럼에도 우리사회의 민주화의 척도는 다양한 방식의 혼성가족, 반려가족, 동성생활공동체가족, 퀴어가족과의 공존의 정도에서 찾을 수 있지 않을까 한다. 그런 생활공동체를 상상해볼 때 정상가족 이데올로기에 저항하는 힘이 생길 수 있다. 혈연가족 이외의 생활공동체 가족에 대한 포괄적인 장치와 장을 마련하는 것이 중요하다. 우리사회가 보여주는 지배적인 가족이데올로기에 저항할 수 있는 공간의 인식과 확장이, 세계 내 존재들이 서로 만나 다문화, 혼혈, 퀴어, 반려가족을 만들고 공존할 수 있는 가능성을 열어줄 것이기 때문이다.

# 모 성

●●●●●●○○○○○○

신자유주의 시대 모성의 정치경제학

　페미니즘의 등장과 더불어 '만들어진 모성', '모성의 발명'에 대해 거론한 지도 오래되었다. 모성이 만들어진 것이라고 한다면 문화적, 역사적 맥락에 따라 각기 다른 모습일 것이다. 한편에서는 '만들어진 모성'을 주장하지만, 모성이 자연스러운 본능이라는 주장 또한 다른 한편에서 끊임없이 제기되고 있다. 보살핌노동, 양육노동, 감정노동 자체가 글로벌화 되는 21세기에 이르러 모성이 본능으로 주어진다는 주장이 설득력 있을지는 의문이다. 모성을 중심으로 구태의연한 구성주의적 입장과 생물학적 본질주의 입장을 서로 충돌시키려는 것이 아니다. 여기서 살펴보고 싶은 것은 이 양자가 고정된 것이 아니라 시대적 상황과 국가적 필요에 의해 어떻게 정치적으로 배치되고 맥락화되는가 하는 점이다.

　사라 러딕과 같은 일부 페미니스트들은 여성적 윤리의 우월성을 살림의 원리, 즉 보살핌과 배려에서 찾았고 그것이 여성의 모성성에서 기인한 것으로 설정했다. 하지만 여성에게 모성만 있는 것은 아니다.

모성이 생물학적인 어머니에게만 있는 것도 아니다. 모성은 여성을 구성하는 여러 가지 요소 중 하나에 불과하다. 게다가 어머니라고 하여 긍정적인 덕목만 가지고 있는 것도 아니다. 어머니가 된다고 하여 자연적으로 모성적 윤리적 덕목이 발현되는 것도 아니다. 보살피고 헌신하고 희생하고 사랑하는 어머니뿐만 아니라 사악하고 이기적이고 무심한 어머니도 있다. 모성은 이상화되어 윤리적 알레고리가 되어왔지만, 모성의 이상화는 여성들에게 양면의 칼날이다. 윤리에는 언제나 책임감과 죄책감이 따르기 때문이다. 모성은 또한 초자아의 역할까지 떠맡게 됨으로써 사랑과 보살핌만을 제공하는 것이 아니라 공포스럽고 폭력적일 수도 있다.

과도하게 이상화된 모성신화가 등장하는 것 또한 한 시대의 경제적, 사회문화적 요인과 불가분의 관계다. 과도한 이상화는 박해망상과 공포가 뒤집힌 형태라는 멜라니 클라인의 말을 생각해본다면[1] 한국사회에서 지금과 같은 모성의 이상화는 병리적인 현상이라고도 볼 수 있다. 모성의 이상화가 절정에 달한 작품이 신경숙의 『엄마를 부탁해』이다. 경제적 불안과 고용의 유연화가 삶의 조건이 되고 있는 신자유주의 시대, 모성이 어떻게 해석되고 배치되는지를 신경숙의 『엄마를 부탁해』, 천명관의 『고령화 가족』, 봉준호 감독의 <마더>를 통해 살펴보고자 한다. 이들 작품이 신자유주의 시대에 등장할 수 있는 모성의 목소리를 대변하는 것으로 보이기 때문이다. 신경숙의 『엄마를 부탁해』는 베스트셀러이고 문학시장에서 백만 부 이상 팔렸다. 이런 현상은 하나의 시대적 징후라 할 수 있다. <마더> 역시 수백만 명의 관객을 모았다. 1997년 IMF 사태가 발생했을 때 '아버지' 담론이 지배했던 것과는 달리 2008년에는 왜 다들 엄마를 부탁하고 나설까? 허기에 시달리는 아이들처럼 왜 이렇게 엄마 타령일까?

## 1. 눈물 흘리는 성모의 부활

자전적이면서도 특이하게 2인칭 소설로 구성되어 있는 『엄마를 부탁해』는 『외딴방』과 상호 텍스트적이다. 두 작품은 30년에 걸친 한 가족의 개별 가족사임에도 불구하고 한국사회의 가족사가 그동안 무엇에 바탕하여 어떻게 변모되었는지를 탁월하게 묘사하고 있다. 『엄마를 부탁해』에 이르면 『외딴방』시절 힘들게 서울에 입성하려고 했던 사람들이 한 세대가 지난 지금 중산층 대열에 편입했음을 보여준다. 『외딴방』시절 방위를 하면서 동생을 보살폈던 큰오빠는 이제 재벌기업 건설회사 과장이고, 약사인 막내여동생은 결혼하여 그녀 역시 엄마가 되었다. '나'는 이름이 꽤나 알려진 작가가 되었다.

『엄마를 부탁해』를 읽으면서 울었다, 라는 말을 여러 사람들로부터 들었다. 그들은 소위 문학전공자이고 작품과 '초연한' 거리를 유지하도록 훈련받은 사람들이다. 지하철에서 이 소설을 읽으면서 안경 뒤로 슬쩍슬쩍 눈물을 훔치는 오십대 남자에 이르기까지 『엄마를 부탁해』가 사람들의 심금을 울린 이유는 뭘까? 농촌공동체에 바탕한 어머니의 교육열, 헌신, 희생, 사랑에 한 가족이 완전히 의지하고 있었다는 점을 신경숙의 작품처럼 절절하게 보여준 작품도 드물다. 이 작품은 '엄마의 자녀들이 중산층으로 살 수 있게 된 데에는 오로지 엄마의 희생과 헌신과 사랑이 있었다.'라는 한 문장으로 요약될 수 있다.

『외딴방』으로부터 한 세대가 지난 지금 한국사회의 농촌인구는 절반이 다문화가족을 이루고 있다. 농촌남성은 한국여성과 결혼할 기회조차 드물어졌다. 한국농촌은 와해되었고 도시는 포화상태가 되었다. 이촌향도가 아니라 이도향촌移都向村을 권장하는 시대가 되었지만 도시생활이 주는 경쟁과 스트레스에 진저리치는 자, 생태운동이나 새로운 가치를 꿈꾸는 자, 자녀교육으로부터 자유로운 자가 아니라면 섣불리 도시를 떠날 수 없는 구조가 되어버렸다. 1997년 이후에도 정부가 한동안 귀농을 부르짖었지만 그 결과는 참담했다. 한국농촌은 개발독재 이후부터 급속하게 도시의 내부 식민지가 되었고, 한미 FTA협상 이후부터는 완전히 부도가 났다고 해도 과언이 아니다. 한미 FTA협상은 전 지구화된 세계에 한국의 농업을 내어주고 대신 자동차, 전자, IT 산업을 유지하려는 것이나 다름없기 때문이다.

그럼에도 신경숙의 소설에서 농촌공동체는 훼손되지 않고 그대로 남아 있다. "소의 눈망울"처럼 선한 눈을 가진 어머니가 존재하는 한 신경숙에게 농촌공동체에 대한 이상화는 사라지지 않는다. 이제는 어머니로 상징되는 농촌공동체가 이미 없어졌기 때문에 더욱 그것을 이상화하려는 향수를 부채질하고 있다. 『엄마를 부탁해』에서 유령으로 떠도는 엄마는 눈물 흘리는 성모의 차원으로 격상된다. 동시에 서울에서 성공한 작가의 가족과 우리사회 전체가 망각한 존재가 그 시절의 엄마다. 엄마를 잃어버렸다는 사실 앞에서도 자식들은 자기변명을 하고 서로에게 책임을 전가하느라 정작 엄마는 뒷전이다. 그러니 치매에 걸린 엄마를 누구에게 부탁할 수 있겠는가.

이 소설에서 엄마는 글을 모른다. 모국어가 어머니의 혀라면 엄마의 혀는 "입 속의 검은 잎"이다. 엄마에게 문맹은 평생 말할 수 없는 비밀이자 회한이다. 그래서 엄마의 인생 목표는 자식들이 교육을 받음으로써 자신처럼 일자 무식꾼으로 살지 않도록 하는 것이었다. 그 시절 농촌 부모들은 자식을 도시로 유학 보내는 것을 삶의 목표로 삼았다. 농촌을 떠나는 것이 출세이며, 서울로 갈 수 있다는 것 자체가 인생에 있어 절반의 성공이던 시절이었다.

『엄마를 부탁해』를 보면, 과거 한 세대 동안 어머니이기보다는 여성의 자기실현을 강조했던 페미니즘 이론이 한국사회에서는 설득력이 없었다고 조롱하는 것처럼 보인다. 이 말은 페미니즘이 '자아실현'을 너무나 문자적으로 협소하게 보았다는 비판이 될 수도 있다. 한국인의 자아가 개별자아가 아니라 '가족자아'라고 한다면 엄마만큼 대단한 자아실현을 한 사람은 없을 것이기 때문이다. 가족 안에서 엄마의 정직한 노동과 희생, 헌신이 없었다면 그 다음 세대의 성장과 발전은 불가능했다. 『엄마를 부탁해』에서 엄마가 자식들을 교육시키기 위해 들인 노력은 눈물겹다. 엄마는 현명하고 지혜로우며 부지런하고 넉넉하다. 농촌사회에서 정직하게 돈을 벌 수 있는 모든 방법을 전부 동원(개를 키워 강아지 새끼를 세 배나 뽑아서 팔기, 돼지 키워서 새끼 팔기, 누룩 만들어 술도가에 팔기, 집에서 기른 채소 장터에 내다팔기)한다. 게다가 아버지가 화사한 여자를 데리고 와서 살림을 차려도 이혼하지 않을 만큼 인내심을 가진 여자이기도 했다. 그런 상황에서 엄마가 자존심 때문에 이혼하거나 가출했더라면 남은 식구들의 삶은 어떻게 되었을까? 엄마의 자식들은 친척집을 전전하면서 구박과 눈총을 받다가 가출하고 도시의 부랑자나 범죄자로 흘러들었을까? 그런 시나리오를 상상하는 것은 한국사회가 엄마에게 자녀양육의 모든 책임을 맡겼고, 엄마는 자기 자식 이외의 아이를 돌볼 여유도 관심도 그다지 없었기 때문이다. 장남이 친엄마에게 충성하느라 새엄마가 예쁘게 싸준 도시락을 먹지 않았을 때 엄마는 오히려 장남에게 회초리를 든다. 행여 새엄마 밑에서 빗나가지 않을까 하여 아들을 혼내는 엄마. 이 완벽한 성모에게 그래도 여자의 모습도 있다고 궁색하게 끌어들인 것이 그나마 마음으로 기댔던 남자 이은규다. 바람처럼 떠돌던 남편이 돌아오면 아무 일도 없었다는 듯이 따스한 밥상을 차리는 여자. 시누이가 시어머니처럼 독하게 굴어도 변명하지 않는 여자. 마지막으로 할머니가 되었을 때는 고아원에 가서 봉사활동을 하는 것까지. 두통으로 지옥을 경험하면서도 그것을 평생 쉬쉬했고 자식이든 남편이든 그런 엄마의 상태를 미리 눈치 채지 못하게 했던 여자. 한 명의 희생으로 서른 명이 넘는 일족이 두루 편안하고 주변의 공동체 전부가 그녀의 노력에 기대어 살 수 있다면, 엄마의 능력은 거의 절대적이다. 엄마는 자기 삶을 희생한 것이 아니라 가족자아를 최대로 성취한 탁월한 인물인 것이다.

『엄마를 부탁해』에서 엄마가 공적 영역에서 자아실현을 할 만한 통로는 그다지 없어 보인다. 그렇다면 자식을 통해 대리만족하는 수밖에 없다. 엄마의 희생과 헌신과 사랑으로 인해 자식들은 무한한 죄책감을 느낀다. 그로 인해 '당신'은 당신의 엄마를 결코 망각할 수가 없다. 이 소설은 이인칭 소설이고, 한국 소설에서는 드물게 '당신'이라는 호명을 사용하여 책을 읽는 독자 모두가 '나'의 엄마는 '너'의 엄마가 되는 경험을 하도록 한다. 『엄마를 부탁해』에서 당신의 엄마는 우리 모두의 엄마라는 의미에서 보편적인 모성으로 격상된다. 엄마는 희생과 헌신이라는 빚을 자신의 자녀들에게 물려주었다. 그래서 자식은 엄마에 대한 채무의식으로부터 아무도 자유롭지 못하다. 엄마는 자식들의 부채의식과 죄책감 속에서 영원히 살아남는다. 이상화된 엄마의 치마폭에 매달린 자식들은 심리적으로 이유離乳할 수 없고 이유해야 할 이유가 없다. 엄마의 젖가슴을 평생 고갈시켜 탐욕스럽게 파먹은 것에 대한 죄책감때문에 엄마와 분리 되지 않는다는 점에서, 엄마는 무한한 희생으로 자식들을 자기 품 안의 볼모로 잡고 있다.

『엄마를 부탁해』에서의 엄마가 있는 한 우리는 괜찮다. 우리는 영원히 어린아이로 엄마 품에 안겨 있을 수 있기 때문이다. 엄마는 힘이 세다. 가족의 중심에 이런 엄마가 없었더라면 가족유지는 불가능했을 것이다. 향수에 가득 찬 농경시대의 모성은 농촌공동체의 소멸과 더불어 사라졌다. 전통적 모성이 소멸되자 그 자리에 유령으로 불려나온 존재. 절대적 가치가 사라져버린 시대, 아버지가 실종된 자리에 신경숙이 마지막으로 불러낸 숭고한 유령이 엄마다.

## 2. 실종된 아버지

1997년 IMF 당시에는 구조조정으로 쫓겨난 아버지들을 애도했지만 그로부터 십년이 지난 2008년, 아버지는 아예 실종되어버렸다. 과거를 돌이켜보면 역사는 아버지들의 이야기를 극화시킨 것이었다. 상처 많은 한국의 오랜 역사에서 가문을 중시하는 봉건적인 가장으로서의 아버지와 역사의 담당자로서의 아버지가 보여주는 긴장과 갈등의 우화가 곧 아버지의 역사였다. 국가의 법질서, 민족의 이해관계, 가족윤리가 서로 일치하면 얼마나 좋겠는가. 하지만 삼자 사이에 갈등이 있을 때마다 가족의 이해관계는 가부장적인 '법의 이름'에 일방적으로 종속되었다. 국가가 법의 이름을 강제하려면 그것이 개별 가족에 선행하는 공공의 선임을 설득할 수 있어야 한다. 하지만 우리 역사는 공공의 선을 보장하기는커녕 국가라는 아버지가 그 역할조차 포기한 사례로 가득 차 있다. 그럴 경우 국가라는 '큰'아버지에게 소환된 아버지들의 위상은 어떻게 되는가. 가족의 아버지가 되기 위해 자신을 아버지로 만들어준 기원을 배반하든지(친일 등으로), 아니면 영웅적인 아버지가 되기 위해 가족의 아버지이기를 포기(독립운동 등으로)해야 하는 딜레마에 빠지게 된다.

이 양자의 딜레마에서 우리 문학은 아버지의 일그러진 초상을 그려내게 된다. 일제 식민지 시절, 사실 모든 애비는 종이었다. 그 시절의 아버지는 치욕스러웠다. 그들은 '어머니'의 땅이 유린되는 걸 목격해야 했고, '민족의 딸'들이 근로정신대가 되는 걸 지켜보아야 했다. 자신들이 지키지 못한 민족과 국가는 유린된 여성의 정조라는 은유와 등치되었다. 그런 치욕스런 아버지와 절연하고 싶었던 것이 신소설에서 자주 등장하는 고아의식이다. 고아의식은 아버지의 부정이다. 36년의 식민지 시절을 거쳐 조국은 아버지의 힘에 의해서가 아니라 연합군 세력에 의해 해방되었다.

광복과 더불어 애비가 종이던 시절은 외관상 끝났다. 하지만 6·25라는 내전이 초래되었다. 내전 동안 부자/형제 사이에도 애증의 죽순을 키워 죽창으로 서로를 죽였다. 살아남은 자들은 아버지와 형제들이 죽는 걸 숨어서 보아야 했다. 그들은 살아남은 자의 슬픔과 죄의식으로 인해 죽을 수조차 없었다. 상심하지만 죽지 못하는 그들은 결코 아버지가 될 수 없었다. 또 다른 자들은 아버지가 되기 위해 아버지의 자리에서 아버지이기를 포기했다. 그들은 거대이념을 위해 남로당이 되거나 아니면 우익이 되었다. 아버지는 바람처럼 떠돌았다. 그래서 집안에 아버지는 언제나 부재중이었다. 그렇지 않은 경우 집안에 남은 아버지는 이남희의 소설에서처럼 "부족한 제가 어떻게…"를 되풀이하면서 침묵하는 다수가 되었다.

아버지의 침묵은 그 자체가 이미 정치적이었다. 가치판단을 중지한 그들의 보신책은 아버지를 아버지답지 못하게 만들었다. 무뇌아처럼 체제에 복종하는 그들에게서 아버지의 권위는 증발되었다. 독재체제에 숨죽이며 사는 아비를 자식은 경멸했다. 분단의 고착화는 군사독재로 이어졌고 군사독재는 개발독재로 접맥되었다. 개발독재 아래 모든 것은 경제논리로 환원되었다. 지긋지긋한 굶주림과 헐벗음에서 벗어날 수만 있다면 어떤 탄압이든 견뎌낼 수 있었던 시절이었다. 그래서 아버지는 김소진의 소설에 등장하는 "개흘레꾼"처럼 살았다. 근대화가 목표였던 유신체제는 근대화와 선진조국을 부르짖으면서도 충효를 강조하는 중세로 퇴행했다.

　1970년대의 경제적인 근대화와 개발독재의 논리 아래 아버지의 권위와 능력은 돈이라는 경제적 범주로 표준화되고 수치화된다. 월급을 가져다줄 수 없는 아버지는 더 이상 아버지의 권위를 갖지 못한다. 1990년대로 들어오면 아버지는 경제적 범주의 인격화와 다르지 않다. 그 점을 씁쓸하게 보여주는 단편이 김소진의 「아버지의 자리」이다. 여기서 실직한 아버지는 어린 딸에게조차 부끄러운 아버지가 된다. 실직하여 수염이 덥수룩한 아버지를 부끄러워하고 부정하는 딸아이 때문에 유괴범 취급받는 초라한 아버지가 바로 90년대 이후의 아버지다. 자식들의 효도는 노후보장보험이 대신한다. 자본의 법칙이 가족의 이상을 스스로 배반한 것이다.

　1997년 IMF 이후 아버지는 집안의 법과 권위의 상징이 아니라 거세된 아버지로 연민의 대상이 되어버린다. 김정현의 『아버지』가 그런 전형적인 연민의 대상이다. 아버지는 불철주야 가족을 위해 일했지만 그 결과 가족 모두로부터 버림받는 불쌍한 존재가 된다. 21세기로 들어오면 김애란의 『달려라, 애비』에서처럼 더 이상 아버지는 존재하지 않는다. 아버지는 민들레 홀씨처럼 전 세계로 유랑한다. 아버지는 개흘레꾼에서 한 걸음 더 나아가 개로 등치되다가 마침내 초식동물인 소가 되고 드디어는 병속의 병균처럼 사라져버린다. 김태용의 「오른쪽에서 세 번째 집」에 이르면 아버지는 병속으로 들어가 목소리로만 남는다. 아버지는 더 이상 무섭고 권위적인 존재가 아니어서 자식들에게 반항심과 살부충동을 불러일으키지도 못한다. 아버지 자체가 실종되어버렸기 때문이다. 그러니 죽은 아버지 또한 누구에게 부탁하겠는가.

　이런 상황에서 이제 개인이 의지할 곳이라고는 오로지 엄마밖에 없다. 도구적 가족주의 내에서 전문화된 모성 혹은 법을 초월해 있는 초자아로서의 새롭고도 신적인 모성이 등장하지 않을 수 없다. 엄마는 존재감 없는 아버지의 법쯤은 가볍게 넘어서는 초월적 폭력을 휘두른다. 신자유주의 시대 아버지는 이미 사회적으로 죽었다. 국가 가부장마저 보호처가 되지 못한다. 국가 전체의 경제력은 증대되어도 고용창출은 되지 않는다. 국가는 개인들에게 시장에서 자유롭게 경쟁하고 각자 알아서 생존하라고 말한다. 조금이라도 대들면 외국노동자를 수입하겠다고 협박한다. 이런 마당이라면 개인이 기댈 언덕은 어디이겠는가.

## 3. 새로운 모계사회 〈마더〉

신경숙의 『외딴방』에서 희재 언니는 외롭게 죽는다. 심정적으로 기댈 수 있는 부모도 없었던 그녀는 어린 남동생을 데리고 재봉틀을 돌리며 살아가는 여성노동자였다. 그녀는 자기 교육에 목맸던 것이 아니라 외로워서 남자의 사랑에 목맸고 결국 문자 그대로 목을 맨다. 물질적으로는 아니더라도 심정적으로 의지할만한 엄마도 없는 경우 철저히 고립된 개인이 살아남기는 힘들다. 봉준호 감독의 〈마더〉에서 엄마가, 고아원에서 자란 정신지체아이자 살인의 누명을 쓴 남자아이를 보면서 "넌 엄마도 없니"라고 말하는 것에서 그 점은 여실해진다. 아버지 부재의 시대, 원하던 원치 않던 간에 엄마는 생사여탈권을 쥐고 흔드는 상상적인 초자아의 역할을 하지 않을 수 없다. 신자유주의 시대에 들어와서 개인의 의지처가 되어주는 것이 엄마다. 가족이기주의의 핵심에, 어머니가 있지 않으면 생존이 불가능하다는 불안과 공포가 만연해 있다. 자기 자식만은 기어코 챙기는 그런 엄마 하나 없다면 개인은 고아처럼 길 위에서 떠돌 수밖에 없다. 노동하지 않으면 생존이 불가능한 시대임에도 실직의 불안은 상시적이고 경제주체가 되지 못하는 자들은 결코 성인이 되지 못한다. 모든 것이 개인의 책임으로 전가되는 신자유주의 시대, 개별 주체의 퇴행성을 가장 잘 드러내 보여주는 것이 엄마의 젖가슴에 매달리기이다.

한동안 모성이 가족이기주의를 재생산한다고 페미니스트들이 맹렬하게 공격했지만, 이제 자녀세대는 가족의 상징자본, 사회자본, 문화경제적인 자본에 의존하는 것을 당연히 여긴다. 한 세대 전에는 폭력적인 아버지를 떠나서 이혼하라고 자식이 엄마에게 권했다. 자녀들은 엄마 자신의 자존감을 회복하기 위해서라도 이혼하라고 권하고, 엄마는 자녀들 때문에 이혼할 수 없다고 티격태격 하는 것이 드라마의 주된 시나리오였다. 그런데 지금은 자식이 엄마에게 이혼하지 말라고 한다. 자신들에게 물려줄 재산도 고려하지 않을 수 없고 부모의 이혼이 자신들의 결혼에 걸림돌이기 때문이다.

모든 것이 개인의 책임인 시대다. 교육, 건강, 직장도 자신의 책임이다. 자신을 절대적으로 보호해 줄 엄마가 없다면 세상에 볼모로 잡힌 개인은 끊임없이 생존의 불안에 시달리게 된다. 이제 엄마는 신경숙의 엄마처럼 자식들의 환상 속에서 무소불위의 존재가 되지 않을 수 없다. 젖가슴 속에 '엄마의 말뚝'으로서 남근까지 가지고 있는 엄마는 전능하다. '엄마의 말뚝'으로서의 남편 혹은 아들은 사라졌고, 엄마 자신이 말뚝이 된 시대에 엄마는 아버지 자리까지 대신하게 된다.

신경숙의 엄마가 법 없이도 살 사람이라면, 봉준호의 <마더>에서 엄마는 법 없이, 혹은 법 위에서 산다. <마더>의 엄마는 법을 아이러니로 만든다. 그녀는 자식을 위해서라면 살인도 마다하지 않는다. 엄마는 살인도 마다하지 않지만, 아버지의 법 너머에 있는 선(혹은 악으로서의 모성)을 구현한 인물이다. 그녀는 법을 지켰기 때문이 아니라 오히려 법을 위반함으로써 면죄된다. 그런 아이러니로 인해 엄마는 법과 선을 넘어선 존재가 된다. <마더>의 엄마는 법을 초월하여 생사여탈권을 쥐고 있다. 생물학적인 핏줄에 목숨을 거는 만큼 공공의 선과 같은 것은 안중에 없다. 엄마는 국가의 법질서에 자식을 바치지 않는다. 그로 인해 가부장 질서 너머에 있는 광기의 모성과 우리 모두가 공모하도록 만든다. 이 영화를 보는 내내 심기가 불편하더라도 엄마를 이해하는 한, 관객 모두 새로운 모계 사회로 초대받은 공범자가 된다.

    <마더>에서 모성은 무질서의 질서다. 가부장제의 질서가 천륜에 바탕하고 있다면 <마더>의 엄마는 그런 금기를 가볍게 초월한다. 진태가 약간 모자란 도준에게 "너 여자랑 자 본 적이 있냐?"고 묻는다. 그러자 도준은 아무렇지도 않게 "응, 엄마"라고 대답한다. 엄마랑 자는 것은 도준에게 금기가 되지 않는다. 근친상간은 근친상간이라는 언어가 있을 때 비롯된다. 도준과 엄마에게는 금기의 언어가 없으므로 근친상간이 금기라는 의식조차 없다. 도준은 가끔씩 격렬한 두통에 시달린다. 두통이 찾아올 때면 도준은 아슴푸레한 과거의 한 장면이 기억날 듯 말 듯하다. 그러면 엄마는 망각의 침을 권해주고 저주받은 기억의 고통에서 도준을 구해준다. 엄마는 침뿐만 아니라 작두도 가지고 있다. 엄마는 작두로 약초를 썰지만 누구든, 무엇이든 작두로 거세할 수 있다. 거세의 이미지로서의 엄마는 동시에 출산과 생산을 돕는 지모신이기도 하다. 아이가 없는 사진관 여자에게 엄마는 자기 침으로 아이를 점지해 줄 수도 있다고 말한다. 엄마는 생사와 기억과 망각의 역사를 마음대로 주재한다는 점에서 전능한 모성이다. 엄마에게는 망각이라는 만병통치약이 있다.

    엄마는 리비도로 넘쳐나는 생명충동의 공간이기도 하다. 이 동네의 남자들, 즉 형사 재문, 동네 백수 진태 또한 그녀를 엄마라고 부른다.

우리사회의 호칭은 애매하다. 남의 어머니도 '어머니'라고 부르는 문화적 관습을 이용함으로써 영화는 이들의 관계를 모호하게 흐려놓는다. 엄마는 도준을 면회하러 갔다가 감방의 간수에게 삼촌이라고 부른다. 온 동네 촌수가 도무지 수상쩍다. 동네 약사가 엄마를 대하는 태도 또한 이상하다. 약사는 작두에 베인 엄마의 손가락에 반창고를 붙여주면서, 한 마디 거드는 엄마에게 "시끄러, 당신이 약사야?"라고 면박을 준다. 이런 말투를 일반손님에게 사용하는 약사는 없을 것이다. 쌀떡 소녀가 동네 남자들 사이에서 교환되는 존재였던 것처럼, 엄마도 과거에 이 동네에서 교환되는 여자였다. 엄마의 과거를 되풀이하는 존재가 현재의 쌀떡 소녀다. 쌀떡 소녀의 장례식에 가서 엄마는 아들의 무죄를 주장한다. 엄마는 조문객들 중 한 여자로부터 뺨을 호되게 얻어맞는다. "여기가 어디라고 감히!" 하는 소리가 들린다.

치매에 걸린 할머니와 단 둘이 살았던 쌀떡 소녀의 장례에 온 동네 사람들이 모여서 정중하게 장례를 치르는 이유는 뭘까? 문아정의 집은 재개발로 망가지고 허물어진 빈 집들이 널브러져 있는 골목길을 지나 언덕 꼭대기에 있다.[2] 여고생인 문아정이 치매할머니의 보호자였다. 삶은 외롭고 돈이 필요한 문아정이 할 수 있는 일은 매춘이었다. 아정은 경찰서가 코앞에 있어도 치안의 사각지대에 사는 여자이자 사회적 약자 중의 약자다. 문아정의 죽음은 그녀의 장례식 장면에서 드러나듯이, 살아서는 온 동네의 비체였다가 죽어서야 사회적 죽음으로 숭엄하게 환기된다. 동네의 모든 사람들이 합심해서 그녀를 죽였기 때문이다.

엄마는 자기 아들을 거세시킬지도 모르는 고물상 아저씨를 제거한다. 비오는 날 엄마는 고물상 아저씨(엄마가 이천 원을 주자 천원만 받았던)에게서 우산을 사서 쓰고 변호사를 찾아간다. 이 동네의 공적인 법은 온통 부패하고 타락했다. 고물상 아저씨의 살인은 엄마와 아들이 합심하여 아버지를 거세시킨 것이나 다를 바 없다. 엄마는 진태가 관계 맺는 재수생 미나로 전이됨으로써 진태의 엄마임과 동시에 연인이 된다. 엄마의 과거가 현재의 쌀떡 소녀라면 고물상 아저씨는 도준에게 상징적인 아버지가 된다. 온 동네가 비천하게 교환하는 쌀떡 소녀를 고물상 아저씨 또한 구매했기 때문이다. 이 동네에서는 고정된 혈연가족의 친족질서 같은 것은 없다. 고정된 질서가 없으므로 아무도 안정된 가족의 위상을 차지하지 못한다. 이렇게 하여 고물상 아저씨가 아버지가 되고 엄마는 쌀떡 소녀로 전이된다.

　<마더>에서 엄마는 모성으로서만 존재하지 않는다. 그 동네에서 엄마는 모두에게 엄마이자 연인이자 딸이다. 엄마는 공적인 질서를 사적으로 조종할 수 있는 능력(돈과 몸과 친족관계 등을 동원하여)이 있다. 아버지의 법은 권위를 상실했고 엄마가 상상적 초자아의 역할까지 도맡아 하고 있다. 그 동네는 엄마가 육화시킨 무/질서로 유지되는 공간이다. 엄마는 그야말로 생사여탈권을 쥐고 있다. 도준이 다섯 살 때, 엄마는 사는 것이 힘들어 박카스에 농약을 타 아들에게 먹였다. 엄마는 젖을 줄 수도, 독을 줄 수도 있다. 엄마가 엄마이면서 연인이고, 약과 독을 번갈아 사용하면서 죽이고 살리기를 마음대로 하는 곳은 디오니소스의 세계다. 엄마의 세계가 혼돈의 지옥이라고 한들 무슨 문제이겠는가. 그래도 엄마는 자기 아들만큼은 보호해주지 않느냐고 카메라는 능청스럽게 반문한다. 남의 아들이야 죽든 말든 그래도 내 아들은 내가 지킨다는 엄마의 단호한 결기와 광기에서 한국사회 모성의 얼굴이 보인다. '이래도 이 엄마와 공모하지 않을 거야?'라고 들이대는 카메라의 눈길로부터 관객이 거리를 유지하기란 쉽지 않다. 이렇게 본다면 신경숙의 엄마와 봉준호의 엄마는 일견 양극에 서 있는 것 같지만 사실은 한 바퀴 돌아서 서로 등을 맞대고 있는 것처럼 보인다.

## 4. 대상관계이론과 모성

사회적, 제도적으로 만들어지는 모성에 관해서는 앞서 살펴보았지만, 모성 자체가 주체의 사이키에 어떤 방식으로 각인되는가에 관해서는 대상관계 이론object-relation theory을 참조할 필요가 있다. 대상관계이론은 모성과의 관계 속에서 주체의 형성을 이론화하려 한다. 대상관계이론에서 모성은 생물학적으로 어머니의 경험이 있어야만 형성되는 것은 아니다. 세상에 태어난 생명은 자기 안에 어머니를 품고 있다는 점에서 모성을 갖고 있지만 그것이 어떤 방식으로 어떻게 발현될 것인지는 '관계'에 의해서 구성된다. 주체 또한 어머니라는 대상과의 관계 속에서 구성된다는 것이 대상관계이론의 핵심이다. 대상관계이론은 대상(엄마, 타자, 세계)과의 관계에서 어떻게 주체가 탄생하고 그런 주체의 사이키에 엄마가 어떤 이미지로 표상되는가에 주목한다. 멜라니 클라인의 대상관계이론에서는 어머니의 젖가슴과 유아가 맺는 첫 대상관계가 가장 중요하다. 젖가슴이라는 최초의 대상이 안정적으로 주체에게 자리잡는다면 주체형성의 만족스러운 토대가 된다. 좋은 젖가슴은 주체의 일부가 되며 어머니 속에 있던 아기는 이제 자신의 내부에 어머니를 지니게 된다.[3] 이처럼 모성이 주체의 환상 속에서 구성될 때 어머니는 전능한 여신의 위치를 차지한다. 라캉의 정신분석학에서 타자로서의 어머니는 상상계적 단계에 머물러 있어서, 상징계로 이행하기 이전이자 전언어적인 단계로 가볍게 치부되어버린다. 하지만 멜라니 클라인의 이론에 따르면 어머니를 단지 상상계적인 타자로 만드는 것이야말로 남성이론가들의 자기 한계(출산과 양육 경험이 없는)를 상징계의 우월성으로 뒤집어놓은 것이라고 볼 수 있다.

멜라니 클라인 이전의 프로이트의 정신분석학에 따르면 수동성, 매저키즘, 나르시시즘이 절묘하게 균형을 잡아야 모성이 탄생할 수 있다. 프로이트의 정신분석학은 여성성=수동성, 남성성=능동성으로 간주한다. 그는 클리토리스에 적극적인 욕망을, 버자이너에 수동적인 욕망을 할당한다. 이런 도식은 문화적 상투형을 생식기 중심으로 지형화한 것이다. 여기서 '정상적인' 여아가 선택할 수 있는 항목은 여성성, 수동성, 이성애, 모성이 된다. 남근을 중심으로 주체의 탄생을 설명하고자 했던 프로이트에 의하면 여아가 오이디푸스 단계를 제대로 극복하고 넘어가지 못하면 세 가지 대안적인 섹슈얼리티가 나타난다. 첫째, 섹슈얼리티를 완전히 포기하여 무성적이 된다. 둘째, 페니스를 결코 포기하지 못해서 자신을 남성의 위치에 두고 여성을 욕망하는 동성애자가 된다. 셋째, 마침내 '정상적인' 이성애자로서 (능동적인) 클리토리스의 쾌락을 단념하고 '수동적인' 버자이너 섹슈얼리티를 받아들이게 된다. 여아에게 열린 사회적 계약인 '정상성'은 자연적인 것이 아니라 혹독한 대가를 치르고 획득하는 것이다. 정상적인 여성성은 생식기 중심의 이성애를 받아들이는 것이며, 그럴 경우 재생산이 가능하고 여성은 모성으로 열리게 된다. 프로이트 자신의 이론으로 보더라도 여성성의 획득 과정은 자연스러운 질서가 아니라 폭력적인 사회화 과정이 된다.

헬렌 도이치에 의하면 거세된 여아는 자신이 거세되었으므로 아버지의 사랑대상이 된다는 것을 알게 된다. 거세가 사랑의 걸림돌이 아니라 사랑받는 지름길이라는 것을 깨닫고 여아는 체념 가운데 자진하여 거세되기를 원한다. 거세는 재앙이 아니라 소망이 된다. 자발적으로 거세되기를 원한다는 점에서 여성성은 수동적일 뿐만 아니라 매저키즘적이 된다. 여성성은 출산의 고통, 희생, 헌신 등으로 등치된다. 매저키즘의 리비도 경제에 의해 여아는 클리토리스의 능동적 쾌락을 포기하고 굴욕적인 질의 쾌락을 통해 이성애로 전환하고 자신의 거세를 장차 자기 아이를 통해 보상받고자 한다. 이런 과정을 통해 여성은 정상적인 모성을 발휘할 수 있게 되지만 여성이 극단적인 매저키즘에 빠지면 자기 파괴적일 수 있다. 이러한 여성의 자기 파괴적인 공격성을 보완하는 것이 여성의 나르시시즘이다.

모성과 관련하여 프로이트의 정신분석학과는 관점을 달리하는 이론가가 멜라니 클라인이다. 멜라니 클라인의 대상관계이론에서 페니스의 위상은 젖가슴에 비하면 몹시 초라해진다. 프로이트는 여아가 자신에게는 없는 남근을 선망penis envy한다고 주장했지만, 클라인에 의하면 여아가 시기하면서 갈망하는 것은 전능한 젖가슴이다. 클라인에 의하면 여아는 페니스가 아니라 젖가슴을 시기breast envy한다. 유아에게 어머니의 젖가슴은 아버지의 페니스, 아이, 황금 모두를 포함하는 것이다. 이런 태곳적 어머니는 무소불위다. 이처럼 전능한 어머니는 인도신화에서의 칼리여신처럼 생사여탈권을 쥐고 흔드는 공포스러운 존재다.

어머니의 전능성에 대한 유아의 환상은 분리불안에서 비롯된다. 유아에게는 아버지의 거세공포보다 어머니와의 분리불안이 훨씬 더 원초적이다. 세상에 태어나는 순간 모체와의 분리는 유아에게 근원적인 불안을 야기한다. 분리불안은 생물학적인 것이라기보다 환상적인 것이다. 이런 불안이 아이의 사이키에 어떻게 각인되는가에 주목하고 있다는 점에서 멜라니 클라인의 분석은 정신분석학으로서의 설득력을 갖는다. 구강기 단계의 유아는 주체로서의 자신과 타자로서의 어머니를 구분하지 못한다. 주체와 대상으로서의 모체가 미분화 상태이다. 이와 같은 인식의 한계로 인해 어머니의 젖가슴은 유아 자신이자 세계가 된다. 젖가슴을 세계로 인식하는 구강적인 단계에서 아이는 배고픔이 자신내부에서 발생하는 것이 아니라 외부세계로부터 가해지는 쓰라린 고통이자 좌절이라는 것을 경험한다. 배고픔으로 인해 자신이 절멸

aphanisis될지도 모른다는 끔찍한 공포에 시달린다. 아이는 그런 고통과 좌절로 인해 자신이 박해받는다고 생각한다. 그래서 아이의 환상 속에서 배고픔과 허기와 불쾌를 선사한 젖가슴은 나쁘고 박해하는 젖가슴이다. 반면, 자신에게 만족을 가져다주는 젖가슴은 선한 젖가슴이 된다. 유아는 나쁜 젖가슴을 찢고 깨물고 삼키고 싶은 식인충동을 느낀다. 이것이 어머니의 젖가슴과 관련하여 구강기의 유아가 처하게 되는 편집—분열적 위치paranoid-schizoid position다. 따라서 모체로 향했던 잔혹한 욕망이 투사적 동일시에 의해서 자신에게로 형성되는 편집분열적 시기의 초자아는 잔혹하고 가학적이다. 자신에게 만족을 주지 않는 어머니에게로 향한 분노와 의심과 같은 편집증적인 상태에서 좋은 젖가슴은 자신의 것으로 내재화하는 반면, 만족을 주지 않는 젖가슴은 외부의 나쁜 젖가슴으로 분열시키게 된다. 유아는 나쁜 젖가슴을 도려내고 찢고 물고 뜯고 싶은 공격적이고 가학적인 환상이 있다. 그런 환상은 외부의 젖가슴이 자신을 박해한다는 유아의 편집증적인 망상에서 초래된 것이다. 그런 두려움으로 인해 유아는 나쁜 젖가슴과 좋은 젖가슴을 과도하게 양극화시킨다. 편집분열적 위치에서의 젖가슴에 대한 과도한 이상화는 유아의 사이키 속에서 초래되는 유아 자신의 불안과 박해망상과 공포가 전도되어 투사된 것이나 다를 바 없다. 이렇게 본다면 과도한 이상화는 유아가 공포로 인해 나쁜 젖가슴을 사랑스럽고 이상적인 것으로 치환시킨 것과 다르지 않다. 멜라니 클라인이 모성의 과도한 이상화는 병리적인 것이라고 말하는 것도 이 때문이다.

편집분열적 위치에서 모체로 향한 분노와 증오는 우울적 위치 melancholic position에 이르러서야 완화된다. 우울적 위치는 어머니가 단지 젖가슴과 같은 부분 대상이 아니라 자신에게 사랑과 보살핌, 음식, 사랑, 쾌락을 제공해주는 사람이라는 것을 인식하는 단계다. 유아가 자신과 세계를 구분하게 될 때, 배고픔과 허기는 외부의 박해가 아니라 자기 안에서 일어나는 것임을 알게 되고, 그런 허기를 채워주는 존재가 어머니라는 것을 인지한다. 사랑을 주고 보살펴주는 어머니를 먹어치움으로써 어머니를 없애버릴 수도 있었다는 것에 대한 죄책감은 아이에게 깊은 우울증을 유발한다. 죄책감으로 인한 우울적 위치에서 아이는 어머니에게로 향한 공격성을 완화시키면서 감사gratitude의 마음으로 나아가게 된다. 유아는 감사하는 마음으로 젖가슴에 대한 불안, 증오, 공포의 감정을 사랑, 이해, 지혜, 창조성의 근원으로 전환시킨다.

우울적 위치에서 아이는 어머니와의 분리로 초래된 상실의 빈 공간을 채우는 창조적 행위로 나아가게 된다. 자기 파괴적인 충동은 예술적 충동으로 전이된다. 클라인은 카렌 마이클리스의 작품에 등장하는 루스 크야르Ruth Kjar를 분석하면서 이 점을 제대로 보여준다. 이 작품에서 한 젊은 여성은 벽에 오랫동안 걸어두었던 그림을 떼어내자 그곳에 남은 텅 빈 공간을 보고 우울해진다. 그러다가 벽 위의 빈 공간을 자기 그림으로 채워 넣는다. 클라인에 의하면 텅 빈 공간은 주체의 내면에 남겨진 적대적인 빈 공간으로서의 내적 어머니라는 것이다. 클라인은 우울적 위치의 불안과 그것이 불러일으킨 보상적 충동이 창조성의 근원이라고 설명한다.

살아간다는 것은 상실의 연속이다. 구강기에서는 젖가슴을 잃어버리고 허기와 좌절에 시달린다. 항문기에는 내적 배설물, 자신의 창조물인 황금과 작별해야 한다. 사춘기는 모든 것을 의지할 수 있었던 엄마와 작별해야 하고, 성인기는 부모와 아예 작별하고 자신이 부모가 되어야 한다. 주체는 매 단계마다 상실로 인한 우울을 경험하고 또 다시 편집 ─분열증적인 단계로 퇴행하려는 충동과 씨름하게 된다. 그와 동시에 투쟁과 고통은 창조적 충동으로 연결되기도 한다. 주체는 이 양자 사이에서 끊임없이 갈등하고 사랑하면서 외로운 영혼으로 살아나가게 된다. 따라서 우울적 위치에서 주체가 좋은 젖가슴/나쁜 젖가슴의 양가성을 자신의 환상 속에서 어떻게 투사적으로 동일시하느냐에 따라 주체 자신의 인격과 주체 자신의 모성을 형성하게 된다.

편집분열적 위치와 우울적 위치는 일직선으로 발전하고 이행되는 과제가 아니라 끊임없이 진자추 운동을 한다. 우울적 위치에서 편집분열증적 위치로의 퇴행을 잘 보여주고 있는 소설이 천명관의 『고령화 가족』이다. 이 소설에서 엄마의 가족은 구강단계로 퇴행한다. 평균연령이 마흔 아홉인 자식들은 이혼녀, 전과자, 신용불량자가 되어 일흔이 넘은 엄마의 품으로 되돌아온다. 자식들의 심리적인 나이는 유아기 수준으로 퇴행한다. 떠났던 자식들을 당신의 거대한 품안으로 받아들인 엄마는 자식들에게 끊임없이 음식을 제공한다. 어미 제비가 새끼에게 먹이를 물어 나르듯이. 엄마는 자식들에게 고기를 먹인다. "그날 이후부터 밥상에 고기가 올라오지 않은 적이 드물었다. 집에선 매일같이 아침부터 뭔가 지지고 볶는 냄새가 났고 잔칫집처럼 하루 종일 고기 굽는 냄새가 가시질 않았다. 혹시 엄마가 너무 절망에 빠진 나머지 우리에게 남은 돈으로 고기를 실컷 해먹인 다음 마지막으로 고기에 청산가루를 넣어 다 같이 죽으려는 것은 아닐까?"라고 화자인 '나'가 의심할 정도다. 늙은 엄마는 늙은 자식들이 구강단계로 퇴행하여 가족놀이를 다시 하게 된 것이 마냥 행복한 것처럼 보인다. 자식들은 상실했던 엄마의 전능한 젖가슴에 매달리고 엄마의 치마폭에 감싸여 죽음처럼 평안하다.

새로운 모계사회에서 아버지는 부재한다. 아버지의 존재는 교통사고로 죽어서 받은 합의금인 빌라 한 채로 남는다. 형 오함마, 화자인 나, 여동생 미연은 아버지의 핏줄도 아니고 한 엄마의 자궁에서 태어난 것도 아니다. 엄마는 배다른 자식, 씨다른 자식, 손녀까지 누구도 차별하지 않고 골고루 먹이고 입히고 품어준다. 『고령화 가족』의 엄마는 자식들에게 고기를 먹이고 또 먹인다. 자식들은 카니발처럼 게걸스럽게 먹고 또 먹는다. 새로운 모계사회의 엄마는 신경숙의 더할 나위 없이 우아한 모성과는 달리 비천하고 풍요하고 문란하고 관대하다. 『고령화 가족』에 등장하는 가족은 동물의 단계로 추락하여 동물적인 만족과 감각으로 살아간다. 인간에게 동물성의 회복이야말로 진정으로 인간적인 삶의 회복처럼 보인다.

대상관계이론에서 어머니의 전능성에 대한 강도는 이론가에 따라 제각기 다르다. 어머니의 전능성에 대해 유아가 느끼는 환상의 강도는 멜라니 클라인, 도로시 디너스타인, 낸시 초드로우, 제시카 벤자민의 순서인 것처럼 보인다. 멜라니 클라인의 전능한 모성, 낸시 초드로우의 공생이론, 제시카 벤자민의 상호인정의 변증법에 이르기까지 강도의 차이가 있다. 모성의 전능성에 대한 강도의 편차 자체가 사회적, 역사적, 국가적 요구에 의한 것으로 보인다. 멜라니 클라인의 이론에서는, 그녀가 양차 대전을 경험한 만큼, 자식의 죽음까지 거둬들일 수 있는 전능한 초자아로서의 어머니의 역할이 강조되었다고도 볼 수 있다. 전후 여성의 노동력이 필요할 때에는 진화생물학, 사회생물학, 영장류생물학과 같은 분과학문들이 협력하여 양육과 보살핌노동의 사회화를 긍정적으로 해석했다. 즉, 침팬지의 모성 실험을 통해 친엄마보다 양육엄마의 사랑을 더욱 강조함으로써, 집안에서 아이 양육에 시달리는 백인 엄마들이 공적영역으로 나아갈 수 있는 근거가 되는 과학적 이론을 지원했다.

모성이 국가와 의료가부장제, 과학 담론에 포획된 시대에 이르러, 제시카 벤자민은 주체와 엄마 사이의 관계를 상호인정의 변증법으로 해석한다. 남아는 어머니의 전능성에 대한 공포와 두려움으로 인해 타자를 지배하려고 한다. 여아는 아버지에 비해 어머니가 자율적인 존재가 아니라는 실망과 우울로 인해 사랑대상을 어머니에게서 아버지에게로 향한다. 여아는 권력과 욕망을 대표하는 아버지/남성을 이상화함으로써 기꺼이 복종하려는 마음이 싹트게 된다. 여아가 아버지의 사랑을 확인하고 그의 남근을 얻을 수 있는 '정상적인' 방법이 모성이다.

모성이 전능하다면 그것을 내투사한 아이 역시 자신의 전능성에 대한 환상을 포기하지 않으려고 한다. 자신이 전능하고 자족적이고 자율적인 존재라면 왜 타자의 인정이 필요하겠는가라고 제시카 벤자민은 반문한다. 사실 주체가 자신의 자율성을 주장하면서 타인의 인정을 욕망하는 것은 상호모순적인 것이다. 자신이 자율적이라는 사실을 타인의 인정을 통해 인식하게 되는 역설적인 관계가 엄마와 자식의 관계라는 것이다. 이렇게 보면 인간은 필연적으로 상호의존적이며 타자의 전능성, 주체의 자율성은 환상에 불과하다.

제시카 벤자민이 말하는 상호인정 투쟁은 엄마와 딸의 관계에서 다양한 모습으로 되풀이된다. 엄마에 대한 딸의 의리는 평생 모녀 사이에 애증과 지배와 복종의 관계를 형성하면서 서로의 삶을 지배하는 목소리가 되기도 한다. 캐롤린 냅은 『허기*Appetite*』에서 어머니와 딸 관계를 허기와 거식증으로 분석한 바 있다. 리사의 어머니는 전업주부로 평생 부엌에서 벗어난 적이 없다. 리사는 성공한 코미디 방송 작가다. 그녀는 사회적으로 성공하기 위해 그 밖의 즐거움(남자를 사귀고 쇼핑하는 등)을 거절하고 모든 에너지를 성공에 쏟는 것처럼 보인다. 자신에게는 어떤 물질적 사치도 허용하지 않는다. 전문분야에서의 성공과 세속적이고 물질적인 욕망을 서로 맞교환한다. 그녀는 이것을 소비에서의 거식증이라고 묘사한다. 일종의 "박탈에 탐닉하는 것"이다. 이것은 단지 금욕적인 삶과는 다르다. 그것은 엄마의 희생에 대한 죄의식의 다른 표현이다. 리사의 자기박탈은 매저키즘적인 자기처벌의 한 형식이 된다. 평생을 전업주부로 살아온 엄마에게 충실한 딸로 남기 위해서 말이다.

'전능한 어머니에게서 버림받으면 어떻게 하나'라는 불안은 관계중독의 형태로도 드러날 수 있다. 그런 경우 상실에 대한 애도를 제대로 할 수 없게 된다. 이런 드라마에 공통적으로 드러나는 현상 중 하나가 영리한 여성이 자신을 구박하고 속이는 무책임한 나쁜 남자를 선택한다는 것이다. 이것이 전문직 분야에서 똑똑한 여성이 보여주는 매저키즘의 윤리경제이다. 대책 없이 너무 많이 사랑한 여자는 되풀이하여 버림받을 수밖에 없다. 어머니의 폭력적인 전능성은 자녀의 삶에서 절대적인 영향을 미치는 것으로 볼 수 있다. 사회적으로 성공한 커리어 우먼이자 골드미스라고 하더라도 사랑대상을 선택하는 것에서는 분별력이 없고 자존감을 망치는 결과에 이르게 된다. 엄마와의 관계에서 '난 행복해지면 안 돼. 그건 엄마를 배신하는 거야.' 라는 죄의식과 참회의 그림자가 무의식적으로 잠복되어 있기 때문이다. 똑똑한 여자의 멍청한 선택은 어머니와의 관계에서 딸은 뭔가를 고통으로 지불하지 않으면 안 된다는 매저키즘의 경제에 빠져 있기 때문이라는 것이다. 그래서 터무니없는 남자와의 파괴적 로망스 뒤에 작동하고 있는 잔인한 논리, 즉 정신적인 수지타산의 균형을 맞추기 위해 고통을 언제나 가까이에 두고 있으면서 청구서에 지불했음이라는 도장을 찍는 심리상태가 된다고 루이스 캐플런은 설명한다. 반면 어머니가 딸의 사랑을 잃지 않으려고 딸을 인정해주지 않으면 그 딸은 평생 어머니의 인정에 매달리게 된다. 어머니의 인정을 받기 위해 끊임없이 갈구하는 것 또한 엄마와 심리적인 분리가 되지 않기 때문이다.

대상관계이론의 관점으로 보았을 때, 모성적 사유를 바탕으로 살림과 평화의 정치를 말하지만 모성이 과연 그런 측면만 가지고 있는지는 의문이다. 어머니의 입장에서 보는 것과 아이의 입장에서 보는 관점이 다를 수 있고 자애로운 모성 운운은 허구에 불과해진다. 희생하며 헌신하는 모성은 스스로의 희생으로 인해 오히려 자식에게 끊임없는 죄의식을 불러일으킨다는 점에서 박해하는 모성으로 전이되기도 한다. 아니면 자기가 부여한 목숨을 자기 손으로 거둬들이기도 한다. 혹은 자식을 저버리고 자신의 욕망에 충실한 나쁘고 사악한 어머니가 될 수도 있다. 전능한 어머니는 아이를 볼모로 잡지만, 아이 또한 엄마에게 인식폭력을 가할 수 있다. 주체가 타자M(other)로서의 어머니에게 인식폭력을 가함으로써 자기정체성과 섹슈얼리티를 갖게 되는 것이라면 '모성'이란 생각만큼 선하지도, 단순하지도 않은 것임을 알 수 있다. 모성은 관계 속에서 구성되는 하나의 은유처럼 보인다.

## 5. 〈구글 베이비〉 : 교환가치로서의 자궁

페미니즘을 신랄하게 비판하는 보수주의자들은 여성이 성적 해방과 자유를 꿈 꾼 것에서부터 가족이 파괴되기 시작했다고 주장한다. 가족은 신자유주의 시대 원시공산주의의 마지막 섬처럼 남아 있다. 가족만큼은 교환가치에 지배되지 않는 마지막 섬이라는 것이다. 그 마지막 공동체의 파괴에 가장 앞장선 존재가 페미니스트들이라고 비판한다. 페미니스트들은 성적 자유를 주장할 뿐만 아니라 여성 자신에게 불리한 임신과 출산을 하지 않으려 한다. 임신이나 출산과 같은 재생산을 포기하거나 아예 시장에 맡기기도 한다. 이러한 현상이 과연 페미니즘의 계몽으로 인한 것일까? 아니면 자본의 논리와 페미니스트의 이해관계가 제대로 맞았던 것인가? 모성이 여성의 본능이라면 페미니스트들이 선동한다고 그토록 쉽게 모성을 포기할 수 있을까? 자궁만큼은 사용가치에 기반한다고 하지만 과연 자궁의 생식력이 가족 안에서의 사용가치로만 전유되는 마지막 섬이기는 한가? 생체권력과 의료가부장제가 자궁의 용도마저 전유하는 시대이다. 이제 엄마가 하나인 것도 아니다. 알엄마(난자엄마), 자궁엄마(대리모), 양육엄마, 새엄마 등 엄마는 무한 증식되면서 분열된다. 여성의 재생산 능력을 완전히 외주에 맡겼을 때 여성의 모성은 어디에 있을까라는 문제를 다루고 있는 다큐가 지피 브랜드 프랭크 감독의 <구글 베이비>다.

요즘 들어 거의 잊혀가고 있지만, 슐라미스 파이어스톤은 여성의 열등한 지위가 생물학적인 것에서 비롯되었으므로, 그것을 테크놀로지가 대신하게 되면 여성이 모성과 그로 인한 불평등한 가족관계에서 해방될 수 있다고 보았다. 그녀는 생물학적인 섹스에 바탕한 성계급을 주장했다. 페미니즘 운동 초기 급진적 페미니스트로서 그녀의 주장이 잘 드러난 저서가 『성의 변증법』이다. 그녀는 여성억압을 임신, 출산, 양육과 같은 여성의 생물학적인 조건에서 찾으려 했다. 또한 역사는 생물학적인 남녀 두 성계급 사이의 갈등에 의해 성의 변증법으로 추진되어 나아간다고 주장했다.

생물학적 결정론이라고 혹독하게 비판받은 그녀의 이론은 홉스의 주장과 흡사하다. 홉스에게 풀리지 않는 의문은 삶이 전쟁터인 곳(홉스에게 자연 상태에서의 삶은 그 존재 자체가 죽음의 위협에 노출된 것으로 전제한다)에서 여성은 왜 자신에게 불리한 결정을 내리는가라는 점이었다. 여성이 특히 희생정신이 강해서일까? 전쟁터에서 아이를 임신한 여자가 경쟁에서 살아남을 확률은 상대적으로 낮다. 가벼운 몸으로 달리는 남자에 비해 훨씬 뒤쳐질 수밖에 없고 포로로 잡히거나 목숨을 잃을 확률이 높다. 그런데도 여성들이 아이를 임신하고 죽이지 않고 낳아서 키우는 이유는 무엇일까? 그것은 자신의 미래를 보장받기 위한 것이라고 홉스는 말했다. '효'의 개념이 없다면 여자들이 힘들게 그런 희생을 하지 않을 것이라는 주장이다. 홉스처럼 파이어스톤 또한 젠더불평등의 기원은 여성이 지닌 재생산 기능이라고 본다. 지금 우리가 사는 공간이 전쟁터도 아니고 홉스 시대처럼 서로를 살벌하게 죽이면서 사는 세상도 아니다. 그런데도 여자들은 출산을 기피한다. 그렇다면 홉스의 말이 역설적으로 맞다는 것인가? 여성의 재생산 기능이 양성 사이의 불평등한 권력 분배에 바탕한 생물학적 혈연가족의 형태를 형성하게 만든다. 그렇기 때문에 여자들은 모성에 묶여 손해 보는 짓, 즉 출산을 기피하게 된다. 그렇다면 여성에게 불리하게 작용하는 재생산의 문제를 과학으로 해결하면 어떻게 될까? 여성은 해방되어 자유롭고 행복해질까?

여성의 종속이 역사적으로 아이를 낳고 양육할 필요에서 온 것이라고 보는 파이어스톤에게 여성해방은 아이를 낳고 양육할 필요가 없어질 때, 즉 남성과 여성이 자연출산을 포기할 때 가능해진다. 그래서 그녀는 미래의 테크놀로지가 여성해방을 향한 해결책을 제공할 것이라 주장한 바 있다. 파이어스톤으로부터 한 세대가 지나 생명공학의 테크놀로지를 통해 인공자궁이나 대리모에게서 아이를 생산할 수 있게 되었다. 다시 말해 여성의 자궁이 가족 안에서 사용가치로만 이용되지 않고 자궁 자체가 교환가치의 회로로 포획되는 단계에 이르렀다.

<구글 베이비>는 도론 커플의 아이 돌잔치에 친구들이 모여 떠들썩하게 축하하는 장면으로 시작한다. 게이커플인 이들에게 아이는 어디서 나타난 것일까라는 의문에서부터 그 아이의 생산과정이 이 다큐의 전체내용을 구성한다. 이스라엘 남성인 도론은 자신의 정자와 인터

넷 난자주식회사를 통해 동유럽의 한 여성으로부터 구매한 난자를 가지고 미국으로 간다. 미국에서 정자와 난자를 체외 수정시킨 다음 영하 80도로 냉동 보관한 수정란 보관함을 가지고 인도의 뭄바이로 간다. 그는 뭄바이에서 산부인과 의사를 만나고, 대리모를 물색하고, 대리모에게 수정란을 착상시킨다. 이 경우 난자엄마, 자궁엄마, 양육엄마가 각기 다를 뿐만 아니라 양육엄마는 동시에 양육아빠이기도 하다. 게이 커플의 입양을 반대하는 보수주의자들은 게이 커플이 부모노릇을 제대로 할 수 없다고 주장한다. 아이의 젠더 정체성과 성정체성을 혼란스럽게 만든다는 이유 때문이다. 도론 커플은 자기 집을 팔고 10만 달러나 들여서 체외수정을 하고 대리모에게 착상시킨다. 그냥 입양하는 것이 훨씬 저렴한 비용이었을 텐데 구태여 대리모를 이용한 이유가 뭘까? 입양하기가 용이하지 않았으므로? 아니면 자신의 정자를 물려주려고? 그 이유는 다큐에서 밝히지 않는다. 인도의 대리모는 산부인과에서 열 달 동안 인큐베이터 노릇을 한다. 태어난 아이는 주문한 부모의 나라로 보낸다. 그 전체 과정이 10만 달러에 해당한다. 아이 하나를 '합법적으로' 생산하는 데 드는 돈이다. 도론이 인도여성의 자궁을 매매한 이유는 가격이 저렴하고 인도에서는 그것이 합법이기 때문이었다.

이 전체과정을 지켜보았던 도론은 자신이 직접 아이맞춤 제작 산업에 브로커로 뛰어든다. 그는 정자라는 놈을 핀셋으로 잡아서 인간을 만드는 과정을 현미경으로 지켜본다. 시술자는 "정자 한 마리를 잡아서 인간을 만들어 볼까요?"라는 농담을 한다. "정자와 정치가의 닮은 점은 둘 다 인간되기 힘들다는 것이다".라는 농담과는 달리, 정자는 시술자의 핀셋에 의해 그다지 노력하지 않고도 목적지인 난자에 무사히 안착한다. 아이의 탄생은 신비한 생명현상이라기보다 과학적 테크놀로지에 의해 만들어지는 제품임이 부각된다. 인간의 신비, 생명의 신성함 따위는 없다. 인도에서는 이미 태어난 아이들조차 길거리에 버려지고 있는 게 현실이다. 카메라는 길거리에서 잠자는 사람들로 넘쳐나는 뭄바이 거리를 비춘다. 처량한 눈빛의 깡마른 아이들, 수심 가득한 여자들, 게으르게 빈둥거리는 남자들, 그들 사이로 도론은 수정란이 든 냉동 보존기를 들고 지나간다.

구글을 통해 구하지 못할 것은 없다. 크레딧 카드만 있으면 세상에 구하지 못할 것이 없는 세상이 되었다는 말은, 시장에 포획되지 않고 남아 있는 영토가 없다는 말이다. 여성의 자궁이 신성하게 여겨졌던 것은 생명을 잉태하는 공간이라는 점뿐만 아니라, 시장으로 들어가지 않은 거의 유일한 영역이라는 점에서였다. 여성의 몸이 어느 한 부분도 남기지 않고 시장의 논리에 포섭되었을 때, 과연 여성이 성적으로 해방되고 자유로워질 것인가?

다큐 <구글 베이비>는 모성이라는 의제를 복잡하게 만든다. <구글 베이비> 때문에 김소월의 시 「부모」가 떠올랐다.

낙엽이 우수수 떨어질 때
겨울의 기나긴 밤
어머님하고 둘이서 앉아
옛 이야기 들어라.
나는 왜 어쩌면 생겨나와
이 이야기 듣는가.
묻지도 말아라,
내일 날에 네가 부모 되어서 알아보랴?

성교육을 열심히 받고 자라는 아이들이라면 이처럼 순진하게 물어볼 일은 없을 것이다. 그래도 행여 아이가 나는 "왜 어쩌면 생겨나왔는가"를 물어보면, 정자, 난자, 그리고 핀셋만 있으면 충분하다고 말해줄 수 있을 것이다. <구글 베이비>에 의하면 난자는 콘텐츠를 제공한다는 점에서 7천 달러이지만, 대리모의 자궁은 단지 그릇인지라 인도의 대리모는 일 년을 꼼짝 못한 채 인큐베이터 노릇을 하면서도 5천 달러를 받는다. 일 년 동안 인도대리모 여성은 거의 포로상태이지만 그나마 힘든 노동으로부터 면제된다는 점에서 그다지 나빠 보이지 않는다. 5천 달러면 인도에서는 집 한 채를 산다. 대다수 하층 인도인들이 일자리가 없어서 빈둥거리는 판인데 인도여성이 어디서 이만한 목돈을 만질 수 있겠는가. <구글 베이비>에서처럼 아이를 맞춤 제작하는 디지털 세상을 보다 보면, 우리나라의 한 비혼모가 자기 아이를 낳아서 2백만 원에 판 아날로그적인 태도는 차라리 순진하게 다가온다.

<구글 베이비>를 보면서, 모든 생명의 가치가 등가가 된다면, 그것이 절대적 평등이고 민주화라고 해야 할까라는 의문이 들었다. '구글 베이비'가 지금은 국제적 노동 분업으로 인도 대리모의 자궁을 빌리고 있지만, 원가가 절감된다면 돼지의 자궁이든, 암소의 자궁이든, 가임기간이 인간과 가장 비슷한 돌고래의 자궁이든 상관하지 않고 인간수정란을 착상시킬 수 있을 것이다. 그렇다면 인간의 생명이 다른 동물의 목숨보다 더 소중할 것도 없다. 인간 또한 개, 도마뱀, 부엉이, 병아리의 생과 다를 바 없다면, 축생도에서 인간이 여타 동물과 똑같은 위상을 차지한다는 점에서 철저한 동물의 왕국이 될 것이고 그런 맥락에서 동물권과 인권이 등가치가 되는 세상이 될 수 있을 것이다. 돼지-인간되기, 돌고래-인간되기가 실현된다면, 휴머니즘에 기반한 인문학은 인간의 종언을 선언하고 반인간주의 인문학을 해야 할 것이다. 만물의

영장이라는 인간의 나르시시즘도 당연히 포기해야 할 것이다.

여성의 몸을 부위별로 상품화함으로써 자궁의 사용가치도 없어진 시대다. 태곳적부터 신비한 자궁의 신화와 모성은 불가분의 관계였다. 그런데 자궁과 모성이 분리된다면? 이 다큐는 거의 열 달 동안 병원 침상에 누워서 수정란을 키운 여성들의 몸과 마음에 어떤 변화가 초래되었는지에 대해서는 밝히고 있지 않다. 그 중 노산이라 몹시 힘들게 분만한 한 대리모가 있었다. 그녀의 손을 접사로 찍은 장면이 한 번 등장하는데, 그녀의 눈에 잠시 눈물이 괸다. 대리모의 손이 신생아의 손을 잠시 잡고 있었지만 간호사는 무심하게 아이를 데리고 나간다. 대리모의 손에 힘이 풀리면서 축 처진다. 그녀의 눈물이 출산의 긴장이 풀려서인지 아니면 아이에 대한 모성 때문인지는 알 수 없었다. 다만 다큐 전체에 걸쳐 그 장면에만 유일하게 감정이 실려 있었다. 그 장면은 '진짜 눈물의 공포'처럼 보였다.

<구글 베이비>에서 인도의 산부인과 여의사가 가장 현실적인 페미니스트로 보인다. 그녀는 대리모의 남편을 불러 아내가 번 5천 달러로 산 집은 아내의 이름으로 등기하라고 못 박는다. 일자리가 없는 남편은 자기 아내에게 대리모를 한 번 더 하라고 하고, 대리모는 그 돈으로 자기 아이를 교육시킬 것이라고 말한다. 인터넷 난자주식회사를 통해 난자를 판 여성들 가운데 한 여성은, 난자를 7천 달러에 팔아서 그 돈으로 무엇을 했는가를 묻자 인테리어를 바꾸고 아름답게 장식한 멋진 총을 사는데 사용했다고 대답한다. 그녀는 난자를 판 것에 윤리적인 문제의식이나 죄의식을 느끼지 않는다. 난자 추출이 여성들에게 얼마나 혹심한 고통인가라는 고통담론도 그녀는 가볍게 무시한다. 고통의 대가가 7천 달러로 교환되었기 때문이다. 난자를 뽑아서 건강에 무리가 생긴다면 그것마저 과학기술이 해결해 줄 것이라고 그녀는 말했다.

인도의 대리모 역시 죄의식 같은 것은 없다. 인도에서 대리모는 합법이다. 법을 지키는 것이 선善인 시대에 왜 죄의식을 느끼겠는가.

## 6. 자궁교환과 모성 가치

이러한 경우 파생되는 문제는, 모성을 어떻게 설정해야 하는가, 친권은 누구에게 귀속되는가, 알엄마/자궁엄마/양육엄마가 각각 3분의 1의 친권을 갖게 되는가, 부의 친권은 몇 퍼센트나 인정할 것인가 등이다. 이 외에도 근친상간의 문제, 가족윤리, 생명윤리의 재설정이 필요하다. 온갖 문제들이 자궁과 모성을 중심으로 감자처럼 줄줄이 엮어져 나온다. 전통적으로는 여성을 선물함으로써 혈연과 결연이 구성되었다. 그런데 여성의 자궁이 교환가치로 사용되면, 친족에 바탕한 문화, 모성, 재생산과 같은 기존의 범주는 전면적인 수정과 재정립이 필요해진다. 누구의 정자와 누구의 자궁과 누구의 난자가 어떻게 결합했는지 알 수 없다면 기존의 근친과 친족개념은 성립할 수 없기 때문이다.

이런 문제를 다루고 있는 멜로드라마 <천만 번 사랑해>에서 은님은 아버지의 수술비를 마련해야 하는데 돈이 없다. 그녀는 지극한 효심에서 대리모를 하게 된다. 자궁만 대여해준 것이 아니라 난자까지 제공한 대리모였다. 그런 다음 한 남자를 만나서 결혼했다. 그런데 이 알엄마이자 자궁엄마는 소프트웨어를 제공해주었기 때문인지는 모르지만, 자꾸 조카에게 끌린다. 그 아이가 자신이 낳은 아이인 것을 알고 '모성으로' 괴로워하게 된다. 하지만 은님이 결혼으로 맺어진 집안의 장손(은님의 조카이자 동시에 아들)의 대리모였다는 사실이 밝혀지면서 그녀는 죄인이 되어 내침을 당한다. 은님이 아이에게 이끌린 것은 결국 난자와 자궁에 의한 이끌림이었다고 해야 하는가? 흔히 핏줄이라고 할 때 그 핏줄은 호주제에서 알 수 있듯이 부권을 주장하는 것이다. 그렇다면 부권이란 정자의 소유권인가? 이제 친족은 혈연이 아니라 수행성을 통해 구성될 수밖에 없는 시대가 되었다. 모성은 양육을 통한 엄마노릇의 수행에 의해서 만들어지는 것처럼 보인다.

이처럼 여성이 난자 매매와 대리모를 하게 되면 소위 '정상가족'에서의 근친상간 문제가 복잡하게 발생한다. 가부장적인 문법으로 만들어진 친족체계가 근본에서부터 헝클어지게 된다. 흔히 문화는 남성들 사이에서 여성을 선물로 교환함에 있어 근친상간을 금지하는 것에서부터 비롯되었다고 한다. 특히 레비스트로스와 같은 서구의 인류학자는 근친상간 금기와 언어질서를 통해 인간이 문화적 질서로 들어오게 되는 것으로 설명했다. 그는 『친족의 기본구조』에서 생물학적인 생식에 문화적 조직을 강제하면서 출현한 것이 친족이라고 했다. 이 두 가지 규칙을 통해 여성을 교환하는 가부장제적인 문법이 가능해진다.

그런데 재생산 기능을 여성에게서 독립시킬 경우 한국의 유림이 그토록 두려워했던 '천인공노'할 일이 일어나게 된다. <구글 베이비>는 남의 나라 일이 아니라 한국에서 오래 전부터 진행되었던 일이다. 일본여성들은 인터넷을 통해 한국여성의 난자를 구매하고 그것을 백인여성의 자궁에 착상시키고 있다. 그래서 한나라당 박재완 의원은 난자매매와 대리모를 불법화하겠다고 나섰다. 그 이유는 한국이 일본의 '자궁기지'로 전락하는 것을 막겠다는 애국충정과, 근친상간을 방지해야 한다는 윤리의식, 그리고 대리모를 보호해야 한다는 인본주의에 근거한다. 그가 발의한 법안의 요지는 대리모 자체를 불법화함으로써 전체 과정을 합법적인 의료산업에 투명하게 종속시키겠다는 것이다. 그러면서 불임부부에게는 대리모를 허용하되 체외수정을 하는 경우 "6촌 이내의 혈족, 4촌 이내의 인척간 체외수정, 특정유전형질의 획득을 목적으로 한 체외수정 또는 배아의 선별을 금지"하고자 하는 법률안을 2006년 제출한 바 있다. 박재완 의원의 유머는 "영리목적의 대리출산은 금지하고 실비보상만 허용하도록 했고"라는 구절이다. 대리모를 불법화하겠다면서 불임부부에게는 허용하고, 대리모가 난자든 자궁이든 무상 제공하면 불법이 아니고 단지 예의상 약간의 실비는 지급해야 한다는 것이다. 앞에서는 불법이고 뒤로는 실비보상하면서 암묵적으로 용인하자는 기발한 발상이다. 대리모, 난자매매는 현행 의료법상 불법이다. 하지만 동일한 행위를 했음에도 난자를 기증하는 것은 합법이자 선행이다. 이것은 황우석 사례에서 익히 보았다. 여자연구원들이 고통을 무릅쓰고 난자를 제공한 것에 대해 애국행위로까지 추켜세웠다. 그것은 성매매도 마찬가지다. 돈으로 거래되지 않는 사랑의 행위는 숭고하지만, 돈이 오가면 불법이고 따라서 범죄 행위가 된다. 여기서 판단 기준은 돈의 교환 유무와 국가의 인정이다. 국가가 '인정'하면 합법이고, '인정'하지 않으면 불법이다. 여성의 난자가 고부가가치 창출을 위해 실험실에 이용되는 것을 국가는 적극적으로 인정한다. 이처럼 여성의 몸은 자기만의 사적인 공간이 아니라 국가권력이 관장하는 정치적인 공간이다.

자본주의 사회가 '민주적'이라는 것은 돈이라는 물신에 기대어 모든 가치를 '평등하게' 환산하기 때문이다. 그런 자본주의 사회에서 '특정한 것'은 돈으로 환산되면 불법이자 악이고, 돈으로 환산되지 않는 것이 윤리적이고 선이라고 한다면, 자본주의 자체가 범죄적 구성물이 된다. 자본주의 사회가 자신의 아이러니컬한 미덕을 위해 돈으로 환산되지 않도록 묶어놓은 '중세적' 영역은 흔히 여성적인 것으로 상징된다. 중세적 영역으로 묶여 있는 여성적인 덕목의 하나가 모성이다. 자궁이 교환가치의 회로에 완전히 편입되면 자궁에 부착되었던 생명윤리, 가족윤리 등과 같은 '가치'가 전부 떨어져나가게 된다. 이런 현상은 파이어스톤의 주장처럼 여성에게 유토피아가 될 것인가? 아니면 헉슬리가 말한 디스토피아가 될 것인가?

모든 가치를 돈으로 환산하는 신자유주의 시대에 이런 현상은 예견된 것이었다. 신자유주의 시대에 고정된 가치는 아무 것도 없다. 경제적인 은유를 들자면, 금과 떨어져서 자유롭게 유영하게 된 화폐는 더 이상 태환화폐로 되돌아오지 않는다. 고정된 금본위제가 없다는 것은 고정된 가치, 실물경제와의 연결고리가 끊어졌음을 의미한다. 금본위제는 세상과의 탯줄이며 중력의 닻이다. 그것은 가부장제 사회에서 남근의 역할에 비견된다. 정신분석학은 남근을 모든 의미화체계의 핵심으로 삼기 때문이다. 금본위제에서 황금과 의미화체계에서의 남근은 안정된 가치를 부여하는 닻이다. 그래서 케인즈는 금본위제에 대한 집착은 종교나 섹스의 영역보다 더욱 침투하기 힘들다고 했다.

이제 금본위제는 사라졌다. 피렌찌와 같은 정신분석학적인 입장으로 보자면 황금에 대한 고집은 항문기에 집착하는 것이다. 황금, 동전, 아이, 대변은 서로 연결된다. 이런 미신적인 태도는 경제학자의 오류와 다르지 않다. 왜 화폐가 반드시 황금이어야 하는가? 무엇이든 (소금, 후추, 엽전) 가치의 상징이 될 수 있음에도 황금에 집착하는 미신적인 태도는 유아들이 대변에 집착하는 항문기 성격과 다르지 않다는 것이다. 근본적인 가치의 상징으로서 금본위제가 사라진 불환화폐시대에, 경제학자들에게 화폐는 순수한 숫자이자 기호이며 가상현실의 기표일 뿐이다. 이제 모든 가치는 탯줄을 끊고 유영하는 일시적 기표에 불과하다.

금본위의 고정된 가치가 사라진 것처럼 여성의 몸에 실린 모든 가치 또한 사라진다. 자궁에 잔뜩 실렸던 가치는 부하되고 자궁은 마음대로 떠돌면서 세계 어디로든 이동할 수 있게 된다. 수정란은 전 세계를 떠돌면서 이동하다가 자궁의 가격이 가장 저렴한 곳에 가서 착상하게 된다. 그야말로 자궁 이동설을 입증한 셈이다. 인도는 넘쳐나는 여성인구를 이용하여 대리모를 하나의 산업으로 만들고 있다. 한국여성의 자궁가격이 인도나 중국여성의 그것과 경쟁할 수 있을까? 아마 경쟁력만 있다면 이 정부는 성형의료산업의 고객을 유치하는 것처럼 자궁대여업을 합법화했을 것이다. 이윤을 남기는 것 이외에 어떤 윤리도 존재하지 않는 시대에 여성의 자궁을 파는 것을 누가 두려워하겠는가.

여기서 한 걸음 더 나아가 디지털 방식의 제품생산 비용이 비싸기 때문에 아날로그 방식의 생산이 유지되겠지만, 만약 디지털 방식의 단가가 낮아진다면 어떤 일이 일어날까? 올더스 헉슬리의 소설에서처럼 난태생이 추문인 시대가 도래하게 될지도 모른다. 이제 여성들은 불편하게 자기 자궁 속에 수정란을 착상시키는 원시적인 방식을 사용하지 않고 대리모의 자궁을 빌릴 수 있을 것이다. 아니면 마거릿 애트우드의 소설 『하녀_Maid_』에서처럼 극소수의 지배계급만이 난태생을 하고, 대다수 하층민은 일터에서 일을 해야 하므로 '구글 베이비'를 주문하게 될 것이다. 자본의 욕망이야말로 여성의 몸에 부착된 윤리도덕적인 가치를 해체시켜버렸다. 그것이 여성들에게는 끔찍한 자유일 수도 있고 생물학적인 결정론에서 벗어나는 해방일 수도 있다. '구글 베이비'처럼 정상가족이 신화임을 적나라하게 보여주는 것도 드물다. 그것은 한편으로 혁명이고 다른 한편으로는 지옥이다. 이제 여성들은 <마더>의 엄마와 그다지 멀지 않은 곳에 서 있다.

# 육체

연금술로 변신하는 몸

외모가 경쟁력인 시대에 외모지상주의에 대한 비판은 설득력을 상실하고 있다. 외모지상주의라고 비판하는 것들은 못생기고 가난(못생겼다는 사실 자체가 가난하고 착하지 못한)한 주제에 말만 많은 꼴불견 페미니스트로 취급받는다. 한국에서 여성운동은 주로 문화운동 중심의 소비자 운동이었다. 페미니스트 저널 『이프』는 문화운동의 일환으로 '안티미스코리아'를 외쳤다. 1999년에 처음 개최된 '안티미스코리아' 대회는 여성의 외모만을 미의 기준으로 삼던 기존의 미스코리아대회를 패러디하는 행사였다. 2010년에 이런 행사를 한다면 어떻게 될까? 몸을 스펙터클로 만들어 전시하고 소비하는 문화가 전 사회적으로 만연됨으로써, 이제 외모지상주의라는 용어는 비판으로서의 힘을 상실한 죽은 언어가 되었다.

몸과 관련한 성형의 문제는 더 이상 윤리의 문제도, 미학의 문제도 아닌 '돈'의 문제가 되었다. 의료적인 시술과 성형의 구분도 점점 애매해진다. 가브리엘 마르케스의 『백년의 고독』에 등장하는 집시인 멜키 아데스는 마꼰도 마을에 마치 마법사처럼 새로운 문물을 가져다주는 인물이다. 어느 해 그는 폭삭 늙은 채로 나타났다. 괴혈병으로 잇몸이 완전히 문드러져서 뺨은 홀쭉해지고 해골같이 늙은 모습이었다. 그런데 그 다음 해에 그는 마법을 부린 것처럼 젊은 모습으로 나타난다. 마꼰도 사람들은 집시의 초자연적인 능력의 결정적인 증거 앞에서 전율을 느낀다. 나중에 알고 보니 그가 부린 요술이 틀니였다. 틀니는 인간의 외모에 혁명적인 변화를 가져다주었다. 틀니는 성형과는 다르다고 하겠지만 성형과 정형과 의학적인 치료시술의 구분이 그다지 엄격한 것은 아니다. 외과적인 정형에다 미학적인 시술을 첨가하는 것이 성형이라고 한다면, 태어난 모습대로 살라고 하는 것이야말로 폭력적인 것이 된다.

몸으로 살아야 하는 인간으로서는 생로병사로부터 자유로워지는 것이 오랜 꿈이었다. 몸이 얼마든지 변형 가능한 것이라고 한다면 그것은 의료과학의 혁명이다. 그 중에서도 성형이라는 연금술을 통해 남자가 되고 싶은 여자 혹은 여자가 되고 싶은 남자의 경우도 있다. 모든 부위를 마음대로 바꿀 수 있다면 생식기는 왜 바꾸지 못하는가라는 의문이 뒤따르게 될 것이다. 하지만 다른 부위는 다 바꿔도 아직까지 생식기를 바꾸려는 욕망은 '제정신이 아니라'는 의학적 소견이 있어야 가능하다.

열등감을 느끼는 몸의 일부를 테크놀로지의 도움으로 변형시키는 것은 자존감을 고양시키는 것으로 간주될 수 있다. 문제는 아무리 고쳐도 열등감이 부착될 수 있는 부위는 끊임없이 만들어질 것이라는 점이다. 그렇다면 타인의 시선에서 벗어나 있는 자연적인 몸이 과연 있는 것일까? 문화가 자연으로서의 생물학적인 몸 상태를 왜곡시키는 것이라면 손을 많이 댈수록 예술적인 몸이 된다. 무목적의 목적을 성취한 몸은 노동에는 아무 짝에도 쓸모없는, 그래서 가장 예술적인 몸이 되는 것이다. 지금은 끔찍하고 잔인한 봉건유습으로 간주되는 전족은 중국에서 천 년이 넘도록 '연꽃 같은 발'로 최고의 미학적 대상이자 페티시였다. 일본의 분재가 자연에 문화를 가미하여 예술품이 되는 것처럼, 많은 여성들이 아직까지도 백마 탄 왕자를 만나겠다는 일념에 자발적으로 자기 몸을 분재하고 전족한다. 그들은 우리시대의 전족인 신데렐라의 유리 구두(170cm에 48kg, S라인에 맞춰 재단하는)에 자기 몸을 맞춘다. 각 시대가 만들어낸 미학적 대상으로서의 몸은 이처럼 기형과 도착과 예술의 경계가 모호하다.

이제 여자들만이 남성적 시선의 소비대상이라고 할 수는 없다. 남자들도 보디빌더와 같은 몸을 만들려고 안간힘을 쓴다. 근육 하나하나가 다 드러나는 보디빌더의 몸을 만들려면 체지방이 거의 0퍼센트가 되어야 한다. 체지방이 없으면 거식증자의 몸과 마찬가지로 살짝 부딪히기만 해도 시퍼렇게 멍이 들고 한여름에도 추위를 느낀다. 그럼에도 자신의 자유의지와 극기심으로 고통을 감수해야만 만들어지는 예술적인 몸에 대한 쾌감과 중독에서 벗어나기는 좀처럼 힘들다. 이처럼 몸을 중심으로 중독 권하는 사회에서 자기 몸과 어떤 대화가 가능할 수 있을지 한 번 살펴보자.

# 1. 프로젝트화 되는 몸

2004년 8월 24일 아테네 올림픽 여자 마라톤 대회가 있었다. 여성 마라토너들이 결승선을 향해 달려왔다. 극한의 고통을 견디는 선수들의 견인주의적인 몸은 그 자체가 감동이자 장관이었다. 단신인(150cm)

일본 여자선수 노구치가 결승선을 통과했다. 뒤따라 은데레바와 다른 선수들이 들어왔다. 고통과 환희가 뒤엉킨 얼굴로 그들은 두 팔을 높이 치켜들었다. 마지막 장면의 감동에 앞서 나의 시선이 엉뚱한 곳에 꽂혔다. 여자 선수들이 겨드랑이 털을 제모하지 않았다는 사실이 대단히 낯설게 느껴진 것이다. 당연히 있어야 할 곳에 있는 것이 왜 낯설게 보이는가? 한국사회에서 민소매 원피스, 탱크탑을 입은 젊은 여성이 지하철 손잡이를 잡고 있을 때, 스크린에 등장하는 여자 탤런트가 포토라인에 서서 손을 흔들 때에도 제모하지 않은 모습을 본 적이 거의 없었다는 사실이 새삼 떠올랐다. 요즘 세상에 인체의 털을 기능적인 측면으로 고려하는 여성들이 얼마나 있을까. 어쨌거나 그 감동적인 장면에서 '제모하지 않았네.'라는 생각이 먼저 스치고 지나간 나 자신이 민망했다.

이처럼 몸 이미지의 융단폭격을 받으며 사는 시대에 몸에 관한 '정치적 올바름'은 무엇인가? 몸에 대한 패러다임이 바뀐 시대에 단지 성형을 했느냐, 하지 않았느냐를 놓고 정치적 올바름을 운운하는 것은 의미가 없다. 설사 정치적으로 올바른 것이 무엇인지 알고 있다 하더라도, 의식적인 올바름과 무의식적 욕망 사이에 드러난 균열을 어떻게 할 것인가? 자연스러운 몸이라는 것이 도대체 무슨 의미일까? 제모하지 않고 화장하지 않은 채 공적인 자리에 등장하는 여성은 '예의'가 없을 뿐만 아니라 자기관리를 하지 않는 것으로 간주되는 시대다. 제모뿐만 아니라, 페디큐어를 하지 않고 여름 샌들을 신는 것도 예의가 아닌 시대로 접어들고 있다. 남성들도 예외는 아니다. 체모體毛가 없어야 체면이 서는 희한한 시대인 것이다.

몸에 대한 예의와 취향은 끊임없이 변하더라도 한 시기를 지배하는 기준과 유행은 있기 마련이다. 지금은 그런 유행 주기가 점점 짧아지고 있으며 그처럼 짧은 유행주기와 유통기간은 자본의 욕망과 결코 분리되지 않는다. 그렇다면 몸의 미학화 과정으로써 다이어트, 헬스, 화장, 미용, 패션 등에 저항하면서도 여성들의 자존감을 유지시킬 수 있는 방법은 무엇일까? 여성들의 자기 몸에 대한 '예의'와 문화적 취향에 대한 우리시대의 기준과 구별짓기는 어떻게 만들어지는가. 우리 시대의 사회문화적 담론은 몸의 털 하나까지 철저히 수치화하고 계량하여, 있어야 할 곳과 없어야 될 곳을 지정하고 훈육한다. 머리털은 없어지면 견딜 수 없고, 겨드랑이 털은 있으면 견딜 수 없다. 요즘은 남자도 가슴과 다리 등의 털을 제거한다. 털이 있으면 수영복이나 반바지를 입었을 때 지저분하다고 한다. 눈썹은 고르고 코털은 뽑고 치모는 정리한다. 사람들이 몸의 털을 전부 없애게 되면(겨드랑이 털을 영구적으로 제거하기 위해 아예 레이저 시술로 모공을 태워버린다), 그 다음의 유행은 털이 있어야 남자답고 멋지게 보인다는 유행을 만들어낼 것이다. 몸의 파편화와 분할은 고도로 치밀해진다. 8등신과 같은 황금비율은 언급할 필요조차 없다. 여성의 경우 키 170cm에 몸무게 48kg, 허벅지 둘레는 키의 1/3, 종아리 둘레는 키의 1/5, 팔뚝 둘레는 키의 1/6하는 식이다. S라인 몸매에 V라인 얼굴을 만들려고 결사적이다. 민소매를 입을 때 굵은 팔뚝은 치욕이고, 스키니진을 입으려면 두꺼운 허벅지는 굴욕이다. V형 턱 선을 만들기 위해서 치아는 뽑고 치열은 교정한다. 문자 그대로 뼈를 깎는 고통을 감수하더라도 V자형을 만든다. 그토록 타인의 시선을 의식하지만 인간은 자신의 얼굴을 볼 수 없다. 자신의 등 또한 볼 수 없음은 물론이다. 그런데 요즘은 등이 많이 드러나는 야회복이나 드레스를 입을 때를 대비하여 멋진 등근육을 만드는 것까지 신경을 쓴다. 여성의 표준 키에 맞추기 위해 키 작은 여자아이들은 성장판을 잡아당기는 시술을 받는다. 남자는 180cm가 아니면 루저라는 말이 공공연하게 등장한다. 표준체중에 맞추기 위해서는 다이어트, 헬스, 운동은 물론이고 위절제술, 지방흡입술도 마다하지 않는다. 많은 매체들이 그런 외과적인 수술을 하나의 이미지로 주저 없이 보여준다. 고객을 대하는 사원의 이미지 관리를 위해 회사가 성형 비용까지 책정해주는 '멋진' 곳도 있다. 여자친구를 데리고 가서 부위별 성형비용을 스스럼없이 뽑아보는 남자도 있다. 시청자들 역시 그런 이미지를 저항 없이 소비한다.

이런 현상 자체를 억압적이고 부정적인 것으로 볼 수만은 없는 시대가 되었다. 몸이 자존심이 되어버린 시대에 몸으로 인한 열등감을 해소하면 자존감이 저절로 높아질 수 있기 때문이다. 키가 작아서 열등감을 느끼는 사람은 이제 더 이상 생물학적인 한계를 운명으로 받아들이지 않아도 된다는 희소식을 듣게 된 것이다. 탈모를 견딜 수 없었던 사람에게 모발이식은 자신감을 회복시켜줄 수 있다. 몸을 자유자재로 변신할 수 있다는 것, 그것보다 더 큰 자유에의 환상이 있을까?

우리는 몸 자체를 '마음대로' 기획하는 시대에 살고 있다. 그만큼 몸에 대한 패러다임이 변화되었다. 몸 자체가 자연적, 생물학적, 아날로그적인 방식으로 간주되지 않는다는 말은 우리가 근대적이고 고전적인 의미에서의 몸 이미지를 간직하지 않게 되었다는 뜻이다. 고전적인 의미에서의 몸은 유기체적인 전체였다. 유기체적인 전체에서는 어느 하나를 건드리면 모든 균형과 질서와 조화가 무너진다. 이에 반해 이미지 시대에 몸은 파편화, 계량화, 표준화됨으로써 언제든지 다른 것으로 교환 가능해진다. 파편화된 몸은 다른 기계적 공정과 마찬가지로 필요에 따라 대체된다. 기계적 공정이자 옷을 갈아입듯이 나의 몸을 통제하고 교환할 수 있다고 믿도록 만드는 산업 중 하나가 뷰티산업이다.

## 2. 뷰티산업과 연출되는 몸

화장품, 다이어트, 네일아트, 미용문신, 피부미용관리 등을 통해 신체를 미학적으로 꾸미는 것을 목적으로 하는 산업을 소위 뷰티산업이라고 한다. 뷰티산업의 범위를 어디까지로 한정할 것인가를 논하는 것은 어렵지만, 외과적인 수술 등을 통하지 않고 몸을 미학적으로 바꿔내는 것이라고 볼 수 있다. 하지만 정형, 성형, 미용의 경계선은 대단히 모호하고 뷰티산업의 경계를 한정짓는다는 것 역시 힘든 일이다. 뷰티산업은 인공적인 과정을 통해 '자연'미인을 만드는 과정 전체를 의미한다고 하겠지만 이 글에서는 논의의 편의상 뷰티산업에 성형까지를 포함시키고자 한다.

뷰티산업이 이상으로 삼는 몸은 일단 마른 몸이다. 모든 것은 참아도 뚱뚱한 것은 견딜 수 없는 시대, 마른 것이 아름다운 것으로 등치되는 시대, '나는 뚱뚱해'가 '나는 게이야'라는 것처럼 자기 정체성의 선언이자 일종의 커밍아웃이 되는 시대에 여성들은 결사적으로 마른 몸 만들기에 몰두한다.

그렇다면 여성들이 도무지 완성에 이를 수 없을 것 같은 이상화된 몸을 목표로 삼고 그것에 도달하려는 지루한 마라톤 경주를 전개하는 이유는 무엇일까? 이미지 산업시대에 우리는 온통 거울(디카, 핸드폰)에 둘러싸인 나르시시즘 문화 속에서 살아간다. 이런 시대에 가장 가시적이고 직접적으로 보여줄 수 있는 자산은 몸이다. 사실 오랜 시간과 교육을 통해 축적될 수밖에 없는 지적자본, 상징자본, 문화자본과는 달리, 비교적 단기간에 만들어질 수 있을 뿐만 아니라 가시적인 효과가 두드러지는 것이 몸이다. 예를 들어 사회운동에 헌신하면서 사회를 변화시키려고 하는 좌파 여성활동가를 생각해보자. 몇 십 년에 걸쳐 운동을 했다지만 그 활동가가 사회정의 실현과 자기만족의 의미를 숫자로 환산하는 것은 불가능하다. 그와는 달리 개별차원에서 자신의 몸을 바꾸는 것은 자신에 대한 확실한 지배력과 권력을 행사하는 가장 구체적인 방식이 된다.

요즘 미드족(미국 드라마 폐인이라는 신조어)이 즐겨보는 케이블 TV 프로그램 중에 <최고의 루저The biggest Loser>가 있다. 이 프로그램의 명칭 자체가 대단히 양가적이다. 이 프로그램은 가장 살을 많이 뺀 사람을 승자로 선발한다. 말하자면 최고의 패자가 승자가 되는 셈이다. 체중계 위에 올라서는 순간 그 사람의 만족은 수치로 환산된다. 이 프로그램은 마른 몸이 이상인 시대에 비만은 곧 사회적 루저와 다르지 않다는 역설을 보여준다. 또한 '미운 오리 백조 되기'나 길거리 캐스팅을 통해 보여주는 비포/애프터 사진 등은 몸만들기가 눈 깜짝할 사이에 이뤄질 수 있다는 환상에 더욱 리얼리티를 부여한다. 리포터는 '세련되지' 못한 사람을 길거리에서 무작위로 캐스팅한 다음, 머리카락을 얼굴형에 맞춰 자르고, 촌스러운 스타일을 바꾼다. 머리카락을 염색하고, 피부에 맞는 화장과 명품 신발, 핸드백, 액세서리를 통해 갑자기 미운오리가 백조로 변신하는 것을 시청자들은 넋을 잃고 바라보게 된다. '아름답고 세련된 몸'이 이처럼 연출효과에 따라서 달라지는 것이라면, '나라고 전지현이 되지 못하란 법이 어디 있단 말인가'라는 욕망이 저절로 샘솟는다.

뷰티산업과 같은 이미지산업의 목표는 몸을 고부가가치 상품으로 전환하려는 것이다. 몸은 나르시시즘적인 자기탐닉의 원천이므로 이에 대한 자발적인 투자를 이끌어낼 수 있기 때문이다. 몸 자체가 언제나 이미 소비대상이며 최대한의 가치증식을 위한 관리대상이다. 우리의 몸은 더 이상 생물학적 유기체로 존재하지 않는다. 자연적인 몸은 이미 언제나 문화적인 몸과 다르지 않다. 몸은 사회적 교환체계이자 가치기호로서 유통되고 교환된다. 그러므로 기준에 부합하지 않는 몸은 의료가부장제의 관리대상이자 훈육대상이다. 이상적인 몸을 만들기 위해 각종 의료 서비스에 의존하고 몸의 기능을 업그레이드해 줄 것으로 보이는 상품에 의지하게 된다. 뷰티산업은 자본이 자신의 확대재생산을 위해 디자인한 미학적 몸과 여성들의 나르시시즘이 공모하는 지점에서 번창한다.

이와 동시에 테크놀로지의 발달로 인해 몸의 조형성이 극대화됨으로써 여성의 몸은 뷰티산업의 대상일 뿐만 아니라 몸 그 자체가 육체자본으로 기능한다. 모든 것을 스펙터클로 소비하게 될 때 변화의 효과가 가시화되고 극적으로 전시되는 공간이 몸이기 때문이다. 감춰진 실체, 본질 혹은 내면의 미덕 등과 같은 형이상학적인 것보다 연출되는 이미지가 상품이 됨에 따라 여성의 몸은 손쉽게 자본으로 전환될 수 있다. 교양과 문화적 취향 또한 가치 있는 몸을 만드는데 적극적으로 활용된다. 몸이 육체자본으로 기능하는 시대에 여성들은 하루에도 몇 번씩 거울과 저울 사이를 오간다. 체중계, 영상매체, 카메라 등의 발명품은 여성이 자기 몸을 점점 더 의식하도록 만든다. '자연적인' 몸은 교정되고 보철화된다. 패션, 화장, 장신구, 보디빌딩, 헬스, 웰빙 다이어트 등 인공적인 관리를 했을 때에만 결과적으로 고부가가치의 자연 미인이 만들어진다. 그래서 "미인은 태어나는 것이 아니라 만들어진다."는 것이 성형외과의 광고카피가 되고 있다. 이렇게 하여 여성운동 30년보다 30분의 헬스가 더욱 설득력을 갖는 허탈한 시대가 되었다. 이 말은 여성주의가 몸과 관련하여 설득력 있는 이론을 만들지 못하고 있다는 반성과 다르지 않다.

탈근대로 일컬어지는 우리시대 여성들의 삶은 근대에 비해 엄청나게 자유로워진 만큼 동시에 두려운 불확실성에 시달린다. 이런 불확실성의 시대에 자기 몸에 투자하는 것이야말로 확실한 투자라는 믿음이 팽배해 있다. 따라서 이런 형태의 몸만들기가 의료가부장제의 욕망에 종속된 것이자 타자의 욕망임을 지적한다고 해도 여성이 그런 욕망에서 자유롭기는 쉽지 않다. 오히려 기존의 가부장적 질서와 타협하는데서 얻어낼 수 있는 것이 더욱 많다고 생각하기 때문이다. 그런 타협의 한 형태가 자기 삶을 안정화시켜줄 수 있는 육체자본을 형성하는 것이다. 이런 육체자본의 형성이 계급, 젠더, 나이, 취향 등에 따라 다양하다는 것을 설명해준 이론가가 부르디외이다.

## 3. 육체자본과 취향의 계급화

피에르 부르디외는 '사회적 아비투스' 개념을 차용하여 몸의 계급화를 설명한다. 그는 현대사회에서 가치의 담지체인 몸에 관심을 둔다. 몸은 취향을 계발함으로써 형성된다. 취향이란 "물질적 제약에 근거한 생활양식을 개인들이 자발적인 선택이나 선호인 것처럼 받아들이는" 현상이다. 취향은 계급과 자원의 불평등으로 인해 부득이해진 선택을 불평 없이 받아들이도록 만드는 것이다. 부르디외는 "취향은 몸을 통해 드러나는 계급의 문화"라고 정의한다. 그에게 "취향은 생리적, 심리적으로 몸이 섭취하고 소화하며 흡수한 모든 것을 선택하고 조절함으로써 모든 형태의 통합을 관장하는 하나의 통합된 분류원칙"이다.

계급이 소멸되었다고 주장하는 탈근대사회에서 아이러니컬하게도 여성의 몸에는 계급의 지표가 잔뜩 실린다. 좌판에 앉아서 일하는 여성들은 허리둘레를 중심으로 몸의 형태가 만들어진다. 이정록의 시구처럼 어물전에 앉아 있는 여성들의 허리는 "세 바퀴 반 돌린 털목도리"

이자 "생선비늘 덕지덕지한 스펀지 파커들"이다. 밭고랑을 매는 농촌의 어머니는 전형적인 오리걸음이다.

도시에 살면서 헬스, 웰빙, 요가 등을 통해 관리된 몸과 그렇지 않고 방치된 몸은 육체자본에서 현저한 차이를 드러낸다. 이런 점에서 계급과 육체자본은 비례한다고 볼 수 있다. 노동계급 여성은 중산층 여성보다 교환가치가 상대적으로 떨어지는 육체를 지닌다. 노동계급이 육체자본을 다른 자원으로 전환하려면 높은 위험부담을 감당해야 한다. 혹은 빼어난 몸을 가진 도시빈민층 출신 여성이 신분질서를 교란할 정도의 야심을 갖게 되면 그 순간 그녀는 팜므파탈이 되어버린다.

육체자본의 순환주기는 다른 자본에 비해 상대적으로 더욱 짧다. 사회자본, 상징자본은 축적에 시간이 걸리는 만큼, 육체자본보다는 순환주기가 비교적 안정적이다. 육체자본에만 의존하는 경우, 그 자본이 바닥나면 쉽게 몰락할 수 있다. 요즘 상종가를 치고 있는 레이싱 모델에서부터 스포츠 선수에 이르기까지 그들이 육체자본만으로 그 직업을 유지할 수 있는 기간은 한정적이다. 미모와 몸을 바탕으로 하는 모델이나 연예인들의 경우도 마찬가지다. 빼어난 미모와 육체를 가진 연예인들이 그런 육체자본을 상실했을 경우 쉽게 상승했던 것만큼 쉽게 추락할 수 있다. 그 경우 다른 직종으로 이전하기가 더욱 어렵다. 얼굴이 알려졌다는 것이 다른 선택을 어렵게 하기 때문이다. 이처럼 다른 자본이 함께 받쳐주지 않는 한 육체자본은 대단히 취약한 자본이 된다.

또한 나이에 따라 여성의 몸은 각기 다른 육체자본을 갖게 된다. 여성이 젊음에 집착하는 것도 우리사회의 연령차별주의와 무관하지 않다. 테크노문화 시대에 몸은 젠더, 인종, 나이가 서로 충돌하고 긴장하는 전쟁터가 된다. 나이보다 젊어 보인다는 말이 나이든 여자에게 할 수 있는 유일한 칭찬이 되는 시대에 이르면, 모든 가치는 생산성과 젊음이 그 판단의 기준이 된다. 결사적으로 건강과 젊음을 유지하도록 만드는 사회에서 여성의 몸에는 엄청난 하중이 실리게 된다. 특히 여성은 시간의 딸들이다. 임신과 출산 과정에서 시간에 저항할 수 없는 몸을 가진 여성에게 있어 영원한 젊음을 보존하려는 노력은 언제나 패배하기 마련이다. 그럼에도 대중매체들은 여자 탤런트가 출산 후 1년도 채 되지 않아 날씬한 몸으로 되돌아온 모습을 보여주면서 '가정주부들이여, 푹 퍼지지 말고 이런 각고의 노력으로 사랑받는 아내가 되라.'고 끊임없이 부추긴다.

## 4. 몸 억압과 다양한 중독 전이현상

몸에 온갖 것을 투자할수록 몸은 엄청난 하중에 시달리게 된다. 아름다운 몸이 마른 몸으로 등치된 결과 여성이 쉽게 경험하는 것이 '거식'이다. 그것은 여성이 손쉽게 자기 욕망을 억제함으로써 사랑을 받으려는 한 방식이기도 하다. 황신혜를 칭찬하는 말은 사십대 중반의 나이에도 삼십대의 몸매를 가지고 있다는 것이 주된 이유다. 중년 여성들도 황신혜가 되기 위해 굶고 뛰면서 자신의 몸피를 줄인다. 자신의 몸피를 줄임으로써 '난 남성을 위협하지 않을 거예요.'라고 말하는 여성들의 의식, 무의식적인 몸의 언어가 거식이다. 권력, 돈, 지식, 능력, 사회적 지위 등 그 모든 것을 가지고 있더라도 사랑받는 여성만 하지 못하다는 것이 가부장적 사회의 신화다. 여자 나이 서른이면 눈먼 새도 돌아보지 않는다는 속담이 있다. 많은 여자들이 세월을 정지시켜 삼십대로 남고자 하는 걸 보면 오늘날에도 이 속담이 그냥 빈 말은 아닌 모양이다. 생물학적인 나이는 쉰이라도, 사회적 나이는 서른으로 유지하는 것이 요즘 여성들에게도 여전히 과업으로 남아있다.

몸을 소비하는 나이는 점점 더 어려져서 이제는 십대 아이돌로 내려간다. 소녀시대와 같은 온갖 걸 그룹의 전성시대가 된 것도 이런 현상과 무관하지 않다. 그들의 육체자본이 소비되는 주기는 급속하게 빨라진다. 이십대 후반만 되어도 이미 늙은이로 간주한다. 이런 현상은 소비능력이 있는 오빠들과 아줌마들의 욕망과 자본이 공모하기 때문이다. 오빠들은 소녀시대를 외치고 아줌마들은 꽃미남을 꿈꾼다. 십대들을 소비하는 어른들의 욕망은 원조교제나 다를 바가 없다. 미성년의 노동이 금지된 사회에서도 십대 아이돌은 초등학생 때부터 연습생이라는 신분으로 몸을 연출하는 연예산업에 종사하는 것이 허용된다.

우리시대 여성의 몸 억압 현상의 하나인 거식은 히스테리적인 증상으로 드러나는 경우가 허다하다. 거식증이 다양한 전환중독현상을 보인다는 점에서 그것은 일종의 전환 히스테리가 되기도 한다. 중독의 한 형태로서의 거식증은 음식(술 담배, 커피, 밥), 섹스, 쇼핑, 도벽 중독으로 변형되어 나타난다. 남자와의 강박증적인 관계, 쇼핑중독과 카드빚, 모든 종류의 이즘에의 심취 등은 내부의 허기와 공허, 굶주림을 채우기 위한 것이다. 이것은 여성이 날마다 연출하는 욕망과 공포의 드라마다. 거식증자는 식욕을 채우고 싶은 욕망과 식욕에 압사할 것 같은 공포 사이를 오간다.

신시내티 의과대학 연구팀의 조사에 따르면 3만 명의 여성들이 다른 목적을 성취하기보다는 체중감량을 하겠다고 말했다. 한국 여고생들 중 80퍼센트는 다이어트에 매달린 경험이 있다. 이 수치는 여성에게 식욕의 문제가 얼마나 힘든 것인지를 말해준다. 먹는 것이 늘어나면 자기존중감은 줄어든다. 이것은 반비례 공식이자 불안과 욕망의 공식이다. 굶주림에 대한 유혹은 초월적인 위안을 준다. 세속의 왕국으로부터 벗어나 더 높은 곳으로 날아오를 것 같은 평화로움까지 준다. 절식과 거식은 고통과 초조를 동반하고 사람을 히스테리컬하게 만든다. 단식을 해본 사람이라면 잘 알겠지만 온몸이 하나의 감각에만 집중된다. 물리적인 배고픔 상태에만 모든 신경이 바늘 끝처럼 집중된다. 그러다가 어느 순간 부풀어 올랐던 초조, 불안, 공포, 긴장이 풍선처럼 터지고, 그리고는 느닷없는 평화가 찾아온다. 거식증에 시달리는 사람의 마음 깊은 곳에는 뭐라고 표현하기 힘든 분노, 그 아래 좌절, 그 아래에 있는 허기 혹은 슬픔이 강물처럼 흐른다.

체중이 줄었다 늘었다를 널뛰듯이 오가는 요요현상에 시달리다가 술중독으로 전환되기도 하고 긴장을 못 견뎌 도벽으로 해소하기도 한다. 거식증은 끊임없이 변신하는 전환히스테리로 나타나기 때문이다. 어머니와 사이가 좋지 않았던 한 여성은 자기최면을 거는 주문을 외고, 수를 세고 마음을 가라앉힘으로써 어머니와 싸움 없이 주말을 보낼 수 있었다. 그녀는 성질이 폭발할 것 같을 때 마음속에서 끊임없이 수를 세면 진정할 수 있었다. 어머니와의 주말을 무사히 보낸 다음 공항으로 가던 중 그녀는 황급히 세븐 일레븐으로 뛰어 들어가서 아무렇지도 않게 에비앙 생수병을 훔쳐 나온다. 필요한 물품이 아니라 사소한 것을 훔친다. 화장품 진열 코너를 지나갈 때, 혹은 계산하기 위해 줄을 서서 기다리고 있을 때, 슬쩍 호주머니에 뭔가 집어넣고 싶은 충동을 느낀다. 혹은 자해를 하기도 한다. 아무렇지도 않게 자기 손목을 긋기도 한다.

고도 비만을 치료하기 위해 위우회술 gastric bypass을 한 사람은 나중에 대부분 중독 현상을 경험한다. 위우회술은 극단적인 비만을 치료하기 위한 방법으로 위를 최대한 99퍼센트까지 잘라내어 줄이는 수술이다. 수술 후 보통 체중이 40-45kg씩 줄어든다. 이 정도면 자기 몸에 합체된 다른 몸 하나가 충분히 빠져나가는 부피다. 이 수술을 받으면 위가 작아지므로 조금만 먹어도 포만감을 느껴 체중이 급격하게 줄어든다. 그런데 비만치료에 획기적인 것처럼 보이는 위우회술은 심각한 중독전이 현상을 초래한다. 중독전이란 한 가지 중독에서 다른 중독으로 모습을 바꾸면서 옮겨가는 것을 의미한다. 위우회술의 중독전이 증상 중 전형적인 것이 쇼핑중독, 성형중독, 우울증, 알코올중독, 도벽, 섹스중독 등이다. 위우회술을 받은 많은 여성들은 줄어든 위로 인해 포만감을 쉽게 느끼지만, 그들이 과도한 비만이 되기까지는 오랜 세월의 폭식의 경험과 상처의 기억이 있다. 우리 몸에 있었던 자극은 세포 하나하나가 기억한다. 우리의 내장 기관도 말하고 기억한다. 우리의 기억은 도서관에 먼지를 뒤집어쓰고 있는 책처럼 뇌의 어떤 부분에 저장되어 있는 고서가 아니다. 우리는 온몸으로 기억하는 존재다. 그래서 오랜 세월 몸이 기억하고 있는 음식의 맛과 저작의 추억을 급작스럽게 포기하면, 그런 허전함과 불만족은 다른 것으로 치환된다. 위우회술을 한 사람은 술을 마시면 순식간에 취하기도 하지만 순식간에 깨어나기도 한다. 술이 위에 머물 시간도 없이 곧장 통과하기 때문이다. 그러다보면 자신이 술을 얼마든지 마셔도 충분히 통제할 수 있다고 생각하게 된다. 게다가 무엇인가를 계속 먹고 마시던 기억으로부터 자유롭지 못한 그들로서는 한 병으로 시작한 술이 알코올 중독으로 쉽게 연결된다. 또한 비만으로 인해 남성의 시선을 받아본 적이 없었던 여성은 갑자기 자신에게 쏠리는 시선을 과시하려는, 또는 자신감을 보상하려는 심리로 섹스중독으로까지 치닫게 된다. 이런 중독증상은 위우회술을 한 사람의 의지박약으로 인한 문제가 아니다. 오래된 몸의 기억과 습관은 한순간의 시술로 제거되는 것이 아니기 때문이다. 그리고 그들이 비만에 이르기까지의 내력(어린 시절의 성적인 학대, 다양한 증상 등)은 치유되지 않았는데 위절제로 현상만 치료한다고 치료가 되는 것이 아니다. 영화화되기도 한 일본만화 『미녀는 괴로워』는 몸의 기억이 얼마나 집요한 것인지를 잘 보여준다. 『미녀는 괴로워』라는 일본 원작만화에서 뚱뚱한 그녀는 온몸을 성형하여 완벽한 실리콘 미녀가 된다. 완벽한 성형미인이 되지만 그녀는 뚱뚱했던 시절의 몸의 기억으로부터 자유롭지 못하다. 헬스클럽이나 카페에서 날씬한 몸을 가진 여성들은 전위에 서거나 바깥이 훤히 내다보이는 유리 창가에 앉는다. 이런 사회에서 예전의 그녀에게 해당되는 자리는 언제나 화장실 근처의 어두컴컴한 곳이었다. 오랜 세월 차별받았던 몸은 과거의 기억으로부터 풀려나지 못하고, 그래서 미녀가 된 다음에도 그녀는 구석자리를 찾다가 소스라치게 놀라면서 유리창가로 옮겨 앉는다.

몸의 억압으로 드러나는 또 다른 증상이 관계중독이다. 가부장제 사회에서 여성은 나보다 남을 배려하도록 교육받는다. 이러한 교육을 받은 여성은 관계중독(사랑 중독 혹은 로맨스 중독)에 빠져들기 쉽다. 사랑이라는 이름으로 남자(아들, 남편, 애인)에게 목매는 것을 감정적으로 상대에게 충실하고 성실한 것이라고 간주한다. 한 비만 여성은 "남편이 일찍 귀가하지 않아서 외로움을 느낀다면 바가지를 긁지 말고 초콜릿으로 달래라."고 어머니와 할머니가 어린 시절부터 귀가 따갑게 들려주었다고 털어놓았다. 그녀는 자기 엉덩이의 지방이 3대에 걸쳐 누적된 감정의 앙금이 뭉쳐진 것이라고 말했다.

이런 관계중독의 특징은 의존성이다. 여성은 남성의 경제력에 의존하는 대신 감정 서비스를 한다. 이런 감정 서비스가 대부분의 경우 사랑이라는 이름으로 이루어지고, 그것이 관계중독에 빠져들게 만든다. 여성이 주체적으로 창의력을 발휘하지 못하는 원인 가운데 하나는 사랑이라는 이름으로, 생존경쟁에 열중하는 사람들의 뒷바라지를 하는데 너무 많은 시간을 할애하기 때문이다. 관계중독은 의존성으로 인해 대인관계에서 해바라기를 하게 만든다. 해바라기를 하면할수록 상대방은 질려하고, 질려할수록 더욱 매달리게 되는 악순환이 계속된다. 결과적으로 여성은 상대의 관심을 끌기 위해 극단적 방식으로 증상(비만, 거식, 자해, 자살에 이르기까지)을 드러내기에 이른다.

관계중독과 감정노동은 서로 불가분의 관계에 있다. 이미지산업과 서비스산업이 중요시되는 사회 환경과 더불어 여성에게는 특히 감정노동의 강도가 높아지게 된다. 여성은 가정에서 특히 자녀에게 감정을 절제하고 분노를 억제하면서 미소 짓도록 훈육 받는다. 그래야만 아이에게 상처주지 않는 현명한 모성이 된다. 여성에게 요구되는 보살핌 노동은 구체적이고 사적인 공간에서 실행되는 경우가 많지만, 공적인 장에서도 여성은 주로 감정노동을 요구하는 서비스산업에 종사하는 경우가 많다. 이와 같은 여러 상황으로 인해 억압된 감정(그 중에서도 특히 분노)은 여성의 몸으로 표출된다. 분노, 외로움, 슬픔 등의 감정을 지나치게 억압하면 한꺼번에 터져 나오게 되고, 그것이 찻주전자 효과로 폭발하게 된다. 분노로 부글거리는 몸의 에너지는 마치 증기와 같아서 닫힌 주전자 속에서 부글거리다가 폭발하거나 자기 몸속에 앙금으로 가라앉게 된다. 이런 부정적인 감정의 억압은 신체증상으로 연결된다.

거울로 포위된 나르시시즘 사회에서 여성의 몸은 한 시대의 갈등과 상징과 욕망과 테크놀로지가 경합하는 장이다. 욕망이 투사된 이미지를 소비하는 여성의 몸은 다양한 형태의 중독을 권하는 가부장적 사회에 복종함으로써 보복한다. 그들은 살과의 전쟁으로 우울과 히스테리를 오가게 된다. 하지만 다이어트로 인한 만성체증, 우울증, 소화 장애, 식습관 장애, 거식증과 폭식증, 현기증, 불임, 만성피로, 성형중독, 히스테리 등 특히 여성에게 흔한 증상과 질병은 여성의 몸이 자신이 받은 억압과 고통을 드러내는 몸 언어인 것이다.

모든 것을 남김없이 전시하는 외설적인 시대에 이르러 우리 모두 서로가 서로를 소비하고 몸을 풍경으로 전시한다. 남자들은 소녀시대의 꿀벅지를 즐기고 여자들은 짐승돌의 초콜릿 복근을 핥는다. 타자의 욕망에 부응하려고 우리 모두 결사적이다. 힘들어 노력하지 않아도 식스팩을 수술로 만들어내고, 자연미인의 얼굴을 성형으로 모사할 수 있다. 돈만 있으면 유토피아인지도 모른다. 성형이 의료보험의 대상이 되어야 한다는 투쟁이 언젠가는 정치적인 의제가 될 수도 있다.

자본처럼 뛰어난 상상력과 미적 감각을 가진 것이 어디 있겠는가. 보톡스가 복어 알의 독성분이라는 것은 잘 알려진 사실이다. 주름을 없애고 팽팽한 피부를 만드는 가장 간단한 보톡스 주사는 얼굴 근육을 마비시켜놓는 것이다. 보톡스를 시작하면 무덤에 갈 때까지 그 길에서 벗어날 수 없다. 보톡스의 효과가 떨어지면 피부는 그 이전보다 형편없이 더욱 쳐지기 때문이다. 물론 여성이 무덤에 들어가기 전에도 화장하는 것을 생각하면 못할 것도 없다. 일단 그 회로에 끌려들어 가면 중독이 될 수밖에 없다. 온갖 중독을 권하는 시대에 이르러 몸의 혁명은 중독으로 마무리된다. 무덤에 이를 때까지 벗어나지 못하는 중독으로.


## 5. 자유로운 몸에 대한 상상

신화시대 웅녀는 여성이 되기 위해 동굴 속에서 쑥과 마늘을 먹으며 인내를 시험 당했다. 그런데 오늘날의 여성들 역시 웅녀처럼 인내하면서 자기 모습을 바꾸려 한다. 곰같이 무거운 몸이 아니라 나비처럼 가벼운 몸이기를 원한다.

몸과 외모가 전부인 것처럼 보이는 세상에서 여성의 몸은 시선의 폭력에 시달린다. 자기 몸을 전시하면서 전시된 자신의 몸을 스스로 바라보는 제3의 시선을 갖게 된다. 이 때 제3의 시선이라는 것은 자신과 자신의 몸을 분리시켜 무대화한 것에 대한 값비싼 비용을 치르는 것과 다르지 않다. 우리는 사회가 요구하는 몸을 최전방에 배치한다. 모공 하나에서부터 손톱 끝까지 관리되는 몸을 전시하는 무대 공간과 그런 몸의 억압이 풀려나는 뒷모습은 대단히 다를 수 있다. 집안에서는 몸의 긴장을 풀고 퍼져 있어도 상관없겠지만, 공적인 공간에서는 그런 이면의 몸짓을 억압하고 체면과 예의에 맞는 모습으로 자신을 연출해야 한다. 겉모습으로 연출되는 몸과 무대 바깥에서의 몸 사이에는 균열이 있다. 공식 석상에서는 우아하게 소식小食을 하면서도 한밤중에는 폭식을 할 수도 있다. 공적인 장에서는 활짝 웃으면서도 무대에서 내려오면 분노가 폭발하기도 한다. 이 사이의 거리가 클수록 봉합에 지불해야 할 비용도 커진다. 겉모습과 일치하지 않는 여러 자아와의 거리를 좁히려면 엄청난 비용이 지불될 수도 있다. 연출되는 몸이 지불해야 하는 섬뜩한 대가다. 이런 현상이야말로 거울문화에 포위된 몸이 경험하는 우울한 단면이다.

이런 상황 속에서 여성들의 자기 몸에 대한 관심과 투자는 자기 존재를 확인하기 위한 것일 수 있다. 그로 인해 미래의 행복과 건강이 보장받을 것으로 생각하기 때문이다. 하지만 이상화된 몸에 포로가 되어 자기 몸을 배려하지 않을 때 가장 친숙한 우리의 몸은 가장 낯선 방식으로 귀환할 수 있다. 그러므로 모든 것을 자본화하는 시대에 틈새를 낼 수 있는 공간으로서, 최전선에 서 있는 자기 몸을 배려하는 것이 급선무라 하겠다. 자기 몸을 배려한다는 것은 '이상화된 몸'에 맞추어 자기 몸을 실험하고 학대하고 통제하면서 자기 몸과 새도매저키즘적인 권력관계를 즐기는 것으로부터 벗어나야 한다는 의미다.

몸으로 기억하는 나의 서사는 나의 역사이자 전존재를 구성하는 것이다. 몸이라는 공간은 시간의 서사화 과정이기도 하다. 김기덕 감독의 영화 <시간>은 무엇보다 프로젝트화된 몸과 시간의 관계를 조명한 작품이다. <시간>에서 새희는 지우를 사랑하지만 시간이 흘러도 여전히 사랑의 감정이 지속될 수 있을 것인지 미덥지 못하다. 그리고 똑같은 얼굴을 지겹도록 보여주면 사랑의 권태가 찾아올 것이란 생각에 두려워한다. 사랑에서 치명적인 것은 경이감이 사라지고 권태가 찾아온다는 것이다. 시간은 모든 것을 삼키고 배신하는 것이므로 시간 앞에서 사랑이라고 하여 예외는 아니다. 그래서 새희는 6개월 후에 다시 만나자면서 홀연히 지우 앞에서 사라진다. 그리고 얼굴을 성형하고 세희로 나타난다. 새희는 세희의 과거지만 둘은 동일한 존재가 아니다. 시간 자체가 성형한 얼굴과 같은 것인지도 모른다. 과거의 기억을 지워버린 얼굴, 이야기가 없는 낯선 얼굴의 세희/새희를 지우는 떠난다. 비록 지루하고 싫증나서 헤어졌을지 모르지만, 지루함, 남루함까지도 함께 공유한 것이 시간의 이야기가 새겨진 얼굴일 것이다. 공유할 수 있는 이야기를 성형으로 잃어버린 연인은 더 이상 과거의 연인이 아니다. 영화는 두 사람이 처음 만났던 원점으로 되돌아오게 된다. 이 영화는 사랑의 기억과 몸으로 기억하는 시간에 관한 이야기이다. 이 영화는 몸으로 살아온 기억마저 바꿀 수 있는가를 묻고 있다.

　우리의 몸이 세포 하나, 숨결 하나로 이야기하는 것에 귀 기울이면서 사랑할 때, 몸을 변형시키려는 강제적인 노력으로부터 어느 정도 자유로워지지 않을까? '갈아엎어서' 과거를 지우는 백지상태의 젊음보다는 이야기가 있고 살아온 역사의 주름이 있는 몸을 사랑하는 것. 그럴 때 여자의 변신은 무죄이고 몸의 변신은 자유라고 항변하면서 '강제된 선택'을 권하는 자본에의 욕망에 완전히 포획되지 않을 수 있다.

죽기 전에 마지막으로 우리는 무슨 말을 할까를 상상해본다. '내가 다이어트와 몸만들기를 더욱 열심히 했더라면……' 하고 후회하게 될까? 만약 그렇지 않다면, 세월의 흔적이 새겨진 얼굴과 그 세월이 주는 사랑의 이야기를 받아들이는 것이 오랫동안 나와 함께 해준 내 몸에 대한 예의가 아닐까? 그것이 중독 권하는 사회에서 탈중독의 가능성을 열 수 있는 한 방법일 것이다.

2부

타자
완대 완대

주름 주름

문학 문학

유머 유머

일상 일상

채식 채식

# 타자

얼굴이 있는 풍경

## 1. 체면의 문화

명예와 명분을 중시했던 한국사회는 체면문화가 강한 사회였다. 체면을 구기고 얼굴에 먹칠하는 것을 굉장한 치욕으로 여겼다. 물론 그런 체면문화는 얼굴과 뒤통수가 서로 다른 이중적인 문화이자, 표리부동한 문화라고 비판받기도 했다. 한국사회의 체면문화는 인류학자인 에드워드 홀이 말하는 고맥락 사회high-context society를 형성했다. 개인보다는 그 개인이 속한 맥락과 관계망이 보다 중시되는 사회를 그는 고맥락 사회라고 일컫는다. 고맥락 사회는 구체적이고 명료한 언어로 표현되지 않는 비언어적 제스처와 암묵적인 코드가 많은 사회다. 암묵적인 몸짓으로 말하게 되면 그 집단이나 공동체에 속하지 않는 사람으로서는 이해하기가 쉽지 않다. 체면문화에서 몸짓언어는 공용어가 아니라 은어다. 한국사회는 공동체 의식이 강하다고 자랑하지만 그 말을 뒤집어보면 '우리'에 속하지 않는 사람에게는 배타적인 성향이 강하다는 말이 된다. 눈짓 하나로도 마음이 통하는 '우리사람'은 돌봐주지만 그렇지 않을 경우 패거리 문화의 배타성으로 나타날 수 있다. 공동체의 암묵적인 규범에서 벗어나면 내침을 당하고 그럴 경우 생존이 힘들어진다.

TV드라마 <선덕여왕>에서 미실(고현정 분)은 눈썹을 찡그리는 행동 하나로 수십 가지 의미를 전달한다. 그런 비언어적 제스처에서 아랫것들은 구태여 말로 표현하지 않아도 모시는 분의 심중을 읽어내야 한다. 이런 경우의 독심술은 오랜 신분질서에서 아랫것들이 목숨을 부지하는 방편이었고, 윗분들은 자신의 체면을 구기지 않고도 어떤 일을 도모할 수 있는 장치였다. 입으로 발설하기 차마 민망한 일이나 말로 뱉어놓으면 책임져야 하는 경우 무언의 몸짓으로 말하게 된다. 그래서 윗분은 아랫것들에게 "내가 꼭 말로 해야 자네는 알아듣는가"라고 호통을 친다. 그럼으로써 자신의 입과 손은 더럽히지 않을 수 있고 지저분한 일은 아랫것들이 알아서 처리하도록 만들었다.

우리사회는 느지막이 2000년대 초반까지도 '김심'을 들먹이면서 3김을 거론했다. 김대중, 김영삼, 김종필의 마음이 '김심'이었다. 보수 언론들은 무협지의 언어를 사용했다. 그런 점에서 20세기에 살면서도 우리는 미실이 통치하는 신라시대를 반복하면서 살았다. 3김의 마음의 행방을 읽어내는 가신들은 충성스런 집사들이었다. 김대중 전 대통령의 김심을 읽어냈던 현 박지원 민주당 의원처럼, 이들의 관계는 주군과 가신이라는 봉건윤리에서 그다지 벗어나지 않았다. 주군을 대신해서 감방행도 마다하지 않는 군신유의는 지하조직의 의리와 충성의 문화와 그다지 다르지 않았다. 그것이 명분이 지배했던 시절의 정치문법이고 계보정치의 윤리였다. 주군의 기침소리, 안색, 찡그린 눈썹, 감은 눈, 손짓, 뒷짐 등 하나하나가 무언의 의미를 전달한다. 그런 주군의 심중을 헤아리는 것은 정치적인 집사들의 충성도를 재는 지수가 될 수 있었다.

그렇다고 체면문화가 오로지 부정적인 것만은 아니다. 체면은 전통적인 사회에서 공동체를 유지하는 관행이었다. 체면은 공동체의 시선을 의식한 것이기도 했다. 가진 것이 없더라도 허세를 부렸고 그런 허세가 남들과 나누는 관행이었다. 나는 굶어도 손님은 극진히 대접했고, 흉년이 들면 곳간을 헐어야 양반의 체면이 섰다. 그것은 공동체를 장기 지속적으로 착취하고 유지하기 위해서라도 필요한 조치였다. 염치와 체면마저 실종되어 노골적인 민낯의 욕망을 들이미는 신자유주의 시대에 이르면, 차라리 체면의 문화가 어느 정도 공동체 의식을 유지하는 장치였다는 생각이 새삼스럽게 든다. 모스처럼 이야기 하면, 전통적인 유교사회에서 일종의 선물, 증여, 시혜가 작동할 수 있었던 것은 공동체의 시선을 의식했기 때문이다.[1]

3김과 같은 계보정치의 보스들이 보여주었던 체면이라는 정치적 분장이 완전히 사라진 시대가 MB정부 시대이다. 그렇다고 이 정부가 대단히 합리적인 공식 언어로 말하는 저맥락 low-context-society 사회라는 말은 아니다. 체면같이 거추장스러운 가면을 벗었다는 점에서 염치불구의 정부라는 의미이다. MB정부는 민낯의 욕망을 날 것으로 드러낸다는 점에서, 쳐다보는 사람의 시선을 민망하게 만든다. MB정부의 청문회를 보면 이 정부의 공직에 등용되는 사람들은 자신이 왜 부패했다는 것인지, 왜 법을 어겼다는 것인지 도무지 이해하지 못하겠다는 표정이다. 2009년 7월 노무현 전 대통령의 자살 직후 천성관 검찰총장 내정자는 포괄적 뇌물수수 등을 국회청문회에서 지적받았지만 자신이 불법을 저질렀다는 의식이 전혀 없었다. 범법자가 범죄를 다스리는 검찰총수로 거명되는 희한한 나라다. 기업과 결탁하여 공공연하게 뒷돈을 받았다면 그것은 기업을 당신의 스폰서로 삼은 것이라고 지적해도, 검찰

총장 내정자는 그 말을 이해하지 못해 눈만 멀뚱거리고 있었다. 스폰서 문화가 혐오스러워서 여배우 장자연은 자살을 한 것으로 알려졌지만, 그녀로부터 성상납을 받았다는 기업가, 언론사 사주, 정치가에게 이런 일은 관행이고 재수가 나빠 걸려들었다고 생각하거나 아예 정치적 박해라고 둘러댄다. 이들에게 부패는 관행이며 능력이기 때문이다.

우리사회는 부패에 관대한 사회다. 털어서 먼지 안 나는 사람 없다는 속담처럼 엄격한 법질서에 의존하기보다는 공동체의 인지상정의 정서에 따라 법의 잠재성을 유연하게 적용하는 전통이 있었고, 그런 문화로부터 대부분의 사람들이 자유롭지 못하기 때문이다. 그런 점을 감안한다 하더라도 뇌물과 선물의 구분이 없고, 부패의 기억도 반성의 주름도 없는 지배계급의 팽팽하고 뻔뻔한 얼굴을 쳐다보고 있노라면, 명예와 명분이라는 체면치레나마 해주었으면 하고 바랄 지경이 된다. 삶의 가치를 오로지 돈으로 계산하게 만든 정치적 장본인들이, 경제위기만 되면 국민들에게 허리띠를 졸라매고, 대를 위해 소를 희생하라고 위협한다. 그렇지 않으면 기업이 먹여살려줄 수 없다고 협박한다. 정부는 경제위기 상황마다 국민의 세금으로 공적자금을 퍼부어주고, 기업은 자신들이 담당해야 할 비용을 사회비용으로 떠넘기면서도 지상의 가난한 자들에게 '정직하라'고 훈계한다. 그들은 주기적인 경제위기가 예외적인 상황이 아니라 정치권과 기업들이 만들어내는 정상적인 규칙이자 상시적인 구조이며 자본주의의 내재적인 동력이라는 것을 알면서도 마치 금시초문이라는 얼굴을 하고 있다.

2010년 한국사회는 아예 70·80년대로 퇴행하는 분위기다. 청탁을 받지 않는 청렴한 사회를 만들자는 공익광고가 TV에 다시 등장한다. 대한뉴스 시절을 떠올리지 않을 수 없다. 그런데 이것은 '만들자'라는 청유형으로 말할 문장이 아니다. 그것은 청탁을 하고, 받을 수 있는 위치에 있는 사람들에게나 해당되는 것이기 때문이다. 청유형으로 말함으로써 전국민을 부패와 공모하는 뻔뻔한 얼굴로 만들어버리는 것이야말로 미디어의 폭력이다.

미디어가 스펙터클을 전유하는 방식은 과히 외설적이다. 공중파는 오직 국가의 언어만을 되풀이하고 있다. 2010년 벤쿠버에서 열린 동계올림픽에서 한국의 G세대(글로벌 세대)가 이뤄낸 성과는 눈부시다. 한국선수들은 경이롭게도 스피드, 피겨, 쇼트 그랜드 슬램을 달성했다. 한국처럼 척박한 토양에서 그런 성과를 올렸으니 민족적 자긍심으로 어깨가 으쓱할만하다. 하지만 미디어는 스펙터클을 정치적으로 배치하고 국가의 언어로 동원한다. 요즘 금메달을 딴 스포츠 선수들은 예전처럼 혹독한 훈련과 정신력으로 다그치는 코치와 감독이 있어서 연습하는 것이 아니다. 그들은 스스로 책임지고 즐기면서 운동한다. 그들은 누가 시켜서 연습하는 것이 아니다. 자기의 목표와 꿈이 있고 그리고 무엇이든 좋아서 하는 것이 G세대들의 특징이다. 그러니 이들을 보라, 얼마나 기특한가. 모든 것은 자기하기 나름이고, 자기 탓이고, 자기 책임이다. 정부는 이렇게 훌륭한 세대들이 있으니 불평하지 말고 전국민은 행복하라고 개그한다. 금메달을 딴 스포츠선수들처럼 자기하기에 따라 군대도 면제받고, 포상금도 받고, 명예도 얻는 일거삼득이라고 미디어들은 일제히 훈계한다. 한국의 얼굴을 빛낸 자에게 군대를 면제해준다면 군대 가는 사람들은 한국의 얼굴에 먹칠을 한 자들이라는 논리인가?

## 2. 이야기로서의 얼굴

그렇다면 봉건적인 체면의 문화가 아닌 근대적인 얼굴의 풍경이 있는가. 있다면 어떻게 다른가? 나 자신이 내 얼굴을 직접 볼 수 없다면 얼굴과 관련하여 나의 얼굴을 비쳐주는 남의 얼굴과 우리는 어떤 관계에 있는가? 유교철학에서의 체면과는 전혀 다른 얼굴의 철학이 있는가. 우리는 타인의 얼굴과 어떻게 만나게 되는가? 네 이웃을 네 몸과 같이 사랑하라는 명령은 네 이웃의 체면을 구기지 말고 네 이웃을 오점이자 얼룩으로 만들어 모멸하거나 죽이지 말라는 명령과 다르지 않다. 그런 맥락에서 서구적인 얼굴의 철학을 거론한 사람이 레비나스다.

얼굴의 철학자 레비나스에게 타자의 얼굴과의 만남은 계시이고 일대 사건이다. 얼굴과의 만남은 절대적 경험이자 계시라고 말하는 것에서 보다시피, 레비나스는 얼굴의 철학을 신학의 경지로 끌어들인 것처럼 보인다. 포스트모던, 포스트식민, 온갖 '포스트' 시대인 지금, 레비나스의 얼굴의 철학이 중요해진 것은 단지 이미지 시대, 스펙터클 시대여서가 아니다. 축적된 자본으로서의 얼굴이 아니라 담론으로서의 얼굴을 거론하기 때문이고, 그의 얼굴의 철학으로 인해 서구에서는 적어도 2천년 동안 유지되었던 주체 중심의 철학에서부터 타자의 윤리로 나가는 한 통로가 열렸기 때문이다.

레비나스에 의하면 사물 혹은 자연을 도구로 사용하는 인간은 근본적으로 염려하는 존재다. 자원이 한정되어 있으므로 그것을 자신의 용도에 맞게 제작하고 도구화하려는 인간은 염려하지 않을 수 없다. 염려하는 존재에게 세계는 삶의 수단에 지나지 않고 이성은 도구적 합리성에 불과해진다. 하지만 함께 즐기고 누리는 향유jouissance의 시각으로 볼 때, 세계는 그 자체로 존재한다. 향유는 세계 내 존재의 근원적인 존재 방식이다. 모든 것이 충족되는 아이의 상태처럼 그것은 원초적인 상태다. 먹고, 일하고, 놀고, 잠자고, 산책할 때, 하늘과 구름과 산과 들은 그 자체로 만족과 즐거움을 준다. 우리가 먹는 것이 곧 '나'이고 '나'

를 에워싼 삼라만상elements으로 인해 '나'는 '나' 자신으로 존재한다.

하지만 자연 혹은 삼라만상을 향유하고만 있을 수도 없고 자연이 항상 평화스러운 것만도 아니다. 자연과 분리되면 스스로 일하지 않을 수 없고, 일은 세계를 인식하는 수단이 된다. 일과 노동은 다른 사물과 다른 존재의 의식을 자기에게로 환원하게 만든다. 인간이 주체로 탄생하게 되는 것은 노동을 통해 주변의 사물(혹은 타자)을 인식의 대상으로 삼아서 객관화하는데서 비롯된다. 그러므로 사물의 세계와의 거리 유지와 분리가 주체의 탄생과정일 텐데, 일차적으로 주체가 되려면 '얼굴 없는 신'들의 어둡고 공포스러운 세계 혹은 자연과 모성의 세계와 분리되어야 한다. 더 이상 어머니의 세계와 합일을 즐기고 향유할 수 없고 그로부터 분리됨으로써, 노동하는 인간은 끊임없이 불안하고 염려에 시달린다.

타인은 '얼굴 없는 신'들과는 달리 얼굴로 나타난다. 혹은 비가시적인 신들이 타자의 얼굴을 하고 나타나는 것일 수도 있다. 그래서 레비나스가 말하는 얼굴은 사물과 다르고 '거울'과도 다르다. 사물은 호소하지 않고 스스로를 표현하지도 않는다면 얼굴은 이야기를 가지고 있다. 얼굴은 명령한다. 얼굴은 한 존재가 세계와 접촉하는 방식이다. 얼굴은 타인의 절대적인 무기력과 주인됨을 동시에 계시한다. 어머니가 아이를 돌보는 것은 아이의 절대적 무기력 때문이다. 그로 인해 아이는 주인으로 섬김을 받아야 한다. 그래서 얼굴은 '직설법이 아니라 명령법'이 된다. "타자는 타자로서 높음과 비천함의 차원에 스스로 처해 있다."[2] 타자는 가난한 자와 나그네, 과부와 고아의 얼굴이다.

타자 중에서도 타자는 아마도 개처럼 취급받는 이방여자일 것이다. 『마가복음』(7: 26-27)에는 예수에게 귀신들린 딸아이를 데려와서 치료해달라고 하소연하는 이방여인이 등장한다. 여자는 자기 딸에게서 마귀를 쫓아달라고 간청했다. 그러나 예수는 "자녀의 떡을 취하여 개들에게 던짐이 마땅치 아니하도다."라고 대답한다. 그러자 이방여인은 "상 아래 개들도 아이들이 먹던 부스러기를 먹나이다."하고 결연히 대답한다. 이방여인의 결연한 비유가 아니었더라면 개=이방여인=이교도인 그녀의 딸이 치료를 받았을 가능성은 없었을 것이다. 내 종교, 내 자녀가 아닌 무리는 '어디서 굴러온 뼈다귀'로 취급당한다. 그것이 타자의 위치다. 하지만 목소리와 얼굴을 가진 이방여인은 '나'의 자유를 정당화하라고 요구하는 주인의 얼굴을 동시에 하고 있다. 이처럼 가장 낮은 것과 가장 높은 것, 가장 영광스럽고도 가장 무력한 것, 가장 수치스럽고도 가장 신성한 것, 이런 동시적인 것이 타자다.

우리는 일평생 자신의 쓸쓸하고 허약한 등은커녕 자신의 얼굴조차 볼 수 없다. 주체는 얼굴을 통해 말하는 목소리는 더더욱 들을 수 없다. 얼굴은 인간의 고통, 삶의 불확실함과 언제나 가까이 있다. 따라서 레비나스가 말하는 얼굴은 주체에게로 '동일시'되거나 혹은 주체의 성찰을 위해 소비되는 얼굴이 아니다. 『뉴욕 타임스』는 해방군으로서의 미군에 대한 감사의 표시로 부르카를 벗고 웃고 있는 아프가니스탄 여성들의 사진을 배치한 적이 있다.[3] 그들의 얼굴은 카메라를 들이댄 주체의 연민과 만족을 위해 소비된다. 카메라의 주체는 자기 성찰과 만족을 위해 타자를 자신과 동일시함으로써 타자의 얼굴을 성공적으로 삭제해버린다. 주체는 그들의 삶에서 연민을 느끼는 자기 본위의 휴머니즘에 만족하면서 또 다른 애도의 대상으로 나아간다. 이처럼 부르카를 벗은 아프가니스탄 소녀들은 미국이 수출한 민주주의의 성공적인 전시품이다. 아프가니스탄 사람들에게 "여성의 부르카는 겸양과 자부심의 실천, 수치에 대한 보호, 베일로서의 부르카 뒤에서 또는 부르카를 통해서 여성행위주체성이 작동할 수 있고 또 실제로도 작동하고"[4]

있다는 사실은 지워져버리고 그들의 얼굴풍경은 구겨지게 된다.

타자의 얼굴은 인간화되어 주체와 동일시되는 것이 아니다. 타자의 얼굴이 꼭 인간의 얼굴이어야 하는 것은 아니다. 이방여인의 일화에서 보다시피 타자의 얼굴은 상 밑에 엎드려 있는 개의 얼굴을 할 수도 있다. 영어에서 신god을 뒤집으면 개dog가 된다. 에란 리클리스 감독의 <레몬 트리>에서 팔레스타인 여인 살마는 레몬 농장을 꾸리면서 살아간다. 그녀의 농장은 이스라엘과 팔레스타인의 접경지대에 위치해 있다. 그녀의 어린 시절부터 농장 일을 해주며 늙어가는 동네 할아버지의 도움으로 살마는 레몬 농장을 비옥하게 가꾼다. 그런데 이스라엘 국방장관 부부가 살마의 이웃에 이사를 온다. 며칠 뒤 그녀에게는 장관 부부의 안전을 위해 레몬 농장을 없애야 한다는 일방적인 통지서가 날아든다. 그녀에게 레몬나무는 한 그루 한 그루가 함부로 베어낼 수 없는 소중한 존재다. 레비나스 식으로 말하자면 살마에게 레몬 나무는 그녀의 삶 전체이자 아버지의 기억과 어린 시절의 추억을 간직하고 있다는 점에서 이야기가 있고 얼굴을 가진 존재다.

사회는 끊임없이 타자의 얼굴을 지우려고 한다. 타자를 타자로 간주하는 것이 아니라 주체의 입장에서 언제라도 나와 동일한 것으로 환원하려는 철학이 다름 아닌 동일성의 철학이다. 서구의 주체가 자신을 인식하는 과정은 평면적인 거울의 은유라고 볼 수 있다. 거울은 내게서 투사된 자기의식을 '대칭적으로' 반사하여 나에게로 다시 현상하도록 해주는 도구에 불과하다. 이렇게 되면 나에게서 빠져나간 의식은 타자를 만나도 전혀 훼손되지 않고 그대로 귀환한다. 즉, 타자를 삭제함으로써 자기동일적인 의식으로 환원된다. 이러한 이유로 서구적인 주체가 자기동일성을 확보하는 과정이 폭력적이라고 비판받는 것이다.

그렇다면 타자의 타자성은 어떻게 상정해야 할 것인가? 주체가 타자와 대면하면서 필연적으로 나올 수밖에 없는 이 물음이야말로 레비나스의 윤리학을 관통하는 질문이 된다. 타자의 발명은 주체성을 위한 필연적인 조건이다. 타자는 사회세계 속에서 다른 사람들과 주체가 관계맺는 것이 가능하도록 해준다. 윤리학은 한 존재와 다른 존재가 협상을 위해 요구되는 결과다. 그렇다면 자기동일적인 것이 아닌 타자성의 모델을 어떻게 찾을 수 있을 것인가? 레비나스의 반휴머니즘적인 타자의 윤리학에 의하면, 인간은 윤리적인 행위자 혹은 세계에 의미를 부여하는 주체가 아니라 오히려 사회에 의해 만들어지는 산물이다.

레비나스에게 타자성은 (1)외부성이다. 외부성은 주체가 예견할 수 없고 주체로부터 분리된 것이다. 이 때 타자는 주체에게 경이와 놀라움으로 가득 채워지는 존재이다. (2)타자성은 잉여의 공간이다. 주체가 자신에게로 동화시키거나 소화시켜낼 수 없고 흡수할 수 없는 어떤 것이다. 주체가 먹어서 흡수하고 완전히 소화시킬 수 없는 것이므로 토해 낼 수밖에 없다. 구토를 유발하는 어떤 것, 낯선 것이다. 이 때 타자는 독자성을 가진 존재로서 주체의 갈망이나 소망에 저항하는 존재다. (3)타자성은 무한한 범주다. 무한하다는 것은 주체가 그것에 부과하려는 모든 경계, 국경선, 제약, 한계를 벗어난다는 의미다. (4)타자성은 행위이다. 주체가 수동적으로 주어진 위치에 처해 있는 반면 타자성은 행위이다. 죽음 앞에서 주체는 수동성을 경험한다. 죽음은 본질적으로 알 수 없는 신비이며 절대적 타자성으로 주체를 지배하는 미래다. 하지만 타자는 죽음과 달리 상처받는 무기력으로 인해 주체의 섬김을 받아야 한다. 타자를 보살필 때 타자에 대한 사랑과 함께 죽음에 대한 불안이 사라질 수 있다. 타자를 환대할 때 주체는 나에게로부터 타인의 미래로 중심이 옮겨가게 된다. 이렇게 본다면 오히려 타자가 주체의 행동을 주도하는 자가 된다.

레비나스에게 성적인 만남은 육체적인 애무의 형태가 아니라 얼굴과의 만남이다. 얼굴은 타자의 타자성이 주체를 드러내는 공간이다. 주체와 타자 사이의 접촉은 차이를 암시한다. 레비나스에게 만남은 차이를 인정하는 것이며 주체가 공손하게 타자의 주장에 자신을 여는 것이다. 그에게 성적인 만남은 사르트르식의 새도-매저키즘적인 관계가 아니다. 사르트르의 『존재와 무』에서 눈부신 대목인 성애적 관계는 의식주체가 끊임없이 자신의 의식을 유지하기 위해 타자를 전유하는 폭력적인 관계로 그려진다. 사르트르에게 성애적인 관계는 의식주체가 세계를 삼키는 일종의 카니발리즘이다. 레비나스의 성적인 만남은 사르트르처럼 주체가 타자를 정복하거나 혹은 헤겔처럼 보편성 속에 타자의 타자성을 포괄시키는 변증법적 종합으로 나아가는 관계가 아니다. 레비나스에게 육체적인 애무는 연인들 사이에 성적인 교환을 가능하게 해주는 것이되 자신들의 차이와 한계, 특수성을 인정하는 것이다. 성적인 만남은 상호존중과 자율성을 서로에게서 포착하는 것이다.

레비나스는 타자에 대한 윤리적인 반응을 포로와 모성에서 찾는다. 그의 이론으로 볼 때 당연한 논리적 귀결이다. 포로captive의 입장에 자신을 세우는 것보다 더 타자의 관점에 설 수는 없을 것이다. 자신의 목숨을 남에게 맡기고 있다는 점에서 절대적으로 무기력한 존재가 포로다. 타자의 요청에 윤리적으로 반응한다는 것은 타자의 위치에 자신을 두는 것이다. 포로가 타자의 요청에 부응해야 하는 극단의 윤리적 반응이라면, 이것은 일상생활에서 바로 모성으로 연결된다. 모성은 타자의 요청과 요구에 모든 것을 제공해야하는 부담을 안고 있다.

레비나스의 타자개념은 지독히 유럽중심적이고 유대교적이다. 타자의 얼굴을 나그네, 고아, 과부에서 찾는 것이야말로 유대-기독교적인 전통이다. 게다가 타자를 볼모잡힌 모성으로 거론하는 것은 진부하기까지 하다. 그렇다면 타인을 볼모로 삼는 폭력적인 주체가 타자와 어떻게 평화롭게 조우하게 되는가? 그것은 결단에 의해서만 가능한가? 사회적 결단이 아니라 주체의 사이키에 각인되는 타자성은 어떻게 포착할 수 있는가?

레비나스는 정신분석학을 어떻게 생각하느냐는 질문에 '포르노그래피'라고 대답할 정도로 정신분석학 담론을 농담으로 취급한다. 정신분석학이 정치적인 것을 개인의 사이키로 환원함으로써 탈정치화하는 수상쩍은 담론이자 내밀한 영혼의 소리를 고백하라고 강제한다는 점에서 외설적일 수 있다. 반면 정신분석학의 관점에서 보면 레비나스의 타자 이론은 매저키즘의 윤리경제라는 혐의를 둘 수 있다. 절대적인 타자로서의 죽음 앞에서 절대적으로 무기력하고 비굴해지는 주체야말로 포로수용소에서의 유태인들의 모습이지 않은가.

줄리아 크리스테바는 『공포의 권력』에서 정신분석학적인 통찰에 바탕하여 타자를 비체abject로 연결시킨다. 비체는 주체가 견딜 수 없어서 바깥으로 솎아내려는 어떤 것이다. 그것은 젖, 눈물, 콧물, 고름, 똥과 같이 주체 안에 있다가 바깥으로 축출되는 것이다. 주체는 이들을 바깥으로 쫓아내야만 '나'라는 단단한 자신의 경계를 세울 수 있다. 자아와 타자가 미분화된 상태에서 '나'는 주체로 형성될 수 없다. 크리스테바에 의하면 주체는 자기 안에 있는 것을 바깥으로 축출한 다음 그것을 비천한 것으로 만들어 타자화한다. 그래야만 주체의 나르시시즘이 위협받지 않기 때문이다.

이렇게 보면 아이에게 원초적인 타자는 다름 아닌 어머니의 몸이다. 어머니의 몸을 비체화한 후에도 아이는 어머니와 분리 이전의 상상적 통합 상태를 결코 잊지 못한다. 그래서 배제된 '비체'는 언제든 돌아올 틈을 노린다. 그렇다면 '비체'는 주체가 상징질서에 진입하기 위해 어머니에게서 분리시켜야 하는 것이지만 언제든지 주체에게 되돌아오려는 공포스러운 힘이라고 할 수 있다. 따라서 '비체'는 타자와 구분되는 자아를 만들어내는데 필요한 자아의 수호자이자 동시에 파괴자이다. 이런 이중적인 비체의 특성을 크리스테바는 시적인 표현을 동원하여 "망각과 천둥의 시간"이자 "계시의 순간"[5]이라고 말한다.

비체로서의 타자는 '나는 누구인가'를 묻는 자들이 아니라 '나는 어디에 있는가?'를 끊임없이 자문하는 스스로에게 낯선 타자들이다. 이들은 끝없는 밤의 끝자락을 잡고 어둠 속에서 방황하는 나그네들이다. 억압된 것의 귀환과 마찬가지로, 비체로서의 타자는 주체가 억압하려 해도 어김없이 되돌아온다. 유령으로, 죽음으로, 친숙하지만 낯선 얼굴로, 사랑의 대상이었지만 남루한 혐오의 존재로. 크리스테바에 따르면 정신분석학의 윤리는 다름 아닌 타자에 대한 사랑을 의미한다.

크리스테바의 낯선 타자로서의 비체개념을 국가적 비체로 연결시켜서 분석한 사람이 노르마 클레어 모루찌Norma Claire Moruzzi이다.[6] 1989년 프랑스에서 세 명의 아랍 소녀가 히잡을 쓰고 등교했다. 그들은 학교로부터 등교를 거부당했다. 이 사건은 종교, 국가권위, 세속주의와 맞물려 일파만파로 퍼져나갔다. 이것이 일명 "스카프 사건"이다. 1989년 늦가을과 겨울 동안 프랑스 정치가와 지식인, 좌파, 우파 할 것 없이 이 사건을 두고 열띤 논쟁을 벌였다. 종교적인 색채를 가시화하는 히잡을 두른 채 등교하는 것은 세속주의국가인 프랑스의 교육정책에 도전하는 것으로 간주되었다. 교육부 장관은 히잡과 상관없이 이들을 학교에서 받아들여야 한다고 지시했다. 프랑스 지식인들은 이런 지시야말로 종교적 근본주의에 국가가 굴복하는 것이며 프랑스의 정치적, 문화적 정체성에 대한 배반이라고 보았다. 크리스테바는 이 문제를 두고 휴머니즘의 입장에서 국가의 합리적 결정에 찬성한다는 입장을 표명했다. 클레어 모루찌는 "이 문제에 대해 휴머니즘의 관용과 정부의 동화 정책에 기댈 정도로 나이브하다."며 크레스테바에게 실망하고, 『공포의 권력』에서 셀린느를 비체로 분석하던 급진적 크리스테바는 어디로 갔는가라고 통탄한다.

국가적 정체성의 제도화는 외국인의 위상에 대한 제도화를 동반한다. 보편인권/시민권 사이의 갈등은 프랑스 역사에 잘 드러나 있다. 1789년 의회는 인권과 시민권은 국가의 구성원에게만 있다고 선언했다. 국가의 권리는 아무리 민주적인 나라일지라도 오로지 그 나라의 국민임을 수용하는 사람에게만 허용된다. 귀화하지 않은 외국인이나 이방인들에게 완전한 시민권 혜택을 주는 것은 세금을 열심히 낸 자국민들에게 부당한 처사이자 역차별로 간주한다. 외국인에게 그런 대우를 해주는 나라는 지상 어디에도 없다.

국가는 자신의 일부로 들어온 외국인들을 타자 혹은 잉여로 솎아내려는 정책을 주기적으로 반복한다. 이민법 등을 통해 외국인들을 송출하거나 솎아내게 되면 이전까지는 친숙한 일상을 구성했던 외국인들(세탁소, 잡화점, 노점상, 채소가게 등)이 갑자기 국가적 정체성에 위협적인 것으로 다가오게 된다. 국경을 넘어서 들어온 외국인들은 내국인들이 싫어하는 일을 도맡아서 하지만, 그들은 경멸의 대상이 된다. 비체는 인간이 정치의 영역이 아니라 동물의 영역에 머무는 허약한 상태를 상징한다. 정치적 주체는 인간이전 상태를 극복하고 정치적인 삶을 성취하는 자유로운 행위주체가 될 때 가능해진다. 언어와 문화, 문명과 정치학의 영역으로 들어가도록 해주는 대신, 비체는 혼돈과 수성으로 인간을 내모는 것이기 때문이다.

흥미롭게도 모루찌는 크리스테바의 개인사를 비체의 비유를 들어 비판한다. 크리스테바는 자신이 가난한 변방 공산국가였던 불가리아 출신이라는 사실을 자기 안에서 무의식으로 억누른다. 크리스테바의 저술 어디에서도 불가리아인으로서의 기억 그리고 모국어의 흔적과 역사를 찾을 수가 없다. 자기 안에 있는 불가리아적인 것을 비천한 것으로 여기지 않고서야 그토록 불가리아적인 것이 드러나지 않기도 힘들 것이다. 그녀는 불가리아적인 것이 세련된 프랑스 지식인으로서의 그녀에게로 귀환할까봐 두려움에 시달리고 있는 것처럼 보인다. 프랑스 지식인 사회에 완전히 동화되어 살아가는 것이야말로 자기망명, 이질성, 혜테로글로시아, 비체의 정치화를 논한 이론가로서 그녀의 모습과는 이율배반적이라는 것이 모루찌의 비판이다.

그럼에도 크리스테바가 말한 비체로서 타자의 귀환은 필립 로스의 『휴먼 스테인Human Stain』에서 탁월하게 묘사되어 있다. 이 소설에서 유태인인 콜먼 실크는 아테나 대학의 총장으로 17년을 재직하면서 침체된 대학에 경쟁시스템을 도입함으로써 아테나 대학의 체질을 개선하고 학문하는 곳으로 품질개혁을 한다. 다른 교수들의 눈에 그런 개혁은 유태인들이나 할 수 있는 지독한 짓이었다. 그는 연구하지 않는 교수는 설 자리가 없도록 몰아붙였고, 똑똑한 아이비리그 출신들을 신임교수로 채용했다. 존스 홉킨스, 예일, 코넬 출신의 인재들을 끌어들인다. 그런데 막상 그가 곤경에 처하자, 품질혁명의 일환으로 자신이 임용했던 바로 그 교수들로부터 철저히 외면당한다. 이 소설에는 여러 겹의 아이러니가 등장한다. 콜먼은 자신의 학장 재임시절 주변의 반대를 무릅쓰고 처음으로 흑인을 교수로 채용했다. 그 흑인교수가 허버트 케블이다. 하지만 그는 콜먼이 인종차별주의자로 궁지에 몰렸을 때 콜먼의 편을 들어주지 않는다.

고전문학을 가르치는 콜먼은 어느 날 개강을 하고 5주가 지나도 수업시간에 모습을 나타내지 않는 학생이 있어서, 이 학생은 유령spook인가라고 묻는다. 그런데 이것이 인종차별적인 발언이라는 이유로 흑인 학생들로부터 항의가 접수된다. 사전적인 의미로 스푸크에는 흑인에 대한 비어인 깜둥이라는 뜻이 있기 때문이었다. 이 사건으로 인해 콜먼은 대학에서 불명예스럽게 축출될 뿐만 아니라 아내 아이리스마저 그 사건의 스트레스로 인한 심장마비로 죽는다. 『휴먼 스테인』에서 반전은 유태인으로 행세했던 콜먼이 사실은 흑인이었다는 것이고 그것이 그의 인간적인 오점이었다. 자신이 그처럼 억압하려고 했던 오점은 어김없이 귀환하게 된다. 자신의 치부가 치명적 트라우마를 초래한다. 자기 안에 있는 인간적인 오점인 흑인성의 귀환으로 인해 콜먼은 파산한다. 흑인인 그가 흑인에 대한 인종차별적인 발언을 한 것으로 매도당하고 오이디푸스 왕처럼 치욕스럽게 추방되고 사회적 비체가 된다.

『휴먼 스테인』에서 보듯이 비체화된 타자는 주체의 내부에 있던 어떤 것이 외부로 전이된 것이다. 타자에 의해서 만들어지는 주체는 자신의 정체성을 위해 자기 안에 있는 타자를 외부로 솎아내 비체로 만든다. 이런 타자와 주체의 관계는 평화롭게 공존하는 것이 아니라 애증의 관계로 부딪힐 수밖에 없고 적대를 형성하고 서로의 정체성을 위한 경합장을 만든다. 정신분석학에서 말하는 주체와 타자의 전쟁터가 인종의 장에서만큼 잘 드러난 경우는 없을 것이다.

## 3. 인종 : 발명된 타자

"얼마나 열렬한 사랑이었으면 죽여서라도 갖고 싶었겠어?" 토니 모리슨은 『술라』에서 화자의 입을 통해 조롱한다. 강간 환상에 사로잡힌 백인여성을 두고 하는 말이다. 백인여성이 자신을 강간하려고 했던 흑인남자를 손가락으로 지적한다. 백인여성의 손가락 끝에 있는 남자는 문자적으로 거세당하고 죽임을 당한다. 흑인여자들은 자기 남자가 처참하게 죽는 것을 지켜보아야 했다. 백인 농장주는 자기 농장의 흑인여성들을 마음대로 강간했으므로 흑인남자가 백인여성을 강간할 것이라는 공포가 있었다. 백인남성의 공포를 만족시켜준 것이 백인여성의 강간 환상이었다. 백인여성의 강간 환상은 자기 남편의 사랑을 받고 있는 흑인여자에 대한 무의식적인 복수임과 동시에, 순결한 자신이 성욕을 가진 것이 아니라 짐승 같은 흑인남성이 먼저 덤벼들었다는 환상이 가능하도록 해준다. 백인여성은 흑인여성이 자기 남자를 유혹하는 성적으로 문란하고 성욕을 주체하지 못하는 암컷이라고 생각한다. 반면 흑인여성은 백인여성이 흑인남성을 잡아먹는 불모의 히스테리라고 경멸한다. 성욕으로 넘치는 흑인창녀, 성욕 없는 순결한 백인성녀로 흑백여성을 구획함으로써 인종의 얼굴을 한 섹슈얼리티가 계급을 구획하는 한 방식이 된다. 이처럼 인종, 젠더, 섹슈얼리티, 계급이 착종되면서 인종주의 신화로 제작된다.

인종은 생물학적인 사실을 제외하면 실체가 없는 환상으로 구성된다. 인종을 정의할 뚜렷한 기준이 없음에도, 우월한 집단이 내세운 부정적인 기준이 인종을 정의하고 그것이 곧 인종차별주의로 고착된다. 인종차별주의 자체가 불합리한 믿음체계이지만 그것이 허구임을 지적한다고 해서 없어지지 않는다. 그런데 이 텅 빈 개념이 그토록 끈질기게 폭력성과 파괴력을 발휘하는 이유는 뭘까. 인종적 타자는 서구 제국주의가 경제적 착취를 위해 만들어낸 것이라는 설명만으로는 부족하다. 식민지로부터 해방된 나라에서도 자민족끼리 폭력성과 파괴성을 드러낸다. 그런 현상마저 백인제국주의가 식민통치를 위해 만들어놓은 인격이 발현된 탓이라고 말할 수는 없기 때문이다.

사르트르는 반유대주의와 같은 인종주의가 열정passion이라는 것에 주목했다. 반유대주의는 합리적 설명이 불가능하다. 반유대주의는 신앙의 차원이다. 그것은 증오의 열정으로 수난passion받는 희생양을 만들어낸다. 사르트르에 의하면 열정은 강박이고, 자유는 이성이다. 이성은 자유의 수단이자 표현이다. 그의 설명대로라면 인종주의는 정신병적인 상태. 정신분석학에 의하면 인간 사이키는 공포와 불안으로부터 자유로웠던 적도 없고 일관되게 이성적이었던 적도 없다. 사르트르가 말한 이성은 정신병적인 분열주체에게는 가뭄에 단비처럼 어쩌다 되돌아오는 에피소드에 불과하다. 그가 말한 열정은 인간정체성에 깊이(무의식화) 뿌리내리고 있는 비합리적인 종교와 같아서 이성으로 설득한다고 쉽게 뿌리 뽑히는 것이 아니다.

자유, 초월, 이성에 바탕을 두었던 사르트르가 무시한 것은 어린 시절의 감각들이다. 부모와 아이의 신체적 접촉, 냄새, 목으로 넘어가는 젖의 향기, 목욕 시의 파우더, 손길, 맥박, 목소리 등은 강렬한 감각이 되어 사이키에 각인된다. 그런 물리적인 특징이 긍정적, 부정적인 의미 모두에서 강력한 정동affect으로 가라앉는다. 그것이 지배적인 권력집단(아이에게는 부모)과의 초기 동일시를 강화하고 주변화된 집단과 거리를 유지하도록 만든다.

클라인 식으로 말하면 인종차별주의는 구순기에 고착된 형태다. 구순기의 아이는 세상을 좋은 젖가슴과 나쁜 젖가슴으로 나눈다. 이 단계에 고착되면 나에게 좋은 것은 친구이고, 나에게 나쁜 것은 적이라는 유아적이고 유치한 윤리가 형성된다. 음식이 문화적 차별의 뿌리 깊은 근거가 되는 것은 구순기에서 비롯된다. 김치 냄새로 한국인을 경멸하고 카레 냄새로 인도인을 모멸하는 것도 이 때문이다. 클라인의 식인주체에서 보다시피 주체는 자신을 만족시켜주지 않는 타자를 어떻게 요리할 것인지를 환상 속에서 궁리한다. 찢어서 먹고 싶은 식인충동은 가학적인 공격성으로 남아 있다. 이런 공격성은 언제라도 표출될 기회만을 노린다.

동시에 주체는 자신의 부정적인 측면을 타자의 속성으로 솎아내고 자신은 좋은 사람이고 싶어 한다. 지배계급은 나쁜 감정을 세탁하여 품위 있는 주체가 되고 싶은 욕망이 있고, 그럴 수 있는 권력과 힘이 있다. 인종주의는 탐욕, 잔인성, 착취, 괴롭힘과 같은 부정적인 마음상태이므로 자신 안에 있는 그런 것들을 외부로 내보내고 자신은 순수하고 동질적인 정체성을 유지하려는 심리가 작동한다. 인종차별과 같은 부정적 감정은 아웃소싱되면서 계급의 문제가 인종의 얼굴로 전이되기도 한다. 흑인 노동자계급과 아시아 이민자들 사이에 인종갈등이 초래된 것은 흑인노동자들이 실직의 위협과 불안을 아시아인들의 탓으로 돌린 데서 이유를 찾을 수 있다. 값싼 노동력을 찾아 자본의 욕망이 이동하는 시대에 인종문제가 하층계급과 젠더들 사이에서 폭력적인 현상으로 드러나는 것은 필연적이다. 매릴랜드의 닭 공장에서 일하는 한국계 여성이 백인 상층 부르주아 남성을 만나게 될 확률은 거의 없고 그들과 직접적인 갈등이 생길 일도 없다. 천재일우의 기회로 길거리에서 부딪치지 않는 한 말이다. 벤츠 타고 공장에 드나드는 백인사장과 대중교통을 이용해 닭 공장에 출근하는 가난한 아시아계 여성이 길거리에서 부딪치거나 사랑에 빠질 확률이 얼마나 될까. 결국 갈등은 좁은 공간 안에서 서로 부딪치는 사람들 사이에서 일어나게 된다. 한국계 여성은 체중이 200파운드인 흑인여성 관리자를 무식하고 게으르고 자기관리에 실패한 루저로 간주한다. 흑인여성에게 한국여성은 불법체류자인 주제에 개처럼 충실하게 일하는 노예근성으로 자신의 일자리마저 빼앗는 에일리언이다. 지배계급은 이런 문제에서 인격적으로 품위를 지킨다. 하층계급끼리의 밥그릇 다툼에 '정치적으로 올바르게' 대처하고 연민과 관용을 베풀면 된다. 단, 자신의 부와 지위에 위협이 되지 않는 한에서 말이다.

이처럼 인종, 계급, 젠더, 종교, 섹슈얼리티가 착종되어 있는 포스트 식민 시대에 이르러 호미 바바는 식민시대의 구분인 식민지배자/피억압자의 구분을 폐기하고 식민주체colonial subject와 식민화된 주체colonized subject라는 표현으로 바꾸어낸다. 계급이 인종차별의 풍경으로 드러나는가 하면 인종차별이 문화적 취향이라는 중립적인 자세를 취하기도 한다. 식민시대는 경제적, 물리적 폭력과 착취가 가시적이었으므로 압제자/피억압자, 가해자/피해자가 분명했다. 제국주의가 경제적인 목적을 위해 인종차별의 신화를 만들어냈다는 것은 익히 아는 사실이지만, 포스트식민시대에는 인종, 민족차별을 경제적인 것으로만 설명할 수 없다. 경제논리만으로 그런 사태를 설명하기 힘들게 되자, 포스트식민주의자들은 문화담론에 치중하게 된다. 정신분석학에 심하게 기댄 바바의 식민주체/식민화된 주체는 분석가/환자의 이분법 대신에 분석가/분석주체로 바꿔낸 것에 비견될 수 있다. 이 양자는 엄격한 이분법으로 고정되는 것이 아니라 전이/역전이를 통해 자리바꿈을 할 수 있고 그런 자리바꿈이 바바에게는 식민화된 주체의 정치성이자 저항의 지점location이 된다.

바바의 주장에 따르면 포스트식민 문화담론은 바흐찐의 대화dialogue처럼 균열과 틈새와 주름뿐만 아니라 우울과 침묵, 폭식, 웃음을 그 자체 안에 가지고 있다. 식민지적 양면성에는 공포와 욕망, 거부와 인정, 감시와 응시, 나르시시즘과 편집증 또한 들어 있다. 제국이 강제하는 담론은 순결하게 전달되는 것이 아니라 삭제, 변질, 부패, 오염에 노출됨으로써 그 욕망이 순수하고 투명하게 이식되지 않는다. 『잉글리쉬 페이션트』의 작가인 마이클 온다체Michael Ondaatje[7]와 셀먼 루슈디와 같은 '3'세계 작가들이 보여준 바 있듯이, 기독교가 인도양과 대서양을 넘어오게 되면 우상을 섬기지 말라는 교리는 심각하게 변질된다. 성경 책과 조잡한 성모마리아의 조상 앞에 촛불을 켜놓고 그런 것들이 숭배의 대상이 된다. 이런 현상은 우상을 섬기지 말라는 기독교의 희화화다. 그것은 서구의 담론과 문화가 시공간적으로 이동하면서 원래의 의도와는 달리 모방되고 반복되다가 변질되어 피식민지 토착문화와 잡거雜居하면서 수용되기 때문이다.

식민주체와 식민화된 주체 사이의 애증의 관계는 누구의 관점에서 해석하는가에 따라 다르게 서사화된다. 식민화된 타자의 경우 지배주체의 우월한 사회적 지위와 특권을 선망하면서 동시에 공격성을 드러낸다. 식민지배 주체의 경우, 식민화된 주체가 이질성(이국적인 토착성 등)을 드러낼 때 그들을 신비한 존재로 보고 호기심을 보인다. 하지만 지배주체의 양면성은 편집증적인 지식욕에 의해 신비로운 타자의 신비를 벗기고자 욕망한다. 신비롭게 남아 있는 식민화된 타자를 원하면서도 그들이 자신의 지식에 종속되지 않으면 위협적인 세력으로 혐오한다.

클라인에 의하면 아이들에게는 인식애호 본능epistemophilic instinct, 즉 천성적으로 지식을 추구하는 욕구가 있다. 지적 호기심으로 인해 아이는 부모의 성교에 관한 환상phantasy을 만든다. 그것이 오이디푸스 시나리오에 각인되고 리비도의 지형도가 만들어지는 한 방식이다. 비온은 클라인의 인식애호의 지평을 더욱 발전시켜 사랑/증오/지식의 삼각형을 만들어낸다. 지식으로 이해되지 않는 것은 왜곡된 거짓말의 형태로 은폐된다. 알지 못하는 대상에 대한 사랑은 증오로 변질된다. 그것이 식민주체가 타자를 만들어내는 허위의식이자 신화다. 사르트르 식으로 말하자면 지배계급은 진실과 이성을 부인하는 대가로 초월적인 영혼을 상실하게 된다.

이렇게 하여 호미 바바는 식민주체의 양가성과 나르시시즘을 이론화한다. 자신이 이상적인 이미지와 동일시될 수 없는 불완전한 존재라는 것을 인식하는 순간, 주체는 타자가 자신을 그런 존재로 만들었다는 것에 앙심을 품는다. 식민주체는 "식민화된 타자가 나를 사랑하길" 원한다. 하지만 그런 소망이 충족되지 않으면 "그는 나를 증오해."로 바뀐다. 따라서 "그가 나를 증오하므로 내가 그를 증오하는 것은 당연하다."는 자기합리화에 이른다. 결과적으로 식민주체의 공포는 박해망상으로 전도된다. 파농에 의하면 백인아이가 보기에 "검둥이는 동물이고 검둥이는 나쁘다. 검둥이는 비열하고 검둥이는 추하다. 검둥이를 봐라. 날씨가 춥고 검둥이는 떨고 있다. 검둥이는 추워서 떨고 있고 백인 꼬마는 검둥이가 무서워 떨고 있다. 검둥이는 추위로 떨고 있고, 그 추위는 뼈 속으로 파고든다. 잘 생긴 백인꼬마는 검둥이가 분노로 떨고 있다고 생각하기 때문에 떨고 있다. 작은 백인 아이는 '엄마, 검둥이가 날 먹어치우려 해!'라고 소리치며 엄마 품에 안긴다."

프란츠 파농은 프랑스 식민지에서 흑인남성으로 살아가는 것의 트라우마를 통렬하게 비판했다. 백인 인종차별주의자들은 생물학적인 인종, 피부색, 혈통 등에 의존하여 상투형을 만들어내고 그로부터 흑인의 열등성을 담론화했다. 그들은 자신의 타자로서 흑인을 발명하고 비체로 만들어 모멸했다는 것이다. 하지만 젠더의 관점에서 보면 파농 또한 백인지배자가 피지배 흑인남성에게 투사했던 모멸과 상처를 흑인여성에게 그대로 전가한다. 그는 흑인여성이 흑인남성과 결혼하지 않으려는 것에 분개한다. 흑인여성은 신분상승과 출세의 수단으로 백인남성을 붙잡는 것을 인생의 목표로 삼는다. 흑인남성은 자신을 매개하지 않고 흑인여성들 스스로 그런 일을 수행하는 것에 대해 남성으로서의 자존심에 상처입고 그로 인해 분개한다. 식민지 상황에서 백인남성과 결혼하는 흑인여성들은 민족의 배신자가 되고 동족남성을 외면한 창녀가 된다. 남성들의 환상 속에서 만들어지는 이분법에 따르면 여성은 혼혈을 만드는 창녀 아니면 순결한 민족의 성녀로 자리하게 된다.

하지만 파농이 흑인여성을 비판한 바로 그 지점은 파농 자신의 정치적 갈망이 잘 드러난 지점이기도 하다. 파농은 인종을 생물학적인 결정요소로 간주하는 것을 통렬하게 비판하면서 다양성을 주장했다. 그렇다면 백인남성과 결혼한 흑인여성은 파농이 갈망했던 새로운 정치적 지평을 아이러니한 방식으로 열어주는 자들이다. 그들은 출세욕, 신분 상승에의 욕망, 민족의 배신자라는 비난과 경멸을 받는다 해도 생물학적인 인종을 뛰어넘는 혼혈을 만들어내기 때문이다. 파농이 꿈꾼 새로운 인식론적 지평은 생물학적 결정론을 넘어서는 것이고, 그것을 가장 빠르게 실현하는 것은 흑인여성들이다. 흑인남성의 힘을 통해서가 아니라 여성 자신의 섹슈얼리티와 재생산 능력을 통해서 말이다.

이런 양가성은 오랜 세월 서구의 인정을 받고자 한 나라나 식민화의 경험이 있는 나라에서도 마찬가지로 나타난다. 식민화의 경험이 있는 나라는 자신을 열등한 존재로 취급했던 서구인의 인정을 받고 싶은 갈망이 있다. 그와 동시에 그런 인정을 갈망하는 자신에 대한 분노가 존재한다. 그래서 서구인의 인정을 그토록 갈망하면서도 막상 서구로부터 인정받는 자국 동포에게는 엄청난 적대와 경멸을 표시한다. 서구인의 사랑과 인정을 받았다는 것만으로 그것은 조국을 배신했다는 증거가 된다. 이것이 중국본토인의 양가성이라고 레이초우는 비판한다.[8]

이런 비판은 레이초우 본인의 심정을 고백하고 있는 것처럼 들린다. 레이초우는 1세계 백인 아카데미에서 인정받는 국제적인 (페미니스트)지식인이 되었다. 그럼에도 다이진화와 같은 중국본토 여성 지식인의 "아무리 그래도 공산중국에 대한 당신의 분석에는 진정성이 없어. 중국은 중국에서 살고 있는 우리가 더 잘 알아."라는 태도에 상처받은 것처럼 보인다. 퓨전음식과 마찬가지로 1세계에서 인정받는 작품은 퓨전이고 잡종이며 '진정으로' 중국적인 것을 보여주지 못한다. 그것은 서구의 관음증에 부응하는 오리엔탈리즘적인 중국이다. "그러니 너희들은 가짜야."라는 것이 중국본토 지식인이 1세계 이주 동포 작가/지식인에게 보내는 모멸적인 시선이다. 공산중국을 매도함으로써 자유민주주의의 우월성을 확보하려는 미국의 언론매체로부터 자기 동포들이 찬사와 귀여움을 받았다는 사실이 오히려 그 점을 반증하는 것이 된다.

　결론적으로 바바의 포스트식민 주체와 타자에 관한 논의에 의하면 누가 행위주체이고 누가 타자인지가 불분명해진다. 호미 바바의 논의를 끝까지 따라가 보면 막다른 골목에서 희한한 전이와 만나게 된다. 두려움에 떨면서 저항하는 주체는 더 이상 식민화된 주체가 아니라 제국의 식민지배 주체가 된다. 물론 식민화된 주체들이 독립운동을 하고 무장투쟁을 할 경우에 식민지배 주체는 공포에 휩싸일 수 있다. 바바가 주목하는 것은 식민화된 주체의 물리적인 저항보다는 심리적인 전이/역전이의 관계다. 식민지배자가 저항의 주체임과 동시에 대상이 되고 식민화된 주체의 저항은 의식과 무의식, 능동적 저항과 수동적인 공격성 사이를 오가게 된다. 문제는 식민주체와 식민화된 주체의 관계는 호미 바바가 해체론적으로 뒤집어놓은 것처럼 그렇게 간단히 뒤집히지 않는다는 점이다. 이럴 경우 바바의 식민담론의 '양면성'은 로버트 영이 지적하다시피 '모호성'으로 떨어지게 된다.[9] 혹은 잔 모하메드에 의하면 파농이 그려낸 식민지배자와 피지배자의 관계는 희화화된 은유가 아니라 뿌리 깊은 갈등과 대립의 역사를 재현한 것임을 바바가 망각한 것[10]이 되어버린다.

이처럼 바바와 같은 주체와 타자의 양가성 개념이 등장한 것 자체가 탈근대적인 맥락에서 기인한 것으로 볼 수 있다. 전 지구촌화된 사회에서 나의 정체성은 내가 어디에 있는가에 따라서 결정된다. 요즘은 국적이 운명이 아니라 선택이다. 국가, 민족, 애국심과 같은 기존의 가치는 끊임없는 회의의 대상이 되고 있다. 떠나고 싶으면 언제라도 이 땅을 떠날 수 있다는 환상이 가능해졌다. 하지만 노동력과 욕망은 전 지구촌으로 떠돌지만 민족국가의 경계선은 더욱 완강해지는 양가적인 시대에 이산의 무리는 점점 더 비천해진다. 전 지구촌화를 외치면서, 노동의 유연화를 위해 민족국가의 경계를 없애는 것처럼 보이지만 민족국가의 경계는 더욱 엄격해진다. 민족국가의 경계선 바깥에 있는 사람들은 '부적절한' 존재이자 비체가 된다. 이처럼 경계선 안과 바깥, '어디에 있는가'에 따라 나의 전 존재가 결정되어버리는 시대는 배제와 포함의 논리를 더욱 강화한다. 그러면서도 마치 그런 경계가 없는 것처럼 만드는 것이 우리 시대의 이데올로기다.

　탈식민의 시대라고는 하지만 이제는 전 지구촌적인 금융자본주의가 세계의 얼굴을 사막화하고 있다. 그로인해 세계가 파산했다. 하지만, 파산했다는 것을 인정하게 된다면 그 지점에서 다시 시작할 기회도 열리게 된다. 어디서든 시작할 지점은 있어야 하기 때문이다. 지금은 사막의 얼굴에서부터 생존의 발걸음을 다시 옮겨놓기 시작할 때이다. 주체가 타자와 조우하는 것이 비록 신기루에 불과할지라도 사막 어딘가에 우물은 있을 것이므로.

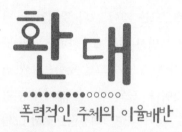

## 환대
### 폭력적인 주체의 이율배반

## 1. 애도의 정치

한국사회는 극적인 사건들이 쉴 새 없이 일어나기 때문에 새로움의 강도를 치명적으로 높이지 않으면 쉽사리 기억 속에서 사라져버린다. 사건은 해결되는 것이 아니라 잊혀진다. 한국은 1등만 기억하는 나라이므로, 자살률에 있어서 OECD 국가 중 1위를 차지한 것을 자랑으로 삼아야할지 모르지만, 전직 대통령도 자살하는 나라가 되었다. 2009년 5월 23일 노무현 전 대통령이 서거했다는 보도가 느닷없이 나왔다. 그 이후 49제가 있기까지 조문행렬이 쇄도했지만 채 1년도 지나지 않아 벌써 가물거릴 만큼 까마득한 과거사로 느껴진다.

그는 서거 전까지만 해도 온통 조롱의 대상이었다. 2007년에는 "놈현스럽다"는 형용사가 등장했고, "사람의 기대를 저버리지 않고 실망을 안겨준다."는 뜻으로 국립국어원의 신조어 사전에 실릴 뻔 했다. 참여정부 당시에 이런 해프닝이 있었으니 그의 위상이 어떠했는지 짐작이 가는 대목이다. 바람이 불면 바람이 부는 것도 그의 탓, 꽃이 지면 꽃이 지는 것도 그의 탓이었다. 강남의 부동산 가격이 치솟은 것도 그의 탓, 교육개혁이 물 건너 간 것도 그의 탓, 88만원 세대가 탄생하도록 신자유주의를 앞당긴 것도 그의 탓, 모든 것이 그의 탓이었다. 전 국민이 공깃돌 갖고 놀듯 그를 가지고 놀면서 거의 모든 것을 그의 탓으로 돌렸다. 생전에 그가 한 일이 있다면, 모두가 그를 탓함으로써 전 국민의 정신건강을 지탱해주었다는 것이다. 모든 책임을 그에게 전가함으로써 국민들의 자존감을 유지해준 것이 '서민' 대통령으로서 그의 역할이었다.

그가 죽고 나자 5백만 이상의 국민이 조문하고 깊이 슬퍼했다.


너무 많은 사람들에게 신세를 졌다.

나로 말미암아 여러 사람이 받은 고통이 너무 크다.

앞으로 받을 고통도 헤아릴 수가 없다.

여생도 남에게 짐이 될 일 밖에 없다.

건강이 좋지 않아서 아무 것도 할 수가 없다.

책을 읽을 수도 글을 쓸 수도 없다.

너무 슬퍼하지 마라.

삶과 죽음이 모두 자연의 한 조각 아니겠는가?

미안해하지 마라.

누구도 원망하지 마라.

운명이다.

화장해라.

작은 비석 하나 남겨라.

그는 이런 유서를 남겼다. 그가 너무 슬퍼하지 말라고 했으므로 더욱 슬펐고, 원망하지 말라고 했으므로 더욱 원망이 흘러나왔고, 미안해하지 말라고 했으므로 더욱 미안했다. 국민적 비체였던 그는 국민적 상심이 되었다. 대다수 국민들은 '우리'가 합심하여 그를 죽였다는 고통과 죄책감을 드러냈다. 노무현은 서민들의 자아 이상이었고 자부심이었다. 분단이후 남한사회가 꺼려하는 요소를 골고루 갖춘 사람이 대통령이 되었다는 사실 하나만으로도 서민들에게는 자기동일시를 가능하게 해주었다. 가난한 농촌출신, 상고졸업, 빨갱이 장인 등, 이 정도라면 학맥, 인맥, 연좌제가 지배했던 남한사회에서는 최악의 경력이라 해도 과언이 아니고, 바로 그랬기 때문에 그는 서민들의 신화가 될 수 있었다. 개천에서 난 용이었던 만큼 그에게 거는 기대가 컸다. 과도한 기대가 충족되지 않자 반대급부로 모든 비난이 그에게로 쏟아졌다.

그의 사후 MB정권에 대한 비판의 목소리가 높아졌고 그것이 조문정국과 시국선언으로 가시화되었다. 교수집단으로부터 많은 시국선언문이 나왔다. 한국사회에서 교수들의 시국선언문은 시대적 양심을 어느 정도 대표하는 기능을 담당해왔다. 그런데 내가 주목한 것은 교수들의 시국선언문과는 내용도 다르고 파급효과도 미미한 그런 한 시국선언문이었다. '서민' 대통령의 죽음을 맞이하여 교수들의 독점물이었던 시국선언에 강북의 한 동네주민들이 가세했던 것이다. 그것은 서민 대통령, 바보 노무현이라는 상징성과의 동일시가 있었기에 가능한 일이었다.

2009년 6월 21일 강북구 인수동 주민 70명이 시국선언을 했다. "어쩌면 노무현 전 대통령이 죽음을 선택한 것은 우리 국민이 권력 집단과 전문가 집단을 감시하지 않았기 때문입니다. 그래서 5백만 명을 넘어선 조문객이 한 목소리로 "지켜주지 못해 미안해요."라고 울먹입니다. 우리가 침묵하는 사이 '바보' 노무현은 오랫동안 우리사회를 지배한 노쇠한 정치권력, 수구 언론권력, 재벌권력, 사법권력과 싸우다 만신창이가 되었습니다. 그때마다 우리는 '바보' 노무현을 비방하기에 바빴습니다. 대부분은 노무현과 싸우던 권력에서 흘러나온 말을 우리 국민들이 큰 고민 없이 읊조리는 이야기들이었습니다. 그가 죽고 나서야 우리는 눈물을 흘리며 반성합니다. 우리의 눈물이 더욱 진한 이유입니다."라고 했다.

그런데 인수동 사람들은 깊은 슬픔 자체를 정치적 목소리로 모아내고 있었다. 그들은 MB를 꾸짖으면서, 자신들을 대통령이라는 자식을 둔 부모로 묘사한다. 기존의 가족은유를 동원하자면 백성을 자식처럼 어여삐 여기는 것은 왕의 역할이었다. 그런데 이들은 자신을 부모로, 왕을 자식으로 비유한다. 부모의 위치이므로 이명박 정부처럼 잘못하면 회초리로 종아리를 후려치고 깨우쳐 바른 길을 가도록 인도해야 한다고 했다. 이 선언문은 MB정부를 법적으로는 인정하면서도 은근히 비웃고 조롱하고 있다는 점에서 인수동 주민들의 유머를 보여준다. 그와 동시에 죽은 왕으로서의 노무현은 그들에게 자식이 되고 백성은 자식을 잃은 자의 깊은 슬픔으로 그의 주검을 가슴에 묻고 살아가는 자들이 되었다.

깊은 슬픔을 애도하는 양가적 방식은 노무현의 죽음에서 전형적으로 드러났다. 그가 숭배의 대상에서 비천한 대상으로 추락했다는 점에서 그렇다. 테베의 왕이었던 오이디푸스가 왕crown에서 광대clown가 되었던 것처럼. 여기서 데리다의 철학을 구성하는 말장난이 연상된다. 데리다는 『마르크스의 유령들』에서 존경respect은 유령spectre과 왕관sceptre이 서로 철자의 자리바꿈을 하고 있다는 사실에 주목한 바 있다. 사람들은 숭배대상을 만들어놓고 그것과 자신을 동일시하다가도 자신이 숭배하고 그 앞에서 굴종했다는 사실 때문에 무의식적으로 앙심을 품는다. 니체식으로 조롱하자면 앙심은 천민의 정서다. 천민들이 귀족을 상대로 할 수 있는 것은 주로 '두고 보자'는 앙심과 저주다. 그래서 그들은 기회만 있으면 숭배대상을 비천한 대상으로 만들 수 있는 능력이 자신에게 있다는 것을 보여주려는 듯 공격성을 발휘한다. 숭배대상을 죽여서 유령으로 만들어 놓고 애통해 한다. 하지만 그들은 사랑의 대상과 결코 작별할 수 없어서 사랑의 대상을 자기 안의 납골당으로 합체하고 자기연민에 사로잡혀 눈물을 흘린다.

그렇다면 부엉이 바위에서 추락하는 순간 노무현은 자신의 치욕이 자기보다 오래 살아남을 것으로 생각했을까? 자신의 죽음으로 자신의 명예를 되찾고자 했을까? 자신의 치욕을 깊은 주름에 새기고 있었던 생전의 그의 투박한 얼굴은, 팽팽한 얼굴보다 더 많은 이야기를 담고 있었다. 노무현 자신은 적어도 자신이 내세운 명분에 입각해서 살려고 했지만 거대언론사와 주류세력에 의해서 좌절되었다. 단지 좌절한 것이 아니라, 정권을 유지하려는 자신의 욕망을 위해 자신의 정치철학을 굽히고 끊임없이 타협한 결과로 되돌아온 치욕을 견딜 수 없었을 것이다. 그런 치욕을 고백한 것이 그의 죽음이다. 죽어야 진정성을 보장받는 것은 아니다. 때로는 자신의 진정한 욕망을 감추기 위해 죽음도 불사하기 때문이다. 그럼에도 그는 치욕에 맞서 자신의 모든 것을 걸었고 마침내 자기 삶의 주인이 되었다. 적어도 자신의 명분이 무엇이었던가를 의식하고 그런 명분을 지킬 수 없었던 자신을 수치스럽게 여겼던 것이다.

프리모 레비는 『이것이 인간인가』에서 절절한 수치심을 언급한 바 있다. 아우슈비츠의 유태인들은, 수용소 안에서도 철저히 저항하다가 교수형에 처해지는 한 동료를 마지막으로 보내게 된다. 그 순간까지도 그들은 절대적인 무기력상태에서 벗어나지 못한다. 그 동료의 죽음이 내일 자신의 죽음이 될 수 있음에도 그들은 죽음 앞에서 더욱 무기력했다. 프리모 레비는, 그런 상황에서도 영혼이 파괴되지 않고 반란을 꿈꾸었던 그 남자는 자신들과는 다른 금속으로 만들어진 마지막 인간이었을 것이라고 말한다. 그 남자는 수용소의 삼엄한 경비를 틈타 외부인들과 접촉하고 무기를 반입하여 유태인들을 소각했던 화장터의 소각로 하나를 폭파시켰다. 그것이 발각되어 공개적인 교수형을 당한다. 독일군들은 "이 외로운 죽음이, 그를 위해 마련된 인간의 죽음이, 그에게 치욕이 아닌 영광"일 수도 있다는 사실을 모른다. 하지만 그가 공개적으로 교수형을 당해도 비굴한 무리인 수용소의 나머지 '우리' 유대인들은 아무 소리도 낼 수 없었고, 구부정하고 음울하게 고개를 숙이고 서 있었다고 프리모 레비는 참담하게 말한다. 그래서 "우리는 망가지고 패배했다. 이 수용소에 적응할 수 있었다 해도, 마침내 우리의 식량을 마련하는 법을 배우고 고된 노동과 추위를 견디는 법을 배웠다 해도, 그리고 우리가 다시 돌아갈 수 있다 해도 그 사실은 바뀌지 않는다."[1] 정말로 인간이었던 인간, 그 마지막 인간의 죽음 앞에서도 속수무책이었다는 수치심은 그들이 죽은 후에도 오랫동안 살아남아 있을 것이라고 전한다.

노무현은 치욕에 떨며 죽으면서도 자신의 죽음이 오래 살아남아서 촛불로 불타오를 것까지 정치적으로 계산했을까? 자신의 죽음에 대한 애도를 정치화함으로써 자신의 치욕을 벗겨달라는 것이었을까? 그야말로 자기 죽음을 헛되이 흘려보내지 말라는 뜻으로 그랬을까? 작은 비석 하나 세워달라는 의미로 보건데 아마 그런 당부이지 않았을까? 초나라 굴원이 자신의 무죄를 증명하기 위해 죽음을 택했던 것처럼 말이다. 초나라 회왕 시절 정치가이자 탁월한 시인이었던 굴원은 창사長

沙의 멱라수汨羅水에 몸을 던졌다고 전해진다. 억울한 모함에 몰린 굴원은 자기가 옳고 세상이 틀렸음을 말하고, 죽음으로써 세상에 간諫하겠다는 결의를 밝혔다. 자신의 정당성에 확신을 가질 수 있었던 영웅시대의 사람들은 행복했을 수도 있다. 깊이 애도함으로써 상실을 상속받은 자들은 슬픔을 조직하여 정치화할 수 있는 힘을 가졌기 때문이다.

심지어 우리는 <워낭소리>의 소의 죽음에도 깊이 슬퍼한다. 광우병을 염려하는 우리의 입장에서 보자면 수명이 3년을 넘긴 소는 늙은 소다. 도살되기 위해 살고 있는 사육소들은 3년이면 목숨이 다한다. 그런데 <워낭소리>의 소는 40년을 살았다. 소의 자연적인 수명이 얼마나 되는지조차 생각해본 적이 없는 나로서는 소가 40년을 살 수 있다는 사실이 충격이었다. 우리에게 그/녀의 죽음(도살이 아니라)은 얼굴로 다가온다. 그/녀는 도살당해 소고기가 되는 것이 아니라 죽음으로써 무덤과 비석을 가진다. 소는 할아버지에게 아내 이상의 반려동물이고 시간의 기억을 공유하는 친구가 된다.

하늘의 별이라고 하는 스타들에게도 슬픔의 양가성은 마찬가지이다. 왕으로서의 노무현과 스타로서의 최진실은 애도의 심리학에서는 동궤에 놓인다. 아무리 짓밟아도 꺾이지 않고 일어서는 또순이 이미지가 최진실이었다. 모욕을 주어도 씩씩하게 참고 견디면서 언제나 웃어줄 것으로 믿었던 캔디여서, 국민배우라는 칭호를 붙여주면서도 잡초처럼 간주했던 인물이었다. 대다수 사람들이 대통령 노무현과 최고 스타 최진실을 자신과 동일시할 수 있었던 것은 가난과 역경과 모욕과 좌절을 뚫고 성공한 그들의 극적인 삶에다 자신을 심리적으로 투사했기에 가능했다. 바로 그렇기 때문에 그들의 죽음은 자기 자신의 상실이자 죽음과 다를 바 없고, 그런 상실과 마주하며 깊은 슬픔을 느꼈다. 두 사람은 '나'의 자아 이상이었으므로 그들의 죽음은 '나'의 죽음이자 그들에 대한 애도는 '나'에 대한 자기연민과 슬픔과도 다르지 않았다.

최진실이 자살하고 난 뒤에 불거진 것이 친권문제였다. 여성단체뿐만 아니라 많은 사람들이 나서서 이혼한 전남편에게 친권이 자동 승계되는 것을 저지했다. 현행법에는 이혼 후 친권을 갖고 있던 한쪽 부모가 사망하거나 행방불명이 되는 경우 다른 한쪽 부모에게 친권이 자동 승계되도록 되어 있었다. 최진실의 경우 사람들은 친권의 자동부활 자체보다는 그로 인해 전남편인 조성민에게 재산관리권(그녀처럼 엄청난 재산을 남긴 경우)이 넘어간다는 것을 더욱 견디지 못한 것처럼 보였다. 그녀의 사망 이후 친권승계가 앞으로는 법원의 심사를 통해 결정될 것으로 보인다. 정부는 부적격한 부모의 자동 친권승계를 막기 위해 가정법원이 친권자를 지정하는 민법 개정안을 의결해 국회에 제출하기로 했다. 부모의 자격이 있는지 없는지를 국가가 심사하게 됨으로써 국가에게 자상하고 공정한 판단을 내릴 수 있는 가부장의 역할이 위임되었다. 생물학적인 부모보다 국가의 법적 판단을 얼마나 믿을 수 있을 것인가. 한쪽 부모의 사후에, 가난해서 혹은 이기심에서 생물학적인 부모마저 아이를 맡지 않겠다면 어떻게 할 것인가. 국가에게 부모로부터 버림받은 아이의 양육책임을 위임한다고 국가가 그런 역할을 해줄 것인가. 국가에게 자기결정권을 끊임없이 넘겨주는 것은 문제적이다. 지금 당장은 전국민이 사랑했던 탤런트 최진실을 합심하여 죽였으므로, 그녀에게 남은 자녀들에게는 특별히 무조건적으로 환대를 베풀어야 한다는 생각 밖에 없는 것 같다. 최진실에게 갖는 죄책감으로 인해 친권법 개정은 집단적인 여론을 추동하여 가뿐하게 개정될 것으로 보인다.

우리는 여기서 폭력적인 주체가 타자를 환대할 가능성이 있는가를 물어볼 수 있다. 폭력적인 국가법 앞에 공손히 복종하면서도 동시에 폭력을 그리워하는 주체가 어떻게 타자와 평화롭게 공존할 수 있는 윤리적인 주체가 될 수 있는가? 주체가 자신을 주체로 인식하는 것 자체가 인식론적 폭력에 기초해 있다면 말이다. 그런 폭력적인 인식이나 물리적 폭력 자체가 주체가 탄생할 수 있는 매듭이라고 한다면 어떻게 할 것인가?

## 2. 폭력적인 주체의 이율배반

인간은 태어나기까지 어머니를 통해 양분을 공급받아야 할 뿐만 아니라, 태어나서 생명을 유지하려면 먹어야 한다. 바깥의 것들을 안으로 집어삼켜야 우리는 살 수 있다. 우리가 먹는 것이 곧 우리(혹은 우리의 정체성을 구성한)다. 필연적으로 타자를 먹어서 삼키고 소화시키는 폭력적인 주체, 삼키는 주체 swallowing subject라는 의미에서 멜라니 클라인은 식인주체를 이론화했다.

멜라니 클라인에게 자아는 우선적으로 식인주체로 구성된다. 찢고 뜯고 깨물고 물어 삼키려는 폭력적인 주체의 탄생은 인간존재의 취약성과 그로 인한 불안에서 기인한다. 프로이트는, 아이는 거세 불안에 이르기까지 어머니와의 이자적인 관계에서 만족을 느낀다고 주장한 반면, 멜라니 클라인은 취약한 몸을 가진 아이는 태어나는 순간부터 죽음에의 불안을 느낀다고 주장한다. 아이가 맛보는 불안은 좌절된 욕망의 강도에서 비롯된다. 죽음에 대한 불안은 뒤집어 말하면 살아야 한다는 두려움이다. 이처럼 절멸의 공포 혹은 죽음충동으로 인한 불안은 인생의 초기(모체와의 분리에서)부터 존재하며, 그러한 불안으로 인한 잔인한 공격성이 어머니의 젖가슴으로 향한다. 현실의 생물학적인 어머니와 아이의 사이키 속에서 '환상적으로' 표상된 어머니와는 괴리가 있다. 그 결과 아이는 좋은 젖가슴에 대한 사랑과 나쁜 젖가슴에 대한 증오의 감정을 형성한다. 전능하고 위협적인 이 최초의 대상(부분 대상으로서의 어머니의 젖가슴)은 유아의 심리적 생 psychic life이 출발하는 공간이기도 하다. 좋은 젖가슴은 내사 introjection하여 자신과 동일시하고 나쁜 젖가슴은 외부로 투사 projection한다. 아이는 배고파 죽을 지경인데도 쉽사리 만족을 주지 않는 젖가슴이 자신을 박해한다고 상상한다. 자신에게 만족을 주지 않는 대상에게 앙심을 품고 찢어죽이고 싶은 것이다. 자신의 만족을 방해하는 대상을 삼켜버리고 싶은 공격성은 외부로 투사된다. 외부의 대상에게 투사한 것들은 아이의 심리 속에서 박해망상으로 귀환하여 투사적 동일시 projective identification를 형성한다. 이처럼 처음부터 대상관계는 내사와 투사, 내적대상과 외부대상과의 상호작용(변증법적인 관계)으로 형성된다. 가학적인 불안은 이유기에 더욱 악화되어 아이의 관심사는 전부 어머니에게로 옮겨가고, 가장 잔혹한 편집분열증적인 위치 paranoid-schizoid position가 된다.[2]

멜라니 클라인에 의하면 구순기의 목표는 빠는 것이며 그것에 적합한 대상은 젖가슴이라고 보았다. 항문기의 목표는 배설과 참기이고 그 대상은 대변이다. 단계마다 만족이 좌절되면 공격성이 발생한다. 구순기는 깨물고 삼키고 먹어치우는 가학적인 공격성을 발휘하게 된다. 클라인은 에이브람스의 이론을 받아들여 구순기를 다시 전기와 후기로 나눈다. 전기 구순기는 양가감정이 일어나기 이전의 상태다. 후기 구순기는 양가적인 방식으로 젖가슴과 관계 맺는다. 깨물고 먹어 삼키려는 가학성과 박해망상이 함께 존재한다. 전기 항문기는 축출적이고 가학적이다. 이것은 후기 구순기의 연속성을 가진다. 먹어치움으로써 그것이 배변으로 축출되는 것이다. 후기 항문기는 보존적이다. 생식기(전-성기기)의 대상은 부분대상이다. 부분대상은 에이브람스의 용어인데

이때 어머니는 어머니가 아니라 젖가슴이라는 부분대상으로 환원된다.

그렇다면 유아는 어떻게 이런 편집-분열증적인 입장이 보여주는 잔혹극(구순기의 가학적인 카니발의 세계)의 세계에서 벗어날 수 있는가? 아이가 성장함에 따라 통합적인 인식능력이 성숙되면 아이는 어머니를 젖가슴이라는 부분대상으로 보는 것이 아니라 전체적인 존재로 인식하기 시작한다. 어머니를 전체적인 대상으로 보게 될 때 아이는 비로소 어머니를 통합적인 인격체로 사랑할 수 있게 된다. 아이가 박해적인 공포로부터 벗어날 수 있는 것은 전체적이며 사랑해주는 어머니가 존재한다는 것을 인식하면서부터이다. 세계에 대한 아이의 인식능력이 점차 성숙해지면 완전한 대상에 대한 내사로 인해 아이는 자아의 통합을 이루게 된다(물론 이런 통합은 언제라도 깨어질 수 있는 허약한 것이기는 하지만). 이 말은 대상과의 관계에서 중요한 변화가 초래된다는 의미이다. 아이는 편집분열증 시기에 느꼈던 카니발적인 욕망으로 인해 자신이 먹어 삼켰을지도 모를 대상에게 죄의식을 느끼고 우울적 위치가 된다. 결과적으로 좋은 어머니를 먹어치움으로써 어머니를 잃어버렸다는 상실의 공포가 커지면서 애도의 감정이 출현하게 된다. 이제 우울적 위치가 부각되고 그로 인해 편집-분열증적인 주체는 우울적인 위치가 보여주는 화해의 세계로 나아가게 된다. 우울적 위치에 이르러 주체는 환상에 바탕한 심리적 현실과 외부 현실 사이의 간극을 좁히면서 외부세계를 좀 더 잘 이해하게 된다. 사랑하는 대상으로 향했던 분노, 공격성, 죄의식, 상실에 대한 공포에 대해 현실감을 회복한다. 상처를 치유하고 수리하고 보수하려는 마음가짐은 대상과의 관계에서 원만한 관계를 형성하는 길 닦기 작업이며 승화과정이고 자아의 통합에 기여한다.[3]

이렇게 보면 식인주체는 타자를 삼키는 주체이므로 타인을 먹어치워야만 자신이 살 수 있다는 말이 된다. 자신이 삼키는 타자가 곧 자신이므로 그 타자를 완전히 삼키면 자신을 죽이는 것과 다를 바 없어진다. 이것이 폭력적인 주체의 이율배반이다. 이렇게 되면 네 이웃으로서의 타자가 곧 자신이므로 네 이웃을 사랑하라는 것은 곧 자신을 사랑하라는 말이 될 수 있다. 그래서 '살인하지 말라'는 엄중한 금지가 내려진다.

금지하는 법에 억압된 욕망이 있다고 한다면, 우리에게는 살인에의 욕망이 있다는 말이 된다. 우리 모두에게는 타자를 삼키고 소화시켜 내 것으로 합체[4]하려는 동일시의 욕망이 존재한다. 그것이 주체가 환상 속에서 느끼는 식인충동이다. 식인충동으로 인해 인간은 취약한 대상에게 연민과 사랑뿐만 아니라 공격성 또한 동시에 느낀다. 취약하고 무방비 상태로 등을 웅크리고 있는 약한 자를 보면서 살인충동을 느낀다면 어떻게 하겠는가라는 것이 레비나스의 물음이기도 하다.[5] 얼굴의 철학을 언급하면서 레비나스는, 인간에게는 살인할지도 모른다는 불안과 동시에 타자에게 살해당할지도 모른다는 공포가 있다고 말한다. 그것은 멜라니 클라인의 식인주체가 느끼는 불안과 공포의 사회적 확장과 다르지 않다.

### 3. 손님: 환대와 적대의 두 얼굴

식인주체가 타자를 손님으로 어떻게 환대할 수 있는가? 우리에게 손님의 의미는 무엇일까? 어린 시절 할머니는 천연두를 앓는 손녀를 보고 '마마를 하신다'거나 '손님 중'이라고 했다. 천연두라는 무서운 질병을 당시로서는 병이라고 일컫지 않고 손님이라고 말한 이유는 뭘까? 병이 자신을 욕하는 소리를 들으면 기분이 나빠서 더욱 화를 낼 수도 있는 인격적인 존재라고 보았을까? 병을 처치하고 무찔러야 할 적이 아니라 인격과 감정을 가진 존재로 간주했을까? 목숨을 앗아갈 수도 있는 손님에게 칙사 대접을 함으로써 목숨을 구하고 손님의 심기를 그르치지 않으려는 '미신적인' 의도가 있었을까? 질병 자체가 내 안의 타자이다. 전쟁의 은유를 동원하여, 병을 무찔러야 하는 적으로 간주한 것은 현대 의료과학 담론이 등장하고부터이다. 현대 의료과학 이전에 질병은 알 수 없는 미지의 타자이므로 잘 대접해야 하는 손님과 다르지 않았다.

나에게 찾아오는 질병과 마찬가지로 손님 또한 이웃처럼 친근한 얼굴이었지만, 어느 순간 느닷없이 낯선 얼굴로 돌변할지 모르는 존재를 일컫기도 한다. 병뿐만 아니라 밤손님은 두려운 존재다. 한국은 동족이 서로 나뉘어 총칼을 겨눈 적이 있고 아직도 남북이 분단 상태이다. 전쟁이 진행되었던 시절 지리산 아랫자락 마을에는 낮이면 국군이 진을 치고, 밤이면 빨치산이 들이닥치는 경우가 허다했다. 낮손님이든 밤손님이든 언제 나의 목숨을 앗아갈지 모른다. 심지어 이웃도 마찬가지다. 마을 학교 운동장에 사람을 모아놓고 밤손님과 내통한 자가 있는지 가려내라고 한다면 이웃의 손가락질에 내 목숨을 내맡겨야 했다.

우리에게 밤손님은 평민의 복장을 하고 나타난 왕의 모습이기도 하고, 질병이기도 하고, 이념을 달리하는 가족이자 이웃이기도 하고, 도둑이기도 하다. 불청객으로서의 손님은 언제 나에게 죽음을 가져다줄지 모르는 존재다. 그런 양면성을 가진 존재를 환대한다는 것은 목숨을 거는 행위가 될 수 있다. 그런 손님으로서 타자를 환대하는 것이 레비나스의 타자의 철학이 가진 윤리성이다.

그렇다면 나에게 죽음을 가져다 줄 수 있는 타자를 우리는 어떻게 환대할 수 있는가? 레비나스의 윤리적 주제를 소설로 형상화한 것처럼 보이는 작품이 알바니아 작가 이슈마일 카다레의 『부서진 사월』이다. 『부서진 사월』은 살인하지 말라가 아니라 살인하라는 명령에서 시작한다. 살인하지 말라는 것이 기독교의 율법이라면, 카눈kanun은 피에는 피로 복수하라고 명령한다. 카눈은 이슬람 관습법을 모아놓은 법규집이다. 이 소설은 알바니아의 관습법인 카눈에 관한 것이다. 알바니아 산악지대에서 카눈의 관습법을 철저히 준수하면서 살아가는 사람들은 가족이 살해당하면 그에 대해 반드시 피의 복수를 해야 한다. 피의 복수를 하고 문자 그대로 혈세를 성주(오로쉬 성)에게 지불한다. 카눈의 계율에 따르면 피에 대한 피의 복수를 명예로 간주한다. 직접적인 복수를 통해 '피의 세금'을 치르는 것이야말로 전근대적인 관습법이자 잔인하고 미개한 법처럼 보일 수 있다. 이에는 이, 눈에는 눈, 살인에는 살인으로 갚는 '혈세' 대신, 고통을 돈으로 갚는 현대인의 관점에서는 그러하다. 탈근대라고 하는 오늘날에도 이스라엘과 하마스는 살인하라는 카눈의 명령에 따라 서로 물리적인 폭력을 주고받는다.

  카눈에 따라 피의 값을 치르는 절차는 엄격하고 신성한 의식이다. 카눈이 말하는 살인행위는 인간의 생명에 대한 최대한의 예의처럼 보인다. 삶이 죽음으로서 완성된다면, 죽음에 대한 최대의 경의를 표하는 것이 카눈이 명하는 살인의식이다. 이처럼 살해될 수 있으므로 신성한 생명은 죽음을 통해 신(마치 십자가의 예수처럼)의 경지에 도달한다. 카눈에 따라, 살인자는 상대를 겨냥하기 전에 상대방에게 지금 총을 쏘겠다는 사실을 알린다. 도살장에서 무더기로 소를 도축하는 것처럼 혹은 도둑처럼 뒤통수를 쳐서 죽이는 것이 아니다. 살인한 사람은 24시간의 베사(이 시간 안에는 서로를 죽이지 않는다는 약속)를 청하고 그 다음 30일간의 대베사를 청할 수 있다. 대베사 기간인 30일이 지나고 나면 살인한 자는 자신이 어디에서 살해당할지 모르기 때문에,

살아 있지만 산목숨이 아니다. 죽음이 언제 우리를 찾아올지 모르는 것처럼 살인자는 자신의 죽음이 어디서 기다리고 있는지 알지 못한다.

그조르그의 아버지는 아들에게 형의 복수를 명한다. "네가 네 형의 피를 회수하지 않는 한, 너는 다른 어떤 것을 위해서도 살 수 없다." 그는 하마터면 웃을 뻔했다. 사람을 죽이기 전에는 살 권리가 없다니! 오직 사람을 죽인 연후에야, 그리하여 이번에는 그 자신이 죽음의 위협을 받을 때에라야 그의 삶이 이어질 것이라니![6] 이 기가 막힌 아이러니와 대면하면서 스물여섯 살의 주인공 그조르그는 방금 형의 복수를 했다. 이제 그는 자신에게 남아 있는 나날을 생각한다. 만물이 소생하는 사월이면 부서질 자신의 삶을 골똘히 생각해본다.

그는 안개 자욱한 풍경의 한 자락에서 눈을 떼지 못한 채, 그에게 남아 있는 이 30일 동안 무엇을 할 수 있을지에 대해 다시 골똘히 생각에 잠긴다. 남은 기간은 턱없이 짧아 무슨 일을 도모하기에는 부족해 보인다. 겨우 한 줌에 불과한 날들. 그러나 잠시 후에는 그 유예 기간이 끔찍하게 긴, 쓸데없는 덤이라고 느낀다.[7]

그조르그는 죽은 형의 피를 회수하지만 이 살인은 복수의 끝이 아니다. 70년 전 낯선 나그네가 그의 집 문을 두드리고 손님으로 환대받은 그 순간부터, 그의 죽음 또한 예견된 것이기도 했다. 어느 날 밤 그의 집에 죽음의 전령사인 손님이 찾아든다 해도, 그 손님을 환대해야 한다는 것 또한 카눈의 관습이다. 이때 그에게 찾아오는 손님은 타자로서의 죽음과 다르지 않다. 그 타자가 찾아오는 길에는 "짐승들이 통행하고, 산 자들과 더불어 죽은 자들도 통행한다 ……."[8] 그조르그는 자신이 죽인 사람의 장례식에 참석해야 할 뿐만 아니라 식사 초대에도 참석해야 한다. 그가 반드시 그 집안의 식사에 참여해서 함께 음식을 먹어야 하는 것은 그가 바로 살인자이기 때문이다. 제프 가족의 입장에서는 자기 아들의 목숨을 거두어간 손님을 기꺼이 식탁에 앉을 수 있도록 환대해야 한다. 70년 전 어느 날 저녁 그조르가에 그들 또한 죽음의 전령으로서 초대받았던 것이나 마찬가지로 말이다.

데리다가 환대에 관해 언급하면서, 비록 그 손님이 죽음을 몰고 오는 사신일지라도 환대해야 한다고 말했던 것은 바로 그런 의미이다. 라틴어에서 손님hôte은 낯선 사람임과 동시에 원수hostis를 의미한다. 환대hospitality/적대hostility라는 상호모순적인 의미가 하나의 어원에서 나왔다.[9] 이렇게 본다면 이방인xenos이 장소의 주인이 될 수 있고 친구가 적이 될 수도 있다. 환대는 적대가 될 수 있고 약이 독으로 뒤집힐 수도 있다는 점에서 이 모든 것의 경계는 견딜 수 없을 정도로 모호해진다.

알바니아인들에게 손님은 반신半神이다. 어느 집의 문을 두드리는 것만으로도 그들은 신의 지위를 획득한다. 그리스 시대 신들이 짐승이나 노파로 변신해 인간의 집을 밤손님처럼 불쑥 방문하는 것처럼, 손님은 죽음을 가져오는 신일 수도 있다. 알바니아에서는 신 되기가 참으로 쉽다. 손님으로 방문하는 순간 신처럼 대접받기 때문이다.

그조르그는 살인을 하고 혈세를 오로쉬 성주에게 바치러 간다. 피의 세금을 징수하는 오로쉬 성주는 카눈의 법을 초월해 있다. 성주는 카눈의 법에 저촉을 받지 않는다. 살인하라는 명령으로부터 그는 자신을 예외적인 인물로 구성함으로써 자신의 성을 통치하는 초월적 주권자가 된다. 그조르그는 혈세를 바치러 가는 길에 이 고원지대로 신혼여행을 온 디안이라는 여자가 탄 마차를 스쳐 지나간다. 그조르그는 아름다운 눈을 한 디안을 얼핏 보게 되고, 디안은 소매부리에 검은 띠를 두르고 있는 죽음처럼 서늘하고 아름다운 청년을 쳐다본다. 그조르그는 대베사 기간(30일)이 끝날 무렵 베사 아래에 있는 길(이 길 위에서는 죽임을 당하지 않는다.)을 벗어나 아름다운 여인이 타고 있는 마차의 자취를 뒤쫓는다. 아름다운 그 여자가 너무 절박하게 그리웠기 때문이다. 죽음은 미의 베일을 쓰고 나타남으로써 견딜 수 없는 죽음의 공포를 따스하게 가려준다. 그녀의 눈을 한 번 더 보기 위해 그는 죽음의 길로 들어선다. 그 순간 그조르그에게 사월은 잔인하게 부서져 내린다.

디안의 남편인 베시안은 카눈의 관습법에 매혹되어 이 고원지대로 찾아온 작가다. 베시안은 전근대적인 관습에 대한 '원시적 열정'을 갖고 있다. 그는 서구인의 시선 아래 마치 태곳적부터 내려온 타자의 모습을 간직하고 있는 원시성을 하나의 스펙터클로 소비한다. 카눈의 법에 매료된 그는 관찰자의 위치에서 그것을 즐기는 셈이었다. 베시안(으로 상징되는 서구인들)의 미학적 태도에 관해서는 이 소설에 등장하는 의사의 입을 빌어 신랄하게 비판한다. 베시안과 같은 작가들은 이곳 고원지대 주민들의 죽음을 구경하고 재미있는 소재로 삼으면서 자신의 예술을 위해 이곳까지 기웃거린다. 그들은 '살인의 미학'을 즐기는 자들이자 '범죄의 냄새'를 풍기는 자들이다.

『부서진 사월』은 정의를 실현하는 방식으로 폭력을 인정하고 살인을 명령하고 정당화한다. 동시에 죽음의 얼굴을 하고 찾아오는 손님을 환대하라는 역설적인 명령을 내린다. 정의를 실현하기 위해 복수하라고 명령하면서도 동시에 복수하러 오는 자를 환대해야 한다면, 타자에의 환대는 불가능성의 가능성이 된다. 그것이 환대의 법칙이다.

슬픔에서부터 환대로 나아가는 것은 수동적이고 탈정치화된 것이 아니다. 충분한 애도야말로 우리가 이미 언제나 타자와의 관계 속에서 서로 의지하고 있다는 사실을 알게 해준다. 클라인의 식인주체에서 보듯, 타자를 먹어치우면 주체 자신도 소멸할 수밖에 없다는 인식으로 인해 주체는 '우리'를 회복하고 공존의 길을 모색하게 된다. 타자가 소멸하면 자신도 절멸할 수밖에 없다는 사실 앞에서 서로의 취약함에 대한 연민과 슬픔으로 인해 환대에 이를 수 있다. 주체의 자율성과 독자성을 끊임없이 주장하지만, 우리는 서로에게 기대고 의존하고 있다. 내 몸은 사적인 소유가 아니라 언제나 절멸의 위험에 처해 있는 공적인 장이다. 얼굴은 나의 최전선임과 동시에 바깥이고 세계와 마주하는 문지방이다. 얼굴은 언제나 타자와의 소통의 장이다. 내 얼굴, 내 몸은 언제나 공적인 공간에 놓여있으므로 폭력과 슬픔에 노출될 수밖에 없다. 바로 우리의 취약함이 서로에게 기댈 수 있는 언덕이 되고 손님으로서 서로에게 환대의 대상이 될 수 있다. '나'는 이미 언제나 타자와의 사회적인 관계망 속에서 형성되는 것이기 때문이다.

정의의 이름으로 폭력을 행사함으로써 슬픔을 손쉽게 해소하거나, 강제적인 법적 정의에만 의지할 것이 아니라, 공감, 공존, 환대, 신뢰와 같은 가치를 사적 인격들 사이에서 회복하려는 노력이 필요하다. 우리가 서로 의존해 있다는 사실을 인식할 때, 박해망상으로 인해 타자를 삼켜 나와 합체하려는 공격성에서 벗어날 수 있다. 지배적인 몸짓과 국가의 언어가 아닌 사회적 소수의 감각에 호소하는 감성적 정치를 회복할 때 타자와 나의 공존이 가능하다. 그처럼 소박하고 법으로 매개되지 않은 낭만적인 수단들이 존재할 수 있느냐고 비판할 수 있겠지만, 강제적인 법질서에 모든 것을 맡기는 것처럼 수동적인 태도도 없다. 국가의 법과 언어에 모든 것을 맡기면 개인은 점점 더 무기력해지고 법 앞에서 죄인이 되어 죄 없음을 증명해보여야만 한다. 법으로부터 배제된, 그래서 법 너머에 존재하는 비가시화된 존재들의 '자율적'인 연대를 모색하는 것 자체가 상호 의존적인 사회를 열어가는 한 방식이 될 것이다.

21세기에 손님으로 찾아오는 존재들이 결혼이주여성, 무국적자, 난민, 미등록이주노동자가 될 수도 있다. 이들과 함께 어울려 살아야 하는 시대임에도 공존하는 것이 쉽지 않은 이유는 내 안의 타자를 언제나 외부화하고 비체화하려는 공격적인 욕망이 우리 안에 있기 때문이다. 낯선 얼굴의 손님이 내 목숨을 앗아갈 신의 얼굴을 하고 올지, 아니면 선물(아기 등)을 가지고 오는 다정한 손님이 될지는 고정되어 있지 않다. 하지만 그런 타자의 얼굴 없이는 시간을 공유하며 함께 소통할 수 있는 존재 또한 없어진다는 것을 기억한다면, 목숨을 걸고라도 함께 사는 법을 배워야 하며, 동시에 그것이 내가 살 수 있는 방법이기도 하다.

# 주름

## 노년의 시학

생산성을 중심으로 하는 자본주의 사회에서 노년을 위한 나라는 어디에도 없다. 그래서 노년은 대참살이라고까지 말한다. 자연스럽게 늙어간다는 것은 미덕이 아니라 가난의 표시이다. 그러나 세월의 패인 자국이 없는 매끈한 얼굴이 칭송받는 시대에 겹주름 사이에 들어가 있는 오랜 시간의 자취와 바람의 무늬를 읽어내는 것, 그것이 노년의 시학일 수 있다.

사실 페미니즘 또한 '신성한' 노동생산성과 그에 바탕한 젊은 여성(생산과 재생산이 가능한 여성)의 몸을 자기 이론의 중심으로 삼고 있으며, 그 과정에서 구성적 외부로 배제된 비체화된 몸, 늙은 몸, 늙어가는 몸의 문제는 등한시해왔다. 노령화사회에 접어들면서 한국인의 평균 기대수명이 80세를 넘었다. 2026년이면 우리나라 노인인구 비율은 전체인구의 20퍼센트에 이르는 초고령사회에 진입할 것이고 2050년에는 노인 인구가 전체인구의 38.2퍼센트를 차지해 세계 최고령국

가가 된다는 분석이 나왔다.[1]

하지만 생산성을 중심으로 하는 논의에서는 생산성이 없어진 존재는 무가치하고, 이처럼 비체화된 존재가 욕망을 갖고 있다는 사실은 추문거리가 된다. 인간이 인적 자원과 동일시되는 사회에서 무가치한 삶 혹은 생산성이 끝난 삶은 죽어가도록 내버려두거나 스스로 알아서 죽도록 권하는 사회가 되기에 이르렀다. 생산성/젊음을 중심으로 국가 공동체에 복종하는 몸, 정화purification와 품위단정한 중산층화gentrification에서 일탈하는 프롤레타리아트화된 몸을 나이와 젠더의 관점에서 살펴봄으로써 '가치 있는' 삶이란 과연 무엇인지 고민해보고자 한다. 돈으로 환산되는 생산성=가치 있는 삶이라는 자본주의적인 등식에서 그것의 결을 거슬러 가는 길이 있는가. 생산성과 연령차별화가 어떤 방식으로 작동하고 있는가. 생산성을 중심으로 한 자본주의적 윤리에서 벗어나 어떤 가치투쟁의 장을 열어가야 할 것인지를 우선 나이의 계급화와 더불어 모색해 보자.

## 1. 나이의 계급화와 젠더화

한국사회는 유교적인 전통으로 인해 노년의 욕망은 노추이며 노년에게는 욕망 자체가 없는 것으로 간주해왔다. 그러므로 노년은 욕망의 소멸에서 지혜의 덕을 찾았다. 젊음으로 인한 질풍노도와 욕망이 소용돌이쳤던 시절이 지나면 몸의 노쇠와 더불어 욕망은 소멸되고, 노년은 편안하고 지혜로워지는 시기로 이해된다. 따지고 보면 노추로 규정되는 욕망은 빈곤한 노년에게만 적용되는 것이다. 욕망이 없어서 노년이 지혜로워졌을까? 한정된 자원을 가지고 젊은이들과 경쟁하는 것 자체가 힘들다면 권력 없고 재산 없는 노년은 경쟁에서 물러나 점잖은 척이라도 하는 것이 그나마 체면을 유지하는 하나의 방법이 된 것이다.

노년이 그나마 존중받는 것은 지배계급일 경우다. 노년은 세대 갈등 (시어머니와 며느리 사이의 고부갈등처럼)인 것처럼 보이지만 세대갈 등 자체가 계급갈등을 가리고 있다. 계층에 따라 노년의 욕망에 대한 사회적인 태도 또한 제각기 다르다. 연대기적이고 생물학적인 연령보 다는 사회적인 나이에 따라 늙음의 개념 자체도 다르게 적용된다. 생 물학적인 나이는 이십대라 하더라도 홈리스, 신용불량자, 백수, 실업자 처럼 자본주의 사회에서 비체화된 몸들은 사회적으로 칠십대와 마찬가 지의 폐물로 취급당한다. <지붕 뚫고 하이킥>이라는 드라마에서 보면 부와 지위를 가지고 있는 순재와 자옥은 생물학적인 나이와 상관없이 하이킥을 할 수도 연애를 할 수도 있지만, 백수이면서 기생하는 이십 대 인나와 광수 커플은 눈부신 젊음에도 불구하고 사회적인 비체가 되 어 있다. 축적해온 상징자본과 생산성에 따라서 나이가 사회적으로 규 정되기 때문이다. 이처럼 나이는 단순히 생물학적인 것이 아니라 사회 적으로 구성된다. 고급공무원, 법관, 교수와 같이 계급을 유지하는데 필요한 상징자본, 사회자본을 축적해왔던 남성들은 정년퇴직 이후에도 그동안 쌓은 노하우를 가지고 다른 일자리로 이전하여 자문, 고문 등 으로 일하면서 자신의 생산성과 권력을 즐긴다. 그들에게는 늙어가는 몸과 흰머리마저 권위와 권력이 된다.

물론, 같은 늙음이라도 젠더에 따라 다른 사회적 가치를 지닌다. 황 혼의 사랑을 다룬 영화 <사랑할 때 버리기 아까운 것들Something's gotta give>에서 일흔을 바라보는 해리는 이십대 여성들만 골라 자유롭고 거 침없는 연애를 한다. 늙은 슈퍼부자들에게 (숨겨놓은) 젊은 애인은 지 위와 권력을 상징한다. 다만 한 가지 제약이 있다면 젊은 남녀와 상대 하기 위한 정력이 문제일 따름이다. 그나마도 요즘은 비아그라가 해결해준다. 해리는 그만그만한 부자가 아니라 뉴욕에서도 둘째가라면 서러운 록음반 회사 사장이므로 연애라는 이름으로 사랑을 구매할 수 있는 능력이 충분하다. 반면 나이든 여성은 상징자본과 문화권력을 가지고 있다 하더라도 바로 그 이유 때문에 관계 형성이 힘들어진다. 사회적 체면이라는 점에서 자기계급, 자기신분에 어울리는 사람을 구하는 것이 상대적으로 남성보다 힘들기 때문이다. 일흔을 바라보는 해리의 사랑이 거침없다면 이혼녀인 에리카(다이앤 키튼 분)는 이혼 후 십 년 만에 해리 샌본(잭 니콜슨 분)과 키스를 해볼 정도로 무성적으로 살아간다. 그녀는 그런 욕망을 잊어버리기 위해서라도 일에만 매달린다. 일 중독의 결과 브로드웨이에서 유명한 극작가가 되지만 사람을 사귈 기회는 점점 더 멀어진다. 그러다 보니 또 다시 일에만 파묻혀 자폐증처럼 살아가는 악순환이 반복된다.

하지만 재력과 지성과 권력을 갖췄다 하더라도 노년의 회한은 생물학적으로 젊은 프롤레타리아트와 경쟁할 수 없다는 점이다. 그런 점에서 어쩌면 세상은 공평한 것처럼 보인다(육체자본을 가진 젊은 여자에 한정하여). 만약 모든 것을 잃은 채 노년이 오로지 '한줌의 건강'으로 존재하는 것이라면 노년에게 이제 몸은 종교가 되지 않을 수 없다. 생산성과 젊음만이 가치 있는 사회에서 노년은 재활용마저 불가능한 폐기물 취급을 당한다. 노년을 무가치한 것으로 만드는 사회에서, 자연스럽게 나이 들어가는 모습은 가난의 가시적인 증거가 된다. 나이에 걸맞게 늙어간다는 것은 칭찬이 아니라 조롱이다. 세월에 저항하기 위해 성형을 하거나 건강을 유지하기 위해 운동을 할 만한 경제적 여유와 시간이 없다는 사실을 온몸으로 전시하는 것과 다르지 않기 때문이다.

효의 개념이 사라진 우리시대는 자식들로부터 노년을 보장받는 시대가 아니다. 그렇다고 사회적인 안전망이 노후를 책임져 주지도 않는다. 이런 맥락에서 젊고 건강한 몸을 유지하려는 집착은 사회 경제적 불안과도 무관하지 않다. 노년의 실존적, 사회적 불안은 세대 간의 불연속성과 불확실성에서 비롯된다. 젊은이가 노인에게서 지혜를 배우는 전근대적인 세상은 소멸되었다. 이미지가 지배하는 시대에 세상은 하나의 무대일 뿐이고 젊은 배우는 늙은 배우를 존중하는 것이 아니라 언제라도 무대바깥으로 퇴장시키려는 세력이다. 따라서 자기 몸 하나만을 믿는 사회라면 그 몸에 온갖 것을 투자하는 것이야말로 가장 확실한 생존전략이라고 생각하게 된다. 그래서 '몸뚱이, 너 하나만 믿는다.'는 의미에서 몸은 우리 시대의 세속적인 종교가 되었다.

몸이 세속적인 종교가 된 것은 가족의 구조변동과 무관하지 않다. 전통적으로 가족 안에서 효 개념이 노년의 안전망 구실을 해왔지만, 오늘날 노령은 더 이상 가족단위 안에서 존중받지 못한다. 우리사회가 끈끈한 가족애를 자랑스러운 덕목으로 여겨왔지만 사실은 도구적 가족주의가 더욱 강한 편이다. 도구적 가족주의 입장에서 볼 때 가족은 사회적 지위와 계층과 자산을 유지하는 경제적 범주들의 인격화로 기능한다. 돈의 이름을 한 아버지, 미래의 자기 계층을 재생산할 자산으로서의 자녀들, 도구적 가족주의에서 부부 관계는 애정보다는 생계부양자 역할에 집중되어 있다. 가족이 사회적 계층을 유지하는데 더욱 치중하게 되어 나타난 현상 중의 하나가 한국적 분단가족인 기러기아빠의 등장이다. 생계부양자로서의 역할이 끝나고 자신을 스스로 부양할 능력이 없는 부모는 자식으로부터 외면당하는 경우가 허다하다. 한국사회의 독거노인 가구가 급증(OECD 회원국 중에서 1위)하는 것도 그런 도구적 가족주의가 한 몫을 하기 때문이다.

한국사회에서 빈곤한 고령자는 특히 자녀양육과 교육비 등으로 인해 자신의 노후대책을 마련하지 못한 채 어느새 늙음과 대면하는 경우가 허다하다. 한국에서만 볼 수 있는 기러기아빠의 '외로운' 죽음과 같은 현상은 한국인이 가진 자녀교육에 대한 열성의 한 표현이다. 사실 결혼이 매춘구조이기만 하다면 기러기아빠와 같은 현상은 나타나지 않을 것이다. 한국사회가 교육에 목매는 것은 학력을 통해 기존 계층을 재생산하고 유지할 수 있다고 보기 때문이다. 이런 욕망의 이면에는 언제라도 자기계층(1997년 IMF 사태 등을 통해 경험했다시피)에서 추락할 수 있다는 불안이 자리하고 있다. 한국사회에서 중산층은 계층 탈락에의 불안과 공포가 가장 심하다. 상층지배계급은 금융위기와 같은 외부적인 요인에도 추락의 공포를 그다지 느낄 필요가 없고, 하층 계급은 더 이상 잃을 것이 없을 뿐만 아니라 계층의 사다리에서 가장 아래쪽에 자리하고 있으므로 계층탈락의 공포가 없다. 반면 지배계층이 이미 차버린 계층의 사다리에 매달려 있는 중산층은 언제라도 하층으로 떨어질 가능성이 있다는 점에서 취약한 계층이고, 그러므로 기득권에 집착하면서 그것을 재생산하려는 욕망은 더욱 강해진다. 기러기 아빠도 마다하지 않는 것 자체가 미래의 불확실성에서 비롯된 것으로 볼 수 있다. 이처럼 사회안전망이 부족한 상태에서 모든 것을 개인차원에서 해결해야 한다는 강박은, 한국사회에서 공동체 의식이나 공공의 선과 같은 윤리를 거의 붕괴시켜버렸으며 부패가 능력(MB정권의 탄생에서 보다시피)으로 둔갑하게 되었다. 노년은 점점 늙어가는 몸으로 인한 고통, 의료비, 건강에 대한 걱정 속에서 살아가는 시절이다. 생산력 없는 거추장스런 노인이 되어 마침내 사회적으로 매장될 때까지, 가난한 노년들에게 삶의 질이 보장되지 않은 채 늘어난 평균수명은 감당하기 힘든 부담이다. 돈으로 환산되는 생산성을 가치 있는 삶으로 보는 사회에서 노년은 스스로 쓸모없다는 생각에 젖게 된다. 이제 한국은 OECD 회원국 중 고령자가 가장 빈곤한 나라[2]일 뿐만 아니라 노년 자살률이 최고에 이른 나라다. 그야말로 우리사회는 생산력이 없는 자에게 자살을 권하는 우울한 사회가 되었다.

필립 로스의 소설 『에브리맨*Everyman*』은 노년을 현대의 홀로코스트로 비유한다. 늙는다는 사실을 치욕으로 감춰야 하는 시대에 이르러 노년은 저주를 넘어 범죄가 된다. 이 작품은 황량한 가족공동묘지에서 시작해 공동묘지로 끝난다. 이 작품은 젊은 한 시절 유명 광고회사의 재능 있는 아트 디렉터로서 뉴욕에서도 잘나가는 인물이었다고는 하나, 이제는 늙고 병들어 죽음 앞에서 공포와 무력감에 사로잡힌 한 인간의 일생을 담담히 유머러스하게 그리고 있다. 『에브리맨』에서 주인공 '그'는 가족해체가 전공이지만, 가족 안에서 그는 친족 기호로만 불린다. 두 번째 아내인 피비에게는 남편이고, 딸 낸시에게는 아버지이고 형에게는 남동생이고 아버지에게는 아들이 된다. 그는 마치 에브리맨의 알레고리인 것처럼 고유명사로서의 자기 이름조차 없다. 그의 장례식은 여느 장례식보다 더 흥미로울 것도 덜 흥미로운 것도 없는, 그래서 죽음은 그렇게 흔하고 그것이 현실이라는 것을 더욱 각인시킨다.

그는 서른네 살 때 두 번째 아내가 된 피비와 만나 신나는 휴가를 보낸다. 그의 인생에서 보석 같은 한 철이었다. 수영과 하이킹을 하고 하루 중 편한 때 섹스를 하고, 모래언덕으로 이루어진 능선까지 헤엄을 친다. 그로부터 20년이 지나 그에게 헌신적이던 아내 피비와 이혼하고 덴마크 출신 스무 살 연하의 모델과 세 번째 결혼을 한다. 나이들어가는 남자가 죽음의 공포에 저항하는 방식은 젊은 여자와의 사랑이고, 그것으로 죽음에 대한 공포를 베일로 가린다. 그가 입원하자 젊은 모델 아내는 남편을 걱정하는 것이 아니라 "나는 어쩌라고"라는 말부터 먼저 한다. 에로틱한 영역에서 말고는 모든 부분에서 무능력한 여자임에도 그런 젊음에 중독되고 도취되어 결혼하지 않았던가.

그녀와의 사랑이 다이아몬드처럼 불멸의 보석일 수는 없다. 한때 사랑했던 피비가 시들하고 권태로워지는 것처럼 모델 출신의 젊은 아내도 그렇기는 마찬가지이다. 불멸의 보석을 젊은 여인의 손가락에 끼워준다고 해서 사랑이 불멸이 되는 것도, 자신이 불멸이 될 수도 없다. 그러니 또 다시 이혼할 수밖에! 위자료를 줄 능력이 있는 한에서. 1998년 그는 예순 다섯 살이고 막 퇴직했고 세 번째로 이혼했다. 그리고 은퇴자 마을로 왔다. 온갖 것들이 마련되어 있는 중산층 은퇴자 마을이다. 한때는 뉴욕의 상류층이었다고 하지만 지금 그곳에는 암을 친구삼아 늙어가거나 치매나 온갖 병에 시달리는 늙은이들로 가득 차 있다. 부유한 은퇴자 마을에서 사는 늙은이나 할렘가에서 사는 늙은이나 늙는다는 사실 앞에서 남루하기는 마찬가지이다.

어느날, 그는 직장 상사이자 존경하던 클라렌스의 죽음을 신문 부고란에서 읽는다. 예전의 직장 동료와의 통화에서 에즈라 폴록이 암으로 한 달을 넘기기도 힘들 것 같다는 말을 듣는다. 막상 전화를 하니 폴록은 씩씩하게 버티고 있다. 폴록은 평생의 꿈이 작가였으니 회사를 퇴직하면 광고회사에서의 경험을 바탕으로 회고록을 내겠다고 했다. 하지만 그는 다음 날 죽는다. 우울증으로 정신병원에 있는 친구인 브래드는 상태가 좋지 않다. 그들 모두 젊은 시절 뭔가를 성취해보겠다고 노력했다. 직장생활 동안 그가 사귄 모든 사람들의 괴로운 사투를 알았다면, 그들이 느끼는 고통스러운 이야기를 알았다면, 그들이 체계적으로 파괴되어가는 과정을 알았다면, 젊은 시절 그들의 삶은 달라졌을까? 그들에게 노년은 전투가 아니라 대학살이다. 세월은 반복되고 삶은 계속되겠지만 에브리맨은 흔하디흔한 보통사람으로서 한 줌의 가루가 되어 무덤으로 들어간다. 그는 이제 유령이 되어 자기 죽음을 내려다보고 있다.

## 2. 노년에도 차마 버리기 아까운

늙어가는 노년이 최대한 의존할 수 있는 것이 육체의 감각이다. 노년은 교양, 품위, 취향과 같은 문화적 의상을 벗고 벌거벗은 생으로 돌아가는 과정이다. 젊은이는 '늙은이에게도 과연 성욕이 있을까?'라고 궁금해 한다. 이럴 경우 세대마다 살아온 기억과 경험과 문화가 다른만큼 아무리 부정하려고 해도 나이차별주의가 작동하고 있음을 인정하지 않을 수 없다. 자녀들은 늙은 부모에게 오욕칠정이 남아 있다는 사실을 못미더워한다. 유아에게 성욕이 있다는 것을 인정하기 어려운 것만큼이나 노인(그중에서도 가난한 노인)에게 있을지도 모르는 성욕은 주책으로 간주된다. 청소녀/소년 시기에는 왕성한 성욕이 있음을 인정하지만 학업에 충실해야 하는 미성년이라는 이유로 그들의 성욕은 억제의 대상이 된다. 젊은이가 되어서도 성적 억압은 여전하다. 혼전성교는 도덕적인 해이라고 비판받는다. 정이현의 소설 『낭만적 사랑과 사회』에서 강남 중산층의 딸인 이십대 여성은 재벌 2세쯤 되는 남자친구와 결혼에 이르기까지 혼전순결을 지키고자 무던히 노력한다. 그녀가 생각하는 확실한 재테크는 결혼이다. 남자친구가 성적욕망을 자극할 때마다 자신이 입고 있는 치수가 100인 아줌마 팬티를 떠올리면서 분연히 그런 욕망을 떨쳐버린다. 결혼에 이르기 전까지 그녀는 낡은 아줌마 팬티를 마치 정조대처럼 입기로 작정한다. 그 민망한 팬티는 강렬한 성욕마저 억제할 수 있을 정도로 그녀의 수치심을 자극하기 때문이다. 이처럼 일부 여성에게 혼전순결은 부유한 남자와 결혼할 수 있는 혼수품목이다. 여성이 불이익을 당하지 않기 위해 혼전성교를 억제해야 한다면, 가난한 노년의 성욕 같은 것은 없애야 한다. 설사 있다고 해도 은밀하게 감춰야 한다. 인간의 기본적인 욕망이라고 할 성욕은 전체 인생을 통틀어 재생산이 가능한 극히 짧은 한 시기에만 허용되는 것처럼 보인다.

엥겔스는 『가족, 사유재산, 국가의 기원』에서 두 가지 재생산 이론을 언급한 바 있다. 하나는 재화의 재생산이고, 다른 하나는 섹슈얼리티의 확장으로서 인간의 재생산이다. 말하자면 물질의 재생산과 인적 자원의 재생산이 그것이다. 중국에서 널리 전해오는 '음식남녀'는 물질 생활의 재생산(음식)과 성욕에 의한 후손의 재생산(남녀)을 일컫는다. 음식남녀는 엥겔스가 말한 두 가지 재생산의 중국식 표현이다. 식욕과 성욕은 인간의 오욕 중에서도 가장 자연스러운 욕구인 셈이다. 그런데 음식남녀가 과연 인간만의 것인가? 돈황의 벽에 그려진 조소에는, 늙은 원숭이가 한 손에는 복숭아를 들고 다른 한 손으로는 생식기를 만지면서 만면에 회색을 드러내고 있다. 식食과 색色은 자연스러운(인간도 자연의 일부이자 동물이라는 점에서) 욕망이며 그것이 음식남녀의 진정한 의미이다.

원시 도가에서는 자연을 숭배하는 것만큼이나 자연의 일부로서의 성을 당연하게 받아들였다. 도가에 따르면 예(삼강오륜), 제도, 의식, 규범, 지식과 같은 인위적인 문화는 자연을 교란시키는 폭력일 따름이다. 도교에서 무위란 아무것도 하지 않음을 의미하는 것이 아니다. 자연에 인위적인 것이 끼어들면 그것은 항상 의도치 않은 결과를 초래하기 때문에 무위 없는 성공이란 있을 수 없다고 본다. 이처럼 계획적인 인간의 간섭이 자연의 조화를 깨뜨린다고 믿었으며, 자연적 리듬과 움직임 속에서 삶을 영위하는 것이야말로 도가의 이상이었다. 그들에게 있어 지식욕은 분별심으로 인해 경쟁심을 자아내고 물욕을 부추겨 분란을 초래하는 것이었다. 이처럼 자연과의 합일을 원하는 원시 도가 사상에 의하면 성은 인간의 본성이며, 자연스러운 욕구이므로 억압의 대상이 아니다. 성 억압은 자연을 억압하는 것과 다르지 않기 때문이다. 남녀 쌍수 합기를 통해 건강을 유지하는 양생 방법으로서의 성은 신선놀음하는 노년에게는 자연스러운 것이다. 남녀의 합일을 운우지정雲雨之情으로 표현하는 것 역시 성을 자연의 일부로 본 것이다. 구름과 비는 하늘과 땅의 교합이며 바람(하늘)과 구름(땅에서 증발)의 결합으로 비(제3의 산물)가 내린다. 남녀의 교합을 경누耕耨라고 한 것도 토지나 식물 등 자연물과 연계시킨 것이다. 도가의 성에 관한 이론은 천인감응, 음양오행, 쌍수로 이어진다. 도교는 인간의 욕망, 그중에서도 성을 자기수련의 방법이자 지고의 도에 이르는 방편으로 보았다. 그러므로 도가에서 노년의 성은 주책이나 수치가 아니라 불로장생의 비결이자 신선으로 노니는 한 방편이기까지 했다. 많은 밀교와 신비주의자들이 순수한 쾌락의 순간에 신과의 합일을 경험하는 것도 이런 맥락이라고 볼 수 있다.

자연스러운 행위로서의 성이 억압의 대상이 된 것은 오랜 역사를 통틀어 볼 때 그다지 오래되지 않았다. 성욕이 억압의 대상으로 간주되기 시작한 것은 정주학의 영향이었다. 주희의 성리학이 득세하면서 특히 여성에게 정절은 예와 동일시되었다. 이들은 인간의 재생산을 위한 공리적인 성이 아닌 쾌락을 위한 성은 용납하지 않았다. 이런 관점은 여성의 재생산 능력을 박탈하려는 가부장제의 오랜 기획과 결코 분리될 수 없다.

이런 영향으로 인해 21세기에 이른 지금까지도 노인에게 성욕이 있으면 주책없는 노추가 되고, 유아에게 성욕이 있으면 맹랑한 조숙이 된다. 유아성욕에 관해서는 프로이트를 위시한 서구 정신분석이론가들이 워낙 많은 이론을 내놓아 어느 정도 인정되기에 이르렀다. 특히 아동 인권이 신장됨과 더불어 미성년의 성적 자율권을 인정하자는 논의가 나오고 있다. 게다가 유아성욕에 제대로 대처하지 않으면 평생 오이디푸스화를 달성하지 못해 성적으로 문제가 있는 성인이 될 수밖에 없다는 위협으로 인해, 유아성욕은 대체로 수용되는 편이다. 하지만 젊음만을 숭배하는 문화에서 노년의 성은 여전히 추문거리이다.

## 3. 죽어도 아깝지 않은

<사랑할 때 버리기 아까운 것들>은 결국 나이 드는 것을 자연스럽게 받아들이라고 조언하는 것처럼 보인다. 젊은 시절의 격렬한 감정이 줄어드는 것조차도 노년의 특권이지 않겠는가라고 이 영화는 반문한다. 『노년에 관하여』라는 책을 썼던 키케로에 의하면, 나이가 들어 쇠약해진 소포클레스에게 어떤 사람이 '성생활을 즐기는지' 물었다고 한다. 소포클레스는 "무슨 끔찍한 말을! 마치 잔인하고 사나운 주인에게서 도망쳐 나온 것처럼 나는 그것으로부터 빠져나왔다네!"라고 대답했다. 격렬한 성적 욕망의 노예상태로부터 그가 과연 탈출했는지는 믿거나 말거나이다. 『콜로누스의 오이디푸스 왕』이라는 비극을 집필했을 때 그의 나이 아흔이었다. 이 비극에는 현실 정치에서 좌절과 염증을 느낀 소포클레스의 회한과 비애의 감정이, 늙은 오이디푸스 왕에게 고스란히 투사되어 있다. 딸이자 여동생이기도 한 안티고네의 손에 이끌려 세상 끝까지 떠도는 오이디푸스에게 그는 자신의 심정을 의탁하고 있는 것처럼 보인다. 그렇다면 키케로의 말처럼 오욕칠정의 강도가 약화되고 승화되어 그처럼 더없이 편안한 상태가 과연 노년의 마음상태일까? 욕망이 줄어 편안해진 상태를 현명한 노년의 완숙한 삶으로 묘사하고 있지만 과연 그럴까? 인간의 오욕칠정은 무덤에 이르기까지 전혀 줄어들지 않을 것처럼 보인다.

&lt;사랑할 때 버리기 아까운 것들&gt;이 온갖 화려한 할리우드 영화문법을 동원한 중년의 로맨틱 코미디물이라면, &lt;죽어도 좋아&gt;는 환상의 베일이 없어서 다큐처럼 느껴지는 적나라한 극사실주의 영화다. 이 영화는 민망할 정도로 노년의 성과 사랑을 솔직하게 드러내고 있다. 축 늘어진 살, 구부정한 등허리, 헐거운 틀니, 저승꽃이 핀 얼굴, 성긴 머리카락 등. 이 영화를 보고 있노라면 할리우드 영화가 성애의 장면에 얼마나 두껍게 환상의 분칠을 했는지, 그런 표현법에 나의 시선은 얼마나 오염되었는가를 실감할 수 있다. 이 영화는 재력과 권력을 다 가지고 있는 노년이 아니라 옥탑방에서 사는 많은 노년의 삶을 대변한다. 이 영화는 노년에 체면을 지키며 빈곤한 육체의 가난을 은폐할 것인가, 아니면 육체적 감각의 욕망을 극대화할 것인가라는 문제를 제기하는 것처럼 보인다.

돈 없는 늙음의 남루함을 이루 표현하기 힘든 시대에 늙고 추레한 노부부가 보여주는 여유와 만족은 과연 뭘까? 일흔 두 살의 할아버지는 어느 날 '내게 너무 아름다운 그녀'를 만나 살림을 합친다. 두 사람은 비가 오면 비가 와서 얼싸안고 바람이 불면 바람 불어 운우지정을 나눈다. 놀다 지치면 잠자고 배고프면 밥 먹는다. 인간의 오욕 중에서 이들이 누리지 못하는 것이라면 재물욕과 명예욕 정도라고나 해두자. 할아버지는 할머니의 장구반주에 맞추어 청년가를 배운다. 명예로운 자리에서 은퇴하고 그동안 모은 재물을 싸안고 실버타운에 들어가서 24시간 완벽하게 건강체크를 받으면서 사는 노년과 비교해본다면 그들의 생은 구질구질하고 구차스럽다. 이 부부에게 돈들이지 않고 즐기는 방법은 서로 살을 부비는 것이다. 이들의 삶은 그야말로 반자본주의적이다. 자본주의 사회에서 소비하지 않고 돈 없이 즐겁게 사는 방법을 터득한 사람들이다. 여름별장 없으면 어떤가. 옥탑방에서 빗방울 떨어지는 소리를 즐기면서 시내를 내려다보는 것만으로도 이들의 삶은 지루하지 않다. 황혼기가 누릴 수 있는 안빈낙도가 바로 저것이지 않을까 싶다. 소박하면서도 유유자적하는 그들의 삶은 황혼의 반란이 아니라 '저물녘의 황홀'이다. <죽어도 좋아>의 노부부가 더 이상 바라는 것은 없다. 옥탑방에서 함께 살을 부비고, 함께 먹고, 졸리면 자고, 사는 날까지 건강하게 사는 것 외에는. 이들이야말로 '음식남녀'의 극치이다. 게으를 수 있고, 즐거울 수 있는.

## 4. '불안의 꽃' 현상과 할머니 가설

사회안전망 없는 사회에서 노년의 삶은 어떻게 되는가? 사회적으로 본다면 연금으로 생활할 수 있는, 다시 말해 소비능력이 있는 노년의 개인적 소비욕구와 욕망을 인정하고 부추기는 수밖에 없을 것이다. 고령화 시대를 맞이하여 노년의 욕망을 표현하라고 성화다. 노년남성의 성범죄가 증가하는 것도 이와 무관하지 않다. 그 와중에 소비자본주의 사회는 노년의 욕망을 끝없이 부추기고 황혼의 로망스를 극화하여 상품화함으로써 경제력 있는 노년은 '젊은' 노년으로 이상화된다. 재력이 있는 노년에게 욕망은 더 이상 추문거리가 아니다. 그러니 경제력을 가지고 있는 노년들에게 이제 황혼의 로망스를 즐기면서 자신의 욕망에 솔직해져도 좋다는 사회적 승인이 온갖 매체를 통해 유포된다. 그러므로 "노년들이여, 욕망을 억제하지 말고 끝까지 충족시키고 소비하다 죽을지어다."라고 외친다. 한 광고에는 "아버지는 말하셨지, 인생을 즐겨라."라고 노래하는 젊은이가 등장한다. 인생을 즐기고 소비하라는 것이 가부장적인 아버지의 명령이라면 새삼 무엇을 망설이겠는가. 이 명령은 돈만 있으면 모든 것을 해결할 수 있을 것 같은 외설적인 사회에서 노년의 아버지에게도 마찬가지로 적용된다. 그것이 노년에 부과된 최신판 이데올로기이다.

하지만 노년이 달리 노년인 것이 아니다. 욕망과 육체 사이에 괴리가 있기에 노년인 것이다. 노년 남성의 욕망과 육체적인 괴리 사이의 불안을 극화한 것이 "불안의 꽃" 현상이다. 불안의 꽃이란 나무가 자신이 죽을 때를 알게 되면 유난히 화려하고 풍성하게 꽃을 피워 올리는 현상을 가리킨다.[3] 그것은 세상 너머로 소멸될 것에 대한 두려움 때문에 존재가 자신의 흔적을 남기려는 것이며, 생명을 가진 존재가 가장 삶을 욕망하는 순간을 지칭하는 것이다. 노년의 남성에게 불안의 꽃은 결국 진화생물학에서 말하는 것처럼 종을 보존하기 위해 마지막 순간까지 씨를 뿌려야 한다는 유전자의 명령에 따르는 것이다.

불안의 꽃 이론에 의하면 노년의 남성(재력 있는)은 자기 욕망을 끝까지 포기하지 않는다. 그런데도 사회는 늙은 몸이 젊은 몸에 접근하는 것을 큰 추문거리로 삼는다. 그들은 즉시 사회적인 파렴치범, 원조교제범, 성범죄자가 된다. 욕망은 극대화시켜놓고 그것을 충족시킬 방법은 억제하면 어떻게 하느냐고 늙은 몸은 앙앙불락한다. 재력과 권력을 전부 가졌으나 젊음이 없다는 이유만으로 사랑받지 못한다는 사실을 받아들일 수 없는 노년 남성의 경우 돈으로 사랑을 산다. 그런데 어느 날 젊은 여성에게서 몸이 아니라 사랑을 원하는 순간 노년의 파멸은 시작된다. 그런 원망과 분노가 『어느 가능성의 섬』이라는 소설에서 작가인 우엘벡이 중년 남자인 다니엘의 욕망을 통해 말하고 있는 것이다. 늙은 남자와 젊은 여자 사이에 과연 '진정한 사랑'의 섬이 존재할 수 있을까? 그의 결론은 지식, 권력, 재력을 가졌다고는 하나, 젊은 여자를 돈으로 구입하는 것이 아니라 그녀의 진정한 사랑을 욕망하는 순간 모든 면에서 강자였던 노년의 남성은 패자일 수밖에 없고, 그럴수록 불안의 꽃 현상으로 인해 삶의 자취를 남기고 싶다는 강박은 더욱 강해진다는 역설에 빠지게 된다. 젊다는 사실을 제외하고는 아무 것도 없는 여성이 모든 것을 가진 지배계급 남성을 파멸시킬 수 있는 것은 바로 그 때문이다.

노년 남성이 불안의 꽃 현상으로 시달린다면, 노년의 여성은 어떨까? 노년 여성의 경우, 딸 세대와의 경쟁에서 패자가 될 것은 뻔한 노릇이고, 몸이 무너지면 스스로 사랑받을 가치가 없으니 체념하는 것이 노년의 지혜라고 사회는 훈계해왔다. 엄마와 딸 사이의 세대 간 회계 Generational Accounting[4]를 살펴보면, 엄마세대가 설령 늙어서까지 자산과 육체자본을 가지고 있더라도 딸 세대에게 양보하는 것이 우리사회의 미덕으로 칭송된다. 사랑의 공화국에서 노년여성은 스스로 경쟁력 없고, 가치 없음을 인정함으로써 그나마 품위를 유지하는 것이다. 엄마 세대가 남자를 사이에 두고 딸 세대와 경쟁한다면 생물학적으로 젊은 세대에게 질 수 밖에 없고 결국은 물러나야 하기 때문이다.

그런데 여성들이 늙어서까지 오로지 남성을 차지하려고 서로 다투고만 있을까? 남자를 사이에 두고 어머니와 딸이 경쟁하는 구도는 남성의 욕망이 투사된 설정이 아닐까? 젠더에 따라 나이가 미치는 방식이 그처럼 확연한 범주가 될 수 있을까? 사회생물학적인 접근에서 일단은 이런 의문에 대답을 찾을 수 있을지도 모른다. 여성의 경우 몸의 노화는 완경부터라고 가정할 수 있다. 사회생물학은 왜 암컷으로서의 사회적인 역할이 끝난 존재들이 목숨을 부지하고 있는가라는 점을 궁금하게 여겼다. 마치 연어처럼 알을 낳고 나면 죽어야 하는 것이 마땅한데도, 생식기능이 끝난 여성이 몇 십 년 이상을 생존하는 현상을 사회생물학으로서는 설명하기 힘들었기 때문이다. 이런 고민이 대두한 것은 극히 최근의 현상이다. 20세기 초까지만 하더라도 평균수명이 고작 50세 정도였고, 그 경우 완경 이후의 생이 그다지 길지 않았으므로 이런 의문에 봉착할 이유가 없었다. 하지만 지금처럼 완경 이후에도 30년, 40년은 더 살아야 하는 상황이므로 사회생물학적 의문이 발생하게 된 것이다.

사회생물학적인 사고방식에 따르면 인간의 존재이유는 오로지 재생산에 있다. 생명이 있는 모든 존재는 자기 자신이 아니라 다음 세대의 재생산을 위해 살아간다. 그것이 '이기적인' 유전자의 절대명령이다. 하지만 여성은 50세를 전후하여 완경을 맞이한다. 재생산 능력이 사라졌음에도 불구하고 이 잉여의 존재들은 여전히 살아남아 있다.

이 미스터리를 풀기 위해 제시된 것이 남성에게는 '불안의 꽃' 가설, 여성에게는 '할머니 가설'이다. 나이든 여성은 직접적인 재생산은 마감했지만, 다른 여성이 재생산한 존재를 보살펴 줌으로써 끝까지 재생산과 관련된 의무를 충실히 수행한다. 가족과 사회 전체적으로 이런 역할을 하는 사람이 할머니다. 할머니는 다른 세대를 보살피는 데서 스스로의 존재이유를 찾는다. 여러 연구조사에 따르면 보살펴줄 대상이 있는 할머니가 독거노인보다 훨씬 건강하게 오래 산다고들 한다.

이렇게 보면 할머니 가설은 우리사회의 여러 가지 문제를 동시에 해결해 줄 것처럼 보인다. 저출산을 우려한 국가정책에 발맞추어 여성가족부 역시 대안적인 가족보다는 안정적인 이성애 가족의 재생산을 위한 모성보호와 보육을 핵심과제로 삼고 있다. 늙은 여자는 아이를 돌보고 젊은 여자는 나가서 일하도록 분배하면 보육 문제는 쉽게 해결된다. 친정어머니/시어머니가 자신의 손자손녀를 돌보는 것이 아니라 남의 손자손녀를 돌볼 수 있는 사회적 일자리를 만들어내면, 늙은 여자에게는, 평균수명이 늘어난 이 시대에 자신의 삶을 이모작 할 수 있는 가능성이 열릴 것이기 때문이다.

정부는 여성 NGO단체가 오랜 세월 구축해놓은 인프라를 통해 손쉽게 사회복지 차원의 일자리를 마련해줄 수 있을 것이다. 보육, 탁아, 간호, 보살핌 등은 나이든 여성노동을 통해 해결하면 된다. 나이든 여성에게 최저임금에 해당하는 사회복지수당을 주면서, 차세대 혹은 사회적 약자 등을 돌보는 일을 맡기면, 빈곤노인의 일거리 창출, 노년의 보람 창출, 의료비절감 등 국가는 사회복지 차원에서 일석삼조의 효과를 거두게 될 것이다. 기계화로 인한 일자리의 격감을 우려하여 『노동의 종말』을 쓴 제레미 리프킨은 NGO와 같은 제3섹터에서 일자리를 창출해야 한다고 오랫동안 주장해 왔다. 할머니 가설이야말로 그런 주장과 너무 잘 맞아떨어지는 셈이다.

하지만 다른 맥락에서 보면 할머니 가설은 노년남성과는 다르게 여성의 노동력과 생산성을 동원함으로써 사회문제를 간단하게 해결하려는 것과 다르지 않다. 그 결과 비정규직, 저임금, 불안정 여성노동예비군을 확실하게 만들어내게 된다. 여성노동운동이 예전에는 착취의 문제를 정치적 이슈로 삼았다면, 이제 비정규직의 양산으로 착취는 정치적 화두가 되지 못하는 지경에 이르렀다. 우리사회는 착취당해도 좋으니 일자리를 달라는 아이러니한 상황에 처해있다. 열심히 일자리를 창출한 결과 값싸고 불안정한 일자리가 끊임없이 만들어짐으로써, 오히려 아무런 저항에 부딪히지 않고 모든 일자리의 비정규직화에 우리 모두 기여해왔는지 모른다. 할머니 가설이 그런 아이러니한 상황에 일조하는 것이다.

## 5. 노년에 가치 있는 삶이란?

어떤 것이 '가치 있는 삶'인가라는 정치적 판단은 앞으로 여성주의

자들이 어떤 가치투쟁을 해 나갈 것인가에 대한 고민을 안겨주게 될 것이다. 사회안전망 확충을 통해 정부보조금으로 도움이 필요한 타자들과 도움을 나누면서 살아갈 것인가. "삶의 일몰 무렵에 안락사"[5]를 부탁해야 할 것인가. 늙은 배우는 퇴장하라는 젊은 배우의 압력에 저주를 퍼부으며 반란을 도모할 것인가. 구걸해온 것을 서로 나누며, 때때옷을 입고 여교주 앞에서 빠진 이를 드러내면서 춤추는 노년이 될 것인가. 늙은 여자들끼리 모여서 싸우다가도 기억력이 퇴화하여 금방 잊어버리고는 '하하호호' 할 수 있는 공간을 마련하고, 버림받은 강아지, 고양이들과 함께 살면서 동네 아이들에게(저출산 사회라면 그럴 아이들도 없겠지만) 옛날 전래동화나 자기 어린 시절의 기억을 들려주면서 살아갈 것인가. 삐걱거리는 다리를 이끌고 계단을 오르내리는 고독한 독거노인이 되어 찾아오지 않는 자식을 기다려야 하는가. 박완서의 「저물녘의 황홀」처럼 미국으로 이민 간 아들며느리와 손자손녀들을 기다리면서 살아야 할 것인가. 아니면 소비하고 즐기라는 소비자본주의의 강령에 따라 피를 갈고 주름을 당기고 치아를 심고 젊은 척 로망스를 즐기면서 가진 것을 전부 소비하다 지쳐서 죽을 것인가?

존 쿳시의 『철의 시대』에는 늙고 암에 걸려 죽음을 눈앞에 둔 화자가 등장한다. 한 때는 대학에서 고전을 가르쳤던 '나'이지만 지금 가진 것이라고는 암세포 밖에 없다. '나'는 젊음도 없고, 제정신도 없고, 괄약근을 쥘 힘도 없고, 체온을 덥혀 줄 개 한 마리 없다. 평생 안전한 홈home이 있고, 사랑받고 사랑했다고 생각했지만 그녀는 불안하게 떠도는 홈리스 퍼케일과 결국 다를 바 없다. 그럼에도 그녀는 진통제 없이 자기 죽음을 '탄생'시킬 것인지를 철저하게 고민한다. 체온이 그리운 '나'는 홈리스인 퍼케일에게 정원의 풀 깎기와 같은 일을 해야만 정당한 보수를 주겠다고, 동정은 안 된다고 단호하게 말한다. 퍼케일은 왜 일을 해야만 돈을 주느냐, 그냥 주면 안 되느냐, 동냥으로 살면 안 되냐고 되묻는다. 화자인 '나'는 자신의 집이 홈리스와 그의 개, 흑인하녀 플로렌스와 그녀의 아이들이 함께 뛰놀 수 있는 해방된 공간이기를 꿈꾼다. 인종차별, 젠더차별, 계급차별과 같은 온갖 갈등이 뒤죽박죽으로 섞여 있는 곳에서 암으로 죽어가는 늙은 여자가 꿈꾸는 그런 헤테로토피아(늙은 백인여자, 흑인하녀와 그녀의 아이들, 홈리스, 떠돌이 개가 함께 사는)는 어디에도 존재하지 않는다. 개인적인 차원에서, 『철의 시대』의 늙은 화자인 '나'가 역사의 마취제 없이 암을 분만하려고 하는 것처럼, 나 역시 역사적 고통과 죽음까지를 감내하고 즐기도록 내 마음을 수련하고 바꿔내는 도리 밖에 없다. 남아 있는 나날의 고독과 고통까지 최선을 다해 살아내는 것이야말로 늙어서 죽을 운명인 인간에게 주어진 마지막 품위일 것이다.

사회적 차원에서 보자면 무가치한 것으로 여겨진 잉여의 삶에서 가치를 찾아내는 것이 앞으로 여성주의가 새롭게 정립해야 할 하나의 가치투쟁이다. '생산성=돈'으로만 환산되는 등식에서 벗어나 국가 이전의 자율적이면서도 '공동체 없는 공동체'의 가치를 만들어낼 수는 없을 것인가. 여성주의자들은 삶의 주기에서 노후와 죽음과 관련하여 사회 안전망을 어떤 방식으로 얻어내고(한 사회의 자원배분을 놓고 젊은 세대와 싸우는 문제가 조만간 발생하게 될 것이므로), 사회적 자살과 우울증을 권하는 사회에서 어떤 가치에 기반하여 개인의 삶을 그나마 '행복'한 방향으로 만들어나갈 것인지를 이론적으로 고민해야 할 시점이기 때문이다.

# 문학

## 결을 거슬러 읽기

존 쿳시의 『추락』에 등장하는 교수 루리는 남아프리카 공화국 케이프타운의 한 대학에서 커뮤니케이션을 가르친다. 그에게 대학은 돈벌이만을 추구하는 거세된 공간이자 공장일 따름이다. 그는 가르치는 일에 사무적으로 충실하지만 결코 열정을 쏟는 일은 없다. 이혼을 한 뒤 그는 견딜 수 없는 존재의 가벼움을 마음껏 즐긴다. 생리적 현상은 일주일에 90분 동안 400랜드(약 8만원)만 지불하면 가볍게 해소할 수 있다. 그동안 가족을 유지하려고 심리적, 경제적 갈등을 경험했던 것을 생각하면 억울할 지경이다. 오십이 넘었지만 아직도 지나가는 여자들의 시선을 붙잡을 정도로 그의 몸은 탄탄하고 매력적이다. 일주일에 한 번 자기 딸 또래인 여자와 만나 생리적 욕구를 해결한다. 그는 섹스 문제를 그토록 잘 해결할 수 있다는 사실이 놀랍고 행복하기까지 하다. 그러다가 자신의 강의를 듣는 학생인 멜라니에게 한순간 빠져든다. 멜라니와의 사건으로 성희롱 교수가 되고 그는 일시에 모든 것을 잃는다. 학자로서의 명예, 교수직까지. 대학에서 쫓겨난 후 루리는 멜라니와 같은 나이 또래인 자기 딸 루시를 찾아가게 되고 그곳에서 일어난 사건을 경험하면서 자신이 무슨 짓을 했는지 성찰하기에 이른다. 루시는 아버지가 보는 앞에서 흑인들에게 강간을 당한다. 딸은 강간으로 임신하고 아버지의 만류에도 불구하고 아이를 낳겠다고 한다. 루시는 그곳에서의 삶을 위해(네덜란드로 도피하지 않고) 베브 쇼와 같은 가부장적인 흑인의 세 번째 부인이 되는 것도 마다하지 않는다. 루시는 그것이 남아프리카에서 살아온 백인으로서 자신이 선택해야 할 윤리적 결단이라고 생각한다. 그는 남아프리카 공화국에서 백인지식인으로 살아가면서 직면하지 않을 수 없는 문제들과 대면하게 되고, 그의 삶은 추락하고 참혹해진다.

내가 여기서 말하고 싶은 것은, 작가인 쿳시가 독자에게 추락한 루리의 시선과 무리하게 동일시하도록 강제한다는 점이 아니라 문학의 역할에 대해서다. 쿳시는 추문거리가 되고 비체가 되고 죄인이 되는 사람들, 남루하게 추락하는 존재들에게 인간적인 위엄을 부여한다. 추락하는 추문의 존재들에게서 아름다움을 보는 것, 그것이 문학이 주는 위안이다. 모든 것을 잃고 나면 철학자가 될 수밖에 없다는 말을 반증하듯이 루리는 모든 것을 잃고 나서야 아름다울 수 있었다. 그런 시선으로 인해 기존질서가 보라는 방식대로 보지 않을 가능성이 생기고 부당한 제도를 바꿔낼 수 있는 정치성으로 나아가도록 해주는 것이 문학이 주는 여러 힘 중 하나일 수 있다.

페미니즘은 문학을 정치화한 것으로 많은 비난을 받았다. 페미니즘 미학이라는 것 자체가 형용모순이라고 주장하기도 한다. 페미니즘은 문학의 정치화를 추구하는 것이므로 미학적인 것과 정치적인 것이 공존하기 힘들다는 것이다. 페미니즘의 독법이 미친 '영향력의 불안'에 대해 엄청난 적개심을 표출하는 남성이론가도 있다. 해롤드 블룸은 문학을 망친 여러 이론들 중에서 페미니즘을 그 중 하나로 꼽는다. 하지만 누가 지금 해롤드 블룸의 양심을 두려워할까. 그의 이론은 힘을 상실했지만 페미니즘이 개발한 독법은 문학을 풍성하고 풍부하게 만들었다. 고양이털마저도 결을 거슬러 쓰다듬었다는 보들레르처럼 결을 거슬러 읽고자 하는 페미니즘적인 독서는 유쾌하면서도 동시에 파괴력을 지니고 있기 때문이다. 그것이 과거 한 때 페미니즘이 문학과 대중문화 전반에 미쳤던 역할이다. 지금은 페미니즘 문학은 죽었다는 선언이 나오는 마당이다. 페미니즘 문학이 신선한 정치성을 상실함으로써 미학적으로도 빈곤해졌다고 통탄하는 소리도 들린다.

이 장에서는 페미니즘 문학의 혼종적인 목소리들이 어떤 가능성을 열어놓았으며 그것이 열어놓은 상상력이 고갈되었다면 왜 그렇게 되었는지를 한 번 살펴보고자 한다.

## 1. 페미니즘의 싸이버타리어트화

다국적 기업의 아웃렛 몰에 들렀다. 지하 슈퍼마켓은 평일이라 한산한 편이었지만 유독 한 곳에만 사람들이 몰렸다. 생선초밥을 즉석에서 만들어 팔고 있었다. 초밥 위에 놓인 생선들의 원산지 표시가 현란했다. 페루산 바다장어, 태국산 새우, 중국산 해파리와 날치알, 노르웨이산 연어, 캐나다산 북방조개, 불가리아산 소라. 덕분에 상계동의 한 아웃렛 몰에서 (신토불이와는 거리가 멀어서) 값싼 생산초밥을 먹을 수 있었다. 내친김에(아마 파키스탄 시인인 나이히드가 쓴 시구 때문에),

파키스탄 빈민여성들이 만든 독하게 화려한 스카프 하나를 샀다. 구입한 생필품의 원산지는 그야말로 전 세계에 걸쳐 있었다. 소비노동이 끝나고 재택 노동으로 되돌아와 책상머리에 앉았다. 레이철 그로스먼이 탁월하게 분석한 바 있는[1], 말레이시아 반도체 부품조립공장 여성노동자들의 착취노동으로 만들어진 대만제 노트북은 장시간의 과부하로 달아올랐다. 이처럼 거리가 소멸된 사이버 시대에 나는 컴퓨터라는 보철언어로 대화하는 싸이버타리어트다.

정보혁명과 유전자혁명 시대에 이르러 컴퓨터와 유전자변형 테크놀로지는 우리의 일상을 급격하게 바꾸어놓았다.[2] 근대와 더불어 신의 자리를 차지했던 것이 인간이성(남성이성중심주의)이었다면 탈근대로 일컬어지는 21세기에는 유전자가 그 자리를 대신하고 있는 것처럼 보인다. 이제 유전자는 실체가 없음에도 불구하고 혹은 바로 그 실체 없음으로 인해 더더욱 신처럼 만물을 창조하는 비밀의 언어가 되고 있다. 유전자가 개똥벌레에서 담배로, 가자미에서 토마토로, 온코마우스에서 인간에게로 옮겨 다니는 유전자 변형 시대에 이르면 근대가 구획해놓았던 온갖 구분은 사라져버린다. 가자미의 유전자를 이어받아 잘 부패하지 않게 된 토마토는 식물인가, 동물인가? 생선인가, 야채인가? 이런 상황일진대 '나는 누구인가, 남자인가, 여자인가'라는 질문마저 부질없는 것처럼 보인다.

모든 것이 불투명하고 모호한 혼종의 시대. 그래서 태양 아래 존재하는 자연적 질서와 고정된 실체가 증발되어버리는 것이 이 시대의 특징이다. 1세계 페미니스트들이 주장하는 것처럼 국가, 민족, 인종, 종교, 젠더 등과 같은 온갖 '정체성의 파괴'가 곧 타자에 대한 배려의 윤리학으로 나아갈 것이라는 정치적인 신념을 수용하기도 전에 '우리'는 이미 모든 경계가 모호해진 오염상태를 선택인 것처럼 받아들이며 살아가고 있다. 전 세계를 가로지르면서 경계 넘나들기와 오염시키기를 자본만큼 잘 하고 있는 것이 있을까? 학자들은 차이와 오염의 정치학을 거론하지만 자본은 그것의 미학화를 통해 상품화한다.

'4'세계로 일컬어지는 심산유곡의 자급자족적인 토착공동체까지 자본의 욕망은 어김없이 침투하고 있다. 유혈낭자한 붉은 혁명의 이미지도 상품화가 되면 쿨하게 소비될 수 있다. 전 지구촌 금융자본과 다국적자본의 욕망은 경제적인 하부라기보다는 환상적인 종교가 되어버렸다. 자본의 욕망처럼 상상력을 자극하는 것은 없다. 진보적인 신사회운동(그린피스운동, 성적소수자운동, 반전반핵운동, 동물보호운동, 채식주의, 생태공동체운동)은 소비해볼 만한 생활양식이 된다.

이렇게 보면 정체성이란 없고 차이만 있을 뿐이라고 주장하는 서구 이론이 왠지 수상쩍게 다가온다. 차이를 주장하는 문화적 다원주의는 계급과 노동의 문제를 문화로 치환하고 있는 것은 아닐까라는 의구심이 들기 때문이다. 1세계 페미니스트들이 문화적 다원주의와 차이를 논하고 있을 때에도 말레이시아, 필리핀, 남한의 여성노동자들은 1세계 여성들의 노동력을 줄여주는 기계장치를 부지런히 생산하거나 아니면 그들의 가사노동과 보살핌 노동을 대신해주고 있다. 역설적이게도 노동력을 줄여주는 기계장치의 생산과정은 극도로 노동집약적이므로 노동비용이 주요 경비절감 대상이고 그 결과는 '3'세계 여성노동자에 대한 착취로 귀결된다.[3]

하지만 이제 이런 악순환에서 자유로운 하층노동자는 없다. 계급, 인종, 젠더, 정규직/비규정직은 전 세계적으로 차별화되고 위계화되기 때문이다. 전 세계의 잉여가 어디로 흘러가는지 알 수도 없고 잉여가 착취로 곧장 연결되는 것도 아닌 시대이니, 예전처럼 자본가들을 흡혈귀라고 비난할 수도 없다. 잘못이 있다면 모든 것은 자기 탓이다. 비정규직보다 더욱 하층을 점하고 있는 하청 재택근무가 늘어가면서 그들 역시 현란한 사이버시대에 프롤레타리아트로 살아가지 않을 수 없는 싸이버타리어트가 되고 있다. e랜서와 같은 직종이 사이버 세상에서는 그럴듯한 자유노동으로 보이지만 사실 그런 노동이 노동자를 싸이버타리어트화하고 개별화하고 비가시화하는 한 방편이 되고 있다. 그들은 시간으로부터 자유롭지만 자유를 구입할 수 있는 돈으로부터도 자유롭다.

2009년 여성부 여성정책국 인력개발기획과는 퍼플잡purple job이라는 신조어를 만들어냈다. 보라색인 '퍼플'은 빨강과 파랑을 섞어 나오는 색이면서 일과 가정의 조화를 뜻한다. 말하자면 "자녀양육의 책임을 갖는 남녀근로자가 일과 가정생활의 조화와 균형을 유지할 수 있도록 유연하고 탄력적인 근무형태를 유지하면서, 자녀의 보육·양육 부담을 완화할 수 있도록 보육 및 휴가 지원체계를 효율적으로 활용할 수 있는 일자리"를 의미한다. 이 제도는 그저 말만 평등한 일자리를 상징하는 보라색 일자리이다. 탄력적 근무제도 도입으로 직장과 가정을 모두 지킬 수 있는 유연근무제라고는 하지만 여성의 비정규직화를 넘어서 하청 일용직이 가속화되는 마당에, 일시적으로 사표를 냈다가 재근무하려고 하면 비정규직이 될 것은 뻔한 일이다. 생리월차를 내면 다른 근무자에게 노동부담이 돌아가기 때문에 법적으로 정한 휴가도 눈치가 보여 이용하지 않는 형편이다. 이런 마당에 퍼플잡은 신선한 신조어일지 모르지만 결국은 하청 재택근무나 별반 다를 바가 없다는 점에서 구태의연한 것이다. 정규직 여성의 가사노동을 도맡아 줄 가내하청 노동자들로 중국조선족 여성, 베트남 여성, 몽골 여성들이 들어오고 있고 여성노동 사이에서도 노동의 젠더분업화뿐만 아니라 노동의 이쓰닉 ethnic화가 진행되고 있는 마당이다.

지식시장에서 차이를 주장하는 여러 '포스트' 페미니즘 또한 빈곤하기는 마찬가지다. "나는 페미니스트다"라고 하는 순간 매력이 사라지게 된 시대인 만큼 페미니즘의 싸이버타리어트화는 가속화되고 있다. 지식 시장 또한 스타시스템으로 돌아가고 있기 때문에 스테디셀러 스타이론가를 요구한다. 그/녀를 반복 인용하고 해설해줌으로써 지적권위가 형성되고 그로 인해 재생산이 가능해지기 때문이다. 스타이론가는 일자리를 창출할 수 있는 지식시장의 CEO이며, 그 그늘 아래서 다양한 벤처가 가능해진다. 그런데 제각각 도토리 키 재기의 '차이'만 있다면 상징자본은 형성되기 어렵다. 지식시장은 차이를 선호하지만 상징자본이 축적되지 않는 '평등'을 선호하지 않는다. 이런 상황과 더불어 페미니즘 내부에서도 각기 다른 색깔의 페미니즘은 상대적인 자율성을 확보하는 대신 게토화 되어가고 있다.

## 2. 소문자 영어권 페미니즘 문학

(영)미문학이 '코카콜라' 문학이라는 비아냥거림의 대상이라고 할지라도, 고전의 반열에 오른 작품을 가르치고 전수하면서 재생산하는 제도로서의 문학 아카데미는 확고하게 자리하고 있다. 강고한 제도 속에서 학계 페미니스트들은 남성위주로 구성된 정전 아래 매몰된 여성작가를 발굴하고 재평가하면서 미학의 여성화를 힘들게 시도해왔다. 요즘 들어 모더니즘 문학사에서 망각되었던 듀나 번즈와 같은 여성작가들이 많이 거론되는 것도 이런 노력 덕분이다. 자기표현과 자기실현에 실패했던 모더니즘 시대 여성작가들은 대체로 미치거나 자살했다. 이들은 또한 아방가르드 미학과 대척점에 있는 여성작가들, 말하자면 당대 대중의 마음을 사로잡았던 무수히 많은 베스트셀러 여성작가들이

잊혀진 이유를 밝혀내고 여성의 이야기/역사를 다시 쓰고자 한다. 여성작가에 대한 망각을 남성중심적인 미학 탓으로 돌리면서 여성적인 미학의 가능성을 모색하기도 한다. 그들의 분석에 따르면 문학제도 안에서 남성대가와 남성제자들은 동성사회를 결성하고 여성문인(혹은 지망생)을 사랑이라는 이름으로 교환해왔다. 여성철학지망생과 마찬가지로 '긴머리, 짧은 생각'의 여성 문학지망생은 이성애 중심 사회에서 남성대가와의 사랑을 통해 자기만족을 얻는 것처럼 구조화되었기 때문에[4] 망각되거나 스스로 잊혀져갈 수밖에 없었다는 것이다.

하지만 영미 페미니즘이 아카데미에만 국한되는 것은 아니다. 막연하게 영미 페미니즘 문학이라고 하지만 그 실체는 대단히 모호하다. 영국 페미니즘과 미국 페미니즘은 다른 전통에 서 있다. 미국은 사회주의 전통이 거의 전무한 반면 영국은 오랜 사회주의 경험을 갖고 있다. '영미'를 영어권으로 해석하는 것도 문제가 있다. 영국과 달리 전 세계의 이주민으로 구성된 미국은 국가적 정체성 자체가 혼종성에 바탕을 두고 있기 때문이다. 탈식민주의가 미국에서 등장할 수 있었던 배경도 이런 상황과 무관하지 않다. 탈식민을 주장한 스타급 빅쓰리 이론가인 에드워드 사이드, 호미 바바, 스피박 모두 '외지' 출신으로 제국의 '내지' 지식인으로 편입된 사람들이다. 그러므로 전 세계에서 미국으로 진출한 여성들이 문학시장이라는 통과의례를 거치면서 영어로 만들어낸 담론을 영미 페미니즘 문학으로 볼 수 있지 않을까 한다.

페미니즘은 제도 안과 밖의 경계를 해체하려는 실천운동인 만큼, 영미 페미니즘 문학은 제도 바깥의 현실과 끊임없이 긴장하고 조율하는 관계다. 그러므로 여성해방이라는 대의에 복무하는 실천운동이 어떻게 전개되어 왔느냐에 따라 영미 페미니즘 문학 또한 영향을 받지 않을 수 없다. 미국에서 본격적인 여성해방운동은 1960년대부터 시작되었다. 미국의 베트남 전쟁개입에 반대하는 반전평화 운동과 더불어 여성 해방 운동이 전개되었다. 전국여성조직인 나우NOW( National Organization for Women)를 창시했던 베티 프리단과 같은 1세대 급진주의 여성해방운동 가들은 일선에서 물러난 지 오래다. 그렇지 않은 경우 메리 델리, 엘리스 워커, 글로리아 스타이넘처럼 불안이 영혼을 잠식하는 시대에 영성, 자연, 생태, 평화 등을 주장하면서 생전에 이미 여신의 전당으로 들어가버린 페미니스트들이 있다. 이들은 불안한 영혼을 위로해주면서 불편한 것을 망각하게 만드는 미학적 심리치료를 해준다는 점에서 보수로 회귀할 위험이 있다. 국가 관료화된 국가페미니스트들은 사실상 여성운동의 의제에 대처할만한 자율성을 가지고 있지 못하다. 그러므로 비정부 조직 여성운동으로부터 그다지 인정받지 못하고 있으며 인정받으려는 의지도 없다. 이라크 침략전쟁에서 보다시피 관료화된 국가페미니스트들이 할 수 있는 일이라고는 거의 없는 것처럼 보인다. 60년대 후반에 만들어졌던 '나우'가 반전 평화운동을 전개했을 때의 정치적인 힘과 비교해보더라도 현재 미국 여성운동의 세력화는 훨씬 후퇴한 것처럼 보인다.

정치성이 희박해지면서 이론의 추상화 현상이 동반되었다. 이론적인 난맥상 또한 페미니즘의 전열을 분열시키고 약화시킨 요소로 작용했다. 가족, 성, 사랑 등은 페미니즘의 주요한 의제였다. 백인 중산층 페미니즘은 가부장제의 기초가 되는 가족을 수상쩍게 보았지만, 그것이 모든 여성에게 해당하는 것은 아니었다. 인종, 역사적 경험, 문화에 따라 각기 차이지점을 보이고 있기 때문이다. 아프리카계 미국인 가족은 페미니즘이 가족 해체를 핵심의제로 삼기 전부터 이미 해체되어 있었다. 그들은 노예로 팔려나가고 가족들이 산지사방으로 흩어져버린 역사적 경험과 고통스러운 기억을 가지고 있다. 백인 중산층 페미니스트들의 이론대로 그들은 가족해체를 꿈꾼 것이 아니라 가족의 복원과 유지를 꿈꾸었다. 도시 빈민 아프리카계 미국인 남성(흑인남성) 중 70퍼센트가 감방을 들락거린다. 그들에게 보장된 미래는 감방이다. 가정이 구성되지 못함으로써 오히려 빈곤과 범죄의 악순환에 노출되어 있다. 미국 안에서 살아가는 멕시코계 미국인(치카노/치카나)들은 대부분 가톨릭이므로 교리에 따라 그 나름의 다산적인 가족 전통에 서 있다. 게토화된 빈곤층은 가족을 이루기도 전에 무장해제 되어버린다. 오히려 가문과 전통이라는 이름으로 기득권을 누리기 위해 가족을 철통같이 유지하고 있는 계급은 부르주아들이다. 그러므로 백인 중산층 페미니즘이 대문자 여성으로서 대표성을 띨 수 있는 것은 아니며 다른 계층의 여성들에게 그대로 적용될 수 있는 것도 아니다.

페미니즘이 여성이라는 젠더로 묶여 있는 것은 사실이다. 하지만 자신이 서 있는 입장과 섹슈얼리티에 따라 여성들 내부의 차이, 자기 안의 차이 등이 본격적으로 강조되기 시작했다. 다양한 차이 이론은 미국 안에서도 내부 식민화되어 있는 '3'세계 페미니즘이 자신을 변별하는 발판을 마련해주었다. 그로부터 대략 20년이 지난 최근 영미 페미니즘 지형도가 달라져 있다면, 1세계 안에서 '3'세계 페미니즘이 자체 목소리를 어느 정도 확보했다는 점이다. 오랜 세월 주변화되었던 유색 페미니즘은 빈혈에 시달리는 제도화된 페미니즘에 신선한 피를 수혈할 수 있을 만큼'만' 주류화되었다고 해야 할 것이다.

하이브리드 페미니즘은 온갖 차이의 범주들로 인해 페미니즘을 하나의 정체성으로 묶을 수 없다는 것의 은유적 표현이다. 흔히 가장 억압된 여성을 '삼중고에 시달린다'고 하지만 그와 비교할 수 없을 만큼 주변화된 여성들이 있다. '3'세계, 민족, 계급, 국적, 유색, 젠더, 종교, 나이 등으로 주변화된 소수자 문학이라는 점에서 필자가 임의적으로 호명한 것이 하이브리드 페미니즘이다. 젠더, 민족, 식민성의 삼중억압을 강조하는 '탈'식민주의 페미니즘은 국내 학계에도 수입되어 상당히 재생산된 측면이 있다. 몸을 여성주의 인식론과 존재론의 가능성으로 보는 육체 페미니즘, 성적 정체성의 해체와 더불어 섹슈얼리티를 중심으로 하는 성차의 페미니즘, 자연과 영성을 중시하고 여성의 식민화에 저항하는 에코 페미니즘 등도 이 점에서는 마찬가지라고 본다.

## 3. 하이브리드 문학 : 배신의 계보학

『나의 등이라고 불리는 이 다리This Bridge Called My Back: Writings by Radical Women of Color』(이하 『나의 등』) 서문에서 공동편집자인 글로리아 안잘두아와 체리 모라가는 자신들을 '미국 안의 '3'세계 페미니즘'으로 정체화한다. 이들이 말하는 '미국 안의 '3'세계 페미니즘'은 하이브리드 페미니즘이라고 해도 무방할 것이다. 선집에는 멕시코계 미국 여성인 치카나, 아시아계, 아프리카계, 라틴계, 원주민 미국인 등 그야말로 미국 안에서 주변화된 유색여성들의 글쓰기가 망라되어 있다. 선집의 글쓰기 형태는 시, 소설, 선언문, 수필, 보고서 등이 마구 뒤섞여 있어 고전적인 장르 개념을 넘나든다. 사용하는 언어 역시 혼종이기는 마찬가지이다. 이들이 다리로 사용하는 영어는 소문자 영어일 따름이다. 자메이카의 프랑스식 악센트가 있는 영어, 스페인식 영어, 피진 잉글리시, 아시아계 영어, 아프리카계 미국인들의 이보닉스ebonics 등 영어의 혼종화 혹은 크레올화로 인해 표준화되고, 단일한 대문자 영어는 더 이상 존재하지 않는다. 의도했든 의도하지 않았든 이들은 언어 제국주의에 이미 저항하고 있는 셈이다.

『다락방의 미친 여자』가 백인 여성작가들만을 선집했다면 『나의 등』

은 자기 땅에서 이방인으로 떠도는 여성들의 목소리를 모았다. 가난해서 집세를 내지 못하거나 일하느라 글을 쓸 짬도 낼 수 없는 여자들, 그래서 시간과 돈으로부터 허덕이는 여자들이 뭉쳐서 2년 만에 묶어낸 최초의 '3'세계 유색여성선집이 『나의 등』이다. 선집 제목처럼 이들에게 글쓰기는 서로가 기댈 수 있는 등과 같은 다리였다. 문학제도와 문학시장으로부터 오랜 세월 외면당했던 이들이 선집을 함께 만들었고 그로 인해 4반세기가 지남에 따라 영문학과 교재로까지 사용되기에 이르렀다.

선집에 실린 여성들은 '3'세계 '정체성'으로 묶기 어려울 정도로 상당히 분열되어 있다. 그들은 계급, 인종, 성, 국가 뿐만 아니라 종교적인 측면에서 항상 주변화되었던 이산의 무리였다. 그들의 분열은 존재의 불안과 같은 정신분석학적이고 존재론적인 것이 아니라 인종차별, 성차별, 민족차별 등에서 기인한 것이다. 그렇기 때문에 이들에게 글쓰기는 화려한 수사가 아니라 분열과 억압을 극복하려는 열정과 다르지 않다. 길버트와 구바가 남성 글쓰기의 은유로 펜을 페니스와 등치시켰다면, 이들에게 펜은, 찌르고 죽이는 칼과 같은 페니스가 아니라 생존의 무기이자 서로 교통할 수 있는 사랑의 마술지팡이다. 울프처럼 자기만의 방 하나를 소유하고 있어야 글을 쓸 수 있는 것이 백인 중산층 여성이라면, 이들에게 글쓰기는 언제 어디서나 가능하다. 부엌이든 지하철 안에서든 가리지 않는다. 홈이 없는 그들에게는 집으로 귀향하는 것이 홈포비아를 불러일으킨다. 안잘두아의 말장난처럼 홈포비아homephobia는 또한 호모포비아homophobia이다. 그들에게는 자기만의 방, 자기만의 홈이 없다. 그래서 모든 공간이 글쓰기 장소이자 글쓰기 텍스트이다. 이들의 미학적인 규범은 경험에서 우러난 친밀성, 직접성, 주관성에 기초해 있다. 그러므로 기존 미학의 관점으로 볼 때는 조야하고 세련되지 못한 글일 수도 있다. 이들은 자기 목소리가 의미 없는 분노와 소음과 히스테리라는 비판에도 두려워하지 않는다. 다시 말해 이론의 프롤레타리아트로 비판받는 것에 주눅들지 않는다. 그런 비판과 난해한 이론을 한바탕 웃음과 풍자로 무시해버린다. 이런 맥락에서 이들은 反이론적이다. 이들의 단순 명쾌한 글쓰기는, 세련된 이론에도 불구하고 그 난해함으로 인해 탈정치화되는 강단 페미니즘의 그것과는 대조적이다.

이처럼 하이브리드 페미니즘 문학은 미학적 대표성보다는 거침없는 정치성으로 인해 주목을 요한다. 이들은 계급과 젠더 억압뿐만 아니라 민족적, 인종적, 성적 소수자라는 삼중, 사중의 억압을 경험하고 있다. 이들은 존재 자체만으로 정치성을 확보하고 있다. 이들이 가진 것은 이야기이고 이야기는 복수의 도구다. 역설적으로 말하자면 겹겹의 억압으로 인해 힘 있는 이야기와 저항의 언어를 만들어내고 있다. 이야기는 그들에게 살아가는 이유가 된다. 오랜 억압의 역사로 인해 이들은 제국주의 가부장적 자본주의에 저항하는 패륜과 배신의 계보학을 이뤄낼 수 있었다. 헤게모니를 장악한 지배서사에 포섭되지 않았거나 혹은 그런 서사를 배신하는 데서 하이브리드 페미니즘의 정치성을 발견할 수 있다. 이들의 이야기는 역사의 결을 거슬러 솔질하는 한 방식이다.

여성들의 배신의 계보학 혹은 저항의 이야기는 신화시대로까지 거슬러 올라간다. 오비디우스의 『변신』에 의하면 트라키아의 왕인 테레우스는 아테네의 왕녀인 프로크네와 결혼을 했다. 그들 사이에 이티스라는 아들이 태어난다. 결혼 후 5년이 지나고 프로크네는 여동생인 필로멜라가 너무 보고 싶어서 남편인 테레우스에게 여동생을 데려와 달라고 부탁한다. 아테네에 도착한 테레우스는 처녀가 된 필로멜라의 미모에 반해 고국인 트라키아로 되돌아오는 길에 그녀를 겁탈하고 후환이 두려워 혀를 자른 뒤 오두막에 유폐시킨다. 필로멜라는 베틀에 앉아서(때마침 베틀이 오두막에 있었다!) 자신의 이야기를 짜 넣는다. 필로멜라는 유모에게 손짓 발짓을 다해 왕궁에 있는 언니에게 그것을 가져가게 한다. 모든 사실을 알게 된 프로크네는 복수하기 위해 테레우스가 가장 사랑하는 것을 희생 제물로 삼는다. 그녀는 아들인 이티스를 죽여서 테레우스에게 대접한다. 사실을 알게 된 테레우스가 두 사람을 죽이려 하자 이들은 새가 되어 날아가 버린다.

이야기로 엮어 짠 필로멜라의 피륙처럼 여성들에게 '이야기'는 남성의 권력에 복수할 수 있는 힘이다. 외설적이고 선동적이라는 이유로 고소당한 적이 있는 파키스탄 페미니스트 시인인 키쇄르 나히이드는 남성들의 거짓과 박해의 역사를 발설하는 여성이 있다면 혀가 잘리는 처벌을 받게 될 것이라고 외친다. 필로멜라가 겁탈 당하고 혀를 잘렸듯이 말이다.

우리 죄 많은 여자들
진리의 깃발을 높이 들고
고속도로 위에서 거짓의 바리게이트에 대항하는
각자의 집 문턱마다 쌓여 있는 박해의 이야기들
지껄이면 혀가 잘릴 것이다 … 우리 죄 많은 여자들
관복을 걸친 자들의 위엄을 두려워하지 않고
우리의 삶을 팔지 않고
머리 숙이지 않고
두 손을 모으지 않는다.[5]

신화시대의 필로멜라 뿐만 아니라 회교도인 파키스탄 여성들, 구교도인 치카나 여성들 역시 남성들이 보기에 혀를 사특하게 놀리면 배신자라는 낙인이 찍히게 된다. 치카노 이성애 민족주의는 치카나 여성들에게 인종 문제만큼이나 벗어나기 힘든 질곡이다. 이들에게 민족에의 헌신은 남성에게 복종하고 헌신하는 것으로 등치된다. 남성에게 복종하는 것은 성적으로 복종하는 것이므로 이성애를 의미한다. 치카노 남성에게 서비스하지 않는 여성은 다른 인종 곧 정복자인 백인을 사랑하는 창녀이거나 아니면 페미니스트, 레즈비언이 된다. 따라서 창녀, 페미니스트, 레즈비언은 민족의 배신자로서 한 부류에 속한다. 여성이 성적 자율성을 주장하는 것이야말로 치카노 남성에게는 견딜 수 없는 배신이다. 남성에게 성적으로 봉사하지 않는 여성은 말린친의 후예로 간주된다. 그렇다면 말린친, 말린체, 마리나라고도 불리는 민족의 배신자이자 악의 여신을 상징하는 이 여성은 누구인가. 체리 모라가는 말린친 신화/역사를 다시 기록함으로써 그녀를 치카나 여성에 대한 알레고리로 읽어낸다.

말린친은 아즈텍의 귀족여성이었다.[6] 1519년 베라크루즈에서 상륙한 코르테즈에게 그녀는 볼모이자 선물로 보내졌다. 그녀는 코르테즈의 연인, 통역관, 전략 자문관이 되었으며 이후에 혼혈인 메스티조/메스티자의 어머니가 되었다. 메스티자는 백인과 멕시코인 혼혈 여성을 의미한다. 강간당하고 혀가 잘리는 대신 그녀는 대단한 언어능력으로 살아남았다. 그녀의 혀는 강간의 치욕과 동시에 여성의 섹슈얼리티를 상징한다.[7] 남성 민족주의와 인종주의, 성적소수자에 대한 박해와 폭력을 폭로하는 것이 혀다. 잘린 혀, 그 혀들의 반란의 계보학은 이처럼 배신의 계보학으로 이어져 내려온다.

말린친은 멕시코 민족사에서 평가가 분분한 인물이다. 신화와 전설에 따르면 말린친은 역사적 인물임에도 불구하고 새로운 인종의 창조자이자 사악한 여신이다. 치카노들은 그녀를 어머니-창녀, 사생아를 낳은 자이며 외국인인 스페인의 침공과 정복에 책임이 있는 자로 여겼다. 한마디로 말하면 민족의 배신자였다. 스페인 정복 이전의 파라다이스를 배신한 말린친은 과거에 대한 향수로 인해 치카노들에게 혐오의 대상이었다. 말린친 신화는 이브처럼 고매한 신에 대한 불복종을 다룬 것이 아니라 섹슈얼리티에 관한 것이다. 말린친의 몸과 관련하여 섹슈얼리티 논쟁은 오염된 버자이너/악, 성처녀/선 Virgin/Virtue이라는 이분법으로 전개되었다. 그러므로 말린친의 이미지를 다시 쓴다는 것은 치카나 페미니스트들에게 새로운 모델을 제공하는 것이다.

여성을 볼모로 잡는 문화에서 여성은 성적 착취에 취약할 수밖에 없다. 멕시코 시인인 로사리오 카스텔라노스에 의하면 말린친의 어머니는 아들에게 유산을 물려주기 위해 정복자인 코르테즈에게 딸을 넘겨주었다. 그녀는 백설공주의 계모여왕처럼 딸이라는 거울을 통해 보여진 자신의 모습을 부정하기 위해 거울을 깨뜨려버림으로써 자기부정을 영속화하게 되었다. 가부장제와 공모하면서 딸들에게는 너무 무력한 어머니. 모든 에너지를 집안의 남자를 위해 소모하는 어머니 역시 딸에게는 양가적인 존재임과 동시에 고통의 원천이었다. 가부장제 아래서 여성은 강제된 상황을 선택으로, 복종을 헌신으로, 헌신을 사랑으로 치환하면서 아들과 남편과 애인에게 목을 맨다. 어머니는 그런 자신의 삶을 딸에게 대물림한다. 오빠, 아버지, 남동생을 위해 딸을 기꺼이 희생시킨다. 가족을 위해 딸의 성을 파는 것마저 괘념치 않는다.

이런 여성들이 가족에 대한 헌신도 팽개친 채 자기만의 이야기를 엮어내려고 한다면 어떤 일이 일어나게 될까? 유색여성에게 글을 쓰고 사유하고, 상상하고 독서하는 것은 일종의 사치이자 동시에 수치다. 가족의 지지와 사회의 인정 속에서 글쓰기를 하는 것이 아니기 때문이다. 글 쓰는 여자에게 우호적인 환경이 아니기 때문에 그들은 늘 자책감에 시달린다. 이들 여성이 펜을 시도하려면 또 다른 여성의 노동이 필요하다. 글로리아 안잘두아의 목소리에서도 그런 회의를 들을 수 있다. "뜨거운 태양 아래 토마토 밭에 구부리고 있으면서 감히 작가가 되겠다고? 우리가 할 수 있다고 믿고 느끼기는 고사하고 작가가 되겠다고 마음먹기도 힘들 지경"이라고 토로한다. 작가가 되겠다고 마음먹는다고 되는 것은 아니다. 소위말해 제도적인 문학시장을 통과해야 한다. 백인여성도 그런 통과의례가 힘든 판에 유색 여성은 말해 무엇 하겠는가. 오죽하면 에마 샌토스는 "글쓰기는 수치스러운 성병"이라고 자조했을까.

유색여성이 출판사의 관심과 주목을 받으려면 타협해야 한다. 타협은 자괴감을 불러일으킨다. 게다가 설혹 출판된다 하더라도 아무도 읽지 않는 책을 왜 쓰는가. 그래서 밤바라는 모든 문화적 행위와 마찬가지로 글쓰기도 지역사회에 봉사해야 한다고 주장한다. 아무도 읽지 않는 소설을 쓰느니, 편지 대필에서 청원서, 소장 작성이 오히려 지역사회에 확실한 기여가 될 것이라고 말한다. 이처럼 사회에 기여할 목적으로 글을 쓰는 것이 아니면 이들은 죄의식을 느끼도록 학습되었다. 글을 쓰겠다는 이기적인 목적 때문에 가족을 버렸다는 죄의식을 이들은 사회에 대한 헌신으로 대체시켰다.

여성의식의 고양과 페미니즘의 대의에 대한 헌신을 말한다는 점에서 하이브리드 페미니즘은 1980년대 한국에서의 리얼리즘적인 여성문학의 의제와 그다지 다르지 않다. 죄의식과 수치심을 보상할 수 있는 대의명분을 시인의 사회적 역할에서 찾았으므로, 이들은 예술을 위한 예술이 아니라 민중을 위한, 민중에 의한, 민중으로부터 나온 예술을 추구해야만 했다. 흑인 오르페우스[8]는 인간적인 품위 때문에 '예술을 위한 예술'을 숭배할 수 없다고 라벰마난자라는 주장한다. 그녀에 의하면 시인은 자신을 따르는 무리에게 길을 밝혀줄 횃불이 되어야함과 동시에 그들의 충실한 해석자라는 힘든 역할을 맡아야 한다. 그와 같은 소명을 생각한다면 예술을 위한 예술은 허튼 소리에 불과하다. 시인은 단순히 민중의 대변자가 아니라 민중의 메시지 그 자체가 되어야 한다는 것이다.

우리 시대에 소설가와 시인들이 자신을 시대의 예언자, 민중의 지팡이라고 외친다면 다들 비웃을 것이다. 하지만 유색여성들에게는 열정이 있다. 이런 자부심과 열정을 한국의 페미니즘 문학에서는 이제 찾아보기 힘들다. 자신의 글쓰기가 시장에서 교환가치가 없는 것을 수치로 여길 따름이다. 자기만족이 아니라 시대의 구원을 욕망하는 시인이 있다면, 얻을 것이라고는 도착증자라는 조롱 밖에 더 있겠는가.

다음 세대라고 할 수 있는 '3'세계 출신 작가들은 젠더, 계급, 이주의 문제를 전면에 내세우고 억압과 차별로 인한 고통의 경제를 거론하는 문학을 하지 않는다. 그들이 고백의 경제에 의존하지 않는 이유는 누가 고통을 더 많이 받고 누가 더 피해자인가에 따라 윤리적이 되고 정치적으로 정당한 위치를 점하게 되기 때문이다. '인종적으로 백인보다는 유색인종이, 남성보다는 여성이, 섹슈얼리티에서는 소수자가' 하는 식으로 고통의 강도가 윤리적 정당성을 자동적으로 보증해주는 논리는 설득력이 없기 때문이다. 이주 2세대 작가들은 '3'세계 출신의 부모가 가져왔던 역사적 전통을 언급하더라도 유머를 통해서 재현한다. 과거의 기억을 자전적인 이야기로 풀어내는 고통의 서사가 아니라 다 같은 고통이라고 하더라도 그것을 웃음과 자조로 포장한다. 그래야 문학시장에서 읽히고 팔린다. 그것이 1세대와 달라진 지점이기도 하다.

이주 2세대가 문학시장에 등장하면서 그들은 부모세대가 가져온 조국의 기억과 민족의 전통을 물려받으면서도 그로부터 거리유지가 가능하다. 적어도 그들은 1세계 교육의 수혜자로서 언어의 장벽이 없기 때문이다. 자기 작품 속에서 역사적 고통, 문화적 차별, 경제적 빈곤마저 유머로 포장함으로써 1세계 독자들이 그들의 작품을 신선한 소재로 편안하게 소비할 수 있도록 해준다. 다른 한편으로는 제국주의적인 시선에서 1세계가 일방적으로 발명했던 '3'세계의 역사/서사를 다시 쓰는 정치적 감각까지 발휘한다.

그들은 부모세대가 신발창에 묻혀 온 가난과 고통을 제국의 착취 탓으로 돌리지 않는다. 신자유주의 시대를 살아가면서 '마음의 대처리즘'을 수용한 그들의 눈에는 사랑과 영혼마저 자유시장의 논리에 복종하는 것같이 보인다. 모든 것은 자기 책임이다. 앞서 언급한 파키스탄 출신 여성시인인 사라 술래리처럼 "각자의 집 문턱마다 쌓여 있는 박해의 이야기들/지껄이면 혀가 잘릴 것"까지 각오해야 하는 치 떨리는 분노는 없다. 이들 소설이 1세계에서 누리는 인기는 바로 이런 여유와 유머에서 비롯된 것일 수도 있다.

1세계의 고갈된 상상력에 신선한 피를 수혈하고 있는 것이 바로 이런 소설들이다. 전 세계의 자원을 끌어다 쓰고 있는 1세계 메트로폴리탄들에게는 역사적 고통도 경제적 궁핍도 없다. 역사의 휴일을 살아가는 그들에게 삶의 깊은 통증과 높은 가치는 증권거래의 지수로 바뀐 지 오래다. 삶의 강도와 밀도로부터 면제된 사람들에게서 강렬한 상상력이 폭죽처럼 터져 나오기를 기대할 수는 없다.

포스트식민 소설의 또 다른 장점은 다성적인 언어의 축제다. 그들은 부모세대가 가져온 유산을 언어의 불꽃놀이로 변용시킨다. 이들은 출신지의 악센트가 묻어 있어 멸시받았던 '사투리' 영어를 능청스런 유머로 활용한다. 자메이카의 레게음악 같은 영어, 히스페닉 영어, 피진 영어, 아시아계 영어, 흑인 영어 등 영어의 혼종화는 표준화된 대문자 영어를 오염시킨다. 아이러니하게도 영어는 이와 같은 오염을 통해 더욱 풍성하게 확장된다. 이처럼 과거로부터 상속받은 언어적 유산과 구전 전통과 유기체적 사회에 대한 기억이 남아 있는 그들의 이야기는 뒤죽박죽 들끓고 넘쳐서 마치 시골 장터의 왁자지껄한 풍경을 떠올리게 한다. 그들이 실어 나른 무수한 언어들의 합창과 재현은 노쇠한 1세계의 상상력에 회춘의 꿈을 불어넣는다.

그런 소설 중 하나가 제이디 스미스의 『하얀 이빨』[9]이다. 이 소설은 이야기로 넘쳐난다. 책을 읽으면서 천천히 생각할 겨를이 없다. 수다스런 이야기를 따라가기 바쁘다. 이 소설은 제목만큼이나 이빨의 힘, 즉 '구라'의 힘이 아주 세다. 젊은 여성작가의 어디서 그처럼 능청스런 힘이 나오는지 감탄스럽다. 1975년생인 제이디 스미스가 이 소설을 썼을 때 그녀의 나이 고작 스물다섯 살이었다.

『하얀 이빨』은 두 다문화가족의 이야기를 중심으로 전개된다. 이혼당하고 자살을 하려다 비둘기 때문에 살아난 백인 하층노동자인 앨프레드 존스는 자메이카 출신 클라라와 엉겁결에 재혼한다. 대머리에 무능하고 착하고 말없는 존스와 윗니가 몽땅 빠져 발음이 새는 열아홉 살의 클라라가 만나서 낳은 딸아이가 아이리다. 앨프레드 존스에게는 파키스탄 출신의 친구가 있다. 그의 이름이 사마드 익발이다. 군대에서 함께 사선을 넘은 이후 그들은 평생지기로 지낸다. 제국주의 전쟁에 동원되었다가 한 손을 잃은 사마드는 파키스탄에서는 대학을 나온 잘생긴 청년이었지만, 런던에서 그가 할 수 있는 것이라고는 친척집 식당에서 웨이터로 일하는 것이 고작이다. 그와 방글라데시 처녀인 알시나와 사이에 쌍둥이가 태어난다. 런던 빈민가에서 살고 있는 그의 삶은 알라신의 관심조차 받지 못하는 듯 초라하다.

사마드와 알사나 사이에 태어난 쌍둥이 아들이 마기드와 밀라트다. 파키스탄 민족주의자의 후예라는데 자부심을 갖고 있는 사마드는 영리하고 똑똑한 장남 마기드를 파키스탄으로 보내기로 결심한다. 영국에서 자라게 되면 파키스탄인으로서의 정체성을 갖지 못할 것이라는 걱정에서 내린 결정이다. 아내도 모르게 아들을 파키스탄 친가로 보내지만, 아들 마기드는 오히려 그곳에서 영국인보다 더욱 영국적인 인간으로 성장해 법학을 전공하기 위해 되돌아온다. 반면 영국에서 자란 쌍둥이 동생 밀라트는 잘 생긴 외모로 고등학교시절부터 백인여학생들과 침대에서 뒹구는 사고뭉치가 된다. 아이리는 같이 자란 밀라트를 짝사랑하지만 밀라트는 뚱뚱하고 못생긴 아이리에게 친구 이상의 감정이라고는 없다. 밀라트는 영국에서 살면서 오히려 무슬림 근본주의자가 되어 테러를 꿈꾼다. 파키스탄에서 자란 마기드는 너무나도 영국적인 청년이 되고, 영국에서 자란 밀라트는 종교적 근본주의자가 되는 아이러니와 대면하면서, 사마드는 자신의 삶이 온통 실패라고 통탄한다. 여기에 덧붙여 영국이 식민지 자메이카인들의 영혼을 구원하기 위해 가져간 기독교는 여호와의 증인이라는 종교형태로 기괴하게 귀환한다. 이처럼 다문화, 다인종, 다민족이 뒤섞여 뜻대로 마음대로 안 되는 인생살이의 떠들썩한 이야기가 거대한 강물처럼 흘러간다.

모국어mother tongue는 어머니의 혀다mother's tongue. 언어는 어머니의 입에서 솟아나온 것이며 그래서 집처럼 편안한 것이다. 이방의 언어처럼 소외되고 불편한dis-ease 것이 아니라 집처럼 안전하고 편안한 것이 모국어다. 어머니의 언어는 그녀로부터 흘러나오는 풍부하고 지속되는 구전 전통을 의식하는 것이며 여성의 솜씨와 기술로 발휘되는 언어의 힘을 인식하는 것이다. 하지만 어머니의 혀로서 모국어는 가지고 있지만 젊은 나이에 이미 이빨이 없는 클라라. '입 속의 검은 잎'으로서의 혀 혹은 모국어는 영어권으로 들어오면서 크레올 언어로 바뀐다. 이 소설에서 클라라가 이빨이 없었다는 것은 상징적이다. 그녀에게는 튼튼하게 뿌리내릴 잇몸도 하얀 이빨도 없었다. 그래서 젖니가 나고, 송곳니가 살을 찢고, 어금니가 자리를 잡고, 사랑니를 잃는 모든 과정은 그녀의 딸인 아이리의 삶을 통해 드러난다.

## 4. 레즈비언 문학

자본주의 미학은 신선함과 새로움을 추구하기 때문에 자극적이고 새로운 소재를 찾게 되고, 그런 맥락에서 레즈비언 소재도 이제는 소재 자체로서는 진부하다는 말이 나올 정도다. 하지만 서구에서 레즈비언 소설의 효시라고 일컬어지는 래드클리프 홀의 『고독의 우물』이 나왔을 당시만 하더라고 그 충격은 짐작이 가지 않을 정도였다. 래드클리프 홀(1880-1945)의 『고독의 우물』은 한국사회에는 잘 알려져 있지 않지만, 영문학사에서는 최초의 레즈비언 소설로 유명한 작품이다. 오늘날의 시각에서 본다면 이 소설이 왜 금서가 되었는지 도무지 이해하기 힘들 것이다. 게이 레즈비언과 같은 동성애 코드가 이미지로 소비되는 시대를 살아가고 있는 21세기의 독자로서는 홀의 작품이 외설성으로 인해 금서가 되었다는 것이 놀랍게 느껴진다. 홀의 이 작품은 거의 한 세대 동안(1928년에 출판되었지만 금서가 되었다가 1960년대에 해제되었다) 금서였을 뿐만 아니라 작품성 자체보다 소설이 불러일으킨 사회적 파장으로 인해 훨씬 더 유명해졌다.

『고독의 우물』을 출판했을 당시, 홀은 이미 상당히 인정받았던 시인이자 소설가였다. 그럼에도 그녀의 이름과 『고독의 우물』은 떼려야 뗄 수 없는 관계가 되었다. 그녀는 이 작품에 관한 법정공방으로 센세이션을 일으켰으며 재판비용으로 집을 처분하기도 했다. 그 당시 모더니즘 작가로 잘 알려졌던 소설가들(E.M 포스터, 버지니아 울프와 같은 블룸즈베리 그룹, 비타 새크빌 등)이 옹호해주었지만, 그녀의 소설은 결국 금서가 되었다. 이 떠들썩한 사건으로 인해 그 당시 많은 사람들이 비록 이 소설을 읽지는 않았다 하더라도 '아, 문제의 그 소설'이라고 입에 올릴 정도가 되었다. 이 소설에 관한 법정공방은 흔히 정치혐오로 자신들의 정치성을 드러냈던 모더니즘 계열의 문인들이 사회적 양심의 문제에 대거 참여하게 되었던 20세기 초반의 일대 사건이었다.

『고독의 우물』은 버지니아 울프의 『올란도』와 같은 해인 1928년에 출간되었다. 『올란도』에서 올란도는 16세기에는 남성귀족이자 시인이었다가 20세기에 이르면 신여성으로 젠더가 전환된다. 이 소설은 4백년에 걸친 젠더 전환의 이야기를 마치 환상소설이자 SF처럼 묘사한다. 실제로 버지니아 울프의 연인이기도 했던 비타 새크빌을 모델로 한 『올란도』는 레즈비어니즘을 장난스럽고도 환상적으로 처리해버림으로써 소설에서 전경화되지 않는다. 반면 래드클리프 홀의 『고독의 우물』은 성적인 묘사가 전혀 없음에도 여성들끼리의 사랑을 진지하고도 사실적으로 묘사한다. 여성동성애를 사실적으로 다뤘다는 사실만으로도 당시의 정서로서는 충분히 외설적이었다. 지금의 시각에서 보자면 이 소설의 외설성은 급진적인 섹슈얼리티 혁명에서 비롯된 것이었다. 이성애로 방수 처리한 사회에 동성애라는 빗물이 스며들어 누수현상을 일으켰다는 점에서 이 소설은 분명 외설적이었다. 두 소설 모두 성전환, 복장도착, 동성애 등을 다루고 있지만 울프의 『올란도』와는 달리, 동성애에 감염될지도 모른다는 강제적 이성애 사회의 불안과 공포로 인해 『고독의 우물』은 금서가 되었다.

레즈비언 소설이라고는 하지만 4백 쪽이 넘는 이 책에서 성적인 장면이라고는 키스가 고작이다. 소설 속에서 레즈비언 성애를 표현한 것이라고는 '그날 밤 두 사람은 떨어지지 않았다'는 구절이 전부이다. 그럼에도 이 소설은 레즈비어니즘을 노골적으로 다룬 작품으로 평가되었다. 이 작품은 대서양을 사이에 두고 영국과 미국 모두에서 금서 논쟁에 불을 붙였다. 미국에서 출판될 기회를 일단 얻었지만, 출판 즉시 음란물로 판정받았다. 항소심에서 이 판정은 기각되었다. 미국에서 출판된 『고독의 우물』은 저자의 살아생전 백만 부 이상이 팔렸으며 적어도 11개 국어로 번역되었다.

이 소설은 출판되었을 때부터 현재에 이르기까지 동성 섹슈얼리티 문제를 중심으로 논란이 분분한 작품이다. 1920-30년대 레즈비언들은 이 소설에서 자신들의 성정체성과 마주치게 되면서 환호하고 공감했지만, 이후의 게이-레즈비언 세대는 이 책의 레즈비어니즘에 반기를 들었다. 핸리 가버는 이 소설이야말로 반(反)동성애를 선전하는 것이라고 신랄하게 비판한다. 그도 그럴 것이 이 작품의 주인공인 스티븐 고든은 자신을 한 번도 여자로 생각한 적이 없었다. 그녀의 부모는 그녀를 임신했을 때 너무나 아들을 바란 나머지 여자의 몸을 빌려 태어난 남자로 생각할 지경이었다. 스티븐 고든은 언제나 자신을 남성과 동일시하면서 완벽한 남성에 다가가려고 노력한다. 스티븐은 어린 시절부터 인형 같은 옷을 입고 교태를 부리거나 인형놀이 하는 것을 싫어했다. 스티븐은 어린 넬슨 흉내를 내면서 하녀인 콜린스를 사랑한다. 승마도 남자처럼 걸터앉아서 한다. 검도를 배우고 체육으로 근육을 키운다. 여성스러움 자체를 혐오하고 남성성을 확인받기 위해 남성들과 경쟁한다. 1차 대전이 발발했을 때에도 남자들처럼 참전하여 영웅적인 활동을 하지 못하는 것을 가장 안타깝게 생각했다. 그 전쟁의 성격에 대해서는 어떤 성찰도 없다. 이 점은 래드클리프 홀이 파시즘을 지원했다는 전기적 사실을 떠올리게 만든다. 이처럼 스티븐이 여자의 몸을 한 남성이라면, 스티븐의 사랑은 전형적인 이성애일 따름이다.

또한 홀은 법정공판에서 『고독의 우물』이 이성애 윤리를 표방한 것이라고 주장했다. 홀의 주장이 단지 금서에서 벗어나려는 단순한 변명이 아니라고 한다면 그녀의 말에 일리가 있다. 『고독의 우물』에서 스티븐은 자신을 한 번도 여성이라고 생각한 적이 없었고, 그런 맥락에서 스티븐의 사랑은 철저히 이성애적인 관습에 기초한 것으로 볼 수 있기 때문이다. 또한 당시 기준으로 메리는 스티븐 고든처럼 선천적인 성도착은 아니었다. 게다가 메리가 스티븐을 남자로 좋아한 것인지, 여자로 좋아한 것인지가 소설 속에는 나타나 있지 않다. 메리가 여자의 몸을 한 남자의 정신을 사랑한 것이라면 그녀는 이성애적인 본성에 따른 것이다. 이렇게 본다면 자기 소설이 이성애 윤리를 따르고 있다는 홀의 주장은 변명이나 빈말이 아니라 진심이라고 볼 수도 있다.

홀은 당대의 성과학에 따라 레즈비언은 선택의 문제가 아니라 선천적인 것이라고 주장한다. 동성애가 선천적인 것인가, 아니면 사회적 감염(사회적으로 구성되는 것인가)인가 하는 문제는 오늘날까지도 논란거리다. 동성애가 선천적인 것이라고 한다면 그것은 생물학적인 본질이므로 사회적인 오염원이라는 비난으로부터는 자유로울 수 있다. 하지만 동성애가 사회적으로 구성되는 것이라고 본다면 동성애자 곁에만 있어도 전염이 될 것으로 간주하는 오염인자라는 비난에서 자유롭지 못하다. 말하자면 감기가 전염되듯이, 동성애에 노출되면 이성애자라도 동성애자가 될 수 있다는 말이 된다. 이 말을 뒤집어본다면 이성애야말로 자연적으로 주어진 것이 아니라 강제에 의해 유지되는 것이므로 맥락과 환경에 따라서 달라질 수 있다는 주장과 다르지 않다.

전기적인 사실로 보자면 래드클리프 홀은 이 소설에서의 스티븐처럼 짧은 머리카락에 남장을 하고 공공연한 레즈비언으로 살았다. 카메라를 정면으로 응시하면서 손에 담배를 쥐고 있는 그녀의 모습은 20세기 초반의 전형적인 신사처럼 보인다. 안드레아 와이스의 『파리는 여자였다』에 의하면 1920년대 파리는 아방가르드 문학이 탄생할 수 있었던 요람이었다. 래드클리프 홀 역시 애인인 우나 트러블러지와 함께 파리의 레프트뱅크에서 시간을 보냈다. 20년대 파리는 성적으로 자유분방한 도시였다. 이때 자유분방하다는 것은 자유연애라는 명분으로 여자가 남자에게 쉽게 몸을 허락한다는 의미가 아니다. 여성이 성적인 해방감을 맛보았다는 것은 '이성애 원칙'에서 자유로워지는 것을 뜻한다. 그들은 사랑을 선택할 자유를 원했으며 그 때 사랑할 자유란 여성이 다른 여성을 사랑할 자유를 의미한다. 그 당시 파리의 레프트뱅크에는 거트루드 스타인, 앨리스 B. 토클라스, 콜레트, 래드클리프 홀, 지젤 프로인트, 듀나 번즈, H. D, 나탈리 바니와 같이 지금까지도 문학사에서 이름이 언급되는 여성들이 서로 사랑하면서 살아가고 있었다.

홀은 『고독의 우물』에서 나탈리 바니를 모델로 한 발레리의 문학살롱에 모여든 사람들을 이렇게 묘사한다. "발레리의 살롱에 모여든 사람들은 누추한 시대에 아름다움을" 추구하는 당대의 엘리트 여성예술가, 작가, 시인들이었다. 20세기의 사포를 추구하는 발레리에게서 "자유로운 정신의 편린들을 발견하고", "그녀의 사랑 행각은 많이 삭제하더라도 족히 책 세 권 분량쯤은 되었다."라고 기록한다.

래드클리프 홀은 1880년 미국인 어머니와 영국인 아버지 사이에서 태어났다. 『너의 존』에서 존은 그녀의 필명이다. 스물한 살 때 홀은 할아버지로부터 유산을 상속받아 평생 돈 걱정 없이 여행하면서 글을 쓸 수 있었다. 홀은 스물여덟 살 때 마벌 베로니카 배턴 부인과 만나게 된다. 종교에 부정적이었던 홀은 그녀의 영향으로 가톨릭으로 개종한다. 그녀는 마벌 부인을 통해 부인의 사촌인 우나 트러블러지와 만나게 되었다. 우나와 홀은 얼마 지나지 않아 연인 사이로 발전한다. 그 이후 1934년, 홀은 서른 살의 러시아 이민자인 에브게니아 솔라인을 만나게 되고, 홀/에브게니아/우나의 고통스럽고 애증이 득실거리는 삼각관계는 홀이 죽을 때까지 계속되었다.

비평가들은 흔히 이 소설이 이성애규범을 강화하는 것인가, 아니면 잠식하는 것인가를 두고 오랜 세월 논쟁을 해왔다. 혹은 홀은 동성애가 생물학적으로 결정된다고 보았는가, 아니면 선천적인 결함이자 병리적인 현상으로 여겼는가? 혹은 동성애를 여성들끼리의 낭만적인 우정으로 간주했는가? 19세기의 낭만적인 우정(비성적인)의 형태와 구분되는 여성의 성적 정체성을 주장한 것인가? 이 소설에서 보다시피 홀은 레즈비언 성혁명의 부분에서는 진보적이지만 인종, 계급 등과 같은 의제에서는 인종차별적이고 귀족주의적이며 파시즘적인 성향을 보인다. 많은 비평가들은 작품에 드러나 있는 성정치와 계급정치 사이의 긴장과 충돌을 어떻게 해석할 것인가라는 고민에 사로잡히기도 한다.

『고독의 우물』은 이처럼 말 많고 탈 많은 소설이다. 스티븐 고든은 자신을 완전하게 흔들림 없이 남성과 동일시하는 인물이다. 소설의 플롯은 레즈비언의 사랑을 비극적이고 불가능한 것으로 운명짓는다. 레즈비언을 스트레이트 남성일 수도 있는 여성으로 묘사함으로써, 문화적인 스테레오타입(남성적인 부치 타입)을 강화하게 된다. 이렇게 본다면 『고독의 우물』은 가장 유명한 레즈비어니즘의 재현임과 동시에 가장 악명 높은 레즈비어니즘의 오인된 재현이다. 이처럼 『고독의 우물』은 남성성/이성애를 이상화함으로써 레즈비언을 제대로 재현하지 못했다는 비판에서부터 드 로레티스처럼 이 소설을 또 다시 레즈비언 욕망으로 이론화하려는 입장도 있다. 또한 제이 프로서는 트랜스젠더(여성에서 남성으로 전환한 트랜스섹슈얼) 서사로 읽어내고자 한다. 혹자는 1차 세계대전 무렵의 젠더 아노미 현상에 대한 하나의 은유로 읽어냄으로써 이 소설이 지닌 성정치를 탈정치화하기도 한다.

레드클리프 홀과 그녀의 주인공인 스티븐 고든은 지나간 시대의 레즈비언 아이콘이었다. 거의 백 년 전쯤 나왔던 레즈비언 소설의 효시인 이 작품이 아직까지도 다양한 해석에 열려 있다는 것 자체가 이 소설이 가진 현재성일 수 있다. 이 소설은 모든 것을 차치하더라도 지독한 사랑에 관한 이야기이다. 작가 배수아의 말처럼 동성애든 이성애든 "사랑 안에서 우리는 가난하고 불안정한 신분이며 체류 비자도 없고, 서툰 언어"로 말할 수밖에 없다.

## 5. 한국에서 소비되는 동성애 담론

『고독의 우물』이 출간되고 한 세기가 지난 지금 한국사회에서 동성애는 어떻게 재현되고 있을까? 최근 동생애는 소설에 흔히 등장하는 소재가 되었다. 하지만 새로운 소재 차원을 넘어 동성애 그 자체를 다루는 작품은 흔하지 않다. 은희경의 단편인 「아내의 상자」에서 동성애는 판도라의 상자처럼 일종의 재앙이다. 이 단편에서 화자이자 남편인 '나'는 자신을 극히 상식적인 사람으로 여긴다. 상식적인 남편이 견딜 수 없는 것은 아내가 '그린파크 모텔'에서 알몸으로 죽은 듯이 잠들어 있는 충격적인 모습이었다. 이 단편에서 동성애는 죽음과도 같은 잠과 우울로 등치된다. 자신을 기만한 아내에게 남편이 복수하는 방식은 이혼이 아니라 유폐였다. '나'는 아내를 정신병원에 내다버린다. 이 단편에는 상식적인 이성애자 남편이 아내의 동성애를 미리 처벌함으로써 사회적 비난에서 벗어나려는 교활한 서사 전략이 잘 짜여 있다.

　이와는 달리 천생 이야기꾼인 천명관의 『고래』에는 한때 이성애자였던 여자가 늙어가면서 게걸스럽게 젊은 여자를 탐하는 이야기가 노골적으로 등장한다. 수다스러운 이 소설에서 재력과 권력이 있는 늙은 여자는, 가난하지만 젊은 여자의 몸이 주는 아름다움을 욕망한다. 그것은 재력과 권력을 가진 늙은 남자가 사랑이라는 이름으로 젊은 여자를 소비하는 것과 흡사하다. 아무리 신화적인 성욕과 에너지를 가진 여자라 할지라도 늙어가는 여자의 몸은 그 가치가 급격히 하락한다. 늙은 여자는 젊은 여자의 싱싱한 몸을 보면서 자신의 젊었던 시절에 대한 향수를 느낀다. 이 소설에서는 그런 향수를 뜬금없는 동성 간의 성행위로 형상화한다. 젊음을 자기복제하려는 나르시시즘적인 동성애야말로 회춘에 대한 향수를 시적인 은유로 동원한 것과 다르지 않다.

　천운영의 단편 「소년 J의 말끔한 허벅지」는 아내에게서 벗어나려는 늙은 남자의 동성애적인 욕망을 동성사회적이고 휴머니즘적인 윤리로 포장한다. 누드 사진을 찍는 화자인 '그'는 우연한 시비 끝에 자신의 사진관에 와서 아르바이트를 하게 된 열여덟 살짜리 '녀석'에게 끌린다. '녀석'은 할머니와 둘이 사는 조손가정의 소년가장이다. 화자는 '녀석'과 함께 지내면서, 젊고 탐욕스런 아내에게 짓눌려 사는 늙은 남자가 아니라 햇살에 눈부신 물방울을 떨어뜨리면서 말끔한 허벅지로 자맥질하던 어린 시절로 되돌아간 듯 느낀다. 끊임없이 사업체를 키우고 욕망으로 팽팽한 몸을 유지하는 자본주의적 인격을 가진 아내에게서 결정적으로 벗어나는 사건이 '녀석'과의 만남이었음에도 이 단편은 그의 욕망을 동성사회적인 것으로 승화(?)시킨다. 천운영의 소설에서 생물학적인 섹스로서 남자/여자는 해체됐지만, 기원 없는 젠더로서 여성성/남성성, 수동성/능동성은 여전히 남아서 서로 자리바꿈을 하는 것처럼 보인다.

천운영의 「그녀의 눈물 사용법」에서 우는 사람들은 남자다. 흔히 눈물은 여성의 것이고, 남성을 통해 얻고 싶은 것을 얻어내는 수단으로 이야기됐다. 그런데 이 단편에서 여자들은 결코 눈물을 흘리지 않는다. 눈물을 수단으로 삼는 사람은 오히려 아버지다. 여기서는 눈물의 젠더 규범이 교란되어 있는 것처럼 보인다. 하지만 그렇지 않다. 그녀가 울지 않을 때는 영원한 소년으로서 울지 않는 것이다. 그 소년은 미숙아로 태어나 장롱에 방치됨으로써 숨을 거둔 그녀의 남자동생이었다. 그 아이는 서른일곱 살인 '나' 안에 여전히 살아 있다. 지금 '나'에게는 '게이 점쟁이 기치료사 보조작가' 파트너가 있다. 그녀와의 관계에서 '나'는 부치로 통通한다. 그와 동시에 십년 넘게 불륜 관계를 맺어온 남자가 헤어지자고 했을 때 '나'는 여자로 가장해 눈물을 흘린다. 떠나려는 남자의 마음을 눈물로 붙잡았다면, 그녀는 눈물을 통해 다시 여성성을 회복한 것이다.

이처럼 젠더의 가면무도회를 통해 남성과 여성이 언제라도 자리바꿈할 수 있다면, 섹슈얼리티 또한 언제라도 이성애·동성애로 연출할 수 있게 된다. 그럴 경우 동성애는 아무런 위험 없이 소비되는 다양한 성행위 중 하나일 뿐이다. 다양한 형식의 이성애로 변형된 동성애는 사회적 처벌을 완화하는 대신 그것의 섹슈얼리티는 탈성화되는 대가를 치르게 된다. 그 결과 담론 속에서 동성애는 현란하게 소비되지만 담론 너머에 존재하는 동성애는 여전히 억눌려 있다.

동성애 코드와 더불어 다른 한 축으로는, 자본이 극대화한 욕망을 최소화하는 방식으로서의 '육식 거부'를 소재로 하는 소설이 등장한다. 한때 레즈비언 채식주의자야말로 가장 '정치적으로 올바르다'는 농담이 있었다. 이성애가 지배적인 사회에서 레즈비언이라는 것만으로도 정치적이며, 폭력이 난무하는 사회에서 채식을 하는 것만으로도 윤리적이라는 것이다. 캐럴 애덤스와 같은 여성주의자들은 사회적 약자, 성적 소수자와 더불어 고통 받는 모든 존재들과 연대하는 정치적 실천으로서 육식을 거부한다. 동물 해방과 더불어 육식 거부는 생명을 가진 모든 존재에 대한 폭력의 거부라는 측면에서 보살핌의 윤리이자, 유비적으로 여성주의의 윤리라고 간주된다. 그런데 육식 거부가 여성적인 '배려와 보살핌'의 윤리와 곧장 연결될 수 있는가? 동물의 고통에 대한 연민은 동물이 인간에게 완전히 정복되었을 때 나올 수 있는 태도다. 채식주의 레즈비언들이 육식에의 불안을 과도하게 느끼는 것도, 악어의 눈물을 흘릴 수밖에 없는 인간의 한계에서 비롯된 것일 수도 있다.

## 6. 색깔 있는 것이 아름답다

미국이 전 세계를 지배하는 제국인 만큼 영미 페미니즘 문학도 전 지구촌으로 영향력을 확산하면서 다양해지고 있다. 사이버/하이브리드 페미니즘이 연대하면서 자기 목소리를 낼 수 있게 된 것도 이런 상황과 무관하지 않다. 백인중산층 중심의 영미 페미니즘이 피로한 기색을 보이고 있는 반면 하이브리드 페미니즘은 정치성이라는 끈을 쉽게 놓치지 않는다. 다중의 억압이 있는 한 그것을 놓아버리고 싶어도 놓지 못할 것이다. 그것이 바로 가부장제에 배신의 계보학을 만들어낼 수 있는 그들의 힘이었다.

1980년대 체리 모라가와 글로리아 안잘두아가 편집한 『나의 등』에 글을 실었던 많은 여성들이 이제 대학 강단으로 들어가게 됨으로써 이들의 시학이 반복 인용되고 재생산되고 있다. 그런데 이들의 문학이

제도 안에서 얼마 동안 재생산될 수 있을지는 미지수다. 그들의 글이 정전으로 남으려면 고갈된 1세계의 문학적 상상력을 채워야 하기 때문이다. 아카데미는 자체의 엄격한 재생산 방법을 가지고 있다. 그것이 반복 인용됨으로써 권위 있는 지식을 생산하는 것이다. 지식시장의 재생산은 제도권력과 결코 무관할 수 없다. 셰익스피어를 전공하면 일자리를 얻을 수 있지만, 안잘두아나 모라가와 같은 '3'세계 레즈비언 여성작가를 전공해서 일자리를 얻기는 어렵다. 이미 그런 현상이 나타나고 있다. 『나의 등』에 글을 실었던 1세대는 학계에 진입했지만 그들을 전공한 2세대는 비정규직으로 떠돌아야 한다. 문자 그대로 유목적인 주체가 될 수밖에 없는 상황이다.

또한 문학은 자동화 혹은 이데올로기화되는 것을 견딜 수 없어 한다. 유색여성에 대한 억압이 아무리 다중적이라고 하더라도 그것이 이야기, 문화담론으로만 머물러 있으면 쉽게 식상할 수 있다. 하이브리드 페미니즘의 절박한 의제는 전혀 해결되지 않았음에도 불구하고 새로운 방식으로 이야기하지 않으면 "아, 또 그 이야기야"라는 반응이 뒤따르게 된다. 편협성에서 벗어나야 한다는 이유로, 페미니즘이 남성성, 남성학, 젠더연구의 방향으로 나아가게 되는 것도 바로 이런 이유들 때문이다. 젠더연구가 페미니즘을 편협성과 협소함으로부터 탈출시키는 출구가 될 수 있을지는 모르지만 그런 방향은 값비싼 대가를 치러야 할 것이다. 페미니즘의 확산은 젠더당파성을 희석시키는 대가를 지불할 것이기 때문이다. 따라서 페미니즘의 운동성을 일회적으로 소비해 버리는 극장, 시장, 군중이라는 우상으로부터 어떻게 정치성을 계속 확보해낼 수 있을 것인지가 앞으로 페미니즘의 관건이라고 볼 수 있다.

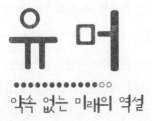

# 유머
약속 없는 미래의 역설

프로이트는 생애의 마지막에 이르러 문명에 많은 회한을 느낀 것처럼 보인다. 『문명과 그 불만』에서 보다시피 양차 세계대전을 마주하면서 그의 세계관은 비관적으로 흘렀지만, 그럼에도 비관적인 세계에서 위로를 찾는다. 인생의 황혼기에 들어선 프로이트에게 유머는 "두려워서 뒷걸음질 치는 자아에게 초자아가 따스한 위로의 말을 건네주는 것이다." 아버지의 법이라고 일컬어지는 초자아가 단지 무섭고 두렵기만 한 것이 아니라 따스하게 품어주는 보호자로서 다정한 아버지의 역할을 한다. 그것이 프로이트에게는 유머의 역할이었다. 그렇다면 자아는 무엇이 두려워서 뒷걸음질을 쳤을까? 자아로서는 도무지 알 수 없는 타자로서의 죽음이 두려워서 그랬을까? "괜찮아, 괜찮아 죽는 것도"라는 말이 그 동안 가혹했던 초자아가 자아의 등을 두드려주면서 해주는 마지막 위로의 말은 아닐까?

내가 여기서 말하고 싶은 것은 프로이트가 그랬듯 잔혹한 초자아에게 유머의 역할까지 넘겨주려는 것이 아니다. 유머는 주변화되어 있으므로 스스로에게 거리를 유지할 수 있고 자신까지를 포함하여 농담으로 삼을 수 있는 성찰적인 시선이다. 유머는 '나'를 무대화하고 무대에 서 있는 '나' 자신을 농담으로 삼을 수 있는 제 3의 시선을 의미한다. 그것은 『유물론의 유머』에서 고진이 말한 유머의 개념을 차용한 것이다. 고진은 『트랜스크리틱』에 이르면 유머 개념을 시차적 관점으로 연결시킨다. 여기서 유머는 젠더 사이에 공통언어나 공유된 기반이 없으므로 서로 근본적으로 이율배반을 초래하는 것에서 나올 수 있는 시차적 관점이다. 그것은 화해, 조화, 종합으로 지향하고 통합하는 것이 아니라 주체와 타자가 서로의 입장을 바꾸는 것이며 주체가 타자 너머로 초월하고 타자가 주체에게로 도약함으로써 서로의 타자성, 이질성에 제3의 시선을 여는 것을 뜻한다.

그러므로 유머는 자신을 타자의 입장에 세울 수 있는 여유이자 거리이다. 기존 페미니즘의 독법은 여성을 억압하는 가부장제에 대한 분노를 조직화하는 방법론을 개발해왔다. 제3의 시선으로서의 유머가 어떤 젠더 정치성을 가질 수 있을 것인가? 이 글에서는 분노의 시학이 아니라 유머의 시선으로 세계를 보면 어떤 해석이 가능해질 수 있는지를 주목하려 한다.

## 1. 주체는 세계의 주인이 아니다

의식주체가 세계를 파악하는 근본적인 토대가 된다는 것이 데카르트의 코기토라는 명제다. 이때 의식주체는 세계를 자기의식 속으로 환원해 들이는 의미의 주체이기도 하다. 의식주체는 나를 중심으로 세계 (혹은 타자)를 나에게로 끌어들인다. 자명한 '나'가 되기 위해서는 세계로 지향한 의식이 다시 자신에게로 귀향해야 한다. 그렇다면 부메랑처럼 되돌아온 의식은 자신이 내보낸 의식과 동일할 것인가? 의식주체에게서 나간 의식은 타자라는 과녁을 통과하여 되돌아올 때 더 이상 동일한 의식으로 귀환되지 않는다는 점에서 비대칭적이다. 주체에게서 나간 의식은 타자와 조우하고 귀환할 때, 타자에게 전이되어 잃어버리는 것도 있고, 저항과 부딪히면서 왜곡되고 비틀린 형태로 주체에게로 귀환하기 때문이다.

라캉은 주체와 타자의 관계를 간단한 합집합으로 설명한다.[1]

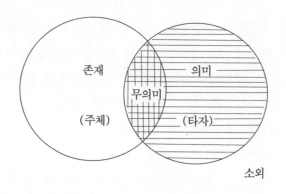

주체가 어떻게 타자의 장에서 출현하는가를 보여주는 다이어그램이다. 집합의 용어로 주체와 타자의 관계를 설명하고자 한다. 집합에서 합산과 합집합은 다르다. 두 개의 원에 각각 다섯 개의 물건이 있을 때, 그것을 다 합치면 열 개가 된다. 하지만 양쪽에 공통적으로 속하는 것이 있을 수 있는데, 두 원에 다 속하는 것이 두 개라면 이 두 집합으로 합집합을 만들면 합집합 속에는 여덟 개의 물체가 있을 수 있다. 이처럼 소박한 연산으로 주체와 타자의 관계를 말해보자면 합집합 속에는 어떤 쪽을 택해도 다른 한쪽에 속하는 것이 결여로 존재할 수밖에 없다. 즉 위 합집합에서 보다시피 존재를 선택하면 주체는 의미의 차원으로 사라지면서 무의미가 된다. 반대로 의미의 차원 즉 타자의 차원을 선택하면 의미는 무의미 차원을 상실하게 된다. 이때 무의미 부분이 주체로 될 때 무의식을 구성하게 된다. 이렇게 보면 이중적인 결핍, 부정과 부정이 포개져서 실체가 있는 것처럼 만들어지는 환상으로서의 주체가 탄생하게 된다. 주체는 자신이 타자의 영역으로 사라짐fading, 혹은 소멸(아파니시스aphanisis)을 통해 구성되는 존재다. 이렇게 본다면 주체는 제로이며 공void이다.

공에 불과한 주체의 욕망은 근본에서부터 타자의 인정을 받기 위해 타자의 욕망을 욕망하는 것이 된다. 이 점을 라캉의 공식을 통해 좀 더 상세히 설명하자면 이렇다. 라캉은 타자의 욕망을 '결핍의 변증법'으로 만들어낸다. 생후 6개월에서 18개월에 해당하는 거울상 단계에서 유아는 자기소외의 한 형태로서 거울에 나타나는 이미지를 보게 된다. 그 이전까지 유아는 자기 몸조차 제 의지대로 움직일 수 없었으므로 자기 몸이 파편화되어 있다고 상상했다. 자신이 파편화되어 있다는 상상으로 인해 자기 몸이 찢겨져 있다는 상상은 전도되어 타자에 대한 공격성으로 투사된다.(이 점은 멜라니 클라인에게서 라캉이 빌려온 통찰이기도 하다). 거울을 보는 순간 아이는 자신의 몸에 대한 게쉬탈트를 형성한다. 그것이 상상적인 단계에서 비록 기만적이기는 하지만 자신에 대한 이상적 자아상을 형성한다. 이 단계에서 주체는 자신을 완전한 전체로 간주하는 기만에 빠져 있는 것만큼 타자 또한 완전한 전체로 가정한다. 주체는 자신도 이상적인 자아로 만들고 외부대상도 결핍 없는 충만한 존재로 만든다. 하지만 유아가 언어를 습득하는 상징계로 들어오면서 모든 것은 달라진다. 상상계의 생물학적인 욕구와 상징계의 언어적 요구 사이에는 완전한 만족이 있을 수 없다. 욕구와 요구(무의식처럼 구조화된 언어를 통한 것이 요구) 사이에는 틈새가 발생한다. 상징계에 진입함으로써 주체는 비로소 대타자 역시 결핍되었다는, 즉 대타자도 욕망을 가지고 있다는 것을 알게 되고 자신이 분열된 주체임을 알게 된다.

자신이 분열된 주체임을 알게 된다는 것은 자신을 이상적인 자아라고 간주한 주체의 나르시시즘이 깨어져 나가는 과정이다. 주체가 자신의 전능성에 대한 환상을 버리고 어느 정도 현실감각을 갖게 되면, 주체는 이상적인 자아를 외부로 투여하여 자아 이상을 찾게 된다. 하지만 이 자아 이상 역시 주체의 나르시시즘이 투여된 것이다.

주체가 자신의 결핍과 대타자의 결핍을 깨닫는 순간은 정신분석의 최종지점 혹은 정신분석적 윤리의 핵심이다. 윤리적인 것은 타자의 타자성을 인정하지 않을 수 없는 순간이기 때문이다. 그런데 이와 같은 타자성을 만나는 순간은 주체에게 외상적 사건으로 다가오는 '실재계와의 만남'이기도 하다. 타자성이란 주체와 타자가 공유하는 '공void'이며 이 '공'이야 말로 정신분석이 제시하는 중요한 한 가지 통찰이다. 공과 대면하는 순간(실재계, 혹은 죽음) 주체는 무너질 수밖에 없다. 그것이 외상의 순간이다. 8장에서 언급했던 레비나스의 이론처럼 의식주체로서는 도무지 파악할 수 없는 것이 타자의 타자성이다. 주체는 이 타자성과의 대면을 견딜 수 없어서 그것을 베일로 가리려고 한다. 어머니가 결핍을 속이는 방식은 베일로 자신의 결핍을 가리는 것이고 유아 또한 엄마의 결핍을 보지 않으려고 그것을 베일로 가린다.

여기서 의식주체의 유머는 분열된 자신을 완전한 존재로 만들기 위해 타자를 활용하는 방식에 있다. 주체의 자아 이상이 될 만큼 대타자가 완전한 것은 아니고, 주체 또한 이상적인 자아가 될 수 없는 결핍의 존재다. 라캉에 의하면 주체는 기껏해야 분열된 주체이거나 최악의 경우 타자의 욕망을 통해 형성된 허깨비에 불과하다. 그럼에도 주체는 그런 사실을 모르는 척 기만해야 한다. 주체의 자기기만은 그것이 기만임을 누가 지적해준다고 하여 쉽사리 깨어지지 않는다. 주체는 자신이 공이며 아무 것도 아닌 존재라는 사실과 똑바로 대면할 수 없기 때문이다. 그러므로 알면서도 모르는 척할 때 통합된 자아라는 주체의 나르시시즘은 유지된다. 주체의 나르시시즘은 결국 결핍된 자신의 진면목과 대면하기 싫어서 엄마의 치마폭에 얼굴을 파묻고 있는 유치한 아이의 모습과 다를 바가 없다. 타자의 욕망도 보지 않을 뿐만 아니라 자신의 결핍도 보지 않으려는 이중부정으로서의 긍정이 '남성적인' 나르시시즘의 한 형태가 된다.

## 2. 남성적 나르시시즘 혹은 자기기만

정신현상학적으로 볼 때 주체철학은 역설적이다. 앞서 이야기했듯이 주체의 유머는 자신의 동질성을 유지하기 위해 열심히 추방한 타자들을 어느새 뒷문으로 다시 들여보내는데서 찾을 수 있다. 그러므로 자신을 비쳐주는 타자라는 거울이 없다면 주체 또한 있을 수 없다.

주체는 이성의 빛으로 응시한 대상의 이미지를 자신에게 내투사함으로써 궁극적으로 자기 이미지를 반복 재생산한다. 타자로 향한 주체의 사랑은 자신 너머에 있는 자기 이미지를 사랑하는 것이다. 그런 점에서 대상을 향한 사랑 역시 퇴행적인 자기사랑으로 환원된다. 주체는 사랑하는 대상에게서 결국은 사랑에 빠진 자기 모습을 보기 때문이다.

라캉이 사랑의 은유에서 대단히 아름답게 묘사한 장면을 상기해보자.[2] 한 손이 있어 불타오르는 꽃잎을 향해 손을 뻗는다. 불타오르는 꽃잎이 있음에 그 손길이 다가가는 것이기도 하지만 내민 손길의 유혹이 꽃잎을 불타오르게 만든 것이기도 하다. 꽃잎은 열리고 그 속에서 다른 손길이 나온다. 꽃잎의 충만함 속에서 두 손은 서로를 맞잡는다. '양손의 신화'는 사랑의 구조를 보여준다. 주체는 자신의 욕망대로 대상을 불타오르게 만들고 열매를 맺게 한다. 사랑하는 주체의 욕망이 대상으로 향하게 됨으로써 대상의 욕망을 불러일으키고, 대상의 욕망은 주체에게로 향하게 된다. 결국 사랑의 주체가 곧 사랑 대상이 됨으로써 자기애를 확인하는 셈이다. 이처럼 나르시시즘의 정신경제에서 타자는 주체를 반영하는 잔잔한(결코 파문이 일어나서 이미지를 일그러뜨리지 않는) 거울 역할을 한다. 반영이론에 기초한 서구 철학이 세계를 하나the One로 환원하는 과정이야말로 이런 나르시시즘적인 사랑의 구조와 유사하다.[3]

여기서 나르시시즘이 젠더화되는 과정에 주목하려면 라캉의 상상계와 상징계에서의 나르시시즘의 편차를 좀 더 살펴볼 필요가 있다. 거울상 단계에서의 1차적 나르시시즘은 육체적 이미지에 집중하는 것이다. 이 단계는 유아가 거울에 비친 자신의 이미지를 보면서 게슈탈트를 회복하고 그로 인해 자기 자신을 완전한 전체로 간주하는 시기이다. 자기동일성을 주장하는 철학은 거울에 반영된 자신의 '완전한' 이미지와 사랑에 빠진 것이다. 거울에 비친 '나'는 '나'임과 동시에 '나'가 아니라는 점에서 분열된 것이다. 하지만 완전한 전체라는 상상계적인 미몽에 빠진 '나'는 자족적이고 행복하다. 2차 나르시시즘은 상징질서 속에서 구성되는 것이다. 상징질서로 편입하면서 더 이상 자신을 이상적인 자아로 설정할 수 없다는 것을 알게 된 주체는 자신의 나르시시즘이 보존된 이상적인 자아 ideal-ego를 외부 세계의 자아 이상 ego-ideal으로 대체하게 된다. 그러므로 상징계적인 자아 이상은 외부 대상과 자신을 동일한 것으로 간주하는 자아가 언어와 존재 사이에 드러난 분열과 틈새를 제거하려는 노력의 산물이다. 2차 나르시시즘은 상징계의 균열과 상상계의 (허구적) 전체성 사이에 초래된 간극을 가리는 가면이 된다. 이 가면이 제대로 역할을 하지 못하면 초자아는 자아 이상에 맞춰 자아의 결함과 불만을 끊임없이 찾아내 감시하고 처벌한다. 남성적 나르시시즘은 타자에게로 향한 대상애가 잘 회수되어 자기만족에 빠지는 것이고, 여성적인 우울은 상징적인 자아 이상과 자아 사이에 벌어진 틈새로 인해 초자아가 자아를 처벌함으로써 초래되는 것이라고 간주될 수 있다.

남성의 나르시시즘은 사회적 변혁의 시기에는 불안으로 회귀한다. 정신분석학적으로 보자면 이런 불안은 어린 시절 거세된 어머니와 대면하면서 소년이 느꼈던 두려움, 즉 자신도 어머니처럼 거세될지 모른다는 두려움에서 비롯된다. 거세의 구멍은 끔찍한 동굴처럼 입을 벌린 채 언제라도 그를 삼킬 것처럼 보인다. 그래서 소년은 어머니가 거세되었지만, '그래도 거세되지 않았어.'라는 예스와 노우를 동시에 말하는 전략을 취한다. 자신의 거세불안을 진정시키기 위해 어머니의 거세는 없었던 일로 가려진다. 그 대신 소년은 어머니의 결여를 가려줄 수 있는 것thing으로 거세의 구멍을 가린다. 그것이 남성의 페티시다. 남성들에게 남근의 환상적 대체물로서의 페티시는 국가 권력, 가족, 사유재산, 사회적 권위, 경제적 권력 등이다. 정치적 혼란기가 되면 이런 것들을 상실할지도 모른다는 공포가 남성의 우월감에 그림자를 드리운다. 이런 두려움은 성차의 경계를 허물고 그것에 도전함으로써 자신의 환상적 남근을 빼앗아가려는 여성들을 향한 공격성으로 드러난다. 남성들은 정치적 권력, 종교적 권위, 남성적 우월감이 위험에 처할 때마다 그와 유사한 공포로 고통받는다.

우리사회에서 남성 나르시시즘의 훼손이 드러나는 방식은 임수경에 대한 악플러에게서도 그 모습을 찾아볼 수 있다. 1989년 임수경의 북한 방문은 체제와 제도의 거세에 공손하게 복종하고 있었던 남성들의 자존심을 훼손하는 일이 되었다. 독재자 아버지의 횡포 아래서도 공손히 복종하고 있던 남성들은 굴종적이고 매저키즘적인 태도로 인해 자신들이 주장해왔던 바로 그 여성적 위치에 서 있는 자기 모습을 보지 않을 수 없었다. 그들은 거세당한 자신의 모습을 보지 않으려고 가려둔 베일을 찢어버린 임수경을 용서할 수 없었다. 그런 무의식화된 앙심이 임수경의 불운에 대한 익명의 공격성으로 드러난 셈이었다. 악플러들이 임수경 현상이 가져다 준 충격을 충분히 기억할 정도로 지긋한 나이의 '멀쩡한' 남성들(말하자면 사회적 지위를 가진 대기업 간부, 은행원, 교수 등)이었다는 사실이 그 점을 입증해 준다. 거세불안으로 인한 남성들의 앙심은 남근적인 어머니로서의 페미니즘에 대한 무의식적인 두려움의 발현일 수 있다.

## 3. 여성적 우울증 혹은 은유적 거식

남성적 나르시시즘과 여성적 우울증이 생물학적인 젠더에 따라 엄격하게 구분되어 있는 것은 아니다. 남성들이 자기 나르시시즘을 유지하기 위해 무의식적으로 자신을 기만하는 공격적인 방식을 취한다면, 여성들은 나르시시즘이 뒤집힌 형태로서의 우울증을 드러내는 경우가 많다는 것이다. 공격성이 자기 내부로 향하기 때문이다.

이때 남성적, 여성적이라는 것은 생물학적인 구분이라기보다 사회적 금기에 의해 문화적으로 구성되는 것이다. 여아는 최초의 사랑 대상인 어머니에게서 사랑이 되돌아오지 않으면 좌절과 상실을 경험한다. 자신의 이상적 자아를 투사한 자아 이상으로서의 어머니는 사랑을 약속하는 존재다. 그럼에도 불구하고 사랑을 돌려주지 않는 것에 대한 여아의 상실감은 무의식에 각인된다. 상실한 대상을 알지 못하면 충분히 슬퍼할 수조차 없다. 충분히 슬퍼할 수 없는 슬픔은 우울증으로 가라앉는다. 이처럼 여아의 경우 전능한 어머니에 대한 기억이 자아 이상으로 전이된다. 여아는 어느 정도 자기희생을 감수하면서 자신이 상실한 나르시시즘을 자아 이상의 자리에 보존시킨다. 하지만 주체가 보낸 사랑을 어머니가 되돌려주지 않고 보존하고 있는 한, 여아의 나르시시즘은 충족될 수 없다. 따라서 자아 이상에 대한 주체의 사랑은 언제나 양가적이다. 내가 사랑하는 어머니가 사랑을 되돌려주지 않는다면, '어머니는 나를 미워해'라는 논리가 성립된다. 나를 미워하는 어머니에 대한 공격성이 역전되어 자신에게로 향하게 된다. 사랑은 증오로 회귀하여 자아에게 테러를 가한다. 세상을 향한 테러가 자신에게 되돌아옴으로써 '검은 태양' 속에서 살아가는 삶이 여성적인 우울증이다.

사회문화적인 현상으로서의 여성적인 우울증은, 가족 은유를 차용하자면 어머니 세대와 딸 세대의 관계로 설명할 수 있다. 여성들의 적극적인 투쟁의 결과, 2000년에 이르러 1세대 페미니즘[4]은 제도화되기에 이른다. 페미니즘의 제도화는 대단히 양가적이다. 기존제도와 법과 상징질서는 흔히 가부장적인 것으로 간주된다. 제도에 편입된 페미니즘은 아버지의 법에 따라 합법적인 정치를 하겠다는 말과 다르지 않다. 그런데 실천운동으로서의 페미니즘의 딜레마는 열심히 투쟁하여 가부장제로부터 해방되는 순간 자신의 존재 또한 소멸된다는 점이다. 페미니즘은 맑시즘과 흡사하게 자기소멸을 궁극적인 목적으로 삼는 운동이다. 그러므로 페미니즘은 가부장제의 소멸을 영구히 지연시켜야만 자신의 존재가치와 운동성을 보장받는다는 점에서 역설적이다.

페미니즘의 제도화는 가부장적인 정치 문법 안에서 변혁이 아니라 협상을 하겠다는 의미다. 여성부가 여성'가족부'로 바뀌고 여성가족부 장관이 취임하면서 가장 먼저 성균관장을 방문한 것은 그것을 단적으로 보여준 상징적 행위이다. 따라서 이것은 "우리는 더 이상 과격한 사회변혁을 도모하지 않을 겁니다(사실 도모한 것이 아니라 도모에 대한 환상이 있었을 따름이지만). 더 이상 당신들을 거세시키는 두려운 어머니가 아니라 유혹적인 딸이 될게요." 라고 선언한 것과 다르지 않다.

이처럼 1세대 페미니즘 자체가 제도화됨으로써 사회 변화에의 열정은 시들해질 수밖에 없다. 그로 인해 2000년대의 2세대 페미니스트들은 대체로 은유적 거식증에 시달리고 있는 것처럼 보인다.[5] '누가 뭐래도 페미니즘은 달라'라는 믿음을 가졌던 차세대 페미니스트들은 약속한 방식대로 사랑을 되돌려주지 않는 1세대 페미니즘에 대해 배신감과 상실감을 느끼게 된다. 세상을 바꿀 수 있을 것이라는 기대는 그야말로 버블 효과가 되었다. 미래에 대한 기대가 컸던 만큼 상대적 빈곤감은 배가한다. 미래의 약속과 비전은 불투명하다. 변화에 대한 열정은 우울로, 혁명에 대한 비전은 좌절로 드러난다.[6]

게다가 페미니즘은 더 이상 사회적 약자의 논리를 거론하기 힘들 정도로 그동안 성취해낸 것들이 있다. 학생운동이 소멸되어가던 1990년대에 들어와서 페미니즘은 급부상하는 유행담론이 되었다. 젠더의 관점에서 역사 다시 쓰기가 활발해졌다. 호주제와 군가산점제도는 폐지되었다.[7] 여성부는 신설되었다가 여성가족부가 되었고,(MB정부에 들어와서 여성부에서 여성가족부로 개칭되었다. 이런 호칭의 변경에서 보듯 여성과 가족은 도무지 분리될 수 없는 것처럼 보인다) 지금은 위상이 축소되었지만 여성부로서의 명맥은 유지하고 있다.[8] 직장 내 성희롱방지법, 성매매방지법과 같은 금지법안 뿐만 아니라 여성권력을 신장하기 위한 양성평등과 할당제 등이 적극적으로 추진되었다.

2세대 페미니스트는 기존 페미니즘을 자아 이상으로 삼음으로써 불가능한 욕망을 욕망하고 있다. 사회변화에 대한 열정은 제도화된 페미니즘이 줄 수 있는 것이 아니다. 대상이 가지고 있지 않은 것을 욕망한다는 점에서 1, 2 세대 사이의 사랑은 어긋날 수밖에 없다. 2세대 페미니스트들은 1세대 페미니즘이 가지고 있지 않은 사회변혁에의 욕망을 요구한다는 점에서 상실과 좌절을 맛볼 수밖에 없다. 이처럼 2세대 페미니스트들은 제도화된 페미니즘으로부터 사랑을 받으려고 하면서도 그것에 저항해야 하는 아이러니컬한 상황에 처해 있다. 약속한 사랑을 돌려주지 않는 제도화된 페미니즘을 향한 공격성은 벽에 부딪히면서 자신에게로 되돌아온다. 자신에게 전이된 공격성은 무기력증과 우울증으로 체현된다.

2세대는 무엇보다도 젠더 감수성을 각성하고 젠더에 민감한 반응을 보이는 것에서 정치성을 찾았던 성담론 세대이다. 그러므로 젠더와 관련된 사회담론에 예민하게 반응해야 한다는 입장에 강박되어 있는 것처럼 보인다. '정치적 올바름'에 대한 과도한 신뢰가 오히려 상처가 되어 귀환함으로써 자신에게 상처를 입히게 된다. 학내, 직장 내 성희롱과 성폭력 그리고 성적 지향성에서 정치적 올바름으로 무장하는 것은 태도, 눈짓, 말투, 제스처 하나에 이르기까지 스스로를 검열하는 장치가 된다. 과도한 자기검열은 몸의 고통으로 드러나게 되고, 그런 고통의 체현은 우울증적인 증상으로 귀환한다. 가부장제의 깊은 잠에서 깨어날 수 있도록 각성의 키스를 해준 사람들은 각성만 시켜놓고 책임을 지지도, 선물을 주지도 않는다. 그들은 기댈 언덕조차 없는 가부장제의 가장자리에 서 있는 자신을 발견하게 된다. 실망한 이들이 할 수 있는 최대의 복수와 저주는, '나는 기존사회가 원하는 대로 배부르지 않을 거야.', '거지같은 왕자의 키스 필요 없거든.'이라는 거식증의 언어로 말하는 것이다.

거식증 세대의 가장 강력한 저항은 재생산을 거부하는 것이다. 아이라는 남근을 가부장적 질서에 선물로 되돌려주지 않는다면? 모성과 어머니노릇을 포기한다면? 배려하고 보살피고 아이를 품어주고 남자를 먹여주는 것과 같은 '여성적인' 윤리에 복종하지 않는다면? 가부장적 사회가 추켜세운 여성적인 덕목들을 거부한다면? 후손에 대한 희망을 저버린다면? 이런 가정법이 현실화된다면 어떻게 될까?

우리는 죽음의 확실성과 생의 필멸성을 알고 있다. 육신을 가진 자는 부패하고 해체되어 언젠가는 먼지로 돌아갈 것이라는 사실을 모르는 사람은 없을 것이다. 실존적으로 우리의 몸은 필멸을 향해 살아간다. 그럼에도 불구하고 죽지 않을 것이라는 불멸성에 대한 환상이 미래의 약속으로서 아이들이다. 아이는 세속적인 신학이다. 리 에델만이 지적하듯이[9] 세속적인 신학으로서의 아이는 집단적인 서사의 의미뿐만 아니라 의미의 집단화를 형성한다. 자아의 자기전개의 구체적인 형태는 아이라는 모습으로 드러나게 된다. 산자들은 모두 나가서 씨를 뿌리라는 강령처럼 재생산 없는 미래는 미래 없는 미래의 약속이 된다.

하지만 자기 삶의 목적을 위해 미래를 포기하는 것, 즉 재생산을 포기하는 것이야말로 '무목적성의 목적성'으로서의 미학이라는 것이 에델만이 주장하는 유머다. 흔히 생식 없는 성적 쾌락은 비난과 연민의 대상이 되어왔다. 아이가 없는 성적 쾌락은 미래가 없으므로 연민을 자아내는 공허하고 병리적인 것이며, 또한 자기 밖에 모른다는 점에서 이기적이라고 비난받는다. 재생산 거부는 미래의 약속을 거부하는 것이다. 사실 부모의 사랑은 끝이 없다고 주장하지만, 부모는 아이를 자신의 황제 폐하로 만들어 숭배하는 것이며 그것이야말로 죽음에 저항하려는 인간의 욕망이 투사된 것이다. 진보서사는 미래가 현재보다 나아질 것이라는 희망에 판돈을 건다. 미래의 구체적인 모습은 아이들이다. 그러므로 재생산을 하지 않는 여성은 반사회적인 존재가 된다. 재생산을 거부하는 2세대 페미니즘의 거식증이야말로 의도했건 의도하지 않았건 간에 가부장제에 대한 치명적인 공격이다. 재생산 이성애 미래주의를 거부하는 것이기 때문이다.

## 4. 재생산의 약속 없는 미래의 역설

여성이 재생산을 거부하면 미래의 구원과 약속은 소멸되는 것일까? 여성이 재생산을 거부하면 재생산 자체를 테크노과학이 대신하게 되지는 않을까. 이런 의문에 대한 실마리를 찾는데 있어 SF를 참조해보는 것도 한 방법이다. 유전자 테크노과학 시대에 이르면 제품 생산과정에서의 분업처럼 여성들이 알엄마, 자궁엄마, 양육엄마 등으로 재생산 분업 시대를 살아가게 된다. 마지 피어시Marge Piercy의 『시간의 가장자리에 선 여자Woman on the Edge of Time』(1976)는 150년 이후의 미래를 상상한다. 코니 라모스Connie Ramos는 가난한 하층계급 여성노동자이자 중년의 치카나 여성이다. 현재 코니의 삶은 엉망이다. 인간적인 삶 운운하기에는 너무 비참한 환경이다. 남편은 경찰에게 살해당하고, 눈먼 소매치기 애인 클라우드는 인체 실험으로 인해 간염에 걸려 죽는다. 애인이 간염으로 죽고 난 뒤, 그녀는 고통을 잊기 위해 술에 절어 살아간다. 건잡을 수 없는 분노에 사로잡혀 그녀는 딸에게 폭력을 휘두른다. 딸을 학대했다는 이유로 그녀는 법원으로부터 불량엄마 판정을 받고 아이를 빼앗긴다. 그녀는 결국 정신병원으로 끌려가게 된다. 그곳에서 두뇌통제실험 대상으로 선택된다.

코니 라모스는 여러 겹으로 가장자리에 선 여성이다. 시간, 계급, 인종, 젠더, 그리고 제정신의 가장자리에 서 있다. 최악의 상황이 되었을 때 그녀는 루시안테라는 여성에 의해 마타포이셋Mattapoisett이라는 유토피아 사회로 인도된다. 그녀가 본 유토피아는 제정신이 나간 상태에서 나오는 비전이라는 점에서 역설적이다. 미래세계는 헉슬리의 세계나 다름없는 인공출산의 세계다. 마타포이셋 사람들이 생물학적 자녀출산을 포기한 것은 단순히 편리함을 추구하기 위해서만이 아니었다. 생물학적인 자녀출산의 포기는 여성이 오랜 투쟁을 통해 성취한 것이었다. 생물학적 혈연에 묶여 있는 한 인종차별, 계급차별, 성차별에서 벗어날 수 없다는 것이 그들의 생각이다. 문자 그대로 생물학적으로 부여되는 특권들(인종, 계급, 성별에 따른)을 원천적으로 봉쇄하기 위해 마타포이셋 여성들은 생물학적 재생산을 포기한 것이다. 그래서 모든 아이들에게는 한 명의 생물학적 어머니 대신 세 명의 어머니가 있다. 한편, 알엄마, 자궁엄마, 양육엄마로의 분업은 더 이상 SF적 상상력이 아니라 우리나라의 현실이기도 하다.[10]

<구글 베이비>에서 보다시피 소프트웨어로서의 여자의 난자는 어떤 여성인가에 따라 가격이 천차만별이다. 피부색, 학력, 재능, 외모, 나이, 국적, 종교 등에 따라 난자의 가격이 달라진다. 우수한 DNA를 구입하여 우수한 재생산이 가능하다면, 헉슬리의 『멋진 신세계』에서처럼 아예 카스트사회를 만들어낼 수도 있을 것이다. 무스타파 몬디가 통치하는 멋진 신세계는 카스트 사회다. 알파, 베타, 감마, 델타, 엡실론이 그것이다. 엡실론은 매사에 열등한 천민이다. 마땅히 불행해야 할 그들은 오히려 완벽하게 행복하다. 그들은 신분질서 속에서 아이러니

컬하게도 '자유롭고 평등하다.' 교육과 계몽으로 자신의 분수를 파악하게하고 현재를 받아들이도록 만드는 데는 오랜 세월이 걸린다. 하지만 생명공학에 힘입은 신세계의 통치자는 애초부터 자신이 원하는 신분질서를 프로그램하는 것이 가능하다. 신분에 맞춰 프로그램된 인간들은 자기 현실에 불평을 토로하거나 분노를 폭발시키지 않는다. 신분상승에의 욕망 자체가 오작동이기 때문이다.

여성의 재생산 거부는 한편으로는 가장 과격하게 가부장제를 거부하는 것이지만, 다른 한편으로는 여성이 가부장제와 흥정할 수 있는 유일한 것마저 아예 반납해버리는 것이 될 수도 있다. <구글 베이비>에서 보다시피, 여성이 재생산의 미래를 거부하면 남성적인 테크놀로지는 자궁의 기능을 대체할 수 있는 테크놀로지를 급속하게 발전시킬 것이다. 그렇다면 대부분의 여성들은 오히려 가부장제적 시간의 가장자리에 설 수밖에 없고 더더욱 열악한 처지에 이르게 될 수도 있다.

그래서 재생산의 반납을 부정적으로 보는 이론가가 폴 비릴리오다. 대다수 남성이론가들이 그렇듯이 그에게도 모성과 여성은 여전히 구원으로 기능하기 때문이다. 비릴리오에 의하면 테크놀로지가 발전할수록 몸은 소멸되고, 서식지는 점차적으로 사막화되며, 정보는 결코 민주적인 통제 아래 들어올 수 없다는 것이다. 쿳시의 소설에 나오는 엘리자베스 코스텔로의 주장과 마찬가지로 세계는 거대한 '가축우리enclosure'가 되고 있다. 동물의 인간화가 아니라 인간의 동물화가 진행되고 있다. 이런 세계 체제에 저항한다는 것은 사실상 불가능하다는 것이다. 좌파의 약속과 기대와는 달리 전복의 정치가 아니라 생존의 협상만이 있을 뿐이다.

비릴리오는 테크놀로지의 발전 과정에 따른 인간 위상의 암묵적인 변화를 두 가지 상수로 기록한다. ⑴ 점증하는 영토의 상실, 동물과 사회체의 제거, 그리고 '어머니 대지'의 제거와 더불어 몸의 소멸이 가속화된다. (2) 테크놀로지는 그것을 가지지 못한 사람들의 영혼과 양심을 제거하면서 그들을 노예로 만든다. 그가 말한 '질주학 유형'의 사회가 현실화됨에 따라 인류는 다양성을 상실하고 세계는 오직 하나의 모습으로 나가고 있다('We are the World'에서 대문자 We는 혼종이 아니라 백인 일색을 의미하게 된다). 비릴리오에 의하면 인류는 오직 두 부류, 즉 테크놀로지와 속도를 장악한 속도 엘리트로서 미래의 희망을 가진 자와 속도를 가지지 못한 자로 나누어진다. 속도에 좌절한 사람들은 주변화되고 비체화된다.

반다나 시바 역시 테크놀로지로 인한 혼종성과 경계위반은 프랑켄슈타인 효과에 불과하며 그런 경계위반으로 인해 누가 보호받으며 그것이 과연 누구의 자유와 이익에 봉사하는가를 따져보아야 한다고 신랄하게 주장한다.[11] 이윤을 챙기기 위한 기업엘리트들이 지구촌적으로 조장하고 있는 경계침해(난자도둑질과 유사한 몬산토 회사의 씨앗 없애기)와 유전자 변형이 포스트페미니스트에 의해서 합리화되고 있다고 그녀는 강도 높게 비판한다. 해러웨이는 서구백인들이 역사적으로 인종적 순수성, 자연으로 인정된 범주들, 단단한 자아에 사로잡혀 있다고 비판하면서 종의 순수성을 해체하는 혼종성을 미래의 대안으로 설정한 바 있다. 해러웨이가 말하는 혼종화되는 몸은 치카나, 뮬레토, 크레올과 같은 인종적인 혼혈에서부터 기계와 유기체의 혼합인 사이보그를 망라한다. 반다나 시바는 경계위반의 혼혈들은 사회로부터 해방된 것이 아니라 새로운 억압의 대상이 되었다는 점을 명심해야 할 것이라고 주장한다. 한국에서 혼혈을 비가시화, 비체화하는 것이나 마찬가지로 세계 각지에서 혼혈이 차별당하고 있다는 것이다. 그러므로 그들을 경계위반의 은유로 동원하는 것 자체가 학계 페미니스트들의 환상일

수도 있다. 반다나 시바는 동반종companion species으로서 소와 여성이 혼
종화될 수 있다면, 광우병에 걸린 미친 소가 되기보다는 신성한 소(인
도의 성스러운 소)가 되겠다고 선언한다.

## 5. 반영에서 회절로

하지만 페미니즘의 우울을 아이러니컬한 유머로 전환시키려는 이론
가가 해러웨이다. 거칠게 말하자면 인간, 동물, 사이보그, 여신이 뒤섞
인 혼종이 되면 좀 어떠냐는 것이다. 비릴리오처럼 사이보그가 되겠느
냐, 여신이 되겠냐는 질문에 둘 다 싫다neither가 아니라 그녀는 둘 다both
괜찮다는 유쾌한 입장이다.

그녀는 이성의 빛에 눈먼 반영의 신화가 아니라 회절diffraction[12]의 신
화를 주장한다. 반영에 토대한 나르시시즘을 대체하는 것이 회절이다.
그것은 남근으로 치환되는 시각의 경제를 조롱한다. 주체의 이미지를
그대로 반영하는 것이 아니라 몬스터로서 되돌려주는 것이다. 몬스터
는 주체를 제대로 반영해주지 않음으로써 주체의 나르시시즘을 배신하
는 회절현상의 효과다. 이렇게 되면 플라톤에서부터 라캉에 이르기까
지 주체를 반영해주는 거울상 이미지로서의 계몽의 빛은 백색신화에
불과하게 된다.

해러웨이는 맹목적인 반영이 동일한 이미지를 복제하는 것이라면,
회절은 빛의 진행을 방해하고 간섭하는 것이라고 주장한다. 회절은 페
미니즘에 대한 알레고리이다. 그것은 지도 그리기가 불가능한 또 다른
곳에 대한 은유다. 회절은 흔적과 차이의 효과로만 드러난다. 그것은
스크린에 동일한 영상이 맺히지 않도록 하는 빛의 성질이다. 반영이
대칭적인 현상이라면 회절은 비대칭적이다. 회절은 차이의 흔적으로

드러난다. 비유적으로 볼 때 회절현상은 몬스터의 약속이자 삐딱한 비전이다. 리얼리즘적인 반영이 동일한 이미지를 전치된 형태로 복제한다면, 회절은 빛의 파장의 흔적과 효과로 존재한다. 회절의 효과로 인해 우리는 유령으로, 바이러스로 존재하게 된다. 헤러웨이는 비체화한 타자의 저항성을 회절현상에 두고 있다.[13]

해러웨이가 「사이보그 선언문」에 뒤이은 『동반종 선언문*The Companion Species Manifesto*』에서 동반종을 언급하는 이유는 인간, 비인간, 유기체, 인공물, 테크놀로지를 포함하여 살아있는 생생한 관계를 갈망하는 '존재론적 안무'를 의미하는 것이다. 존재론적 안무는 마치 실뜨기 놀이처럼 상대가 어떤 방식으로 모양을 만들어내는가에 따라서 다양한 형태가 될 수 있다. 나와 타자가 서로 합체되고 분열됨으로써 경계를 위반하는 것에 대한 비유로서의 사이보그, 코요테, 트릭스터, 개들이 만들어내는 이야기storytelling야말로 서구의 동일성 논리에 틈새를 내는 타자이며 혼종들이다. 타자는 온갖 모순과 갈등의 이야기가 각인되는 공간위상topos이자 토픽topic이며, 그것들이 충돌하고 협상하는 공간이다.

그러므로 사이버시대의 윤리는 순수한 피, 질서, 정결과는 거리가 멀다. 심해의 가자미가 토마토를 구출하러 오는 시대다. 인간과 돼지가 결합하는 유전자 변이 시대에 이르러 이미 인간과 동물, 인간과 기계 사이의 경계가 흐려진 난잡한 혼종을 만들어낸다. 사이보그가 인간, 동물, 기계 사이의 크로스오버와 경계해체에 대한 은유라고 한다면, 현대의 유전공학은 중세의 연금술처럼 온갖 낯선 혼종을 발명한다. 생쥐와 돼지와 원숭이와 물고기가 인간과 합체 변신한다.

실험실에서 인공적으로 만들어낸 쥐인 온코마우스가 등장하자, 동물보호단체들은 온코마우스가 고통을 겪도록 고안된 존재이므로 이는 생명에 대한 조롱이라며 특허권 요청에 반대했다. 이에 대해 과학자들은 그것이 겪는 고통은 우리와 우리 아이들이 겪는 고통으로부터 구원을 기대할 수 있는 최선의 희망이라고 응답했다. 온코마우스는 암에 취약하도록 만든 실험실 쥐다. 고통 받기 위해 태어난 온코마우스는 인간에게는 복음이 된다. 무균복제 돼지의 췌장은 당뇨병을 해결해 줌으로써 인간수명을 연장한다.

사이버 시대 자연과 문화라는 범주가 모호해진 것처럼, 성역할이라는 범주들 역시 경계가 모호해진다. 그래서 해러웨이는 시간을 변형시키는 퀴어들과의 만남, 사이보그 몬스터와의 결합을 미래의 약속이라고 선언한다. 그녀에게 '온코마우스'는 나의 형제자매요, 그/녀는 나의 '누이'가 된다. 해러웨이가 자신을 온코마우스-인간-개의 동반종이라고 부르는 이유가 여기에 있다.

해러웨이가 말하는 몬스터나 혼종은 인간 종의 순수성과 나르시시즘을 비틀고 조롱하는 것이다. 해러웨이는 비릴리오나 반다나 시바가 생각하는 그런 순수한 서식지 혹은 훼손되지 않은 어머니 대지로서의 자연, 자연적인 종은 어디에도 없다고 주장한다. 그녀에게 자연은 이미 언제나 문화화된 자연이다. 다민족 다문화 사회에서 국경선의 경계를 넘는 몸의 정치야말로 그녀가 이해하는 혼종성이다. 그것은 정체성에 균열을 일으키는 부적절한 타자들의 약속이다. 전 세계적으로 볼 때 '몬스터의 약속'은 건강하고 위생적인 환경에 가닿을 가능성이 전혀 없는 절망의 늪일 수도 있다.

그것은 또 다른 곳을 추구하는 것이다. 사이버 시대에 이르러 가난한 사람들은 물리적, 육체적으로 국경을 넘는 이민을 할 필요조차 없다. 그들 자신이 전자이민들이기 때문이다. 그들의 몸은 뿌리내린 나무처럼 고향에 있지만 전자화된 그들의 노동력은 전 세계를 떠돌아다닐 수 있다. 건강할 때 그들의 몸은 걸어다니는 장기은행 노릇을 한다. 건강과 노동력이 소진되면 폐기된다. 인간이 전송되지 않는 궁극적인 물체로서 한시적인 형태를 지니다가 소실점 너머로 소멸되는 전자이민 시대에 이르러, 민족지적 인류학적 공간이 과연 또 다른 곳에 대한 약속이 될 수 있을지는 미지수이다. 하지만 해러웨이는 혼종화된 몸들에서 역설적인 몬스터의 약속을 찾아낸다. 비록 그것이 미래에 대한 우울한 약속일지라도.

해러웨이는 이와 같은 상황 분석과 관련하여 두 가지 문제를 제기한다. (1)리얼리즘이라는 패러다임에 바탕하여 과학과 테크놀로지의 역사에 관한 태양숭배 스토리 혹은 계몽주의를 만들어냄으로써 우리 자신을 그 눈부신 빛으로 인해 맹목으로 만들지 말아야 한다는 것, (2)자연문화 시대에 특정한 인종으로 구성되는 물질적-기호적-행위자actor의 역할을 재형상화하는 것이다.

물론 해러웨이의 이런 주장은 신자유주의 시대 자본의 욕망과 흐름을 유연하게 만들어준다는 점에서 유쾌하지만 자본의 욕망에 철저히 복종하는 이론처럼 보일 수도 있다. 그렇다 하더라도 해러웨이가 말하는 회절의 유머를 배우는 것은 어떨까 한다. 나르시시스트가 아니라 아이러니스트가 된다는 것은 자신의 진정성마저 농담의 대상으로 삼을 수 있는 거리유지를 뜻한다. 자신의 모습을 유머로 받아넘기는 여유가 있다면, 자기처벌적인 우울증에서 어느 정도 벗어날 수 있기 때문이다. 여성이 자신의 몸을 농담으로 삼는다는 것은 타자와 혼종이 된 배우/행위자로서의 '나'와 그런 '나'를 응시하는 관객으로서의 '나'를 동시에 보는 것을 뜻한다. 그것은 '나' 자신과 아이러니컬한 거리를 유지함으로써 타자와 공감대를 공연할 수 있는 가능성을 열어나간다는 의미이다. 그래서 냉소주의가 아니라 유머의 시선이자 제3의 시선을 갖는 것이 필요하다. 여기서 몬스터의 약속은 인간 종만이 반드시 우월한 종이어야 할 이유가 없다는 점을 지적하는 것이다. '피가 섞이고 인종이 섞이고 그래서 괴물이 된다고 하면 어떤가, 그런 괴물과 동물성과 신성이 서로 섞이는 신화시대를 재현하는 것도 그다지 나쁘지는 않아' 라는 것이 해러웨이식 유머다. 인간은 몬스터의 뱃속에서 살아가는 바이러스일 수도 있다. 바이러스와 인간이 공생하고 있으므로 이 지상에서 인간만이 반드시 만물의 영장이 되어야 하는 것은 아니다. 이처럼 타자와 내가 서로 거래하는 공간으로서의 몸을 유머의 시선으로 지켜보는 것은 하나의 생존 전략이다. 그것은 사회변혁의 미래를 지향하는 것은 아니지만 조금 덜 비굴하게 살 수 있는 생존전략의 정치라고도 할 수 있을 것이기 때문이다. 신자유주의 시대는 자신이 가진 것을 전부 걸고 결단을 하든지 아니면 타협하든지의 강제된 선택 밖에 없는 것처럼 보이는 시절이자, 생존이 곧 저항인 폭력적인 시대이므로.

# 일상

●●●●●●●●●●●●●○
욕망의 서사와 일상의 정치 [1]

## 1. 욕망의 서사들

2007년, 87민주화 항쟁 20주년을 기념하여 <민주화운동기념사업회>가 80년대 민주화운동 참여자 7백 명을 대상으로 한 설문조사 결과를 공개했다. '1980년대 민주화운동 관련자 실태조사'에 따르면 대다수(68.7%)가 민주화운동을 하지 않았다면 지금보다 훨씬 더 상황이 나았을 것이라고 말함으로써 그 당시 자신들의 기득권을 희생했다고 생각하고 있음이 드러났다. 7백 명 중 여성운동가가 얼마나 포함되어 있는지는 알 수 없다. 소위 386세대가 된 그들 중 소수만이 운동경력을 상징자본으로 삼아 정계와 정부단체에 진출했다. 7백 명을 상대로 한 직업조사에서 시민단체 활동가가 가장 많았고(27.7%) 그 다음이 학원강사(15%)였다.[2] 다수가 학생운동에서 시민운동으로 전환했음을 알 수 있다.

1987년으로부터 20년이 지난 지금 그 당시 운동에 대한 '가치'와 의의를 돌이켜보면서 운동권 출신 스스로 상당히 착잡한 태도를 보이기도 했다.[3] '운동을 하지 않았더라면' 하는 태도는 민주화운동의 명분은 사라졌고, 운동 경력이 자신들에게 사회자본으로 축적되지 않았다는 것에 대한 불만일 것이다. 우리사회는 적어도 대학생들이 거리로 뛰어나와 민주화를 요구하지 않아도 될 만큼 제도적인 민주화는 정착되었다. 운동을 하지 않았더라면 지금보다 삶이 나았을 것으로 생각하는 다수(68.7%)들은 단지 사회적 보상이 없다는 것에 대한 불만이라기보다는 젊은 시절 전존재를 던졌던 행위가 그다지 인정받지 못하거나 심지어 부정 당하는 것에 대한 좌절감이 더 큰 것처럼 보인다.

한국인 대다수는 과거 십년 전보다 공동체 의식이 훨씬 후퇴한 것으로 느끼고 있다.[4] 공동체 의식의 저하는 공공의 선을 주장하는 여러 운동단체에 대한 믿음의 저하로도 드러난다. 노동, 시민, 여성, 환경생태, 농민 등 어떤 운동단체든지 간에, 80년대 정도의 사회상징자본을 유지하고 있는 단체는 찾아보기 힘들다. 김용철 전 삼성 법무팀장이 삼성 비자금조성과 관련하여 정의구현사제단을 찾아가 양심선언을 한 것도 80년대에 사제단이 가지고 있었던 상징자본 때문이었을 것이다. 그럼에도 대다수는 김용철 전 삼성법무팀장의 저의가 무엇인지를 더욱 궁금해 한다. 삼성이 비자금을 마련하여 대선주자에게 제공하는 것이야말로 재벌의 전략이라는 것쯤은 우리사회의 일반상식이다. 그렇다면 그는 하필 왜 이 시점에 양심선언을 하는 것일까? 부패한 삼성보다는 양심선언을 더욱 수상쩍게 보는 희한한 세상이 되었다. 부패로 끊임없이 지목받는 삼성의 이건희 회장이 우리 국민들에게 '정직하게' 살아야 한다고 훈계를 할 정도로 재벌은 더 이상 정부가 건드릴 수 없는 초국가적 존재가 되었다. 정의구현사제단의 역할과 의도를 궁금해 한다는 점에서, 사제단이 가지고 있는 상징자본 또한 예전 같지 않다.

이제 사람들은 NGO를 포함한 다양한 시민활동단체를 (비영리단체가 아니라) 압력을 행사하는 이익집단과 별반 다르지 않게 여기는 분위기다. 시민운동을 한다고 외부적 탄압을 받는 시대는 지나갔을 뿐만 아니라 노무현 참여정부 이후 NGO가 정부정책에 적극적으로 개입할 수 있는 가능성 또한 열렸기 때문이다. 그런 맥락에서 과거의 활동가들은 사회적 가치에 헌신하는 것만으로도 궁핍한 현실에 대한 보상이라고 자위했다면, 지금은 비록 운동단체일지라도 지나치게 궁핍할 경우 조직의 무능을 인정해야 하는 것이 현실이다. 그것이 몇 십 년 동안의 민주화운동이 이룬 성과라면 성과인 셈이다.

이런 시대에 사회적 대의를 위해 나를 희생했다는 87세대의 명분은 '그래서 그게 어쨌다는 거냐'는 빈축이나 사지 않으면 다행이다. 현재 대학생들이 무엇을 원하고 있는지를 살펴보면 그 점은 분명히 드러난다. 2007년 11월 28일 대학교총학생회장단이 이명박 대선 후보를 지지한다는 성명서를 발표했다. 경남대학 총학생회장의 주장에 따르면 적어도 이명박 후보를 지지하면 지방대학생들의 취업난을 해결하거나 해결하려는 의지를 사회로부터 이끌어낼 수 있을 것이라고 보았다. 지금 대학생들에게는 사회적 가치의 창출이 아니라 행복한 개인적 일자리 창출이 절실한 이슈다. 대학의 총여학생회는 케케묵은 '고전'이 되어버린 여성학 따위에는 관심 둘 여유가 없다. '여성을 위한' 주식투자법, 리더십, 재테크 교실, 아파트 분양받는 법 등을 연구하는 동아리나 강좌가 인기를 얻고 있다. 우리사회에서 탤런트들이 아파트 광고를 시작한 것도 2000년 무렵이었던 것으로 기억한다. 80년대였더라면 학생회가 이런 강좌를 개설하는 것은 상상조차 할 수 없는 일이었다. 설사 개설된다 하더라도 쁘띠부르주아지의 행태라는 혹독한 비난과 마주쳐야 했을 터였다.

1987년부터 20년 동안 사회의 민주화와 분배정의를 외친 결과가 사회전체의 비정규직화와 공동체 의식의 퇴행이라면 놀라지 않을 수 없다. 그런데도 사람들은 놀라지 않는다. 삼성비자금의 경우에서처럼 당연히 놀라야 할 예외적인 상황을 상식으로 받아들이는, 그래서 전혀 놀라지 않는 현상을 인지심리학에서는 후견지명hindsight이라고 한다. 후견지명은 어떤 상황이 일어나도 분개하거나 경악하지 않는 사후적인 편견을 일컫는다. 이런 냉소적인 태도는 미래에 다가올 실망과 좌절을 가리는 한 방식임과 동시에 체면과 명분이 지배적인 사회에서 흔히 나타날 수 있는 반응이다. 체면과 명분이 지배적인 사회는 공적인 대의명분과 사적인 실리 사이에 편차가 심하다. 그렇기 때문에 표면적으로는 도덕적인 잣대가 엄격하지만 이면에서는 그런 잣대가 유연하고 융통성을 발휘한다. 도덕적인 잣대가 엄격할수록, 그 대신 들통 나지 않으면 만사형통이다. 사회적 대의를 중시하는 진보세력이라고 예외는 아니었다.[5]

실리와 명분의 간극이 큰 사회에서는 한때 운동권이나 좌파의 목소리가 보수주의자보다 상대적으로 더욱 위선으로 부각될 수 있다. 목사와 교사들처럼 가치를 파는 사람들에게 흔히 정도 이상의 도덕성을 요구하는 것과 마찬가지로 활동가들에게도 과도한 도덕성을 기대하고픈 환상이 있기 때문이다. 문제는 이제 사회활동단체에게 거는 기대와 환상이 냉소로 변했다는데 있다. 화폐가치가 전 사회를 '완전히' 통일해 버린 우리사회는 부패는 참아도 무능은 견딜 수 없어 한다. 대통령 후보의 부패에 대한 비판보다는 경제적 능력에 대한 기대가 더욱 높은 것이 현실이다. 이처럼 보수주의자들의 부패와 진보주의자들의 가부장적 태도와 위선에 실망했다고 믿는 사람들은 '하나같이 똑같다'는 좌절감의 뒤집힌 형태를 냉소로 드러낸다. 그런 실망은 운동권 좌파 남성들의 가부장적인 태도를 비판하고 나온 여성주의자들에게도 더욱 격렬하게 가해진다. 90년대 이후 기존의 여성단체들이 제도화되고 그들 단체가 배출한 명망가라고 일컫는 여성들은 정부단체로 진출하게 되었다. 그러다보니 많은 사람들은 "운동은 개뿔, 내 그럴 줄 알았어."라는 후견지명의 태도를 보인다.

그런데 무차별적인 '내 그럴 줄 알았어'라는 냉소적인 태도야말로 기존질서를 재생산하고 영속화한다는 점에서는, 순진하고 몰랐던 사람이나 하등 다를 바가 없다. 이미 알았다는 "진실이 우리를 자유롭게 해주는" 것은 아니다. '계몽된 허위의식'으로서 '냉소적 이성'은 모르고 싶은 무지에의 욕망 이상으로 기존 질서와 공모한다는 데 문제가 있기 때문이다. 나는 민주화운동과는 거리가 먼 개인적인 좌절의 경험으로 냉소적이었다. '해봐, 아마 안 될 거야'라는, 내 삶을 구경꾼처럼 방관하는 태도로 살아왔다. 하지만 스콧 니어링의 경구처럼 "생각대로 살지 않으면 사는 대로 생각하게 되는 법"이다. 냉소적 이성에는 "너희는 모르지만 적어도 난 알아" 라는 나르시시즘이 저변에 깔려 있다. 하지만 냉소주의자들이 안다고 하여 그런 앎에 따른 실천이 뒤따르는 것은 아니다. 그렇다면 알지 못한 자들이나 하등 다를 바가 없다. 알면서도 행동하지 않았다면 오히려 변명의 여지가 없는 것이다.

나는 공부와 냉소를 핑계 삼아 오랜 세월 책 중독에 빠져있었다. 어떤 문제가 생기면 공부한다는 핑계로 책으로 도피했다. 책에다 코를 빠뜨리고 책 속에서 익사할 지경에 이르기까지 기다리고 있으면 대부분의 문제들은 잊히거나 사라졌다. 사실은 문제가 사라진 것도 해결된 것도 아니었다. 내가 책에 얼굴을 파묻고 있을 동안 나로 인한 부담이 누군가에게 전가되었을 따름이었다. 어느 날 책 속으로 도피하는 것은 그만하고 내 문제와 정면으로 대면하고 싶었다. 재야 학문이라는 것이 불가능한 시대에 제도 바깥에서 공부한다는 것은 불가능한 것처럼 다가오지만 '여성주의적인' 방식으로 공부한다는 것은 가능할 것 같았다. 여기서 '여성주의적인' 공부 방식이라는 것은 새겨서 들어야 할 말이다. 연구실과 재정적인 지원 대신 내가 얻은 것이 있다면 돈으로부터의 자유와 동시에 자유로운 시간이었고 불확실한 삶이 주는 불안과 더불어 강제된 자율이었다. 이미 보철화된 나는 노트북만 있으면 나만의 방이 없어도 어디서든지 잘 놀고 어디서든지 공부하는 방법을 터득하고 싶었다. 세계와 관계 맺는 방식 또한 달리 하고 싶었다. 그것이 가난한 여자로서 내가 공부할 수 있는 한 방법이다. 연구실 공간 하나 따로 없고 공부하라고 지원금을 주는 곳도 없지만, 나의 연구실 역할을 해주는 지적 친구들이 어디에나 있다. 학교라는 공간이 베풀어주는 학문적인 동료, 학연이 주는 자동적인 네트워크와는 다른 방식으로 네트워크와 커뮤니티를 만들면서 살아간다. 그것이 여성문화이론연구소라는 공간이다.

1997년 여성문화이론연구소(이하 여이연)의 시작은 최루탄 연기가 자욱한 길거리 투쟁에서부터 출발하지 않아도 되었다는 점에서, 여성의 주류화에 비켜선 주변 단체라는 점에서, 도덕성 시비에 휘말릴만한 명망가도 없고 대단한 일을 한 적도 없다는 점에서, 역사적 행운이라면 행운이었다. 90년대 후반부터 운동단체는 제각기 알아서 운동하는 사회가 되었다. 이 시기는 페미니즘이 하나의 유행담론으로 소비되면서 고갈되어가던 시절이었다. "뭐든 해봐, 뭐든지 가능해, 모든 건 제하기 나름"이라는 담론이 넘쳐났다. 개인의 힘으로 뭐든 성취할 수 있을 것 같은 자유에의 환상과 자율에의 희망이 들끓던 시대이기도 했다. 여성, 노동, 생태, 문화 단체들은 자기 조직의 문법에 따라 '자율적'

으로 움직였다. 전국적인 조직을 갖고 있지 않은 소규모 단체들끼리의 연대의 가능성은 그다지 보이지 않았다. 그 점은 여성단체 내부에서도 마찬가지이다. 80년대부터 존재해왔던 여성단체들은 제도로 거의 편입된 반면, 아예 제도화의 기회에 닫혀 있거나 그럴 욕망이 없는 것처럼 보이는 여성단체들은 섬세한 차이의 지점에 따라 제각기 분화되었다. 그런 섬세한 차이들이야말로 그 단체들의 정체성을 구성한다. 차이를 강조할수록, 여성단체들 사이에서 의사소통과 연대를 위한 공통의 언어를 찾기는 쉽지 않아 보인다.

이런 상황에서 여이연은 지난 십년 동안 이 공간에서 무엇을 했으며 혹은 무엇을 하지 않았거나, 못했던가? 이 공간에 속한 '나'라는 페르소나를 포함한 여이연 구성원들의 욕망과 관련된 '방'과 '일'을 반성적으로 분석해보고 싶다.


## 2. 어디에도 없는 방

가부장제는 여성의 가사노동을 무보수화함으로써 남성에게는 가족의 부양자라는 자부심을, 여성에게는 피부양자로서 의존적 위치를 부여해왔다. 페미니즘의 의제 중 하나는 '개인적인 것은 정치적'이라는 것이다. 그로 인해 페미니즘은 사적인 공간으로 간주된 가정이 곧 성별 노동분업이 지배하는 가부장제적 정치의 공간이라는 것을 드러내 보여주었다. 따라서 가사노동뿐만 아니라 자녀에 대한 감정노동과 보살핌 노동, 성적인 서비스에 이르기까지 여성이 행하는 일(흔히 집안일이라고 일컬어지는)을 노동으로 개념화하고, 그것을 가치로 환산하는 작업 또한 수행해왔다. 여성의 섹슈얼리티 또한 사적인 것이 아니라 정치적인 것이라는 점에 의문을 제기할 사람은 거의 없다.

하지만 '사적인 것이 정치적'이라는 의제는 성취한 만큼이나 상처인 경우도 많았다. 특히 90년대 성담론을 지배했던 '정치적 올바름'과 같은 문화적 의제는 페미니즘 이론 영역에서 양가적으로 기능해왔다. 이론화가 되려면 연구대상과 거리유지가 되어야 하므로 일단은 자신이 관찰자의 입장에 설 수 있어야 한다. 그런데 정치적 올바름에 토대한 이론은 언제나 '나'의 입장이 포함된다. 이럴 경우 거리유지에 의한 추상화가 힘들어질 뿐만 아니라 '나' 자체가 자기 이론의 시금석이 되고 판단의 대상이 된다는 점이다. 이럴 경우 '나'는 이미 언제나 자신이 이야기하려는 플롯의 일부가 되어야 한다.

개인적인 것이 정치적인 것이 된다는 것은 자신의 사적 행동 하나하나가 모두 정치적 공간이라는 말과 다르지 않다. 이렇게 되면 페미니즘 이론은 실천윤리가 되고, 자기검열은 곧 정치적 실천이 된다. 가부장제의 재생산에 기여하는 가족을 비판한 결과, '家'를 이룰 수 있는 조건들(이성애, 결혼, 모성, 혈연 등) 하나하나가 정치적 올바름의 판단 대상이 된다. 한 사회의 다수가 욕망하는 이성애, 생물학적인 부모, 혈연, 정상가족 이데올로기를 열심히 비판하면서도 그런 정상성을 자신이 재생산한다면 당연히 심리적 부담이 따르기 마련이다. 그 결과 누가 더 많은 억압을 받았는가, 누가 더 상처를 입었는가에 따른 피해의 크기가 정치적 올바름의 기준이 되어버린다. 남편 덕에 온갖 혜택을 누리는 이성애 여성에 비해 싱글 여성이 더욱 올바르고, 싱글 여성보다는 호모포비아 사회가 적대시하는 레즈비언이 더욱 올바르며, 레즈비언 중에서도 동물까지 포함한 타자를 배려하는 레즈비언 채식주의자가 더더욱 올바르다. 이런 올바름의 목록은 무한정일 수 있다. 고통과 억압의 강도를 올바름의 척도로 삼는다면, 생존회로를 따라서 한국 사회로 들어온 '3'세계 MTF 트랜스젠더 노동자 레즈비언 채식주의자가 가장 올바르다고 할 수 있다.

문제는 공적인 윤리와 사적인 욕망이 언제나 일치하는 것이 아니라는 점이다. 도덕적으로 엄격하게 비판의 목청을 높이는 지점이 오히려 욕망의 지점이자 분열의 지점이라는 것을 지적한 것이 정신분석학적 통찰이다. 우리가 욕망하는 대상은 눈에 잘 들어온다. 눈에 잘 들어오는 만큼 그런 대상의 부당하고 잘못된 점들이 더욱 두드러진다. 이 경우 욕망하는 대상은 통렬한 비판의 대상으로 변형된다. 어린 시절 가난의 경험으로 문화적 빈곤에 시달렸던 남자는 자신이 가장 욕망하는 것을 가장 격렬하게 비판한다. 그는 계급적, 문화적 열등감을 민중적 삶에 대한 대의로 승화시킨다. 그 결과 부르주아적 삶을 강도 높게 비판함으로써 신속하게 부르주아 계급에 안착한다. 그것이 소위 386세대 운동권 출신으로 주류사회에 진입한 가부장적인 남성의 한 형태일 수 있다.

페미니스트라고 해서 이런 양가성에서 자유로울 수 없고 그 결과는 많은 경우 분열을 낳았다. 그런 분열을 가리는 것이 가장무도회다. 한 사회가 정상성으로 공인하는 것을 욕망함에도 그것을 비판해야 한다는 강박이, 페미니스트의 자기분열과 자기모순이 드러나는 모습과 종종 마주치게 된다. 이런 분열은 페미니즘의 세례를 받았다는 여성에게서 더욱 심하게 나타난다. 의식하는 만큼 보이고 보이는 만큼 고민과 심리적인 부담 또한 따르기 때문이다.

사회운동에 헌신하면서 사회의 몸체를 개혁하려고 열심히 노력한 여성 활동가가 있다고 하자. 20년에 걸쳐 운동을 했다지만 그 여성 활동가가 사회정의 실현에 이바지한 가치와 자기만족의 의미를 교환가치로 환산하는 것은 불가능하다. 그럼에도 그녀의 가치는 월 125만원이다. 그녀의 실천 가치가 오롯이 화폐가치로 환산되지 않는 그 무엇을 가지고 있다 할지라도 그것은 타자의 인정이 있을 때나 가능한 일이다. 그녀는 이제 계급적 열등감을 남성적 우월감으로 포장한 가부장적 남성 동지들과 씨름하는 것도 지겹다. 자기가 하는 일이 가난을 감수할 만큼 보람 있는 일인지도 회의적이다. 운동단체의 경험을 자산으로 안정적인 정부기구로 들어갈 수만 있다면 뒤도 돌아보지 않고 떠나고 싶을 것이다.

그렇지 않을 경우, 결혼하고 아이가 딸리게 되면 사회활동을 아예 접는 경우도 있다. 아이를 방목하고 있다는 불안감이 수시로 찾아온다. 한국사회의 교육광풍을 생각한다면, 차라리 집안에서 아이들이나 제대로 가르치는 것이 낫겠다고 결정한다. 전업주부들은 스스로의 발품으로 알아낸 사교육시장정보를 알려주는 법이 없다. 한때는 사회의식을 가졌던 여성이 자기자녀의 경쟁력을 높이려고 조기유학과 특목고 보내기를 주도한다. 그런 교육비용을 마련하기 위해 부동산 재테크에 열을 올린다. 그러다보면 어느새 자녀의 성적순이 엄마의 성적이라는 기존의 가치에서 벗어나지 못한다. 한때 자신이 격렬하게 비난했던 그 자리에 어느새 자신이 서 있는 경우이다.

우리사회에서 가족의 사적 이해관계를 어느 정도 포기하라는 요구만큼 설득하기 힘든 것도 없다. 90년대 이후 아마도 거의 자취를 감춘 것이 '가족이기주의'라는 말일 것이다. 한국사회가 개인주의화 되었음에도 불구하고 개인을 보호해줄 사회적 장치는 거의 없기 때문에, 개인에 대한 모든 부담은 가족끼리 뭉치는 '미풍양속'에 의존해야 한다. 80년대에는 부모가 가진 경제력, 학력, 상징자본 등을 자신의 자산으로 삼는 것에 사회적 눈치를 봤다면 이제는 내놓고 부모의 자산을 자신의 것으로 간주하는 시대가 되었다. 우리 속담에 '부모 복이 반 팔자'라는 말이 있다. 이제 부모 복이 자식 팔자의 80퍼센트는 점하게 되었다. 이런 퇴행적인 시대에 누가 더 이상 가족이기주의를 들먹이겠는가.

가족을 '가진' 페미니스트와 가족의 구성원이기는 하지만 자신의 가 家를 만들지 않는 페미니스트가 확연한 입장 차이를 보이는 곳도 바로 이 지점이다. 2000년 이후 여이연에 모여든 구성원들은 어떤가? 대부분의 경우 그런 기득권으로부터 자유롭다. 대부분 결혼하지 않았으므로 남편이 없고, 가家도 없고, 자기만의 방도 없고, 아이도 없고, 정규직도 없다. 정규직화하려는 욕망이나 야심도 없고 노동의지도 없는 것처럼 보인다. 십년 동안 있으면서 연구소 간사가 다섯 번 바뀌었지만 하다못해 운전면허증 하나 따려고 열심인 경우를 보지 못했다. 온갖 자격증 시대에 이 정도면 게으르다 할 수 있다. 게으르기로 말할 것 같으면 여이연 자체만큼 게으른 단체도 없다. 십년 동안 여이연은 다락방에서 한 발자국도 벗어나지 않았다. 그야말로 모든 '없음'을 존재의 특징으로 하는 집단처럼 보인다.[6]

바로 그렇기 때문에 '없다'는 것의 의미와 정치성을 찾는 것이야말로, 여이연이 스스로를 연구 집단으로 호명하는 한 해보아야 할 과제일 것이다. 연구소 내부 2세대는 원하든 원치 않든 절대 다수가 결혼을 하지 않았고, 미성년의 자녀를 갖지 않았으므로 사교육시장의 광기를 주도할 염려와 비난에서 벗어나 있다. 행여 재테크나 창업을 하고 싶어도 원천적으로 그것을 시도할 종자돈이 없는 고학력 비정규직이다. 유일하게 가진 것이라고는 고학력인데, 고학력 실업이 만성적 사회문제가 된 마당에 그 자체로는 그다지 경쟁력을 가지지 못한다. 그나마 고학력 자본을 최대한 활용하여 제도권에 진입하려는 야심과 의지도 없다면 더 이상 말할 필요조차 없다. 따라서 몇 겹의 '없음'이 여이연 구성원들이 갖고 있는 정치성이다. 결핍을 공유하는 것이 여이연의 정치성이라고 한다면 지나친 말일까?

생산성을 중심으로 단기간에 가시적인 효과를 보려는 여러 정책들이 결과적으로는 부작용을 드러내는 것을 우리는 헤아릴 수도 없이 보아왔다. 여성들이라고 해서 그런 욕망과 야심에서 자유로울 수 없다. 여기 구성원들은 그럴 수 있는 환경과 접촉하려는 유혹을 최대한 억제하려고 한다는 의미에서 게으를 수 있는 권리를 최대한 누린다. 따라서 '없다'는 것의 긍정성을 이론화하는 것이 여이연의 장차 과제처럼 보인다. 없다는 것은 가난이기도 하지만 그런 가난은 창조적 긴장과 자유로움으로 열릴 수 있다. 경제적인 관점에서만 본 가난의 개념 자체를 바꾸어낼 수도 있을 것이다. 은유적으로 말해 여자들의 '방'은 사실 어디에도 '없는' 방이다. 그것은 자기만의 밀실이 아니라 열린 공간이다. 연구소 구성원들에게 방은 길로 통하고 길은 동시에 방이라는 의미에서 어디에도 없는 공간이다. 열린 공간으로서의 방이 어떤 것일 수 있는가를 모색해 보는 것, 그것은 '일'을 어떻게 해석할 것인가라는 문제와 연관되어 있다.

## 2. 게으를 수 있는 일

없다는 것은 불안이기도 하지만 동시에 힘이다. 여이연 구성원들을 생각해본다면, 1997년 여이연 창립멤버라고 할 수 있는 1세대는 대부분 안정적인 직업을 가지고 있었다. 그로부터 십년 사이에 여이연에서 함께 하고 있는 구성원들은 학력자본은 있지만, 정규직이 될 수 있는 기회를 갖기가 대단히 힘들어진 세대일 뿐만 아니라 적극적으로 제도에 편입하겠다는 의지를 그다지 발동시키지 않는 세대이다. 이렇게 본다면 여이연은 제도화된 공간에서 원하든 원하지 않든 치열하게 경쟁하기를 포기한 듯 보이는 사람들이 모인 공간이라 할 수 있다.

여이연이 '연구소'라는 형식을 취하고 있지만 여성개발원(현 여성정책연구원) 등과 같이 정부의 지원을 받는 단체도 아니고 그렇다고 시민단체로서의 성격이 확실한 것도 아니다. 여이연의 구성원이라고 해서 특별히 사회·상징적인 자본을 가질 수 있는 것도 아니다. 적어도 지금까지 모든 정부지원으로부터도 자유로웠다. 연구원으로 호명된 사람은 연구소 공간이 아니라 각자의 영역에서 우선 생존부터 해결해야 한다. 연구소 구성원들이 주로 하는 일은 대학 시간강사, 학원 강사, 계약직 연구원, 여성단체 비/상근직, 프리랜서 등이다. 여이연 자체가 경제적으로 구성원들에게 해줄 수 있는 것은 없다. 여성문화이론연구소라는 말이 무색할 만큼 자체 연구원을 배출하고 그들이 모여 연구할 수 있는 공간이 있는 것도 아니다. 안 먹고 안 입고 김밥 팔아 모은 돈을 기부하는 김밥 할머니가 여이연에는 없다. 그렇다고 유산상속을 받아 건물을 헌납해 줄 사람은 더더욱 없다. 정부기관이나 대학부설 연구소를 생각한다면 한심한 공간이다. 그런 열악한 상황은 여이연의 특수한 경우가 아니라 주변화된 연구소의 일반적인 상황이기도 하다.

여이연이 연구소로서 세대교체가 되고 연구원 재생산이 가능할 수 있는 길은 정말 요원해 보인다. 그보다는 각자의 영역에서 제 앞가림을 하고서도 여력이 남으면 이곳에 모여 여성주의이론 생산을 담론화해야 하는 도리밖에 없다. 앞에서도 언급했지만 구성원들의 일자리가 주로 학원 강사나 대학 시간강사이다. 우리사회에서는 학원만 사교육 시장인 것이 아니라 대학자체가 사교육 시장과 다름없다. 사교육시장은 시장의 경쟁논리에 따르기에 정부의 지원금을 받지 않는다면, 사립대학들은 정부의 지원금마저 받는 사교육시장이다. 대학은 온갖 자격증(철학과는 논술자격증) 장사를 통해 사교육시장을 부추기고 공모한다. 그 와중에 연구소 구성원들 또한 학원 강사나 시간강사라는 명분으로 그런 궤도 속에서 생존을 유지해나간다. 여이연 자체도 구멍가게 수준의 학원역할을 하지 않았다고는 말할 수 없다. 사계절 강좌를 개설하는 것은 연구원들이 함께 공부한 것을 공유하는 이론실천의 장이기도 하지만, 다른 한편으로 여이연 강좌는 부실한 대학교육에서 채우지 못한 것들을 단기속성으로 제공해주는 공간이기도 하다. 물론 여이연에 수강료를 지불하고 시간과 발품을 들여 찾아오는 사람들이 단순히 단기속성 지식만을 구하러 오는 것은 아니다. 수강생 중 일부는 이곳에서 함께 활동하기도 한다.

형용모순이기는 하지만 여이연이 갖고 있는 '없음'의 정치는 나무늘보의 전략에 의존해 있다. 비유적으로 말하자면 최소한의 노동으로 최대한의 삶을 누리는 것이 나무늘보 전략이다. 나무늘보는 평균 20시간의 잠과 휴식과 게으름과 느림 덕분에 생존을 유지한다. 문자적으로 연구소는 십년 동안 다락방에서 한 발자국도 움직이지 않았다. 연구소는 다급한 경우 시속 4백 미터로 움직이는 나무늘보와 경쟁하더라도 압도적인 우승감이다. 그런 주제에 비참해하거나 비굴하기보다 오히려 유쾌하게 굴 수 있는 것은 자유로운 시간이 많기 때문이다. 이렇게 말하면 '가난의 낭만화' 내지는 '가난의 귀족화'라는 비난을 받을 수 있지만, 끊임없이 돈과 똥과 쓰레기를 만들어내는 노예노동의 악순환의 고리를 끊는 것, 그것이 여이연 구성원들의 유쾌한 생존전략의 하나일 수 있다.

이처럼 게으름을 미화하려면 무엇보다 우선하여 탈역사화된 노동개념을 바꿔내는 것이 급선무이다. 여성주의도 '노동'이라면 무조건 신성시하는 탈역사화된 노동존재론에 입각해 있었다. 신성한 노동개념에 바탕하여 가정에서 무임금으로 제공되는 여성의 일을 노동으로 부각시켰다. 가사노동, 돌봄노동, 감정노동, 성노동, 자녀 양육, 교육노동 등

이전까지는 임금이 지급되지 않았던 일들을 노동으로 규명하고 그것을 교환가치로 환산하려고 했다. 가부장제를 단지 이데올로기가 아니라 물질적인 생산양식으로 설명하려는 노력은 노동을 중심으로 하는 페미니즘의 과제였다. 사회주의 페미니즘은 경제적인 독립이야말로 여성해방의 가장 핵심으로 보았기 때문에 여성의 모든 노동을 교환가치로 환산하고자 했다. 그 결과 가부장적 자본주의로부터의 여성해방이 아니라 바로 그 궤도에 여성을 철저히 복종시키는 딜레마에 빠지게 되었다.

자본주의는 모든 영역을 노동으로 변형시키고 노동에 중독되도록 하거나 아니면 죄의식을 느끼도록 만들었다. 자본주의가 우리의 정신을 식민화한 결과, 우리는 노동하지 않으면 호흡이 가쁘고 가슴이 답답하고 불안하여 우울증과 죄의식에 시달리는 금단증세를 보인다. 그런 노동의 중독에 페미니즘 역시 적극적으로 공모해왔다. 노예노동이든 착취노동이든 성노동이든 여성이 일차적으로 경제력을 가질 때 해방될 것으로 믿었기 때문이다. 이렇게 본다면 페미니즘은 가부장적 자본주의로부터 해방을 주장하면서 그것에 복종하는 아이러니에 처해 있는 셈이다. 이것을 페미니즘의 유머라고 말한다면 지나친 농담일까.

그렇다면 탈역사화된 노동이 아니라 현재적인 맥락에서 일이 지닐 수 있는 의미의 재해석이 필요하다. 한나 아렌트는 『인간의 조건』에서 고전적인 노동개념을 차용함으로써 마르크스 이후의 노동개념을 비판하고자 한 바 있다. 이 저서에서 아렌트는 일과 노동을 구분한다. 똑같은 일이라도 인격적 독립 즉, (정치적, 공적) '주권'의 표현이 아닌 사적인 필연성에 예속되는 고역은 '노동'이고, 창조적 자유의 영역에 속하는 것이 '일'이라고 간주했다. 그리스인에게 창조적인 일이 아닌 반복 노동은 노예나 하는 것이었다. 귀족이 해야 할 일이 공적영역의 정치였다면 노예와 여성은 반복 재생산 영역인 가내경제에 제한되어 있었다. 재생산 노동은 아무리 반복해도 끝이 없는 것이다. 먹고 자고 섹스하고, 자식 낳아 기르는 것은 육체의 사적 성격에 갇혀 있는 동물적인 삶이나 다를 바가 없다. 그런 맥락에서 반복노동은 경멸의 대상이었다.

지금 노예와 여성의 노동에 의존했던 그리스의 귀족적인 노동개념으로 되돌아가자는 것이 아니다. 다만 일과 노동을 역사적으로 맥락화할 필요가 있다는 말이다. 부르주아적 자본주의가 혁명적일 수 있었던것은 노동하지 않는 귀족계급의 기생성을 이론화한데 있다. 노동개념을 역사화함으로써 노동중독 현상에서 벗어나는 것이 여이연의 구성원들이 할 수 있는 하나의 이론실천일 수 있다.

그렇다고 메트로폴리스에서 살고 있는 우리세대가 생태주의에 바탕한 『힐러리에게 암소를—자립의 관점에서』에서 마리아 미즈가 주장한것처럼 소규모 자족농업경제를 낭만화할 수는 없다. 돈 대신 몸으로때우는 품앗이 경제로 되돌아갈 수는 없는 노릇이기 때문이다. 돈 대신 일로 교환하는 것이 가능한 시대도 아니거니와 그런 방식은 가부장적 자본주의 사회의 근본 원리는 내버려두고 우리끼리 자족적으로 살자는 것과 다르지 않다.

사실 모든 것을 화폐로 교환하는 자본주의 사회에서는 노동을 팔아서 임금으로 받지 않는 한 살 길이 막연하다. 그러므로 자본주의의 성공은 노동을 신성한 자아실현으로, 고역을 신성한 것으로 전도시킨데있다. 이제 사람들은 죽도록 일하지 않으면 죄책감을 느끼게 되었다. 그러므로 자본주의가 부과한 죄의식을 탈프로그램deprogram하는 것이 필요하다. 정규직화에 소모적으로 목매면서 황폐화되기보다 비정규직의근무조건을 개선하여 노동시간을 줄이고 그 나머지 시간을 어떻게 쓸것인지를 고민하는 것도 하나의 대안이 될 수 있다. 노예노동 회로에 소모되기를 갈망하면서 "착취당해도 좋아, 일자리만 다오!" 라고 할 것인가, 아니면 비정규직화의 조건을 개선하여 자유롭게 쓸 수 있는 시간을 가질 것인가? 이것은 말이 자유로운 선택이지 이미 '강제된' 결단의 문제이다.

자본주의 사회에서 사람들이 죽도록 노동하는 까닭은 절대 다수가 그 외에 달리 생존의 방법을 알지 못하는 불안에서 비롯된 것이다. 자본주의 사회는 '무'를 판다. 봉이 김선달이 대동강 물을 판 것은 지금의 관점으로서는 선물을 사고파는 펀드매니저의 원형인 셈이다. 금융자본주의 시대에 가장 확실한 상품이 불안이다. 각종 보험을 들지 않으면 불안해서 살 수 없다. 보험이 없으면 아무 것도 보장이 되지 않는 사회이기에 안전망인 보험에 투자하기 위해 사람들은 기꺼이 죽도록 일한다. 그러다 정말 죽을병에 걸리면, "휴, 보험을 들었기 망정이지 아니면 큰일 날 뻔 했잖아."라고 안도한다. 그런데 죽기보다 더 큰 일이 있을까?

「은유로서의 거식증」이라는 글에서 잠시 언급한 것처럼 연구소의 젊은 세대는 노동을 '일'의 개념으로 전환시킴으로써 노동중독에서 비켜난 것처럼 살고 있다. '게으르고' '느리게' '향유하며' 사는 이들은 '부지런하게' '빨리' '많이 가지는' 것을 목표로 삼는 자본주의적인 삶과는 거리가 먼 것처럼 생활한다. 각자의 영역에서 비정규직으로 일하고, 그 대신 창조적 긴장의 시간을 활용한다. 열심히 노동할수록 가난해지는 자본의 회로 속에서 이들의 삶은 해방될 수 있는 하나의 가능성처럼 보인다. 너무 사치스럽고 한가한 소리이기만 할까?

한가하고 게으른 연구소로서도 해야 할 일이 있지 않을까 한다. 그것이 연구소 나름의 페미니즘 언어의 소시장을 형성하여 나름대로 사회자본을 축적하고 공유하는 일이다.

## 3. 일상의 정치

1997년 처음 다락방에서 세미나를 할 때였다. 그 당시 2층은 노래방, 3층은 PC방, 4층은 비디오방, 그리고 4.5층은 다락방으로 여이연이 세 들어 있었다. 4층 비디오 가게 주인이 물었다. 여기에 모인 사람들은 어떤 종교단체의 여전도사들이냐고. 그 말이 아직도 잊히지 않는다. 말 많고 탈 많았던 『여/성이론』창간호를 위해 섹스/젠더/섹슈얼리티에 관해 전체 세미나를 진행하고 있을 때였다. 우중충한 공간에 우중충한 여자들이 웅크리고 앉아서 도무지 알아들을 수 없는 방언을 하는데 간혹 귀에 들리는 소리라고는 페니스, 펠러스, 섹슈얼리티, 섹스였으니, 얼마나 기괴했을까. 아마도 해괴한 종교단체의 기도소리쯤으로 들릴 수도 있었을 것이다. 그런데 그 말은 일면적으로 사실이었다. 십년이 지난 지금 생각해보면, 페미니즘은 적어도 '나'에게는 하나의 페티시일 수도 있었다.

어떤 측면에서 이즘은 한 사회에서 종교의 역할을 대리한다. 이즘이 신념의 한 형태라는 점에서 신앙의 차원이기 때문이다. 줄리아 크리스테바는 『사도신경』의 어원을 추적하면서 크레도 속에는 종교적·경제적 의미가 수렴되어 있다고 주장한다. 종교적·경제적 보상을 전제로 한 신뢰 행위로서의 신앙은 신용과 같은 어원이다. 원시인들은 몸에 지니고 있으면 액땜을 해주고 자신을 보호해 주는 대상에 신성을 부여하여 섬겼는데, 그것이 주술적인 페티시였다. 페미니즘은 나에게 가부장제에 대한 부적으로서 일종의 페티시였다.

연물戀物로서의 페티시는 욕망의 심연을 가려주는 것이다. 그것은 환상의 베일을 찢고 적나라한 욕망과 대면할 때의 자기파괴적인 충격을 방지해준다는 점에서, 자기를 파괴하지 않으면서도 승화된 어떤 것이다. 가부장적 질서에 완전히 끌려들지 않으면서도 기댈 수 있는 언덕이 바로 페티시다. 가부장제가 권하는 중독의 해독작용으로서 기능해왔다는 점에서, 페티시로서의 페미니즘(혹은 정신분석학적 페미니즘)이 가진 일상의 정치성이 있다. 가부장적 사회에서 아무 것도 가진 것이 없는 자들이 유일하게 기댈 공간으로 페미니즘이라는 환상을 제공해준다는 점에서 그것은 일종의 페티시라 할 수 있다.

정신분석학에서 말하는 페티시는 젠더의 문법에 따라 구획된 것으로, 남자아이가 절대적인 존재라고 생각했던 어머니가 그처럼 막강한 자가 아니라는 것(거세된 존재)을 보고 그런 불안과 공포를 감추기 위해 그래 엄마는 "거세되었다. 하지만 아니야."라고 베일로 가리는 것이다. 젠더의 문법을 떠나 사회심리학적으로 페티시 구조를 확장하자면, 주체가 존재의 심연과 마주칠 때 파괴되지 않기 위해 텅 빈 구멍을 환상의 베일로 가리는 것이다. 존재의 심연에 빠져 익사하지 않으려면 결여를 덮어야 한다. 그런데 없음의 존재론 위에 서 있다는 것은 자기 발밑이 심연이자 허공이라는 의미이다. 그것이 허공이라는 것을 깨닫는 순간, 나락으로 떨어질 것이 두려워 결코 아래를 내려다보지 않으면서, 자신이 단단한 땅에 두 발을 딛고 있다는 환상을 생산하는 것이 페티시 구조다. 페티시는 자신의 파괴를 승화시키는 장치이자, 삶을 견디게 해주는 사랑 대상이자 종교적인 대상이다. 우리는 이런 페티시를 끊임없이 발명해냄으로써 자기 파괴의 욕망을 승화시킨다.

존재의 심연을 가리는 페티시에는 가족, 국가, 민족, 권력, 종교 등 뭐든 가능하겠지만, 여이연의 페티시는 페미니즘이다. 그 말은 페미니즘이 이론적인 진리의 영역을 차지하고 있는 자기목적적인 것이 아니라 세계를 파악하는 허약한(언제 가라앉을지 모르는) 발판에 불과하지만, 그런 발판이 있음으로써 세계를 해석하고 실천하고 살아나가도록 해주는 한 지점이라는 의미이다. 페미니즘이 페티시로 기능했으므로 노예노동의 중독에서 겸손하게 벗어날 수 있는 가능성을 찾았다고 할 수 있다.

일차적으로 노동중독에서 벗어난 구성원들이 해볼 만한 이론적 작업은 여이연 나름의 언어의 소시장을 만들어나는 것이다.

## 4. 페미니즘 언어의 소시장 형성하기

요즘 "페미니즘 이론은 난해하다"는 불평과 자주 접하게 된다. 한 남학생이 페미니즘 언어는 '카자흐스탄 방언'처럼 들린다고 했다. 이렇게 되면 "페미니즘을 이해하려면 통역이 필요한가요?"라고 묻지 않을 수 없다. 페미니즘이 아카데미화 되려면 필연적으로 난해해질 수밖에 없다. 학문이 되려면 전문화가 필요하고 그래야만 학문으로서 재생산이 가능해진다. 기존 가부장제를 지탱해주는 학문들을 비판하면서 또한 그것을 넘어서기 위해, 페미니즘 언어는 결코 쉬워지지 않을 것이며 바로 그렇기 때문에 난해한 언어를 대중적인 언어로 번역해줄 사람을 필요로 하게 된다. 그것이 바로 학문이 자신을 재생산하는 방식이다. 그런데 이것은 페미니즘의 딜레마이기도 하다. 그렇게 되면 강단에서는 살아남겠지만 현실을 살아가는 여성들과는 점점 거리가 먼 언어를 생산하게 됨으로써 '여자 없는' 페미니즘이 될 수 있기 때문이다. 그렇다면 제도적인 교육기관도 아닌 여이연의 언어가 만만찮게 어려운 이유는 무엇인가? 거두절미하자면 여이연 나름의 언어를 만들지 못했기 때문이고, 또 달리 말하자면 그것 자체가 여이연의 언어라고 말할 수도 있다. 여이연이 연구소라는 형식을 취하고 있고, 여기 구성원들 자체가 학교와 단절한 사람들이 아니라는 것도 그런 언어습관에서 벗어나기 힘든 이유이다.

　언어적 습관은 단지 습관이 아니라 자기가 속한 세계의 아비투스가 전부 녹아있는 것이다. 개인적으로 번역을 하다보면(우리맥락에 맞춰 잘 번역한답시고 노력할수록), 우리사회의 위계질서와 언어질서에 철저히 복종하고 있는 자신을 발견하게 된다. 먼저 나이에 따라 존칭/비칭을 구분하고, 촌수에 따라 호칭을 달리한다. 우리사회는 관계에 따라 호칭이 달라지기 때문에 이름 하나가 모든 관계에서 통용될 수 없다. 사회적인 관계망에 따라 다양한 호칭으로 불리고 그런 호칭에 권력과 위계가 전부 드러나도록 되어 있다. 그러므로 출발언어에는 있지도 않은 호칭을 다시 만들고, 남녀에 따라 성별언어genderlect를 사용한다. 그 사람의 교육 받은 정도에 따라 어떤 사투리를 쓸 것인가를 고민한다. 성별, 나이, 연령, 계급, 종교, 지식수준과 같은 온갖 맥락을 염두에 두고 있으므로 출발언어와 도착언어 사이에는 엄청난 간극이 생기게 됨으로써 그야말로 반역이 되어버린다. 이렇게 하여 출발언어에는 없었던 것들이 도착언어로 변형되면서 도착한 곳의 기존 위계질서가 언어 속에 그대로 녹아들게 된다. 장황하게 이런 말을 하는 이유는 언어가 바뀌지 않으면 사고도 바뀌지 않기 때문이다. 의식차원에서는 페미니즘 언어를 사용하면서도 무의식차원에서는 기존의 언어를 그대로 반복하는 습관의 질긴 보수성에 매몰되어 있다면, "여성주의적인 실천은 어디에?"라는 의문과 또다시 마주치게 된다.

　인지심리학에 따르면 우리는 아주 어릴 적부터 세상을 바라보는 프레임을 프로그램하고 있다. 프레임은 우리가 세상을 바라보는 정신적 구조물이자 세계관이다. 프레임은 우리가 추구하는 목적, 계획, 행동방식, 그리고 우리 행동의 옳고 그릇됨을 결정한다. 자신의 프레임과 잘 부합하는 것은 머릿속에 남아서 변화를 일으키게 되지만, 그렇지 않은 경우 교육을 시킨다 하더라도 사실은 걸러지고 프레임은 바뀌지 않은 채 그대로 남아있게 된다. 어떤 것이 사실이라고 해서 행동의 변화를 가져다주는 것은 아니다. 자신의 프레임에 맞지 않으면, 보면서도 보지 못하고 들으면서도 듣지 못하기 때문이다. 그러므로 프레임이 바뀌어야 사회가 바뀐다. 프레임을 바꾸는 한 방식이 '언어'이다.

언어자본은 한 개인의 언어능력에 따른 것이기도 하지만 동시에 사회상징적 자본이기도 하다. 페미니즘은 사라져도 여자는 존재할 것이다. 페미니즘 없이도 여성들은 수천 년 동안 잘 살아왔고 앞으로도 그럴 것이다. 그렇지만 페미니즘 언어가 없으면 그것으로 볼 수 있는 세계 자체도 보이지 않는다는 점만은 지적하고 싶다. 여성에 대한 억압이 있어서 페미니즘이 등장했다기보다는, 거꾸로 페미니즘 언어가 있기 때문에 여성에 대한 억압을 가시화할 수 있고, 또 그것을 언어화할 수도 있기 때문이다.

# 채식

채식주의자 뱀파이어 정치를 위하여

## 1. 육식에의 불안

철저한 채식주의자인 비건은 달걀, 우유 등을 먹지 않는다. 심한 경우 발효시킨 빵도 거부한다. 떨어진 과일만 먹고 사는 과식果食주의자도 있다. 십년 전만 하더라도 한국사회에서 운동으로서의 채식주의와 접할 기회는 드물었다. 주변에 채식주의자가 늘면서 함께 식사하는 것이 눈치가 보이는 경우가 더러 있다. 풀만 먹는 사람 앞에서 고기는커녕 우동국물조차 부담스럽다. 우동국물 속에서 익사한 멸치의 고통을 보고 있는 상대방의 시선이 나 스스로 의식되기 때문이다. 이처럼 '감상적인' 윤리적 불안은 어디에서 비롯된 것일까.

한때는 레즈비언 채식주의자야말로 가장 '정치적으로 올바르다'는 농담이 있었다. 이성애가 지배적인 사회에서 레즈비언이라는 것은 정치적이며, 폭력이 난무하는 사회에서 채식을 하는 것만으로도 윤리적이라는 것이다. 『육식의 성정치』에서 캐롤 아담스Carol Adams 같은 여성주의자들은 사회적 약자, 성적 소수자와 더불어 고통 받는 모든 존재들과 연대하는 정치적 실천으로서 육식을 거부한다. 동물해방과 더불어 육식거부는 생명을 가진 모든 존재에 대한 폭력의 거부라는 측면에서 보살핌의 윤리이자 유비적으로 그것이 여성주의 윤리로 간주된다.

그런데 동물의 고통에 대한 연민으로 인한 육식거부가 여성적인 '배려와 보살핌'의 윤리와 곧장 연결될 수 있는가? 야채를 먹을 수 없는 형편의 사람도 있다. 야채가 비싸기 때문에 정크 푸드와 싸구려 육류에 의존하는 빈민도 있다. 요즘 친환경 유기농 야채를 먹는다는 것은 라이프스타일의 문제일 뿐만 아니라 계층의 문제이다. 이렇게 되면 빈곤층은 고기를 먹는 카니발이고, 게으르며 자기 관리를 하지 않고, 타인의 고통에 둔감한 자들이 되어버린다. 그들은 건강하고 행복하게 오래 살라고 명령하는 생체권력 복지국가 시대에 국고를 고갈시키는 사회악이 된다.

단지 개인차원의 채식주의를 넘어 동물의 권리와 그들의 고통에 민감한 '윤리적 불안'은 어디서 기인한 것인가. 피터 싱어Peter Singer처럼 동물을 사랑하는 차원을 넘어 '동물해방'과 동물의 권리를 주장하는 윤리적 태도는 언제부터 비롯된 것인가? 세계인의 눈에 한국의 보신탕 문화는 과히 충격일 것이다. 그때 '세계인'은 주로 서구인이자 서구의 문화적 시선을 가진 사람들이다. 개고기를 먹는다는 것은 그들에게는 가족을 먹는 것이므로 거의 식인풍습과 같이 미개한 것으로 간주된다. 이런 현상은 서구인이 동물을 위시한 타자의 고통에 남달리 민감한 감수성을 가졌기 때문에 나타난 반응인가? 그런 반응은 윤리의식이라기보다는 윤리적 불안을 감추는 것은 아닐까? 생명을 가진 모든 존재에 대한 연민이 육식 혐오로 나아가고 그것이 사회적 약자에 대한 배려로 과연 연결될 수 있을 것인가? 그런 윤리적 불안은 동물이 시야에서 완전히 사라진 시대, 동물이 인간에게 더 이상 위협이 되지 않을 정도로 완전히 정복당함으로써 동물원에 가야만 겨우 동물을 볼 수 있는 시대에 나올 수 있는 시혜적 태도는 아닐까?

동물이 인간의 타자가 아니라, 인간이 동물이었던 신화시대는 어떠했을까? 도나 해러웨이 식으로 말하자면 신화적 상상력의 시대는 신/인간/동물의 경계가 모호했던 시대이다. 신과 인간 그리고 동물이 서로 이종결합을 하면서 동물에게는 신성이, 신에게는 수성獸性이 혼재했다. 흥이 나면 신들은 동물로 변신했고 동물의 얼굴을 한 신들은 여신들의 질투에도 아랑곳없이 인간계의 여자들과 결합했다. 제우스는 백조로 변해 인간 여성인 레다와 결합했다. 유로파의 경우, 제우스는 눈이 부시도록 흰 소로 변신하여 그녀와 결합했다. 물론 여기서 말하는 신성은 유대기독교 전통에서 말하는 신성이 아니라 이교도의 신들이다. 기독교는 살인하지 말라는 것이 계명이었으므로, 신은 희생번제를 통해 육식을 했는지 모르지만 적어도 에덴동산의 남녀들은 채식을 했을 것으로 보인다.

신과 동물과 인간의 경계가 없었던, 이도교 신들이 신났던 그 시절, 인간은 동물을 신으로 경외했다. 악티온처럼 인간으로서 동물을 사냥하지만 자신이 또한 사슴으로 변해 사냥의 대상이 되기도 한다. 연어 사냥꾼은 자신이 나중에 연어가 될 것으로 상상한다는 점에서 사냥꾼과 사냥감의 구분이 명확하지 않았다. 희생된 동물은 토템으로 숭배되었으며 인간은 동물에게서 신을 보았다. 애니미즘은 신/인간/동물의 경계가 미분화되었던 시절의 서사이다. 근대적 관점에서 본다면 동물의 희생제의가 대단히 폭력적으로 보일지 모르지만, 희생제물이 된 제물로서의 동물은 신성시되고 부족의 토템이 되기도 했다.

이런 시절 동물의 시체를 먹는 것에 사람들은 죄의식을 느끼지 않았다. 말을 토템으로 하는 부족은 말을 희생 제물로 바치고 그 고기를 나누어 먹음으로써 말이 가진 속도와 날렵함이 자신에게로 전이될 것으로 믿었다. 그런 상상의 한 형태가 말과 인간의 교접일 수도 있었다. 이런 일체감은 신화시대의 종말과 계몽시대의 탄생으로 점차 소멸된다.

서구 계몽주의 사고의 핵심에 데카르트가 존재한다. 동물은 인간처럼 생각하는 존재라기보다는 자연의 기계로 이해해야 한다고 주장하면서 그가 사용한 단어는 '자동기계 automata'였다. 데카르트에 의하면 동물은 영혼은 없이 운동만 있는 동물기계와 같다고 했으며, 그의 동물에 대한 관점은 기존의 기독교 교리와 그다지 다르지 않았다. 동물은 이성은 없고 오로지 본능에 따라 움직이는 것이라 이해하면서, 서구 철학이 그처럼 안간힘을 다해 인간과 동물을 구획하려고 한 중심에 이성, 사유 등이 자리하게 되었다. 성 아우구스티누스, 성 토마스 아퀴나스와 같은 많은 신학자들은 이성이 근본적으로 인간과 동물을 구분하는 원천이라고 인정했다. 이제 자동기계와도 같은 동물은 인간과 완전히 별개의 종이 된다. 영혼, 이성, 언어, 도구제작과 같이 인간과 동물을 가르는 온갖 기준이 등장하게 되었다.

신화시대의 정서는 계몽주의 시대에 이르러 도구적 이성에 의해 급격히 소멸된다. 계몽주의 시대는 인간/동물의 경계를 확실히 분리함으로써 인간이 만물의 영장이라는 우월감을 확실히 한 시대였다. 동물에게서 정령을 보는 것은 미신으로 간주되었다. 인간/동물의 이종결합은 괴물이 되고, 이런 괴물성은 열등하고 여성적인 속성으로 비천해진다. 뱀과의 결합인 메두사, 사자와 결합한 스핑크스처럼 동물의 속성이 남은 여성은 괴물로 비체화된다. 신성을 잃은 동물은 인간의 목적에 완전히 봉사하는 도구로 전락한다. 코뚜레를 꿰어 쟁기를 끌게 하는 황소에 대해 신성을 언급하는 것이야말로 신성모독이 된다. 짐승 같다는 표현에서처럼 인간에게서 동물성을 보는 것이 모욕인 시대가 되었다. 계몽주의 시대 인간남성에게 남아 있는 수성을 사이렌과 같은 괴물여성에게로 투사함으로써, 자신은 동물과는 전혀 다른 온전한 남성인간이 되었다. 동물성을 매개로 여/남의 젠더 정치가 완성된 시대가 계몽주의 시대였다. 이로써 동물로 취급되었던 존재들(야만인, '3'세계 유색인)은 인간범주에 속하지 않으므로 사냥하고 죽이고 우리에 가둬 놓고 가축화domestication할 수 있다는 논리를 정당화하게 되었다.[1]

계몽주의의 인간/동물의 확연한 분리에 대한 윤리적 불안과 심리적 저항의 형태가 낭만주의자들이 만들어낸 뱀파이어와 프랑켄슈타인의 괴물이다. 오늘날 프랑켄푸드라고 하면 유전자 변형을 통한 괴물적인 음식을 지칭하는 것이지만 프랑켄슈타인이 만들어낸 괴물은 낭만적인 채식주의자다. 캐롤 아담스와 같은 페미니스트는 낭만주의/채식주의를 연결시키려는 단초를 이 작품에서 발견하기도 한다. 메리 셸리의 『프랑켄슈타인』에서 괴물은 요즘 시선으로 본다면 프랑켄슈타인 박사인지, 아니면 그의 피조물인지 그 경계가 모호하다. 채식주의자이며 지적으로 열심인 괴물은 동양인을 상기시키는 누런 피부와 검은 눈으로 인해 창조주인 프랑켄슈타인으로부터 버림받는다. 빅터는 아름다운 인간을 연성하기 위해 재료를 엄선했다고 하지만, 사실 그는 공동묘지와 납골당에서 뼈를 모았다. 해부실의 실험용 시체와 도살장에서 모아온 짐승의 장기를 봉합, 용접했다. 프랑켄슈타인이 자신의 피조물을 괴물로 보았던 것은 이와 같은 잡종성과 사이보그화된 몸 때문이었다. 투명한 피부 아래 내장기관이 보인다는 것이 그에게는 끔찍했다. 앙지외Didier Anzieu가 말했다시피, 피부는 안과 바깥의 경계를 나타내는 것이며 외부의 것을 바깥에 유지시키는 경계면이고 침투를 막아주는 것이다. 하지만 괴물의 피부는 그런 안과 바깥의 경계가 허물어져 있다. 괴물을 괴물로 규정한 것은 바로 이와 같은 동물과 인간, 무기물과 유기체, 삶과 죽음, 주체와 객체의 경계가 사라져 비체abjection화된 육신에 대한 혐오였다.

계몽주의 시대의 후반기에 이르면 동물은 인간의 삶에서 완전히 사라지게 된다. 더 이상 거리에서 동물과 마주칠 일도 없어진다. 동물은 생명을 가진 존재가 아니라 오로지 인간이 마음대로 처분할 수 있는 상품으로 전락한다. 이 시대는 동물을 무엇보다도 경제적, 물질적 용도에 복종시켰다. 동물의 시체는 부위별로 해체되어 형체를 전혀 알 수 없는 고기로 전환된다. 포드 자동차 회사의 창업자인 포드가 시카고 도살장의 분업을 보고 그 효율성에 감동하여 일관작업대라는 분업 시스템을 도입했다는 것은 유명한 일화다. 이처럼 동물의 자취가 흔적 없이 분해됨으로써 동물시체를 먹는 것에 대한 인간의 불편한 감정은 무의식으로 가라앉는다. 닭의 시체는 KFC치킨으로, 돼지의 시체는 베이컨으로, 소의 시체는 햄버거로 다가온다.

존 버거는 동물원이 근대의 일상적인 생활에서 (야생, 가축을 포함하여) 동물이 거의 멸종되는 순간 그들을 보존하기 위해 만들어진 것임에 주목한다. 채식주의나 동물살해를 끔찍한 폭력으로 간주하는 것 자체가 동물과 함께 살아가면서 그들을 가족처럼 대하고, 도살하는 과정을 보지 않았기 때문에 나오는 행동이라고 버거는 말한다. 동물이 시야에서 사라졌을 때, 동물에게 보이는 때늦은 자비심과 터무니없는 감상과 관대한 태도는 일종의 악어의 눈물인 셈이다.

우리는 더 이상 정령신앙에서처럼 존경으로 동물을 죽이고 그 살을 먹음으로써, 죽은 동물이 '나'로 육화되고 내 안의 타자로 합체하는 등의 느린 시공간을 살고 있지 않다. 투우에서처럼 존중과 제의적인 의식을 치르고 소 한 마리를 잡아서 그 많은 인구를 먹여 살리기에는 너무 바쁘고, 동물의 죽음을 애도하고 제의화하기에는 인간이 너무 많기 때문이다. 동물이 완전히 인간의 삶에서 소멸되자 인간은 자신을 비출 타자를 잃어버리게 된다. 타자를 완벽하게 정복해버리면 주인 또한 존재할 수 없다는 것이 주인과 노예의 변증법이 보여주는 성찰이다.

이런 시대에 다시 한 번 동물과 인간의 관계를 철학적으로 모색하면서 공존을 이야기한 작품이 「동물의 생」이다.

## 2. 신화적 상상력과 동물의 생

존 쿳시의 소설, 「동물의 생」에 등장하는 엘리자베스 코스텔로는 유명한 소설가이자 페미니스트이며 채식주의자다. 그녀는 사실 작가의 페르소나이기도 하다. 그녀는 일흔을 바라보는 할머니이면서도 양보할 수 없는 신념으로 인해 사람들의 심기를 끊임없이 불편하게 만든다. 그 나이 정도면 남들에게 자신의 육식혐오를 외치기보다는 홀로 채식을 하며 반려 동물과 더불어 살다가 조용히 죽음을 맞이할 수도 있는 나이다. 자신의 반려동물인 고양이에게 채식을 시킨다고 누가 뭐라고 하겠는가. 모든 것을 누릴 수 있는 입장임에도 그녀는 주변과 불화하면서 자신의 신념을 전파한다.

그녀는 몇 년 만에 만난 아들, 며느리, 손자들을 불편하게 만든다. 치킨을 먹는 손자들에게 닭의 시체 조각을 먹지 말라고 함으로써 손자들에게는 불안을, 아들에게는 긴장을, 며느리에게는 분노를 안긴다. 그녀는 오늘날을 살아가는 사람들 역시 나치의 홀로코스트를 되풀이하고 있다고 생각한다. 대도시에는 잔혹한 도살기업, 화장품 기업, 온갖 동물 실험실이 널려 있다. 동물은 오로지 도살을 위해 사육된다. 히틀러의 홀로코스트보다 더 잔혹한 대학살이 날마다 진행되고 있다. 코스텔로는 세계 도처에 널려 있는 도살장에서 나치의 유령을 본다. 그녀는 우리 모두가 끔찍한 범죄에 관련되어 있다는 것을 인정하고 그런 범죄에 예민해져야 한다고 주장한다. 돈을 지불하고 하이에나가 되어 동물의 시체조각을 먹어치우는 것은 범죄행위임을 각성하라는 것이 그녀의 메시지이다.

코스텔로가 문제 삼는 것은 인간중심주의 철학에 자리하고 있는 퇴행적 나르시시즘이다. 동물의 학살에는 철학적인 정당화가 자리하고 있다. 서구 철학은 타자로서의 여성, 야만인, 노예들을 동물로 등치해왔다. '날 것의 생'만을 가진 이런 타자들은 정치 공동체로부터 원천적으로 배제되어 왔다. 정치공동체로 들어올 수 없는 생은 생물학적으로는 살아 있지만 상징적으로는 죽어있는 것이나 다를 바 없다. 동물의 생으로 타자화된 이들에게는 무엇보다 신의 속성인 이성이 없다는 것이다. 동물에게는 불멸의 영혼, 의식, 언어, 반성적인 사고가 없으므로 동물의 죽음은 정당화된다.

서구 철학자들은 서구의 타자 즉, 노예, 흑인, 야만인, 여성, 식인종, 아이를 인간이라고 할 수 있는가라는 문제로 고민했다. 동물은 형이상학적인 그리움을 이해하는가? 혹은 강아지가 제 어미를 그리워한다고 할 수 있는가? 어미 개는 강아지를 그리워할 수 있는가? 강아지에게 그리움으로 인한 우울과 죽음에 대한 공포가 있는가? 강아지는 있음과 없음, 자아와 타자 등의 개념을 습득하지 못한다. 동물이 그리움, 모성, 사랑이 무엇인지 알지 못한다고 해서 그들을 죽이는 것이 과연 정당한가? 만약 그렇다면, 강아지는 타자와 주체를 구분하기 위해 철학 강의부터 먼저 들어야 할 것이라고 코스텔로는 조롱한다.

「동물의 생」은 인간/인간임의 핵심이었던 이성이 과연 무엇인가를 묻고 있다. 심리학자 볼프강 쾰러의 「원숭이의 정신구조」라는 논문에는 침팬지에게 도구적 이성이 있는지를 실험한 내용이 실려 있다. 프란츠 카프카의 빨간 원숭이 피터처럼 쾰러의 침팬지인 술탄 역시 인간이 되기 위한 훈련과정을 거친다. 술탄은 배가 고프다. 친절하던 주인이 왜 갑자기 음식을 주지 않는 것인지 그는 도무지 이해할 수 없다. 바나나는 3미터 높이에 매달려 있다. '잘못된 방향'으로 생각하면 술탄은 계속 배를 곯게 될 것이다. 그는 배가 너무 고파서 오로지 어떻게 하면 바나나에 손이 닿을 수 있을까만을 고민하게 된다. 이렇게 해서 침팬지의 지적능력은 극대화된다. 술탄은 우리에 놓인 막대를 이용해 바나나를 딴다. 하지만 술탄의 도구적 이성이나 지적능력은 어디까지나 인간의 관점에서 본 것이다. 모든 잘못된 생각(침팬지로서 사고할 수 있는 능력, 나는 왜 우리에 갇혀 있는가, 엄마는 어디에 있을까, 숲은 어디로 사라졌을까)을 없애야만 그는 살아남을 수 있다.

술탄은 과연 '제대로' 사고한 것인가? 인간의 관점에서는 술탄의 지적능력이 향상되었다고 볼 수 있지만, 술탄의 관점에서 보자면 그것은 오로지 생존을 위해 실용적 이성의 비천한 영역을 개발한 것일 뿐이다. 술탄의 도구적 이성은, 우리가 생존을 위한 경제활동으로써 재생산만을 생각할 때 비로소 '제대로' 사고한 것이 되는 자본주의적 사고를 상징한다. 자본주의 사회가 말하는 '올바른 사고'는 이윤창출을 위한 생산과 재생산에만 골몰하게 만드는 것이다. 그 이외의 모든 생각을 접도록 만드는 것이야말로, 배고픔에 내몰린 술탄이 생존을 위한 것 이외에는 아무 생각도 할 수 없게 되는 것이나 다를 바 없다. 인간이 가진 신의 속성으로 내세운 이성이 실상은 오로지 '재생산'을 목적으로 하는 비천한 사고기능과 다를 바 없다는 것이 코스텔로의 주장이다.

## 3. 채식과 거식 사이에서

자본의 탐욕에서 벗어나 거식의 윤리성을 찾고자 하는 작가가 한강이다. 그녀는『그대의 찬 손』에서부터『내 여자의 열매』,『채식주의자』에 이르기까지, 인간사회의 폭력성과 자본의 식탐에서 벗어날 수 있는 가능성을 은유적인 거식에서 찾고 있다.

『채식주의자』에서 아내는 채식을 넘어 거식으로 나아간다. 아내는 "단식광대"가 된다. 어릴 적 아이는 어머니에 대한 분노를 음식거부로 표출하기도 한다. 거식은 단지 음식을 거부하는 것이 아니라 적극적인 항의의 태도이기도 하다. 정치적 저항으로서 단식을 선택하는 것이나 마찬가지이다. 「채식주의자」에서 아내가 항의하고 있는 것은 무엇인가. 타자를 잡아먹고 소화시키고 내 것으로 만들어내는 폭력적인 시스템에 대한 항의이다.

그렇다고 육식에의 기억을 가지고 있는 아내가 단지 폭력적이고 가부장적인 아버지, 무심한 남편의 희생자일 뿐이라는 것은 아니다. 아내는 폭력적인 세상뿐만 아니라 자기가 삼켰던 폭력성을 죽이기 위해 자신이 먼저 죽는다. 밤마다 아내는 악몽에 시달린다. 그녀는 이웃집 고양이의 목을 조르고 싶어 다리가 후들거린다. 그렇지 않으면 뒤뚱거리며 횡단보도를 건너는 비둘기라도 죽이고 싶다. 어린 시절 아내를 물었다는 이유로 개 패듯이 패서 죽인 그 개의 고기를 먹던 기억이 아내의 꿈속에서 악몽으로 되풀이 된다. 아내는 그때부터 육식을 거부한다. 단지 육식을 거부하는 정도를 넘어 거식증자가 된다. 보다 못한 아내의 어머니는 아내에게 "네가 고기를 안 먹으면, 세상 사람들이 죄다 널 잡아먹는 거다."라고 울먹인다.

화자인 '나'의 눈에 아내는 너무나도 평범한 여자다. 그래서 결혼했다. '나'는 아내의 평범함과 그로 인한 평온한 자신의 일상에 만족한다. 그런데 아내는 꿈 이야기를 시작하면서부터 불면과 불안에 시달리고, 냉장고의 모든 고기를 내다버리고, 잠자리를 거부한다. 그 순간, '나'는 아내가 자신이 원한 것처럼 평범하지 않을 것임을 불길하게 깨닫는다. 붙박이장처럼 존재하던 아내가 '나'의 예상을 벗어나자 '나'는 아내에게 당혹감과 놀람보다 무엇보다 구역질과 혐오를 느낀다. 「채식주의자」에서 '나'는 자신이 평범하고 정상적이며 생산적으로 열심히 살고 있다고 확신하지만 '나'야말로 날마다 죽어 있는 삶을 살고 있다는 사실을 각성하지 못한다.

아내는 어린 시절 자신이 보신탕(그 개가 그녀를 물었으므로)으로 먹은 개에게 결국 먹힌다. 포식자와 피식자가 서로 자리바꿈 한다. 그녀는 포식의 중독에서 벗어나기 위해 채식을 하면서, 둥근 젖무덤은 아무도 해칠 수 없지만 거식증으로 날카로워진 가슴은 얼마든지 타자를 해칠 수 있다는 것을 인정한다. 인간으로 존재하는 이상 결코 폭력으로부터 자유로울 수 없으므로 인간은 우울한 존재다. 식인주체임을 아는 순간, 슬픔은 해소될 수 없고 또한 자신이 그 슬픔에서 벗어나지 못할 것임을 그녀는 온몸으로 알게 된다.


## 4. 채식주의자 뱀파이어의 정치를 위하여

레메디오스 바로Remedios Varo의 그림 중에는 <채식주의자 흡혈귀들>이 있다. 흡혈귀들은 빈혈에 걸려 있다. 곧 쓰러질 것처럼 뼈와 가죽만 남은 수척한 모습으로 과일에 빨대를 꽂아서 홀쭉한 뺨을 오물거리며 쪽쪽 빨고 있다. 식탁 아래에 토실토실 살찐 수탉이 앉아 있음에도 동물의 피를 빨 수 없는 흡혈귀의 모습은 코믹하면서도 연민을 불러일으킨다. 빈혈에 걸린 흡혈귀는 형용모순이다. 흡혈해야 하는 자신의 본성에 저항하는 흡혈귀의 결단이 짠하게 다가온다. 식인주체가 타자를 환대해야 한다는 것의 불가능성의 가능성을 이처럼 재미있게 표현할 수 있을까?

그렇다면 인간은 식인주체의 딜레마에서 벗어날 수 없는 것인가. 타자를 먹어치우고 정복하고 노예로 만들고 싶은 충동에 시달리면서도, 동시에 자신이 노예로 만든 바로 그 타자들의 인정을 받고자 하는 식인주체의 딜레마를 가장 잘 이론화한 철학자가 헤겔이다. 헤겔은 욕망을 중심으로 주체와 타자의 관계가 주노의 변증법으로 전회하는 것에 주목한다. 『정신현상학』에서 주인은 의식주체의 생사를 건 투쟁으로 만들어지는 것이다. 목숨을 건 인정투쟁에서 승리한 자는 주인이 되고 실패한 자는 노예로 전락한다. 하지만 주인과 노예는 고정된 것이 아니라는 점에서 변증법적이다. 주체의 의식은 타자라는 과녁을 만나서 다시 주체에게로 귀환해야 한다. 그런데 노예가 노예상태로만 남아 있으면 주인에게로 되돌아오는 것은 노예의식 밖에 더 있겠는가. 정신현상으로 보자면 주체는 주인으로서의 의미를 상실하게 된다.

노예는 자유롭지 않다는 점에서 노예다. 노예가 자유를 원한다면 목숨을 걸어야 한다. 목숨이 없는 자유는 무의미하므로 노예는 목숨을 부지하기 위해 주인의 욕망을 자신의 것으로 욕망하게 된다. 열심히 노동하여 주인의 밭을 일구는 것은 주인의 욕망이지만 그것을 자신의 욕망으로 삼아야만 노예는 목숨을 지탱할 수 있게 된다.

지젝에 따르면 노예는 직접적으로 주인에게 예속된 것이 아니라 물질적 조건, 주변 환경에 예속되는 것이다. 반면 주인이 주인인 것은 자신이 가진 모든 것을 올인하는 것, 자신의 생명까지 걸고 투쟁하는 것이다. 그렇게 본다면 자본주의 사회에서 자본가는 주인이 아니라 노예가 된다. 자본가야말로 자신의 물질적인 조건에 철저히 예속되어 있기 때문이다. 그렇다면 신자유주의 시대 주인은 없고 모두가 노예인가? 자본가와 노동자는 같은 처지인가? 헤겔은, 주인은 물질적 궁핍에 목매는 것이 아니라 위신에 목숨을 걸고 투쟁하는데서 확보될 수 있는 지위라고 보았다. 주인의 선택 역시 죽음을 거쳐야 한다는 점에서 근본적인 소외를 경험하게 된다. 주인 또한 불멸은 아니므로 주인의 자유에는 한계가 있다. 주인의 본질이 나타나는 것은 결투의 순간이나 혁명의 순간처럼 '자유냐 죽음이냐'를 선택하라는 질문을 듣는 순간, 자유를 위해 죽음을 선택하는 테러의 순간에 등장하는 것이다.

우리가 폭력에 둘러 싸여 있고 바로 그런 폭력적인 호명에 의해 주체로 탄생하는 것이라면, 주체가 그런 폭력성에서 벗어날 방법은 없다. 타자의 인정을 받기 위해 사생결단해야 하는 주체들이 모여서 공존을 모색하는 것은 말처럼 쉽지 않다. 우리는 흔히 배려, 보살핌, 관용을 공존의 가치로 내세운다. 하지만 가진 자의 입장에서 배려와 관용은, 언제든지 내민 손을 거둬들일 수 있기 때문에 자신을 전부 거는 것은 아니다. 소위 관용을 외치는 자유주의자들과 좌파들은 기득권이라는 성곽에 양다리를 걸치고 앉아 성 아래로 손을 내민다. "근면 성실 정직하게 일해서 열심히 계급의 사다리를 타고 올라와 내 손을 잡아라. 그러면 내가 성 안으로 끌어올려주겠다."고 한다. 하지만 자신의 지위가 위협받는 다급한 상황이면 그들은 언제든지 계급의 사다리를 걷어차고 내밀었던 관용과 배려의 손을 거두어들인다. 그것이 자유주의적인 배려와 관용의 한계이다.

공존의 가치는 공존이 불가능한 상황에서 드러난다. 그렇기 때문에 자신의 전존재를 걸고 결단을 내려야하는 불가능한 상황과 마주치지 않을 수 없다. 빈혈에 시달리면서도 흡혈의 욕망을 다스리는 채식주의자 뱀파이어의 상황이야말로 식인주체가 타자와 맺는 관계에 대한 가족유사성이다. 『채식주의자』의 한강이 식인주체의 자기소멸에의 충동을 육식거부라는 은유를 통해 드러내고 있는 것, 그것이 채식주의자 뱀파이어의 아이러니컬한 윤리학이 아닐까. 그만큼 폭력의 시대에 공존의 가치를 찾는 것이 만만치 않다는 말이다. 공존은 적으로 방문하는 손님을 환대할 수 있을 때 가능하다. 이 말이 무엇을 의미하는지는 하다못해 우리가 북한을 대하는 태도에서도 분명해진다. 공존의 가치는 공존이 불가능한 지점, 거꾸로 말하면 공존의 불가능성이 우리에게 공존하도록 명령하는 지점이다. 그것은 우리가 다름 아닌 채식주의 뱀파이어를 감수하겠다고 결단하는 순간 찾아오리라고 믿는다.

# 후주

## 서론

1. 가라타니 고진, 『트랜스크리틱』(한길사, 2009), 송태욱 옮김, 256쪽 참조.
2. 이것은 조안 스콧의 책 제목이기도 하다.

## 1장 자본

1. 알랭 드 보통, 『불안』(이레, 2005), 118쪽.
2. Rey Chow, *The Protestant Ethnic & The Spirit of Capitalism*(New York: Columbia University Press, 2002), pp. 33–49 참조. 레이초우는 이 책의 제목에서 보다시피 프로테스탄트 윤리와 이쓰닉을 연결시킴으로써, 서구식민주체가 자신이 주체가 되기 위해 이쓰닉 타자를 발명하는 과정에서의 인식적 폭력이 어떻게 타자의 발명과 더불어 그들을 주변화시켰는가를 고찰한다. 레이 초우는 주변화된 타자에서 글로벌 시대의 소수자의 정치성을 찾고자 한다.
3. 마르틴 발저, 『불안의 꽃』(문학과 지성, 2008), 배수아 옮김 참조.
4. 이집트를 탈출한 이스라엘 백성이 광야에 이르러 굶주릴 때 하느님이 내려준 신비로운 양식.
5. 이브 드잘레이, 브라이언트 가스 ,『궁정전투의 국제화』(그린비, 2007), 김성현 옮김.
6. 마르틴 발저, 『불안의 꽃』(문학과 지성, 2008), 배수아 옮김 참조.
7. 장-조제프 구, 「가치들의 하찮음을 향하여?」, 『가치는 어디로 가는가?』(문지, 2009), 제롬 뱅데 엮음, 이선희, 주재형 옮김 참조.
8. 위의 책, 135쪽.
9. 벤야민에게 창녀는 돈으로 구조화된 운명이다. 월러스 스티븐스에게 시는 돈이다. 보들레르에게 시인은 창녀다. 시의 기본적인 구조는 은유에 의지한다. 은유의 구조인 A=B에서 이 B는 c, d, e, f, g z까지 무한대로 야합

할 수 있다. 보들레르의 은유가 시의 야합성과 돈의 교환성(어떤 가치도 가격으로 바꿔낼 수 있는 힘)을 연결시킨 것이라면, 그것은 자본주의 자체가 외설적인 구조임을 말한 것이다. 보들레르는 자신이 흑진주라고 불렀던 잔느 뒤발과 함께 살면서 자본주의 상품구조와 매춘 구조의 상동성에 매료되기도 했다.

10. 박민규, 「딜도가 우리 가정을 지켜줬어요」, 『이상문학상』(문학사상사, 2010) 참조.

## 2장 국가

1. 하루키의 소설에서 소재로 자주 등장하는 전공투는 '전국학생공동투쟁'의 약칭이다. 베트남 전쟁이 한창이던 1967년 무렵 일본의 대학가는 정부에 항거하는 대학생들의 공동투쟁이 거세게 일어났다. 그 당시 좌경화된 학생들의 눈에 일본 정부는 대학을 '노동력 생산 공장기지'이자 '부르주아 이데올로기의 생산 공장'으로 만들고 있었다. 전공투는 그와 같은 보수화, 우경화된 정부정책에 대항하기 위해 무장투쟁을 주장한 학생운동세력을 지칭하는 것이다. 프랑스의 68세대, 미국의 히피운동, 일본의 전공투 운동 세력은 좌절을 경험했고, 그 이후 혁명의 열정을 상실한 '상실의 세대'인 그들이 바로 자신들이 저항하려고 했던 부르주아의 삶을 윤택하게 해주는 일을 하고 있다는 것은 아이러니컬하다. 정치적으로 의식화되었다고 일컬어졌던 이들 세대는 『1Q84』에서 보다시피 주로 유기농 재배나 종교에 심취함으로써 그들이 그토록 저항하고자 했던 부르주아의 일용할 양식(음식)과 영혼의 양식(종교)을 회복하는데 일조하고 있다.

2. 자크 데리다, 『법의 힘』(문학과 지성, 2007), 진태원 옮김, 92쪽.

3. 한나 아렌트, 『폭력의 세기』(이후, 1999), 김정한 옮김 참조. 아렌트는 '폭력은 항상 권력을 파괴할 수 있다.'면서 '총구로부터 결코 나올 수 없는 것이 권력이다.'라고 주장한다. 폭력을 사용하는 순간 그것은 더 이상 권력이 아니라고 본다. 이 때 아렌트가 말하는 폭력은 단순한 물리적 폭력으로 축소되어버리는 것처럼 보인다.

4. 조르주 아감벤, 『호모 사케르』(새물결, 2006), 박진우 옮김, 184-185쪽.

5. 위의 책, 186쪽.

6. 사라 러딕, 『모성적 사유: 전쟁과 평화의 정치학』, (현실과 철학사, 2002). 이혜정 옮김.

7. 우리나라 여성의 권익은 세계 최하위 수준이다. 유엔개발계획이 발표한 '2004년 인간개발보고서'에 따르면 한국의 여성권한척도는 78개국 중에

서 68위이다. 여성의 권한척도는 국회의원 여성비율, 입법 및 행정관리직 여성비율, 전문기술직의 여성비율, 여성의 소득 등을 지표로 삼는다.

8. 심정인, 「여성운동의 방향정립을 위한 이론적 고찰」, 『여성』1호, 230쪽.

9. Daniel Gilber, *Stumbling on Happiness* (New York: Vintage, 2007) 참조.

10. 이로 인해 여성주의자들은 부부재산 공동명의나 별산제를 추구해왔다. 그런데 대법원은 종부세 위헌판결을 내리면서 재미있게도 부부별산세를 내세웠다. 간통법이 위헌이라고 판단하는 보수적인 대법원이 이처럼 여성주의자들의 주장을 앞장서서 인정한 것이 부부별산제다. 기득권과 페미니즘의 이해관계가 이처럼 잘 맞아 떨어진 사례도 보기 드물 것이다.

11. 사생아의 군입대를 허용하지 않는 사례에서, 조선시대의 서얼에 해당하는 현대의 사생아를 국민으로 인정하지 않겠다는 국가의 의지가 잘 드러난다. 국제결혼에 의한 혼혈아는 군면제 대상이었지만 이제는 자원하는 경우 입대를 허용하는 방향으로 나가고 있다.


## 3장 인권

1. Rey Chow, Ibid., chapter 2.

2. 실비아 플라스의 시 「레이디 나자로」에서 보다시피, 죽음도 개인이 마음 대로 할 수 있는 것은 아니다. 의료가부장제는 강제로 생을 부활시키는 기적을 행한다. 뿐만 아니라 국가에 귀속된 생명은 죽음 또한 정치적 판단에 의해 배치된다.

3. 조에zoe는 정치의 장으로 편입되지 못한 벌거벗은 생bare life이다. 비오스bios 는 이런 천둥벌거숭이 생명체가 아니라 정치적으로 의미 있는 생명이다.

4. 한나 아렌트, 『전체주의의 기원 I』(한길그레이트북스, 2006), 이진우, 박미애 옮김, 537쪽.

5. Dorothy Ko: *Cinderella's Sisters: A Revisionist History of Footbinding*(University of California, 2007) 전족에 관한 담론은 전적으로 이 책을 참조한 것이다.

6. 통일교의 일본인여성과 한국남성의 결혼은 농촌총각을 구제한다는 명목으로, 중국조선족 동포여성들과의 결혼에 앞서 시작되었다. 이런 맥락에서 본다면 통일교가 결혼이주정책에 가장 앞장 선 것으로 보인다.

7. 11회 여성영화제, 이주여성 영화제작 워크숍 <부부 카메라 일기>.

8. 데리다, 『환대에 관하여』(동문선, 2004) 남수인 옮김, 64~65 쪽 참조.

9. 토마스 알프레드슨 감독의 영화 <렛 미 인>은 왕따인 12살짜리 백인 소

년 오스칼과 빛 속으로 나올 수 없는 아랍계 뱀파이어 소년/소녀인 이엘리의 사랑이야기다. 뱀파이어인 이엘리는 초대하는 사람이 "렛 미 인"이라고 말해주지 않는 한 '안'으로 들어갈 수 없다.

10. 한나 아렌트는 「우리 난민들」에서 난민으로 떠도는 유대인을 두 부류로 범주화한 바 있다. 한 범주는 정착하는 국가에 동화되려고 애쓰는 애국시민이자 모범시민으로 살아가는 자들이다. 다른 한 범주의 유대인들은 자신들이 국가의 법 바깥에 놓일 운명임을 직시하고 어떤 국가에도 소속되지 않으면서 의식적인 천민으로 살아가는 자들이다. 이들은 시온주의자들과는 달리 이스라엘의 국적을 취득하려고도 하지 않은 자들이라고 볼 수 있다. 한나 아렌트는 이들을 '자각적인 천민'이라고 불렀으며 이들 무국적주의자들은 아렌트가 말한 '그림자 영역'에 스스로 속하는 자들이다.

## 4장 교육

1. 제레미 리프킨, 「접근의 시대」, 『가치는 어디로 가는가?』(문학과 지성, 2008), 재롬 뱅데 엮음, 이선희, 주재형 옮김 참조.

2. SBS 뉴스추적 2009년 7월 15일 <지옥의 여름방학>방송 분.

3. 로버트 D. 퍼트넘의 『나 홀로 볼링』참조. 이 책의 제목이기도 한 '나 홀로 볼링'은 사람들이 서로 팀에 가입하여 어울려 치는 볼링이 아니라 말 그대로 혼자서 치는, 곧 사회적 유대와 결속이 해체되고 개인주의적 고립이 나날이 증가하는 것을 비유한 말이다.

4. 손창섭, 「미해결의 장」, 『잉여인간』(민음사, 2005).

## 5장 가족

1. 벨 혹스, 『계급에 대해 말하지 않기』(모티브북, 2008), 이정아 옮김, 144-149쪽 참조.

2. Susan Gubar, "What Ails Feminist Criticism?" *Critical Inquiry* 24, no. 4(summer 1998): 878-902.

3. Sherene H. Razack, *Looking White People in the Eye: Gender, Race, and Culture in Courtrooms and Classrooms*(Toronto: University of Toronto Press, 1998), p. 132 참조. 라작에 의하면 수전 구바가 말한 병약한 집안의 천사이자 집안의 포로로서의 여성 이미지는 빅토리아조 백인여성을 중심으로 한 분석이다. 그 이후 그런 분석을 비판하는 엄청나게 많은 저술들이 나왔음에도 구바는 그런 것들을 참조하지 않고 백인여성젠

더만을 중심으로 분석하고 있는 것이야말로 문제적이라고 신랄하게 비판하고 있다.

4. 과거에는 호적등·초본으로 일괄 처리되었던 서류가 용도에 따라 다섯 가지 증명서로 나누어 발급된다(기본증명서, 가족관계증명서, 입양증명서, 혼인관계증명서, 친양자입양관계증명서).

5. 개정된 민법 제781조 제1항에 따르면 '자녀의 성姓과 본本은 아버지의 것을 따르는 것을 원칙으로 하지만, 혼인 신고 시 부모의 협의에 의하여 어머니의 성과 본도 따를 수 있도록 함'으로 되어 있다. 이렇게 본다면 유림의 크나큰 우려와는 달리 부사동성의 원칙은 여전히 남아 있다. 여자가 자기 성을 자녀에게 물려주고 싶다면 혼인 신고 시에 부부가 합의해서 미리 결정해야 한다. 이 말은 부부가 아이를 낳기 전에 사전에 누구 성을 물려줄 것인지 합의하지 않는 한, 자동적으로 부사동성의 원칙이 적용된다는 말이다. 한상희 외, 「호주제 폐지 그 이후: 그러나 우리가 잃어버린 것들」, 『여성이론』 16호 참조.

6. 기러기가족 형태는 서구 백인 여성이론가들에게는 이해하기 힘든 한국적 가족형태로 간주된다. 『가족 이후에 무엇이 오는가?』를 쓴 엘리자베스 벡-게른스하임은 남성가장이 자녀교육을 위해 아내를 딸려 보내면서 그 모든 비용을 감당하는 현상을 대단히 한국적인 현상으로 파악한다.

7. 해방 이후부터 80년대에 이르기까지 한국은 줄곧 인력 송출국이었다. 6·25 전쟁 이후부터 80년대 후반에 이르기까지 한국은 고아, 기지촌 여성들의 수출국이었다. 1960년대 후반부터 1970년 초반까지 광부, 간호사의 파독, 1970년대 초반까지 베트남 파병, 1980년대 후반까지 중동건설현장 건설노동자 파견에 이르기까지 그랬다.

8. 조은, 「기러기아빠 – 월드클래스를 향한 욕망의 기호」, 『황해문학』 2007년 가을 호.

9. 2008년 4월 20일 연합뉴스.


## 6장 모성

1. Melanie Klein, Envy and *Gratitude: A Study of Unconscious Sources*(New York: Routedge, 2001), p. 25.

2. <마더>의 문아정은 도준이 죽인 것만이 아니라 그 동네 전부가 합심하여 죽인 것이다. 김길태 사건을 보면서 <마더>가 떠올랐다. 희생된 여학생은 김길태가 죽인 것만이 아니라 우리사회가 공모해서 죽인 것이나 다를 바 없다.

3. 멜라니 클라인, 위의 책.

## 8장 타자

1. 유교사회에서 여성 교육을 위해 쓰인 경전 『여사서』에는 체면 유지 방법이 구체적으로 적혀있다. "이웃집에 놀러가서 음식을 권하면 세 번은 거절하라.", "맛있는 음식이 상에 오르더라도 젓가락을 먼저 가져다 대거나 그 음식만 먹어서는 안 된다.", "아무리 배가 고파도 자신을 자제"할 수 있어야 하고,특히 여성에게는 "절제와 겸양의 미덕을 발휘하고 인내하라."고 역설한다. 자원이 풍족하지 않았던 전근대 시절, 여성은 인간적 품위를 갖추기 위해인내, 겸양, 양보, 희생과 같은 가치로 훈육된 셈이었다.

2. 엠마누엘 레비나스, 『시간과 타자』(문예출판사, 1996), 강영안 옮김 참조.

3. 주디스 버틀러, 위의 책 195쪽 참조.

4. Lila Abu-Lughod, "Do Muslim Women Really Need Saving? Anthropological Reflection on Cultural Relativism and Others," *American Anthropologist*, 104: 3, pp. 783-90. 주디스 버틀러, 『불확실한 삶』(경성대학교 출판부, 2008), 양효실 옮김, 194 쪽에서 재인용.

5. 줄리아 크리스테바, 『공포의 권력』(동문선, 2001) 서민원 옮김, 31쪽 참조.

6. Norma Claire Moruzzi, "National Abjects: Julia Kristeva on the Process of Political Self-Identification," in *Ethics, Politics, and Difference in Julia Kristeva's Writing*(New York: Roultedge, 1993) 참조.

7. Michael Ondaatje, *Running in the Family*(New York: W.W. Norton & Company, 1982).

8. Rey Chow, *The Protestant Ethnic & The Spirit of Capitalism*(New York: Columbia University Press, 2002), 5장 참조.

9. Robert Young, *White Mythologies: Writing History and the West*(London: Routledge, 1990).

10. Abdul JanMohamed, "The Economy of Manichean Allegory: The Function of Racial Difference in Colonial Literature," *Critical Inquiry* 12(1985).

## 9장 환대

1. 프리모 레비, 『이것이 인간인가』(돌베개, 2007), 이현경 옮김, 229쪽 참조.

2. 6장의 '대상관계이론과 모성' 참조.

3. 안티오이디푸스를 주장하는 들뢰즈에 의하면 클라인의 내사와 투사에 따른 자아의 변증법적인 통합의 폭력성을 비판한다. 그는 타자의 타자성을 유지하는 한 방법으로 합체 개념을 가지고 온다. "합체는 주체의 한계를 넘는 것이므로 결코 동일시도, 내투사도 아니다. 합체는 고립에 대립하기는커녕 고립을 보충한다. 잠재적 대상이 합체 되어 있는 현실이 무엇이든, 잠재적 대상은 그 현실 안으로 통합되지 않는다. 오히려 그 안에 박혀 있거나 꽂혀 있다. … 멜라니 클라인에 따르면, 엄마의 몸 안에는 수많은 잠재적 대상들이 포함되어 있다. 하지만 이때 엄마의 몸이 잠재적 대상들을 총체화하거나 총괄하고, 또 그 대상들을 소유한다고 보면 잘못이다. 오히려 그 대상들은 엄마의 몸 안에 박혀 있고, 게다가 다른 세상의 나무들처럼, 고골리의 코나 데우칼리온의 돌들처럼 심겨져 있다고 보아야 한다." 잠재적 대상은 현실적 대상 안에 합체되어 있지만 그때 합체는 주체의 한계를 넘는 것이므로 내사와 투사의 변증법으로는 설명될 수 없다고 한다. 그래서 '다른 세상의 나무'가 그 현실 대상에 '심겨진' 양상으로 설명되어야 한다는 것이 들뢰즈의 견해다.

4. 에이브람스는 내투사와 합체incorporation를 구분한다. 주체에게로 통합되지 않는, 주체가 소화시켜 '나'의 것으로 동일시하고 통합할 수 없는 것으로 남아 있는 것이 합체다. 그것은 주체 안에 유령으로 남아 있는 것이다.

5. 주디스 버틀러, 「불확실한 삶」, 『불확실한 삶』(경성대학교 출판부, 2008)에서 재인용.

6. 이스마일 카다레, 『부서진 사월』(문학동네, 2009), 유정희 옮김, 41쪽.

7. 위의 책, 28쪽.

8. 위의 책, 35쪽.

9. 데리다, 『환대에 관하여』(동문선, 2005), 남수인 옮김 참조.


# 10장 주름

1. [유엔미래보고서 2018]에 따르면 한국은 저출산으로 인해 인구증가율이 세계 최저국가에 도달할 것이며, 페미니즘이 요구하지 않아도 남성의 여성화와 여성의 남성화가 진행되어 남녀의 일자리 구분 자체가 무의미해질 것으로 내다보고 있다. 한국은 저출산으로 인한 인구감소와 이주노동유입으로 다문화가정이 급속도로 늘어날 것으로 전망된다. 유엔은 이미 한국은 한 겨레, 한 민족이 아니라고 지적한 바 있다.

2. 우리나라 고령자 가구 가운데 절반가량은 노후대책을 마련할 여유가 없다. 한국의 독거노인가구수는 OCED 회원국 중 가장 높은 수치로 나타났다. 또한 노령가구는 전체 가구 중위소득에도 미치지 못하는 상대적 빈곤 상태에 빠져 있다. OECD 통계에 따르면 우리나라의 65세 이상 고령자 가구의 상대적 빈곤율(2006년 기준)은 45%로 2가구 중 1가구는 빈곤 상태에 놓여있는 것으로 나타났다. 여기서 상대적 빈곤은 전체 가구 중위소득의 50% 미만에 속하는 가구를 뜻한다. 우리나라 고령자 가구의 이 같은 빈곤율은 OECD 회원국 중에서 가장 높은 것으로, OECD 국가의 고령자 가구 평균 빈곤율인 13%(2005년 기준)에 비해서 3.5배나 높다고 한다.

3. 마르틴 발저, 『불안의 꽃』(2007, 문화과 지성사), 배수아 옮김. 불안의 꽃이란 개념은 이 소설에서 차용한 것이다.

4. 현세대와 미래세대간 불평등과 이를 해결하는 데 필요한 조세조정 규모를 산출하는 재정분야의 최첨단 이론.

5. 스카이 리얼 라이브스 채널에서 2008년 12월 10일 저녁 9시(현지시간) 방송된 이 다큐멘터리 프로그램은 운동신경원 병Motor Neurone Disease을 앓고 있는 59세의 크레이그 에워트Craig Ewart의 안락사 장면을 내보냈다. 타인의 조력으로 자살하는 사람의 죽는 순간을 영국 TV에서 처음으로 방영한 것이다. 크레이그 에워트는 안락사를 허락하지 않는 영국을 떠나 안락사 지원 병원인 스위스의 디그니타스Dignitas를 찾아갔다. 영국 요크셔 해러게이트 출신의 퇴직한 대학교수인 에워트는, 자신이 '살아있는 무덤'이 되어 나머지 생을 소비하는 것을 원치 않았기 때문에, 사람들이 죽음을 도와주는 취리히의 디그니타스로 여행을 떠났던 것이다. 다큐멘터리 제작자인 오스카상 수상자 존 자리츠키와 스카이 TV는 다큐멘터리 영화 '죽을 권리?'를 방영함으로써 안락사 논쟁을 쟁점화했다.

# II장 문학

1. Rachel Grossman, "Women's Place in the Integrated Circuit," *Radical America* 14. 1(Jan–Feb. 1980), pp. 29–49 참조.

2. 조지 마이어슨, 『도너 해러웨이와 유전자 변형식품』(이제이북스, 2003) 참조.

3. 어슐러 휴즈, 『사이버타리어트』(갈무리, 2004), 51쪽에서 재인용.

4. Michele Le Doeuff, "Long Hair and Short Ideas," in *The Philosophical Imaginary*(Stanford University Press, 1989), pp. 100–28.

5. 사라 술래리, 「피부 한 꺼풀 차이의 여성들: 페미니즘과 탈식민의 조건」,

『탈식민페미니즘과 탈식민페미니스트들』(현대미학사, 2001), 205-6쪽.

6. Norma Alarcon, "Chicana's Feminist Literature: A Re-vision Through Malintzin/or Malintzin: Putting Flesh Back on the Object," in *This Bridge Called My Back: Writings by Radical Women of Color*(Persephone Press, 1981), pp. 182-190.

7. 체리 모라가에 대한 재미있는 논의는 노승희, 「접경지대 여성의 몸-체리 모라가의 치카나 레즈비언 텍스트」, 『여/성이론』 9호 참조.

8. 그리스 신화에 나오는 인물로 리라를 탁월하게 연주했다고 전한다. 그가 연주하면 숲속의 동물들도 그의 연주에 귀를 기울였다. 죽은 아내 에우리디체를 찾아 하데스까지 내려간 것으로 유명하다. 그는 후세대 많은 시인들에게 영감을 주었다. 장 콕도의 희곡 『오르페우스』가 있고 그의 작품을 바탕으로 한 브라질 영화 <흑인 오르페우스>가 있다

9. 제이디 스미스, 『하얀 이빨』1, 2 (민음사, 2009), 김은정 옮김 참조.


## 12장 유머

1. 자크 라캉, 『자크 라캉 세미나 11권: 정신분석의 네 가지 근본 개념』(새물결, 2008), 맹정현, 이수련 옮김, 320쪽 참조.

2. 미란 보조비치, 『암흑 지점』 (도서출판 b, 2004), 이성민 옮김.

3. 하지만 라캉의 사랑의 은유는 아리스토파네스 이후로 둘이 합쳐 완전한 일자가 되는 사랑의 풍경은 아니다. 사랑 대상은 주체의 욕망대로 자신 속에서 주체의 모습을 반영하는 것만은 아니다. 주체 또한 사랑 대상 너머에 있는 잉여를 욕망한다는 점에서 사랑은 언제나 어긋나는 사랑이 된다. 그래서 '사랑은 없다' 또는 '성관계는 없다'라는 명제가 나오게 된다.

4. 한 세대를 30년 간격으로 본다면, 1970-2000년 사이에 본격적인 활동을 하면서 제도로 편입된 페미니스트를 '편의상' 1세대 페미니스트라고 부르고자 한다. 영 페미니스트라고 불리는 2세대 페미니스트는 스스로 1세대와의 거리를 유지하려고 한다는 점에서 자신들을 영young하다고 부르지만, 이 용어 자체가 정치적 진보성으로 차별화된다는 느낌보다는 생물학적인 나이로 구획되는 것 같은 어감으로 인해 이 글에서는 2세대 페미니즘으로 지칭한다.

5. 임옥희, 「은유로서의 거식증」, 『여/성이론』 11호 참조.

6. 페미니즘은 가장 길고 장구한 혁명의 과정을 통해 사회적 주체성을 입증받을 것으로 가정해왔다. 1980년대 학생운동이 활발했던 것은 정치운동

이 불가능한 시대의 대리적 표현이었다. 이와 유사하게 그 당시 페미니즘은 현실적으로 불가능한 혁명을 대리표상하고 있었다. 페미니즘은 가부장제 너머에 존재할 수 없다. 가부장제 없는 페미니즘은 자신의 근거 자체를 소멸시키는 것이다. 따라서 페미니즘은 가부장제를 배경으로 전제하고 있어야만 한다. 그것이 가부장제 사회에서 페미니즘의 역설적인 위상이다.

7. 군가산점이 남성들의 공분을 산 것은 익히 알려진 현상이다. 그리고 2010년 현재 군가산점을 인정해주어야 한다는 여론이 80% 해당한다는 통계 수치가 나온 것으로 볼 때 페미니즘의 물결에 대한 반작용이 어느 정도인지 알 수 있다.

8. 기독교여성지도자들 중심의 우익여성운동은 1946년 단일 여성조직인 「전국여성단체 총연맹」을 결성했다. 미군정시기였던 1946년 8월 보건후생국 내에 부녀국이 설치된다. 전시였던 만큼 부녀국은 모성애와 애국심을 강조했다. 일제강점기 때부터 강조되어왔던 전시모성은 이승만 시대에도 그대로 승계되었으며 모성을 통한 여성의 국민화 기능을 담당했다. 모성을 강조한다는 점에서는 우파 여성주의, 좌파 여성주의를 거의 구분할 수가 없을 정도였다. 오늘날에는 저출산 담론 아래 여성가족부가 앞장서서 여성을 모성으로 소환하려는 작업에 매진하고 있다.

9. Lee Edelman, *No Future: Queer Theory and the Death Drive*(New York: Duke University Press, 2004) 참조.

10. 6촌 이내의 혈족, 4촌 이내의 인척간 체외수정, 특정유전형질의 획득을 목적으로 한 체외수정 또는 배아의 선별을 금지하고 특정인의 생식세포에 의한 체외수정 시술의 빈도를 제한하도록 명시했다. 대리출산은 체외수정 관리본부의 허가를 받도록 하되, 영리목적의 대리출산은 금지하고 실비보상만 허용하도록 했고 대리모의 출산 경험, 연령, 대리출산의 빈도, 배우자의 동의 및 건강상태 등에 관한 적격성을 규정했다. 특히 대리출산을 의뢰할 수 있는 자는 불임부부에 한하도록 명시하고 체외수정 또는 인공수정으로 태어난 출생자와 대리출산으로 출생한 자는 의뢰부부의 혼인 중 출생자로 간주하도록 했다. 이 부분은 6장 참조.

11. 반다나 시바, 「미친 소와 거룩한 소」, 『누가 세계를 약탈하는가』(울력, 2005), 류지한 옮김.

12. 빛의 회절이란, 빛이 진행도중에 슬릿(틈)이나 장애물을 만나면 빛의 일부분이 슬릿이나 장애물 뒤에까지 돌아서 들어가는 현상으로 파동의 특징이다. 회절된 빛은 서로 간섭하기 때문에 회절 무늬가 나타난다.

13. Donna Haraway, *Haraway Reader*(Routledge, 2003) pp. 69-70.

## 13장 일상

1. 이 글은 여성문화이론연구소(이하 여이연) 10주년과 관련하여 발표한 글이므로 여이연 구성원들에 국한한 분석이라 할 수 있다. 여이연이라는 특수성이 있기는 하지만 우리사회 전반에 관한 분석이 될 수 있을 것 같아서 함께 싣는다.

2. 학원 강사라는 항목이 눈에 띄었던 것은 사교육이 한국사회에서 갖는 딜레마 때문이다. 소위 정규직이 되어 사회의 주류로 진입하는 상층 회로가 막혔거나, 아니면 학력자본을 가졌지만 비정규직화된 사람들이 생존을 위해 손쉽게 진입하는 곳이 학원이다. 하지만 한국사회에서 사교육시장으로서의 학원이 어떤 평가를 받고 있는지를 감안한다면, 이들이 주로 학원 강사가 되었다는 것은 역사적 아이러니이다.

3. 김귀옥, 『1980년대 민주화운동 참여자의 경험과 기억』(민주화운동기념사업회, 2007) 참조.

4. 2005년/2007년 <세계가치관 조사>에 따르면 한국인의 지역사회에 대한 공동체 의식은 28개국 중 26위였다. 이와 같은 객관적 지표를 인정하듯 한국인들 스스로 공동체 의식이 거의 사라지고 있다고 말하고 있다.

5. 사회적 대의를 외쳤던 운동세력이 성폭력을 당연히 누려야 할 성적 자유로 간주하는 과정을 소설화한 대목은 김연수의 『네가 누구든 얼마나 외롭든』을 참조. 이 소설의 어떤 부분은 백인위원회를 떠올리게 만든다.

6. 이 글에서는 여이연에서 1997년에 모임을 주도한 구성원들을 편의상 1세대라고 명명한다. 십년이 지난 지금, 연구소 구성원 중 생물학적인 나이로 20대 후반에서부터 삼십대 후반까지를 2세대로 구분한다. 연구소 구성원들 사이에도 세대 간 차이는 분명히 있다.


## 14장 채식

1. 리처드 W. 불리엣, 『사육과 육식』(알마, 2008), 임옥희 옮김 참조.
2. 지젝, 『전체주의가 어쨌다고?』(새물결, 2008) 한보희 옮김 참조.

## 감사하고픈 사람들에게

멜라니 클라인의 『시기심과 감사 *Envy and Gratitude*』에 의하면 시기심이 많은 사람은 사랑할 수 있는 능력이 떨어져서 감사하는 마음을 갖기 힘들다고 한다. 이 태곳적 시기심은 세계와 분리되지 않을 수 없는 인간의 근원적인 불안에서 비롯된다는 것이다. 클라인은 감사하게도 '그런 시기심으로부터 자유로운 사람은 아무도 없다'는 위로의 말을 잊지 않고 덧붙여 놓는다.

멜라니 클라인의 글을 읽으면서 감사에 인색한 나는 속이 뜨끔했다. 이 나이 먹도록 남들에게 신세지고 살았음에도 감사를 표하는 것이 익숙하지 않기 때문이다. 뿐만 아니라 '천민'의 자의식이 남아 있어서 감사를 표할 때면 손발이 오그라드는 기분이다. 내가 너무나도 좋아하는 소설 속의 소설가 엘리자베스 코스텔로는 자신에게 남은 시간이 그다지 많지 않으므로 진실만을 말하기도 시간이 부족하다고 했다. 그 말을 조금 비틀어 보자면 고마운 사람에게 고맙다는 말을 하기에만도 시간이 부족할지 모른다. 그래서 손발이 오그라드는 것쯤은 감수하고 감사를 표하고 싶었다. 나에게 남아 있는 시간 동안, 아낌없이.

아무리 별 볼일 없는 글이라도 그것이 혼자의 힘으로 쓰는 것이 아니라는 것을 오랜 세월 이 공간에 있으면서 절실히 깨달았다. 특히 대학이라는 제도 안에서가 아니라 대학 바깥에 모여 있으면서 무엇인가를 도모한다는 것이 얼마나 힘든지도 잘 알게 되었다. 지난 5년여 동안 여러 지면을 통해 발표했던 글들을 대부분 손질해서 이 책에 실었다. 이 글은 여성문화이론연구소 안팎에서 만난 사람들과의 토론과 논쟁과 갈등을 통해서 얻어진 결과물이다.

많은 경우 문학적 사례들을 빌려와서 내가 하고 싶은 말을 한 셈이다. 나에게 페미니즘은 스스로 '여자'로 동일시하는 여자들이 살아가면서 하는 온갖 이야기들이다. 나는 사실과 허구의 구분 자체에 그다지 엄격한 경계를 두지 않는다. 그것은 다큐가 보여주는 '진짜 눈물의 공포'와 허구가 보여주는 '거짓 눈물의 감동'에 그다지 차이를 두지 않는 내 개인적인 취향 탓이다. 페미니즘을 엄격한 과학이자 학문으로 보는 사람들에게 내 말은 헛소리로 들릴 수도 있다. 나에게 페미니즘은 많은 이야기가 덧붙여지고 흘러가다 범람하기도 하고 장애를 만나면 에둘러 가기도 하고, 그도 안 되면 지하로 흘러가기도 하고, 끝내는 흔적도 없이 증발할 수도 있는 그런 이야기의 물길 같은 것이다.

여이연이라는 공간이 있고 그곳에 모인 사람들과 여러 세미나 팀들의 힘이 보태져 이런 작업을 도모할 수 있게 되었다. 이 공간에서 십년 가까이 함께 했던 사람들에게 고마움을 표한다. 남의 원고를 읽어주는 성가신 일을 마다하지 않고 온갖 아이디어를 끊임없이 제공해주는 문영희 선생. 이 글을 쓰기까지 지루한 원고를 몇 번이나 꼼꼼히 읽어주고  조언하고 비판해준 선생에게 감사한다. 함께 뭔가 만들어보자고 했으므로 다음번에는 나에게 그 빚을 갚을 수 있는 기회를 주면 좋겠다. 몇 년 동안 세미나를 함께 하면서 힘이 되어 주고 바쁜 와중에도 시간 내서 원고 읽어주고 잘한다, 잘한다, 부추기면서 힘을 실어준 신주진 선생. 나에게 기댈 언덕이 되어주었던 이은경 선생과 월요일 독서클럽 사람들. 지리산을 간다는 핑계로 들러서 귀찮게 굴어도 반짝이는 유머로 환대해주는 이경 선생. 죄의식 권하는 한국사회가 싫다고 멀리 이민 갔지만 하고 싶은 일 해보라고 언제나 격려해주는 오랜 친구 권소연. 혼자서 편집교정교열까지 도맡아 하고 어린 아들 성현이랑 연구소 바쁘게 오가면서 멋지게 살고 있는 사미숙 편집장. 가난한 연구소에서 믿음직하게 버텨주는 천명자 사무국장. 언제나 소장 같았던 문은미 선생. 표지와 책 만드는데 함께 고민해 주었던 살바와 약손. 모두 모두 감사한다. 세상에 감사할 사람이 이렇게 많다는 사실이 새삼 놀랍다.

내 삶에서 말벗임과 동시에 내 삶을 언제나 조롱거리로 만들었던 녀석. "뭐든 괜찮아, 괜찮아"라는 말을 입에 달고 살지만, 나의 무책임한 '괜찮아'가 구체적인 사태와 직면하면 얼마나 무기력한 발언인지 알기나 하냐고 구박했던 녀석. 자기 체면을 위해 '정치적으로 올바른' 헛소리만 골라서 하는 나의 위선을 통렬하게 비웃던 녀석. 제도의 속박에서 벗어나 철저한 무정부주의 오타쿠를 꿈꾸었지만 지금은 공손하게 낮은 포복하고 있는 녀석. 툴툴거리지 말고 당신 하고 싶은 것 하라고 그래도 격려해주었던 녀석. 녀석이 있어서 내 삶이 풍요로웠음에 깊이 감사한다.

그리고 내 오래된 삶에서 어느 하루 선물처럼 만났던 한 친구에게도 감사한다. 유행가 가사처럼, 세월은 지나도 치욕은 남고 고통스런 기억마저 내 몫이므로 망각하지 않고 두 눈 뜨고 대면하도록 해주었으므로.

2010년 3월 25일
혜화동 다락방에서 임옥희

375